JEAN FELBER

ÉDITION SPÉCIALE

AU

DÉPARTEMENT DU NORD

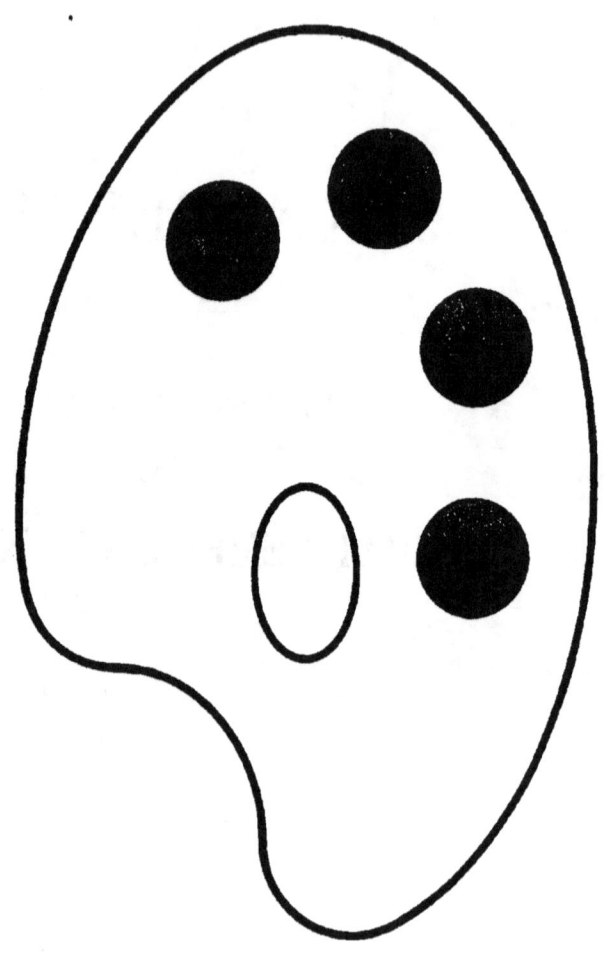

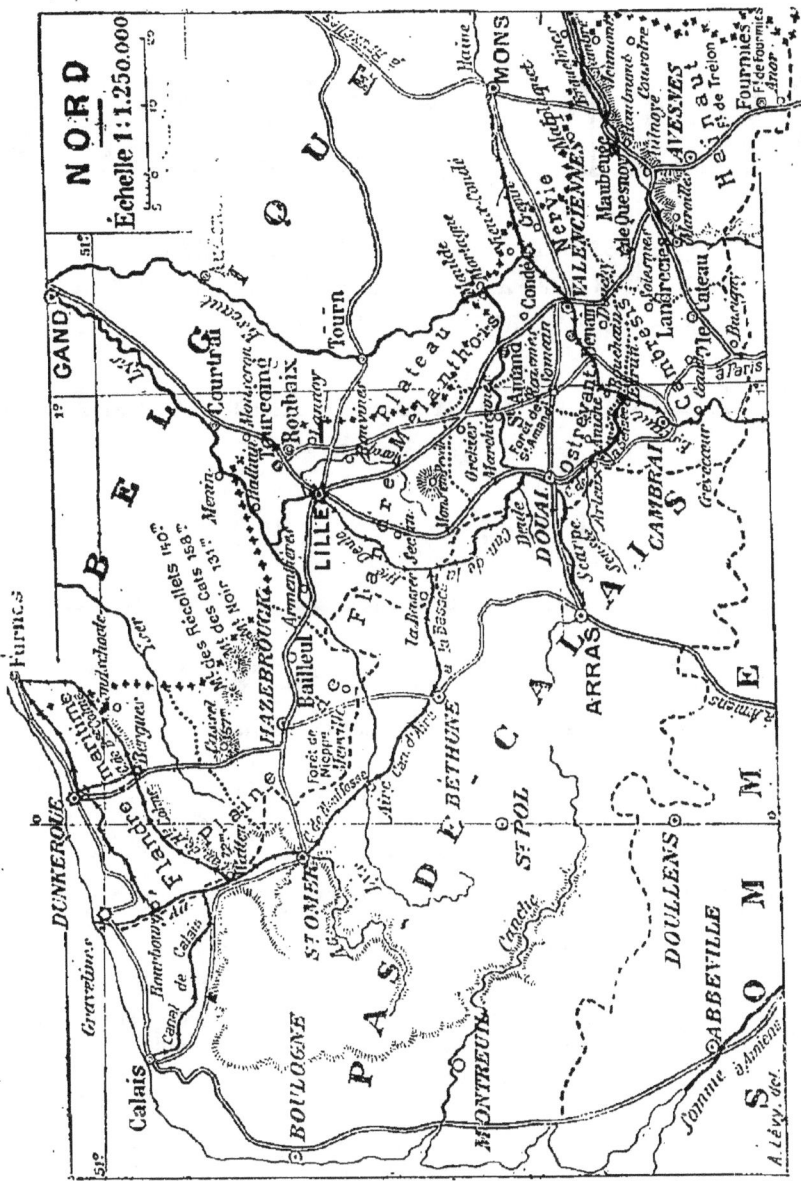

Le département du Nord est formé de la Flandre maritime, de la Flandre française et du Hainaut français. Il est borné, au nord, par la mer du Nord ; au nord-est et à l'est, par la Belgique ; au sud, par le département de l'Aisne, et au sud-ouest, par les départements de la Somme et du Pas-de-Calais.

CLASSES ÉLÉMENTAIRES DES LYCÉES ET COLLÈGES — COURS MOYEN
ET SUPÉRIEUR DES ÉCOLES PRIMAIRES

JEAN FELBER

HISTOIRE D'UNE FAMILLE ALSACIENNE
LA GUERRE FRANCO-ALLEMANDE — EXCURSIONS A TRAVERS
LA FRANCE — DESCRIPTIONS

Le Sentiment de Famille — L'Amour de la Patrie
Le Soldat

LECTURES COURANTES

PAR

A. CHALAMET

PROFESSEUR D'HISTOIRE AU LYCÉE MICHELET

Édition spéciale
AU
DÉPARTEMENT DU NORD
Avec la collaboration de MM.

MERCHIER	ET. BERTRAND
Professeur agrégé au lycée de Lille	Inspecteur de l'enseignement primaire
Secrétaire g^{al} de la Société de Géographie	à Lille

PARIS

ALCIDE PICARD ET KAAN
ÉDITEURS DE LA SOCIÉTÉ DES ANCIENS ÉLÈVES DE SAINT-CLOUD
11, RUE SOUFFLOT, 11

(Tous droits réservés.)

NOTICE HISTORIQUE ET GÉOGRAPHIQUE
SUR LE DÉPARTEMENT DU NORD

TABLE DES GRAVURES

Saint-Amand. — La Tour	9
Anzin. — La Fosse Thiers	12
Lampe de mineur	13
Train de berlines dans une mine	13
Mineur	14
Machine à carder	15
Métier à filer	17
Cambrai. — Porte du Saint-Sépulcre ou de Paris	18
Cassel. — L'Hôtel de Ville	21
Lille. — La grande place	22
Douai. — L'Hôtel de Ville	23
Valenciennes. — L'Hôtel de Ville	24
Bergues. — Le Beffroi	25
Vauban	31
Dunkerque. — Vue du Port	33
Villars	42
Le barbier Masse	45
Dumouriez	46
Monument commémoratif de Hondschoote	47
Carnot à Wattignies	48
Jean Bart	50
Mathey et ses fils	51
Dupleix	51
François Coligny	52
Froissart	53
Comines	54
Watteau	55
Carpeaux	56
Faidherbe	57

Cartes et plans.

Carte du département du Nord	2
Coupe idéale du département du Nord de la mer à Anor	5
Coupe du second et du premier étage	8
Coupe théorique d'un puits foré en Flandre et disposition successive des terrains dans le département du Nord	12

TABLE DES MATIÈRES

Aspect du département. — Agriculture et mines.

Le département à vol d'oiseau	5
Terrains primitifs. Dépôts successifs de la mer	6
Prairies et terres de labour	8
La plaine de Flandre. — La Flandre maritime	10
Les mines de charbon	11

L'Industrie.

Métallurgie. — Industrie textile	14
Les filatures	16
Les tissages	18
Blanchisseries de toiles. — Teintureries	19
Industries alimentaires. — Produits chimiques	20
Les villes principales. — L'arrondissement de Lille	22
Les autres arrondissements	25

Le Commerce.

Importation et exportation. — Commerce intérieur	27
Chemins de fer	28
Canaux	30
Les ports	33

Histoire.

La conquête romaine. — Le comté de Flandre	36
Rois de France et comtes de Flandre	37
Les ducs de Bourgogne. — La Flandre sous la domination espagnole	38
Conquête de la Flandre par Louis XIV. — La troisième bataille de Cassel	39
Siège de Lille en 1708. — Victoire de Denain	41
Les guerres de la Révolution. — Siège de Lille en 1798	43
L'invasion de 1793. — Victoires d'Hondschoote et de Wattignies	46
Flamands et Wallons. — Personnages illustres; hommes de guerre	49
Les écrivains. — L'architecture	52
Peintres et sculpteurs	55
Léon Faidherbe	56
L'armée du Nord en 1870-71	58

DÉPARTEMENT DU NORD

ASPECT DU DÉPARTEMENT. — AGRICULTURE ET MINES

Le département à vol d'oiseau.

On lit partout que le département du Nord est un pays de plaines. Cela est peut-être trop absolu.

C'est qu'en effet le département du Nord peut être comparé à une maison confortable avec sous-sol, rez-de-chaussée et trois étages.

Le **sous-sol**, c'est la Flandre maritime. Elle se prolonge de la côte jusqu'à Bergues. Sur les 72 000 hectares qu'elle

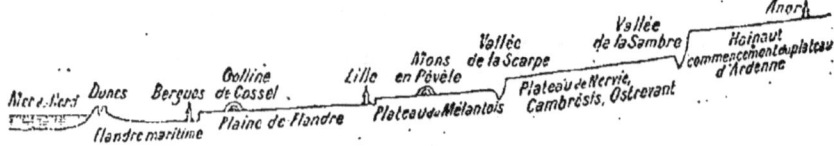

Coupe idéale du département du Nord de la mer à Anor.

renferme, il y en a 40 000 *au-dessous* du niveau de la haute mer, 2000 *au-dessous* du niveau ordinaire de la basse mer ! Heureusement, les dunes sont là pour barrer le passage aux grandes marées, sans quoi les trois cinquièmes de l'arrondissement de Dunkerque seraient immédiatement submergés.

Le **rez-de-chaussée**, c'est la plaine de Flandre, doucement inclinée de Lille (22 mètres d'altitude) jusqu'à Bergues. Cette plaine est d'ailleurs ondulée. On y remarque la butte qui, sur les bords de l'Aa, supporte la tour de Watten (72 mètres) ; le mont Cassel (157 mètres) et son voisin le mont des Récollets (140 mètres) ; le mont des Cats (158 mètres), avec un monastère, la Trappe du Nord, à Godewaersvelde, près de la frontière ; non loin de là le mont de Boeschepe (137 mètres), le mont Noir (131 mètres). Qui donc a parlé de la désespérante monotonie de la plaine de Flandre ?

Le premier étage est le plateau du Mélantois, à 40 mètres d'altitude, allant de Lille à la vallée de la Scarpe, avec le belvédère de la Pévèle. Mons-en-Pévèle a 107 mètres de haut.

Le second étage est formé par un plateau d'une altitude moyenne de 80 mètres : la Nervie (arrondissement de Valenciennes), le Cambrésis, l'Ostrevant (Douai et Bouchain). Ce plateau s'étend jusqu'à la vallée de la Sambre.

Le troisième étage est le Hainaut, à 200 mètres d'altitude ! C'est le commencement du large plateau d'Ardenne qui, sous des noms différents, se prolonge jusqu'aux bords du Weser. Le pays est pittoresque, parsemé de plis de terrain. Le bois Saint-Hubert, près d'Anor, est à 266 mètres.

Terrains primitifs. — **Dépôts successifs de la mer.**

Nous allons maintenant redescendre et visiter plus en détail chacun des étages.

Le troisième étage, où nous sommes, fit le premier son apparition au-dessus des mers préhistoriques [1]. C'est un terrain primaire [2] formé de schistes, de grès et de calcaires durs. Le grès, exploité au sud, a servi à empierrer les routes du département de l'Aisne. Le marbre est une variété de calcaire dur qu'on trouve à Cousolre, à Jeumont, à Bavai, surtout aux environs de Bellignies. Ce dernier marbre s'appelle même *sarrasin de Bellignies* : c'est qu'en arrachant les blocs,

---

1. A l'époque **préhistorique** (antérieure à l'histoire), les mers étaient bien plus étendues qu'aujourd'hui et recouvraient une partie des continents qui se sont agrandis par des dépôts successifs.

2. On nomme **terrains primaires** ou *primitifs* ceux qui se composent des plus anciennes formations de roches ; ils ne contiennent pas de vestiges de corps organisés. **Schiste**, roche en couches minces et pour ainsi dire en feuilles ; l'ardoise est un schiste. — **Grès**, roche formée de petits grains de sable agglomérés. — On distingue des **calcaires durs** (marbres) et des **calcaires tendres** (craie, pierre à chaux).

les carriers ont creusé des grottes que la tradition locale attribue généreusement aux Sarrasins [1].

La nature des roches explique l'état de l'agriculture, qui est pauvre dans cette région. Sous la double action de l'air et de la pluie, la roche s'est désagrégée. Des végétaux ont apparu, d'abord rudimentaires, puis plus parfaits. En se décomposant ils ont formé le terreau. Le mélange du terreau et des petits fragments de roche n'est autre chose que le *limon* ou terre végétale.

Ici, le limon s'est formé sur place. Il a peu d'épaisseur. De plus, en s'altérant, le grès se transforme en sable. Nous avons donc surtout des terres sablonneuses, trop légères, se desséchant trop vite. Le blé n'y pousse pas. L'avoine vient assez bien et aussi l'épeautre[2], dont on faisait presque exclusivement le pain dans les villages il y a vingt ans. En revanche, le bois pousse bien, témoin la forêt de Trélon (3 300 hectares) et celle de Fourmies (900 hectares).

Ce genre de terrain convient souvent à la vigne. On ne la cultive plus aujourd'hui dans notre région, mais on parle encore à Crèvecœur (canton de Marcoing) d'un ancien vin blanc du cru qui rivalisait avec celui du Rhin.

Descendons au **second** et au **premier étage**. La mer venait battre le plateau à l'emplacement du fossé où coule aujourd'hui la *Sambre*. La profondeur allait en augmentant vers l'ouest. Des dépôts calcaires se formèrent en couches successives sur ce fond maritime. On les retrouve dans un ordre constant, maintenant que la mer est remplacée par le continent.

Ce fut d'abord le *tourtia*, mélange d'argile et de calcaire. Le tourtia disparut plus loin sous une couche de *dièves*, marne bleue où l'on trouve 66 0/0 d'argile. Le dièves s'étend sur toute la rive gauche de la Sambre. Il disparaît à son tour aux environs de Landrecies sous une couche de cette *marlette* que les ménagères emploient mélangée au charbon. Une quatrième variété vient recouvrir la précédente, c'est

---

1. **Sarrasins**, nom donné au moyen âge à des pirates musulmans qui firent de fréquentes incursions en Provence et en Dauphiné.

2. **Epeautre**, sorte de froment appelé aussi *blé rouge*, qu'on cultive dans les mauvaises terres.

une *craie marneuse* exploitée à Cysoing pour la fabrication du ciment, à Solesmes et au Cateau pour celle de la chaux maigre. Sur cette craie marneuse vient se superposer la *craie à bâtir*, grisâtre et dure. Longtemps elle a servi de pierre de taille pour les maisons de Cambrai, de Valenciennes et de Lille. Maintenant le chemin de fer amène la pierre de Creil (Oise) ; les carrières sont abandonnées ; on y cultive des champignons ou de la chicorée, comme dans les carrières de Lezennes, près de Lille.

La dernière couche de dépôt est une craie blanche, tendre

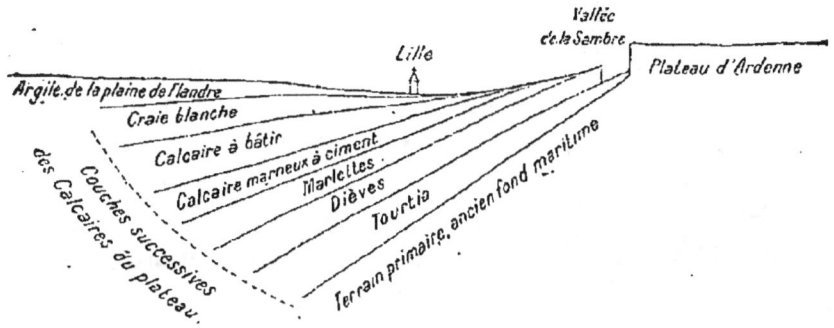

Coupe du second et du premier étage.

et pure, qui vient affleurer à Lille. On l'exploite pour faire de la chaux à Loos, à Hellèmes et aussi aux environs de Douai, Cambrai, Valenciennes.

Le premier étage ne garde pas toujours sa nature calcaire. Au sud de Lille, la craie s'enfonce dans une couche de sable, exploité à Ostricourt ; le sable à son tour est remplacé par une argile feuilletée qui sert à faire des pannes, des tuiles, des tuyaux de drainage à Wahagnies et à Libercourt (Pas-de-Calais). Cette argile forme la colline de Mons-en-Pévèle. Le sable reparaît ensuite par couvrir le territoire de Saint-Amand et fait de nouveau place au calcaire à Valenciennes.

Prairies et terres de labour.

Toute cette région de plateaux était sillonnée par de nombreux cours d'eau, aux vallées infiniment plus larges que de nos jours. La vallée de la Scarpe nous en fournit un exemple. Elle n'a plus qu'un mince filet d'eau en comparaison de ce qu'elle roulait jadis. Dans ces vallées s'est entassé le limon apporté par les eaux et qui atteint parfois jusqu'à 10 mètres d'épaisseur... Ces vallées sont donc fertiles.

L'argile, matière imperméable, maintient l'humidité du sol et constitue la terre propre par excellence à l'établissement des prairies, et par suite à l'élevage des bestiaux. C'est ce que l'on constate sur toute la rive gauche de la Sambre, appelée aussi le *pays vert*. C'est là que se fabrique le meilleur fromage du Nord, celui de *Maroilles*, près Landrecies. Le nom de Pévèle donné à la butte d'argile du Mélantois n'est que la corruption d'un mot latin (*pabulum*), signifiant pâturage. Le temps n'est pas éloigné où Mons-en-Pévèle était considéré par les Lillois comme la patrie des fromages.

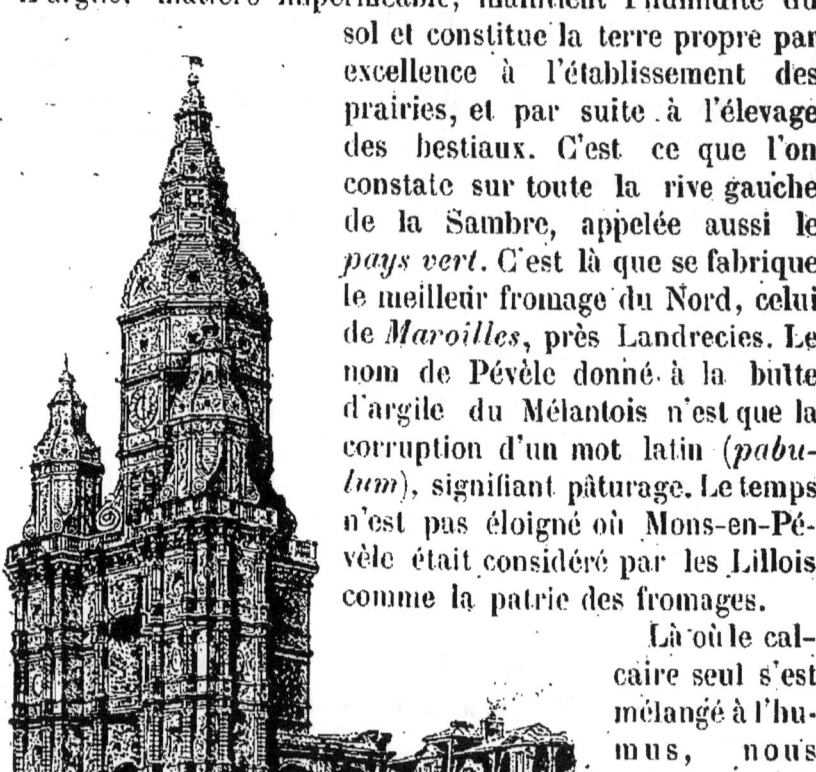

Tour de Saint-Amand. — Cette tour est tout ce qui reste d'une église bâtie en 1662 par Nicolas Dubois, abbé et architecte. Pelisson trouvait cette tour « digne de la plus savante et de la plus superbe antiquité. »

Là où le calcaire seul s'est mélangé à l'humus, nous avons une terre qui se dessèche vite et n'a que peu de fertilité. On le voit en plusieurs points du Cambrésis où les fermes sont rares.

Quand le calcaire et l'argile sont mélangés, comme cela arrive souvent sur ces deux plateaux; quand du sable vient encore s'y ajouter, on a alors la *terre franche* : c'est la meilleure. Aussi la culture est très favorisée sur ce point. Le blé abonde, surtout dans l'arrondissement de Lille ; c'est encore ce même arrondissement qui produit les plus beaux lins et en plus grande quantité. On y trouve encore des plantes oléagineuses, surtout du colza qu'on retrouve aussi en grande quantité dans les arrondissements de Douai et de Cambrai.

La betterave se cultive dans les mêmes régions, mais le grand centre de production est l'arrondissement de Valenciennes.

En plus de ces cultures variées, là où le sable domine, la forêt reparaît. C'est ainsi qu'on trouve la forêt de Mormal, la plus grande du département (9 200 hectares), entre le Quesnoy et Landrecies ; celle de Saint-Amand (3 274 hectares) où l'on ne va jamais sans pousser sa promenade jusqu'à l'établissement des eaux, je devrais dire des boues thermales. Citons encore celle de Phalempin (900 hectares), où les Lillois aiment à aller chercher l'ombrage ; enfin, celle de Marchiennes (800 hectares).

La plaine de Flandre. — La Flandre maritime.

A un troisième âge, la mer, continuant ses dépôts, constitua le **rez-de-chaussée**, c'est-à-dire la plaine de Flandre. Ici, sous le limon, plus de calcaire, mais une couche d'argile. A Armentières, son épaisseur est déjà de 15 mètres ; elle est de 100 mètres à Bailleul !

L'argile était autrefois recouverte d'une couche de sable ; mais une sorte de déluge s'est produit, le sable a été balayé par les courants ; ce qui est resté forme les collines, témoins du niveau de l'ancienne plaine.

La présence de l'argile indique assez que la principale richesse de l'agriculture sera pour cette région le pâturage et l'élevage des bestiaux. Le *beurre de Flandre* (arrondissement d'Hazebrouck) est particulièrement recherché. Il se fabrique aussi un fromage indigène qui se consomme surtout sur place, sous le nom de *fromage de Bergues*.

Il ne faudrait pas croire pour cela que les prairies existent seules en Flandre. L'agriculteur sait corriger l'excès d'humidité. Il n'est pas rare de voir des champs entiers recouverts par de gros fragments de calcaire qui seront broyés par la charrue pour se mélanger avec l'argile du sol. Aussi toutes les cultures prospèrent dans les arrondissements d'Hazebrouck et de Dunkerque. Bergues et Merville sont d'importants marchés à blé ; on récolte beaucoup de lin dans l'arrondissement de Dunkerque, on y cultive avec succès la betterave. Entre Bailleul et Hazebrouck, le chemin de fer longe d'importantes plantations de houblon.

A un quatrième âge s'est constitué le **sous-sol** ou Flandre maritime. On y trouve généralement une couche de sable d'environ 3 mètres reposant sur une couche de tourbe. Il y a cinquante ans, elle constituait sous le nom de *Moëres* une série de marais inextricables et improductifs. Dans les parties émergées, un trou de quelques décimètres s'emplissait immédiatement d'une eau saumâtre ou salée.

Il fallut d'abord dessécher ces terres noyées : les propriétaires se cotisèrent et organisèrent des sortes de syndicats[1] ou waeteringues ; le dessèchement se fit ; on pratiqua des coupures à l'Aa, on alimenta ainsi populations et bétail d'une eau potable que leur refusait le sol. Les terres, mises en culture, furent de bon rapport. Bientôt s'élevèrent des villages au nom significatif : Capellebrouck (Capelle signifie chapelle et brouck marais) ; Brouckerque (kerque signifie église), etc...

Ainsi le génie de l'homme a forcé la nature ; la France, comme la Hollande, possède ses *polders*[2].

Les mines de charbon.

Cette disposition des couches de terrain se retrouve uniforme et partout, en quelque endroit qu'on creuse un puits. En Flandre, par exemple, sous l'argile on retrouve la craie, et sous la craie le schiste ou le grès des terrains primaires. Cela explique comment il a fallu tant creuser pour l'exploitation des houilles du Nord. *La houille se trouve exclusivement dans les schistes des terrains primaires.* On a dû percer une couche calcaire de 100 à 200 mètres avant d'y parvenir. C'est ce que les mineurs appellent le *terrain mort.* Aussi, tandis que la tonne de houille, à la

---

1. **Syndicat**, association de plusieurs personnes intéressées dans la même entreprise.
2. **Polders.** On nomme ainsi en Hollande des terres basses conquises sur la mer et protégées par des digues.

sortie de la mine, vaut en Angleterre 5 fr. 99, elle vaut chez nous 10 fr. 63. C'est malheureusement une cause d'infériorité pour nous.

Le gisement de houille s'étend depuis la frontière de Belgique, près de Valenciennes et de Condé, jusqu'à la vallée

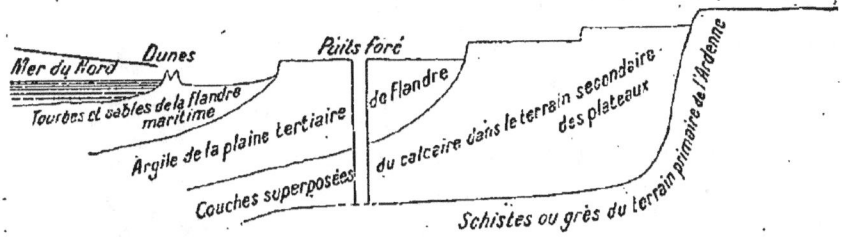

Coupe théorique d'un puits foré en Flandre et disposition successive des terrains dans le département du Nord.

de la Lys, près de Thérouanne. Il a une longueur d'environ 100 kilomètres, dont 40 dans le département du Nord et 60 dans le Pas-de-Calais. Sa largeur varie entre 15 et 2 kilomètres, mais on peut adopter le chiffre moyen de 12 kilomètres.

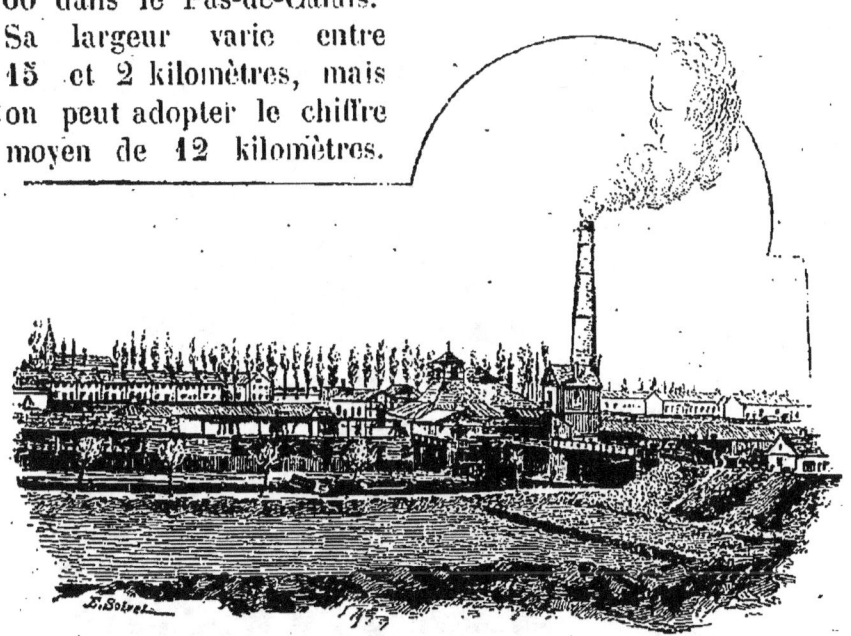

Anzin. — La fosse Thiers. — Le bassin de Valenciennes, qui appartient à la Compagnie d'Anzin, s'étend sur une surface de 23 500 hectares et occupe 9 800 ouvriers.

L'extraction de la houille dans le département du Nord se fait à Anzin, Denain, Raismes, Saint-Saulve, Vieux-Condé. C'est ce qu'on peut appeler le bassin de Valenciennes, qui appartient à la compagnie d'Anzin dont l'exploitation s'étend sur une surface de 23 500 hectares et occupe 9 800 ouvriers.

On trouve encore la houille à Aniche, à l'Escarpelle, à Douchy, près Bouchain, à Vicoigne, à Escaupont, Thivencelles, Crespin, près Condé. Les différentes compagnies de moindre importance qui détiennent ces mines occupent 27 500 hectares et emploient 13 250 ouvriers, soit (avec le bassin de Valenciennes) un total de 23 000 ouvriers.

Pour atteindre les couches de houille, il a fallu d'abord creuser des puits dans le sol. Certains atteignent jusqu'à 300 mètres de profondeur.

Ces puits aboutissent à des galeries horizontales, comme la grande Bowette de la fosse Thiers, entre Bruay et Escaupont. C'est un long couloir rectiligne de 1 600 mètres, haut et large de 2 mètres, ce qui fait qu'on peut y circuler à l'aise. Elle contient une voie de roulage pour des trains de berlines chargées de houille. Un sentier ballasté est réservé pour la circulation des ouvriers, à la figure noircie, au chapeau de cuir bouilli surmonté de la lampe du mineur. Au centre, on a ménagé un petit fossé pour l'écoulement des eaux.

Lampe de mineur. — Cette lampe, qui a été inventée par Davy et perfectionnée, depuis, est employée dans les mines de houille. Elle est construite de façon à éviter les explosions de grisou.

Sur ce grand couloir central viennent déboucher des galeries plus étroites ou veines. Sur toute leur longueur, de 20 en 20 mètres, on a pratiqué des refuges ; c'est là qu'on se gare au moment de l'arrivée des trains de berlines.

Train de berlines. — Au chantier d'abatage la houille est chargée dans des wagonnets appelés *berlines* ; on en forme des trains qui, traînés par des chevaux, arrivent jusqu'aux puits où les berlines sont remontées sur le carreau par les cages.

Les ouvriers abattent la houille dans ces galeries qu'ils

garnissent de bois au fur à mesure que le travail avance ; car un des grands obstacles à surmonter est la pression exercée sur les parois et qui pourrait produire des éboulements. On fait donc des parois de bois avec des pièces transversales qui s'enchevêtrent vers la voûte. Parfois une poutre brisée par la pression latérale menace le front du passant. La houille, transportée jusqu'au puits, est montée ensuite à la surface du sol.

Mineur en costume de travail dans une galerie boisée.

Le bassin houiller du Nord est exploité depuis le siècle dernier ; celui du Pas-de-Calais seulement depuis 1851.

Le département du Nord fournissait 600 000 tonnes de houille en 1836. Le million fut atteint en 1850. En 1878, la production était de 3 240 000 tonnes. Aujourd'hui elle dépasse 4 millions et demi de tonnes.

On voit qu'il y a progression constante, et malgré cela la provision est loin d'être épuisée. Un rapport officiel du ministère de l'agriculture évalue à 13 milliards de tonnes la richesse du gisement. Les évaluations les plus pessimistes accusent 6 milliards de tonnes. Or, il n'a été enlevé que 260 millions de tonnes. Nous ne sommes pas encore menacés d'être privés de ce précieux combustible qu'on a appelé avec raison le *pain de l'industrie*.

L'INDUSTRIE

Métallurgie. — Industrie textile.

Les pays les plus favorisés par l'industrie sont ceux qui ont le fer à côté de la houille. Ce n'est point le cas ici ; on fait venir le minerai de fer de nos départements de l'Est.

Les minerais sont transformés en fonte à Denain, Hautmont et Maubeuge où se pressent les fonderies, forges, laminoirs, etc. La fonte est convertie en fer et en acier dans ces pays de hauts fourneaux, et aussi à Raismes, Trith-Saint-Léger, Saint-Amand, etc.

Ces fers et aciers sont mis en œuvre surtout aux usines de Fives-Lille. De là sortent des machines de toute espèce.

Mais l'industrie qui tient la plus grande place est encore l'*industrie textile*.

Le lin, le jute[1], la laine, le coton et la soie sont mis en œuvre dans notre département.

Ces matières premières y sont transformées par trois opérations principales : la filature, le tissage, la teinture.

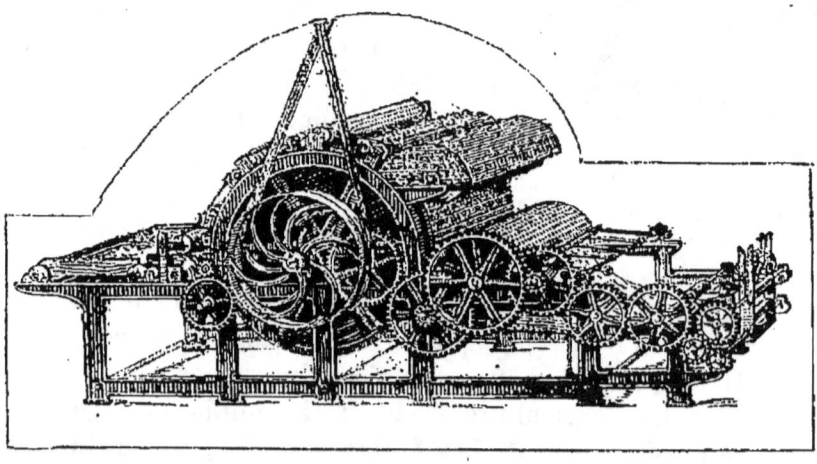

Machine à carder. — La laine entre dans la machine par la partie gauche et en sort sous forme de rubans par la partie droite, après avoir passé entre les cylindres garnis de pointes.

Toutefois, avant d'être livrées au filateur, elles subissent certaines préparations.

Une partie du lin employé dans nos filatures est indigène. La fibre textile réside dans l'écorce. Les fibres sont rattachées entre elles par une matière gommeuse qui les fixe aussi à un tube ligneux central ou *chènevotte*. Il s'agit de faire disparaître la matière gommeuse et la chènevotte.

Pour cela on plonge le lin dans un *routoir* ou mare. La matière gommeuse s'y dissout. C'est le *rouissage*

---

1. **Jute**, plante textile, cultivée dans l'Inde anglaise et en Australie, et qui sert à faire des tissus grossiers et des velours d'ameublement.

qui prend environ 15 jours. Il a l'inconvénient de dégager aux alentours du rouloir une odeur nauséabonde. Il peut encore se pratiquer à l'air libre, mais exige alors 40 jours. La chènevotte se brise sous un levier en bois ou *broie* mû à la main, c'est le *macquage*. On opère ensuite la séparation des menus fragments ligneux ainsi obtenus, c'est le *teillage*. Toute cette préparation préliminaire se fait à la ferme.

Pas plus que le lin, la laine n'arrive directement à la filature. Il lui faut d'abord passer par les *peignages*.

Ces grands établissements reçoivent la laine telle qu'on l'a recueillie sur le mouton. Elle est alors imprégnée d'une sorte de graisse ou *suint*. On l'en débarrasse par une série de lavages, et l'on extrait la potasse contenue dans le suint.

En sortant du lavage, la laine étalée sur une toile sans fin s'engage sous une série de cylindres munis de pointes. Cette machine s'appelle la *carde*. Elle débarrasse la laine des matières étrangères et aussi des parties courtes. Ce déchet est recueilli, tandis que la laine sort de la carde sous forme de longs rubans. Ces rubans sont ensuite soumis à la *peigneuse*, machine pourvue de peignes qui font disparaître les nœuds, les boutons et ce qui reste de filaments trop courts.

Croix, près de Lille, Roubaix et Fourmies renferment les principaux peignages du département.

Les filatures.

Suivons maintenant la matière première à la filature.

Les fibres du lin n'ont point partout le même diamètre ni la même résistance. Il faut égaliser tout cela : c'est ce que font les *machines à étaler* où les fibres, passant autour d'une série de cylindres en rotation, sont pressées les unes contre les autres, s'agglutinent de façon à former de longs rubans, de telle manière que les parties fortes de l'une recouvrent les parties faibles de l'autre. Plusieurs de ces rubans sont ensuite engagés sous une suite de cylindres d'où ils sortent en un seul ruban plus mince : c'est l'*étirage* qui complète la régularisation.

Les *métiers à filer* produisent la torsion des fibres et donnent ainsi le fil définitif. Les filatures de lin sont en grand nombre à Lille, il y en a de très importantes à Armentières et à Lannoy.

La filature du jute comprend des opérations analogues et se pratique surtout à Dunkerque et à Lille.

La filature de la laine comporte à peu près les mêmes opérations que celle du lin. Au sortir du peignage, plusieurs bobines de ruban de laine passent sous la même série de cylindres, se pénètrent de façon à faire disparaître toute inégalité de diamètre et de résistance. Plus on fait ainsi de doublages, plus on obtient de beaux fils. Le *métier* tord le fil sur lui-même, de façon à lui donner plus de résistance. Pour augmenter cette résistance, on fait

Les métiers à filer produisent la torsion des fibres et donnent le fil propre à être employé au tissage.

passer le fil sur des cylindres enduits de colle, puis dans des cages très chaudes d'où il sort très sec et très dur. C'est l'*encollage*. On peut aussi enrouler deux fils simples autour l'un de l'autre ; c'est le *retordage*. Le fil retors est assez solide pour ne pas être encollé.

Il y a de nombreuses filatures de laine dans le département. Un des principaux centres est Fourmies ; on compte 37 filatures de laine à Roubaix, mais les plus grandes usines se trouvent à Tourcoing et au Cateau, où un seul établissement n'emploie pas moins de 1 500 ouvriers.

Le coton subit des préparations analogues à celles que nous venons de décrire. Les filatures de coton se rencontrent surtout dans l'arrondissement de Lille où l'on trouve environ 80 établissements de ce genre. Pour la soie, il n'y a pas de filature proprement dite, le cocon fournit le fil tout préparé : il n'y a plus à opérer que des dévidages, des assemblages et des retordages.

Il y a pourtant quelques établissements qui traitent les déchets de soie ; on en trouve à Roubaix.

Les tissages.

Avec ces différents fils on fait des tissus. Nous arrivons maintenant à une seconde sorte d'établissements industriels : les *tissages*.

Le tissage consiste dans la confection de larges bandes formées avec des fils parallèles, très rapprochés les uns des autres : c'est ce qu'on appelle la *chaîne*. Au travers de cette chaîne on intercale d'autres fils également rapprochés et parallèles entre eux, mais perpendiculaires aux fils de la chaîne. C'est la *trame*. On comprend que plus les fils sont serrés, plus ils sont résistants, plus le tissu devient solide. Ces deux opérations sont accomplies par le métier à tisser.

Cambrai. — Porte du Saint-Sépulcre ou de Paris.
— Cette porte, dont la construction remonte à 1390, fait partie de l'ancien mur d'enceinte.

Le tissu de lin s'appelle la *toile*. Halluin, Lille, mais surtout Armentières, sont les plus grands centres de fabrication où s'accumulent plus de cent usines ou tissages mécaniques. Armentières à elle seule emploie 10 000 ouvriers pour une production annuelle dont la valeur dépasse 120 millions de francs ! Les toiles fines connues sous le nom de *batiste* se fabriquent à Cambrai, et c'est justice, car c'est là qu'elles ont été inventées dans le courant du XVIe siècle par un enfant du pays, *Baptiste Cantaing*.

Les tissus de laine sont de deux espèces : les *peignés* et

les *cardés*. Les tissus peignés sont faits avec les fils de longue laine sortis du peignage. Ils sont souples et pour ainsi dire inusables, mais deviennent assez vite luisants aux endroits de fatigue. Ils sont fort recherchés pour les vêtements de fantaisie. Les cardés sont faits avec les laines courtes, déchet de la carde : ils sont employés pour les vêtements habillés, tels que complets noirs, qui ont besoin de garder tout leur lustre. On les emploie encore sous le nom de *cheviottes* pour les vêtements de fantaisie à bon marché.

Les tissus de laine se présentent sous la forme de draperies, velours, étoffes d'ameublement, tapis. Souvent le coton et la laine y sont mélangés.

Ces tissus se fabriquent dans les arrondissements d'Avesnes (Fourmies) et de Cambrai (Cambrai, le Cateau), mais le grand centre de production est Roubaix, où l'on compte jusqu'à 126 fabriques. Tourcoing fabrique plus spécialement le tapis.

Le coton, la soie, la laine s'emploient pour la fabrication des dentelles. Autrefois elles se fabriquaient à la main, mais l'antique *carreau* de dentellière a presque entièrement disparu des arrondissements de Lille et de Valenciennes, où il offrait aux femmes des ouvriers un travail sédentaire. Ici encore, la machine a remplacé la main de l'homme. Les métiers à tulle sont installés à Caudry. Sans doute Calais garde encore le monopole de l'article riche et artitisque, mais Caudry n'en exporte pas moins de notables quantités de tulle jusqu'en Amérique.

Blanchisseries de toiles. — Teintureries.

Avant d'être livrées au commerce, les étoffes doivent passer par une troisième sorte d'établissements.

Les toiles vont à la *blanchisserie*.

Il n'est pas rare de voir, aux environs d'Armentières, de longues bandes de toile, bien blanche, séchant sur l'herbe des bords de la Lys.

Les autres tissus vont à la *teinturerie*.

Certains sont fabriqués avec des fils teints à l'avance, mais c'est le petit nombre. Les tissus sont d'abord soumis à un lavage dans l'eau chaude mélangée de carbonate de soude pour être débarrassés des matières grasses pouvant nuire à la teinture. On les plonge après cela dans des bains de teinture très chauds où la matière colorante se combine avec le tissu. Parfois la matière colorante n'a pas assez d'affinité naturelle pour l'étoffe. On ajoute alors certains corps appelés mordants : c'est *le mordançage*. Les bains de teinture sont enfermés dans de grandes cuves, maintenues à une température constante. Un ouvrier placé devant chaque cuve surveille la nuance obtenue jusqu'à ce qu'elle soit conforme à l'échantillon donné.

Au sortir de la cuve, l'étoffe passe autour de cylindres chauffés où elle est séchée. Puis, comme elle est encore chargée de duvet, elle passe à la *tondeuse*. C'est un travail très délicat, car elle passe pour ainsi dire entre deux lames de grands ciseaux, assez rapprochées pour trancher le duvet, pas assez pour entamer l'étoffe. Le *grillage* vient compléter l'œuvre de la tondeuse. Il est merveilleux de voir l'étoffe entraînée par un cylindre métallique dans un mouvement tellement rapide qu'elle passe au-dessus d'une rampe de gaz allumée sans être brûlée. Un mécanisme ingénieux fait passer un courant d'eau froide au travers du cylindre et l'empêche de s'échauffer. De cette façon le duvet est brûlé comme l'atteste l'odeur âcre qui se dégage.

Au sortir de là, l'étoffe s'enroule autour d'autres cylindres enduits de gomme, puis séchée ; c'est le *gommage*, qui donne au tissu son *apprêt*.

Mais alors le tissu est raide, il est rêche au toucher ; le *vaporisage* le rend souple et doux.

La plupart des lainages de Fourmies et des environs vont subir cette série d'opérations dans la grande teinturerie de Cambrai qui n'occupe pas moins de 600 ouvriers ; mais les plus importants établissements de ce genre se trouvent encore à Roubaix.

Industries alimentaires. — Produits chimiques.

A côté de l'industrie textile, une place honorable doit être faite aux industries alimentaires. La *meunerie* se pratique un peu partout, dans les nombreux moulins à vent qui sillonnent le paysage et qui produisent un effet si pittoresque au sommet du mont Cassel. — On fait un peu de cidre dans l'arrondissement d'Avesnes, mais c'est surtout la *bière* qui est la boisson du pays, et on trouve des brasseries dans toute localité un peu importante. De toutes ces industries, la plus considérable est sans contredit celle du *sucre*. On ne compte pas moins de 150 sucreries dans le département, fournissant 75 millions de kilogrammes de sucre ! Elles se trouvent natu-

Cassel. — Hôtel de ville. — Coquet monument reconstruit par les Espagnols en 1634 après un incendie qui avait détruit l'ancien hôtel de ville. Le campanile qui surmonte le monument renferme la cloche d'alarme, la même qui, chaque soir, sonne encore le couvre-feu.

rellement surtout là où la betterave est le plus abondante, c'est-à-dire dans les arrondissements de Dunkerque et de Valenciennes. Elles ont pour corollaires les distilleries chargées d'extraire l'alcool des mélasses : un certain nombre d'entre elles distillent des graines saccharifiées et fermentées. On obtient le *genièvre*, dont les fabriques les plus renommées sont à Dunkerque et à Wambrechies, près de Lille, en distillant des baies de genièvre infusées dans de l'alcool de grain.

Enfin, la fabrication des *produits chimiques* est très active dans le département. Les principaux établissements sont à Loos, à la Madeleine et à Marquette ; ils portent le nom de M. *Kuhlman*, leur fondateur.

Les villes principales. — L'arrondissement de Lille.

Enrichi par l'agriculture, les mines et toutes les industries dont nous venons de parler, le Nord se place au second rang parmi les départements français pour la population. Il n'est dépassé que par la Seine.

Cinquante-neuf départements sont plus étendus, mais si la

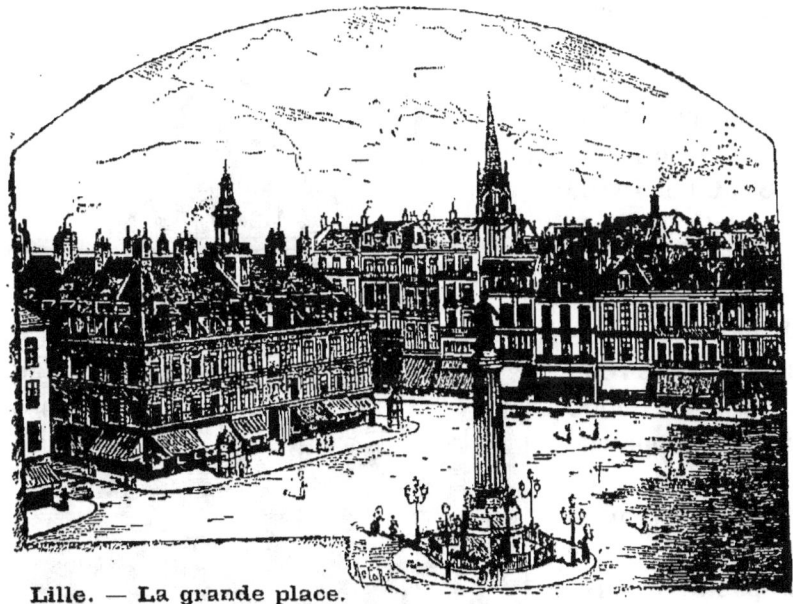

Lille. — La grande place.
— La colonne qui s'élève sur cette place est le monument commémoratif du siège de Lille par les Autrichiens en 1792; elle est surmontée d'une statue symbolique que les Lillois appellent la *Déesse*. La Bourse occupe le grand bâtiment qui fait le fond de la place, à gauche.

superficie du Nord est seulement de 5 700 kilomètres carrés, en revanche aucun autre département (la Seine toujours exceptée) ne nourrit, à territoire égal, un plus grand nombre d'habitants. Le Nord, en effet, a environ 300 habitants par kil. carré, tandis que la moyenne pour toute la France dépasse à peine 70. En d'autres termes, si toutes les parties du territoire français étaient proportionnellement aussi peuplées, notre pays aurait, au lieu de 38 millions d'habitants, plus de cent cinquante millions ! L'arrondissement de

Lille mérite une mention spéciale pour la densité de sa population qui atteint 800 habitants par kil. carré.

Le développement de quelques villes industrielles a été prodigieusement rapide. *Armentières*, qui n'avait que 5 000 âmes au siècle dernier, compte aujourd'hui près de 30 000 habitants. En cinquante ans, *Tourcoing* passe de 20 000 habitants à 60 000. Mais le mouvement le plus marqué est à *Roubaix* et à *Lille*. Pour la première de ces villes, on trouve 8 700 habitants en 1806, — 65 000 en 1867, — 86 500 en 1878, — elle dépasse aujourd'hui 100 000 !

Lille, qui avait 13 000 habitants en 1789, — 64 000 en 1821, —155 000 en 1866, approche aujourd'hui de 200 000, et ce n'est point faire une prophétie inconsidérée que de prédire que ce chiffre sera bientôt atteint et dépassé.

Encore faudrait-il, pour être complet, mettre, à côté de la population

Douai. — **Hôtel de ville.** — Monument de style espagnol. Le beffroi renferme un carillon qui sonne les heures sur un motif emprunté à l'opéra des *Puritains*. Les jours de fête il joue l'air de Gayant.

des plus grands centres, celle de plusieurs autres villes qui ne sont en quelque sorte que leurs faubourgs. De simples communes de l'arrondissement de Lille, comme *Halluin, Wattrelos, Croix, Marcq-en-Barœul, la Madeleine, Hautbourdin, Loos, Comines, Séclin*, sont aussi peuplées que certains chefs-lieux de département. Si elles étaient situées ailleurs que dans le Nord, dans une région où les grandes villes seraient moins nombreuses, les géographies ne manqueraient pas de les mentionner.

Hôtel de ville de Valenciennes. — Magnifique spécimen de l'architecture espagnole.

Roubaix, Tourcoing, Armentières et les autres villes qui ne sont pas entourées de murailles ont pu se développer librement. Lille, au contraire, place forte de premier ordre, était gênée par son enceinte. Lorsqu'au temps de Louis XIV, Vauban entreprit de mettre Lille à l'abri d'une attaque de l'ennemi, il n'avait pu prévoir l'énorme développement qu'elle aurait de nos jours. La ville de guerre, devenue aussi ville industrielle, a dû élargir sa cuirasse. En 1860, trois communes ont été annexées, et l'enceinte a été reportée plus loin pour pouvoir contenir la population toujours grandissante; la ville a triplé d'étendue, et dans les quartiers neufs, on a tracé de vastes places et des boulevards dignes d'une cité qui n'est pas seulement le chef-lieu d'un département populeux, mais comme la capitale de toute la France du nord. Le faubourg industriel de *Fives-Lille* s'est développé en dehors de la nouvelle enceinte.

Les autres arrondissements.

Ces grandes villes de l'arrondissement de Lille, dont la croissance a été si rapide, ne doivent point nous en faire oublier d'autres, secondaires par l'industrie et la population, importantes cependant à divers titres. Souvent même ces dernières villes, qui se sont transformées moins rapidement, ont mieux conservé les

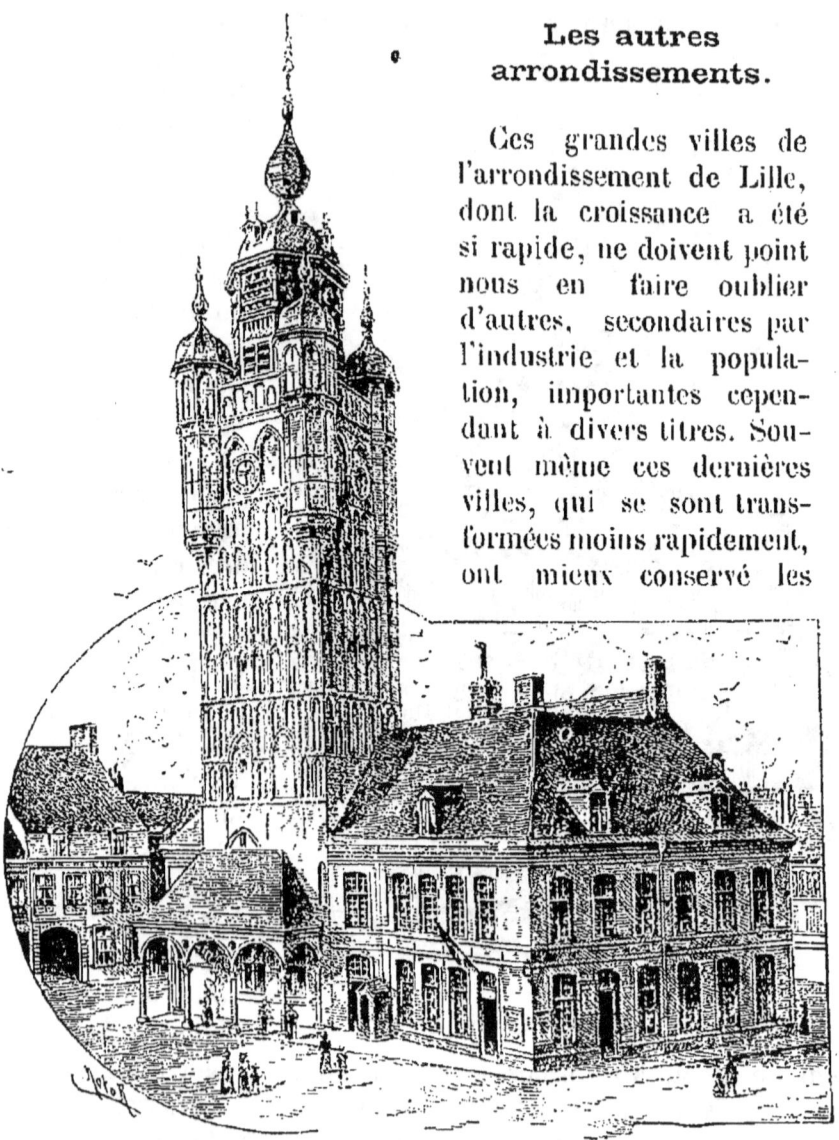

Beffroi de Bergues. — Curieux monument de style espagnol, pourvu d'un carillon qui sonne les heures et les demies sur un air ancien.

souvenirs de leur passé, leurs traditions, leurs monuments, et elles ont une originalité plus grande. Leur population est presque entièrement indigène, tandis que les villes de fabriques attirent à elles un nombre toujours croissant d'étrangers.

Douai, ville de magistrats et de professeurs, n'est point consolée de la perte de ses Facultés des Lettres et de Droit que Lille lui a ravies. Elle conserve au moins sa Cour d'appel devant laquelle peuvent être portés, pour être plaidés une seconde fois, les procès déjà jugés par les tribunaux de première instance du Nord et du Pas-de-Calais. — *Cambrai* est le siège d'un archevêché ; c'est une ville épiscopale très ancienne ; de son chapitre sont sortis 4 papes, 68 cardinaux et 200 évêques. On sait que Fénelon fut archevêque de Cambrai. — *Valenciennes* est une place forte qui a de beaux souvenirs militaires. On admire son magnifique hôtel de ville, bien digne d'une ville où les beaux-arts ont toujours été en honneur.— *Avesnes*, située dans la partie la plus pittoresque, mais non la plus riche, du département, est une petite cité tranquille qui possède une belle église du XVIe siècle, avec une tour crénelée haute de 60 mètres ; son carillon est un des plus beaux que l'on connaisse. Comme Douai, Cambrai et Valenciennes, elle a rang de sous-préfecture ; elle est cependant dépassée en population par trois villes de l'arrondissement dont elle est le chef-lieu : *Maubeuge*, *Fourmies* et *Hautmont*.

Le Cateau, dans l'arrondissement de Cambrai, *Aniche* et *Somain*, dans celui de Douai, *Saint-Amand*, dans celui de Valenciennes, doivent aussi leur prospérité à l'industrie. *Denain* et *Anzin* sont surtout peuplées de mineurs. *Condé-sur-Escaut*, *Bouchain*, *le Quesnoy*, *Landrecies* ont joué un rôle dans l'histoire, et leur nom revient à chaque instant dans le récit des guerres dont notre pays a été le théâtre.

A l'autre extrémité du département se trouvent les deux arrondissements de Dunkerque et d'Hazebrouck, où dans les campagnes on parle encore le flamand. Les villes sont rares en ce pays, qui est surtout agricole. *Dunkerque*, dont nous parlons plus loin, a près de 40 000 habitants, *Hazebrouck*, *Bailleul*, *Gravelines*, *Bergues* sont d'anciennes cités remarquables par leurs monuments, leurs églises. Le beffroi de Bergues, qui date du XVIe siècle, est justement admiré.

LE COMMERCE

Importation et exportation. — Commerce intérieur.

On peut définir le commerce : tout ce qui est relatif aux échanges.

Tout ce qui vient du dehors constitue l'*importation* ; les produits que nous faisons sortir de chez nous constituent l'*exportation*. Les échanges sur place constituent le *commerce intérieur*.

Le département du Nord importe surtout des matières premières pour son industrie : houille d'Angleterre et de Belgique, lins de Russie, jute d'Australie, laines longues d'Australie et de la Plata, fort peu de la région du Cap, aujourd'hui délaissée, bois de Norvège, orges de Russie ou d'Afrique pour la brasserie.

Mais après avoir transformé ces matières premières et leur avoir donné une importante plus-value, il les réexpédie à son tour.

C'est ainsi que nos filatures exportent des fils un peu partout en Europe et jusqu'en Amérique. Les tissus de Roubaix sont expédiés en Angleterre, en Italie, en Belgique et Hollande, aux États-Unis et d'une manière générale dans les deux Amériques. C'est encore l'Angleterre, les États-Unis et l'Italie qui forment les principaux débouchés de la région de Fourmies.

Les produits métallurgiques de nos belles usines vont sur tous les points de l'Europe. A Fives, le gouvernement roumain a fait exécuter un pont métallique destiné à unir les rives du Danube. Un pont du même genre se trouve à Riga, en Russie, où il surmonte la Duna. On retrouve dans le Turkestan, en Asie, les produits de Fives-Lille commandés par le gouvernement russe pour le chemin de fer transcaspien.

Enfin, nos agriculteurs expédient sur l'Angleterre le surplus de leurs œufs, de leurs pommes de terre et de leur beurre.

Le commerce intérieur est aussi très actif. Il n'est pas de

chef-lieu de canton qui n'ait chaque semaine son marché. Un grand nombre ont des foires annuelles qui durent au moins huit jours.

Enfin, il y a des centres d'échange pour certaines marchandises. Lille a la bourse des huiles, des sucres, des charbons, etc... Douai et Valenciennes ont des bourses au sucre et aux grains. Il n'est pas jusqu'à des localités comme Merville qui n'aient un marché franc pour les grains.

Tout ce mouvement d'échanges soit à l'intérieur, soit à l'extérieur, est facilité et sollicité par le bon état et l'abondance des moyens de transport. Les diligences et charrettes de voituriers ne font plus maintenant qu'un service local et forcément restreint assuré par environ 9 400 kilomètres de routes que possède le département du Nord.

Mais les véritables moyens de transport sont les chemins de fer et les canaux.

Chemins de fer.

Deux grandes lignes, la *voie d'Allemagne* et la *voie de Belgique*, traversent le département. La *ligne d'Allemagne* y entre un peu avant la gare de Busigny et le traverse sur une longueur de 57 kilomètres. Elle passe au Cateau, suit le fossé de la Sambre en desservant Landrecies, Berlaimont, Hautmont, Maubeuge, pour entrer en Belgique entre Jeumont et Erquelines, d'où elle continue son parcours vers Aix-la-Chapelle.

La *ligne de Belgique* entre dans le département après Corbehem et arrive bientôt à Douai. Elle longe de si près la frontière du département qu'elle en sort à Leforest et Libercourt (Pas-de-Calais) ; mais elle y rentre à Phalempin pour passer par Seclin et arriver à Lille, d'où elle se dirige vers Courtrai par Roubaix-Tourcoing ; elle entre en Belgique à Mouscron après un parcours de 50 kilomètres dans le département.

Une troisième grande ligne *est celle qui longe la frontière* sur un parcours de 202 kilomètres. Nous la voyons entrer dans le département entre Hirson et Anor. Après être passée à Fourmies et Avesnes, elle coupe, à Aulnoye, la ligne allemande, dessert le Quesnoy et Trith-Saint-Léger, aboutit à Valenciennes, d'où elle se continue par Raismes, Saint-Amand, Orchies, pour arriver à Lille. De là, par Armentières, Bailleul, Hazebrouck, Cassel et Bergues, elle se prolonge jusqu'à Dunkerque. Cette ligne est appelée à rendre de grands services en temps de guerre : elle faciliterait la rapide évolution des troupes du premier corps le long de la frontière. Malheureusement, sur un parcours de 47 kilomètres, de Valenciennes à Lille, elle n'est qu'à une voie.

Une grande ligne *transversale* unit les lignes belge et allemande. Elle part de Busigny pour aboutir à Douai, après avoir desservi Cambrai et Bouchain.

La ligne frontière est reliée à la Belgique par de nombreux embranchements. Il convient d'ajouter que presque tous ces embranchements ne sont qu'à une voie.

D'autres lignes s'entrecroisent comme les mailles d'un filet, formant des centres d'où elles rayonnent dans toutes les directions.

Dunkerque, reliée à Furnes, l'est aussi à Calais par une ligne côtière qui s'infléchit jusqu'à Bourbourg avant d'atteindre Gravelines.

Hazebrouck, en relations avec Dunkerque, Lille et Ypres, communique avec Saint-Omer par une ligne à double voie qui va rejoindre Calais ; elle communique aussi avec Béthune par la grande ligne d'Arras.

Douai, reliée par la grande ligne avec Arras et Lille, l'est aussi à Valenciennes par Somain et Raismes. Elle l'est avec Cambrai par la ligne à une voie qui dessert Arleux et Aubigny-au-Bac, d'où se détache l'embranchement sur Somain pour le service des houillères d'Aniche.

Orchies, reliée directement à Douai, Lille, Tourcoing, Tournai, Valenciennes, serait un centre plus important si elle avait autre chose que des chemins de fer à voie unique.

Située sur la ligne frontière, *Valenciennes*, avec ses amorces sur la Belgique, constitue une importante tête de ligne, surtout si on la considère comme point de départ du chemin de fer qui sera un jour prolongé jusqu'à Laon, et qui provisoirement s'arrête au Cateau.

Indépendamment de sa situation sur la grande ligne de jonction, *Cambrai* doit encore de l'importance au prolongement de la ligne de Douai sur Péronne.

Busigny et *Aulnoye* sont les deux grands points de croisement sur la ligne allemande.

Mais le grand centre des chemins de fer pour le département du Nord, c'est *Lille*.

Comme Paris, Lille a son chemin de fer de ceinture intérieure, partant du quai Vauban pour rejoindre la gare Saint-Sauveur, avec un développement de 6 kilomètres.

Lille a également son chemin de fer de ceinture extérieure, formé d'un côté par la ligne de Béthune qui contourne le front sud de la ville, puis par la ligne d'Hazebrouck qui contourne très curieusement le front nord. Le circuit est complété par la ligne d'Armentières à Wavrin.

Lille, en communication directe avec toutes les grandes villes du département, l'est aussi avec celles de la Belgique : Bruges, Gand, Anvers par Courtrai; Bruxelles et Mons par Tournai. Elle est le rendez-vous naturel des commerçants belges et français. Ainsi s'explique l'importance de ses marchés hebdomadaires.

Canaux.

Dans notre pays de plateaux et de plaines, les cours d'eau forment comme une sorte de grand collecteur où des conduits latéraux amènent de droite et de gauche les eaux pluviales. Ces conduits sont à peine séparés à leur naissance par des seuils insensibles. Quelques-uns ont même changé de destination, comme la *Sensée* qui, au lieu de se déverser dans l'Escaut, était autrefois un affluent de la Scarpe.

Relier entre eux ces déversoirs en les rendant largement accessibles était chose relativement facile. Dès le règne de Louis XIV, Vauban commença ce travail qui, achevé et perfectionné après lui, a donné les canaux de Flandre.

Ils communiquent avec Paris par un tronc commun qui, sous le nom de *canal de Saint-Quentin* et de *canal Crozat*, va rejoindre le cours de l'Oise.

Pour passer du bassin de la Somme à celui de l'Escaut, il a fallu percer un tunnel long de 5 700 mètres à l'issue duquel le canal rencontre l'Escaut et entre dans le département du Nord un peu au sud de Marcoing.

Entre Cambrai et Bouchain, à Étrun, la ligne principale

quitte l'Escaut pour suivre la Sensée : il y a au *rond-point d'Étrun* un mouvement de batellerie considérable. Aux environs d'Arleux, le canal quitte la Sensée pour aller rejoindre la Scarpe à Corbehem, sur la limite même du département. La Scarpe lui prête ses eaux jusqu'à Dorignies (pont de la Deule), où un grand fossé de jonction le mène au travers du Pas-de-Calais jusqu'à la Souchez ou Haute-Deule. Le canal de la Haute-Deule rentre dans le département à Bauvin pour se prolonger jusqu'à Lille ; mais ce n'est déjà plus qu'un embranchement, car de Bauvin jusqu'à la Bassée, la ligne principale sert de frontière entre le Nord et le Pas-de-Calais pour se prolonger dans ce dernier département jusqu'à Aire et Saint-Omer, et rentrer enfin dans le Nord avec la rivière de l'Aa un peu au-dessous de Watten.

Là, elle forme trident. La branche médiane ramasse les eaux de l'Aa et va rejoindre Gravelines, formant la limite du département du Nord et fournissant en temps opportun des eaux d'irrigation. La branche de gauche va rejoindre Calais. La branche de droite recueille les eaux paresseuses qu'on appelle la *Colme :* par le canal de la haute Colme, nous allons de Watten à Bergues ; par celui de la basse Colme, nous allons jusqu'à la frontière vers Furnes.

Vauban. — Né en 1633 à Saint-Léger-de-Foucherets (Yonne). Entra au service comme soldat, devint officier en qualité d'ingénieur, dirigea tous les sièges des grandes guerres de Louis XIV, fortifia toutes les places de la frontière, créa l'arme du génie. Il fut un des précurseurs de l'économie politique par son livre la *Dîme royale.* Saint-Simon appelle Vauban « le plus honnête homme de son siècle ». Il appartient au département du Nord par sa qualité de gouverneur de Lille qu'il garda jusqu'à sa mort (1667-1707).

Un petit embranchement de deux kilomètres permet au gros bourg d'Hondschoote d'expédier par voie d'eau ses produits agricoles. Un autre, très important, met en relations Bergues et Dunkerque. C'est ainsi que la grande voie des canaux de Flandre rattache Paris aux trois ports de la mer du Nord.

La grande ligne des canaux de Flandre a de nombreux embranchements.

D'abord l'*Escaut canalisé* met en relations Étrun avec Bouchain, Denain, Valenciennes, Condé et aussi avec les grandes villes belges de Gand et d'Anvers, sans oublier Mons.

La *Scarpe*, canalisée à partir de Dorignies, vient rejoindre Mortagne-sur-Escaut en passant par Marchiennes et Saint-Amand.

Au delà de Lille, la *Deule* canalisée prend le nom de canal de la Basse-Deule et va rejoindre la Lys à Deulémont. Toutefois, à Marquette, une nouvelle branche se détache sous le nom de canal de Roubaix, puis de canal de l'Espierre, pour aller rejoindre l'Escaut.

La *Lys*, canalisée depuis Aire, indépendamment de la communication qu'elle procure avec les villes belges, rattache à la grande ligne Merville et Armentières.

Le canal de la *Nieppe*, partant de Thiennes, et celui de la *Bourre*, partant de Merville, viennent se réunir à la Motte-au-Bois en poussant une pointe jusqu'à Hazebrouck.

Les canaux de Flandre sont en immense progrès depuis dix ans. Ils deviennent insuffisants, à tel point qu'on a songé à les doubler par un grand canal dont la construction rendrait de réels services.

Ce canal s'appellerait très improprement le *Canal du Nord* : il devrait s'appeler du Pas-de-Calais. Se détachant du canal de la Haute-Deule à Courcelle-lès-Lens, il éviterait la traversée de Douai suivie d'un long détour et de l'encombrement sur le canal de Saint-Quentin. Il irait rejoindre l'Oise à Noyon et formerait jusqu'à Paris une seconde voie navigable, parallèle à l'Oise canalisée.

C'est là une fort belle conception que, pour des raisons d'économie, on est forcé de simplifier. On doit se contenter pour l'instant d'un projet de section allant d'Arleux à Janville sur l'Oise. Le canal du Nord ne rendra pas de services directs aux habitants du département ; mais il ne faut pas oublier qu'il facilitera l'écoulement des houilles sur Paris, qu'il rendra inutile la construction d'un canal maritime aboutissant à la capitale, et qu'il fermera ainsi l'accès aux houilles anglaises trop disposées à envahir le bassin parisien au détriment de celles du Nord.

Les ports.

Notre département a 35 kilomètres de côtes en bordure sur la mer du Nord. Ces côtes sont basses avec des dunes et de larges plages de sable comme celle de *Rosendaël*, près Dunkerque, où les baigneurs se donnent rendez-vous. Elles sont

Dunkerque, quatrième port de France, vient immédiatement après Marseille, le Havre et Bordeaux. Chaque année voit accroître son importance. C'est surtout avec l'Amérique du Sud et principalement avec la Plata que ses relations s'étendent le plus.

surtout importantes parce qu'elles assurent au département des ports qui lui sont propres.

Gravelines, à l'embouchure de l'Aa, n'est qu'un port de pêche, assez important toutefois pour envoyer chaque année un certain nombre de navires à la pêche de la morue vers les côtes d'Islande.

Mardyck n'est plus qu'un souvenir. Louis XIV songea à le faire revivre pour remplacer Dunkerque que le traité d'Utrecht condamnait à disparaître (1713), mais à la mort du roi, en 1715, les travaux furent abandonnés.

Le grand port de la région est *Dunkerque*. Son importance

date surtout de Louis XIV, qui en fit non seulement un grand entrepôt commercial, mais aussi un puissant arsenal maritime, perpétuelle menace pour l'Angleterre. Ceci explique la clause de la paix d'Utrecht dont nous parlons plus haut. Heureusement, une tempête détruisit, sous Louis XV, le batardeau élevé à l'entrée du port. Les Anglais n'osèrent pas demander une nouvelle destruction du port ainsi miraculeusement rétabli, ils se contentèrent d'exiger qu'il ne fût point fortifié. Dunkerque reprit alors son essor comme port de commerce.

Beaucoup plus récemment le traité du 15 juillet 1863 lui porta un coup funeste. La Belgique a un port merveilleusement situé : *Anvers* ; mais les deux rives de l'embouchure de l'Escaut sont hollandaises, et la Hollande prélevait une taxe à l'entrée. Comme le vent soufflait alors au libre-échange[1], on jugea cette situation intolérable. On racheta au roi de Hollande le péage de l'Escaut, et la France paya pour cela un million et demi. Les résultats se firent bientôt sentir. En 1860, le mouvement du port d'Anvers était de 239 165 tonnes, celui de Dunkerque de 154 984 tonnes, soit une différence de 55 0/0 en faveur d'Anvers. Quinze ans après, Anvers avait 3 146 981 tonnes, Dunkerque 662 047, soit en faveur d'Anvers une différence de 224 0/0 !

De plus, il se formait une légende, il était convenu que Dunkerque était mal outillé et manquait d'eau. D'intelligents travaux ont changé tout cela.

Le chenal a maintenant une profondeur de 9 mètres en temps ordinaire, 10 mètres aux marées de vives eaux, et les plus grands navires ont un tirant d'eau qui ne dépasse pas 8^m 50. L'outillage a été perfectionné et le déchargement se fait dans des conditions remarquables de célérité. En 1884 un navire avait un chargement de laine mi-partie pour le Havre et Dunkerque. Il déchargea en 3 jours 800 balles au Havre et en *46 heures* 4 000 balles à Dunkerque. Viennent maintenant des hangars, et Dunkerque pourra rivaliser avec Anvers.

---

1. **Libre-échange**, théorie qui soutient que les communications commerciales entre les peuples doivent être affranchies de prohibitions et d'impôts.

L'accroissement des relations avec la République Argentine entre pour beaucoup dans ce regain de prospérité du port de Dunkerque.

Les industriels du Nord ont pris l'excellente résolution d'aller chercher la laine dans le pays de production et d'affréter les navires qui la portent pour Dunkerque. C'est surtout Roubaix et Tourcoing qui se servent ainsi de Dunkerque. Le coton des Indes est de même expédié *directement* sur notre port. Les industriels de Roubaix estiment que cette façon de procéder leur vaut une économie d'environ 20 francs sur 100 kilogrammes de matière première. Mais voilà qu'arrivées à Dunkerque, ces matières premières étaient facilement transportables par canaux. Le chemin de fer du Nord fut obligé de remanier ses tarifs pour Roubaix et Tourcoing et, au mois de juin 1886, accorda une baisse de 34 0/0.

Grâce à tout cela, l'industriel de Roubaix et Tourcoing ne paye pas plus maintenant pour le transfert de Dunkerque à son usine que celui de Londres pour le seul transbordement des docks de la Tamise, et par conséquent beaucoup moins cher que les industriels de Manchester ou de Bradford.

Cet exemple fait toucher du doigt l'heureuse influence que peut exercer sur tout le commerce et l'industrie d'une région le développement bien compris d'un bon port.

Il est fâcheux de constater que ce progrès n'est encore que partiel.

Fourmies et le Cateau reçoivent très peu de matières premières par les ports français de la Manche ou de la mer du Nord. La cause en est dans les tarifs trop élevés du chemin de fer pour le trajet entre l'usine et ces ports.

Tout ce qui vient de Londres prend la voie d'Anvers, et toutes les laines de la Plata et d'Australie arrivent à Fourmies par Erquelines et la Belgique ; les ports français ont conservé par là fort mauvaise réputation, et les ports d'Anvers et de Londres passent pour être *autrement outillés* en vue du chargement et du déchargement que les nôtres.

Un abaissement des tarifs du chemin de fer et un dernier effort pour le complet perfectionnement du port de Dunkerque pourront changer tout cela.

HISTOIRE

La conquête romaine. — Le comté de Flandre.

Quand parurent les Romains, il y a de cela près de deux mille années, notre pays était habité par une population de race celtique appartenant au groupe belge que *César*, dans ses *Commentaires*, signale comme particulièrement redoutable. On trouvait au nord des *Morins*, au centre des *Atrébates* et des *Ménapiens*, au sud des *Nerviens*. — Tous résistèrent héroïquement, mais une fois vaincus ils acceptèrent aisément la domination romaine, d'ailleurs douce et bienfaisante, apportant la civilisation et la paix au lieu des luttes intestines et des continuelles guerres civiles.

Bavai devint la capitale du sud. De là rayonnaient huit grandes routes, vers Cologne, Trèves, Reims, Saint-Quentin, Cambrai, la mer, Gand et Utrecht. Au temps des Francs mérovingiens, la reine *Brunehaut* répara ces chaussées romaines. En récompense, la moderne Bavai lui a élevé une statue de bronze sur la place publique.

Au nord, *Cassel* faisait le pendant de Bavai, mais avec une importance moindre, sa position étant plus excentrique.

Bavai fut détruite lors de la grande invasion des Barbares entre 406 et 412. *Cambrai* hérita de sa prospérité et devint le siège d'un royaume franc avant l'unification faite par Clovis.

De très bonne heure, notre région manifesta des tendances séparatistes et chercha à se donner un gouvernement particulier. Cependant la Flandre ne fut érigée en comté que sous *Bauduin-Bras-de-Fer*, ainsi surnommé pour avoir battu les Normands et attaché leurs cadavres aux créneaux de son *château de l'Isle*. Cette émancipation définitive de la Flandre se fait sous le règne de *Charles le Chauve* en 863. Le comté de Flandre comprenait alors, outre la Flandre française, la partie occidentale de la Belgique actuelle avec les villes de Gand, Ypres et Bruges.

A partir de ce moment, les Flamands ont une indépendance véritable qu'ils défendent avec énergie contre l'étranger et aussi contre leurs propres seigneurs. C'est ainsi qu'ils chassent leur comtesse Richilde pour se donner à *Robert le Frison*.

Le roi de France, Philippe Ier, qui prit fait et cause pour Richilde, se fit battre à Cassel (1071). Les Cassellois ont perpétué ce souvenir en attribuant la figure de Robert le Frison à leur *Reuse*, géant d'osier et de carton qu'ils promènent dans leur ville le jour du mardi gras.

Ils furent moins heureux lorsqu'en 1328 ils chassèrent leur comte Louis de Male. Un autre Philippe de France (Philippe VI) vint défendre le comte expulsé; on vit une seconde bataille de Cassel où, cette fois, les Flamands furent battus. Ils durent reprendre leur comte.

Rois de France et comtes de Flandre.

Avant cette deuxième bataille de Cassel, la Flandre avait servi de champ clos entre l'élément français et l'élément germanique. En 1214, l'empereur d'Allemagne Otton y avait été battu à *Bouvines* par le roi de France Philippe-Auguste. C'est à peine si, de nos jours, un maigre monument signale au voyageur l'emplacement de cette terrible bataille. Le mont des Tombes est couronné de colza ; ne serait-il point temps de réparer cet oubli à la mémoire des *communes* de France dont les milices combattirent ce jour-là si vaillamment ?

L'industrie s'était développée en Flandre avec une énergie extraordinaire. Elle fournissait de drap toute l'Europe. Sa richesse tenta Philippe le Bel. Profitant du mécontentement des Flamands contre leur comte, il se fit accepter par eux comme souverain. Ils s'aperçurent bientôt qu'ils n'avaient pas gagné au change ; aussi, se soulevant en masse, ils massacrèrent les Français et anéantirent à *Courtrai* l'armée féodale envoyée contre eux (1302). Retenu par ses démêlés avec le pape, Philippe le Bel ne put se venger de suite ; mais dès qu'il fut libre, il se prépara à prendre sa revanche.

Les Flamands ne furent pas intimidés et lui barrèrent résolument le passage en avant de la Marcq. Longtemps on s'observa. Enfin, le chef des Flamands, Guillaume de Juliers, donna le signal. Le camp français fut surpris. Le roi pensa être pris. Mais après le premier moment de panique, les chevaliers se reformèrent et demeurèrent maîtres du champ de bataille. Toutefois, les Flamands furent si peu vaincus qu'ils se réunirent sans être inquiétés au sommet de la butte de *Mons-*

en-*Pévèle* et y sonnèrent d'éclatantes fanfares avant de rentrer à Lille.

Près de là se trouve un ravin qui s'appelle le *Parolan*. Une tradition locale rapporte qu'il est dû au cheval de Roland, qui, soulevant dans sa marche une énorme motte de terre, l'aurait transportée d'une seule enjambée près de Tournai pour former le mont de la Trinité. La vérité est que là se tint le *parlement* pour la conclusion d'une paix qui sanctionnait la liberté de la Flandre moyennant une somme d'argent dont Lille, Douai et Orchies furent les gages. En 1305, le traité d'Athis-sur-Orge, avec le comte Robert de Béthune, cédait définitivement ces trois villes au roi de France. Telle fut l'origine de la Flandre wallonne ou française.

Les ducs de Bourgogne. — La Flandre sous la domination espagnole.

En 1369, le roi de France Charles V maria son frère le duc de Bourgogne, Philippe le Hardi, avec Marguerite, unique héritière de la Flandre. Il fut si content de ce mariage qu'il rétrocéda les trois villes au nouveau comte de Flandre comme cadeau de noces. Il croyait la Flandre bien rattachée à la France : il n'en fut rien. La riche Flandre exerça une invincible attraction sur la pauvre Bourgogne qui passa bientôt à l'état de satellite de la plantureuse province du nord. Les successeurs de Philippe le Hardi furent, avant tout, des Flamands.

Il suffit, pour s'en convaincre, de jeter les yeux sur leurs portraits, précieusement conservés au musée de Lille. Celui de Charles le Téméraire en particulier contraste singulièrement avec les figures de fantaisie que lui prête l'imagerie française. Les Flamands acceptèrent de bon cœur la domination de ces ducs de Bourgogne. Ce fut pour eux une ère de prospérité. Philippe le Bon aimait à résider à Lille. Ce fut au palais Rihour que fut prononcé en grande pompe le célèbre *vœu du faisan*.

Le mariage de *Marguerite de Bourgogne* avec *Maximilien d'Autriche* fit de la Flandre une possession de l'empereur d'Allemagne, puis du roi d'Espagne ; elle appartint à Charles-Quint, puis à Philippe II.

Né à Gand, Charles-Quint était bien un Flamand. Son fils Philippe II était, au contraire, un sombre Espagnol. L'accord cessa bientôt de régner entre le prince et ses sujets.

Ils pensèrent un instant faire cause commune avec les Hollandais révoltés. Le protestantisme avait même fait son apparition à Valenciennes. Il fut noyé dans le sang. Tout compte fait, il n'y avait pas assez d'affinités entre les Hollandais et les Flamands pour les associer à une destinée commune. Sans enthousiasme, il est vrai, la Flandre se résigna à rester espagnole. Pendant ce temps, elle avait été le rendez-vous des diplomates; le traité de Cambrai y avait été signé entre Louise de Savoie, mère de François I er, et Marguerite de Parme, sœur de Charles-Quint, d'où le nom de *paix des Dames* (1529). En 1555, la trêve de Vaucelles fut signée dans la grande salle de l'abbaye de ce nom, dont il ne reste plus que des ruines utilisées par une ferme — les poules remplacent maintenant les ambassadeurs. — Enfin, en 1559, la paix définitive fut signée au Cateau entre Philippe II, roi d'Espagne, et Henri II, roi de France.

La période française de la guerre de Trente ans fut une occasion pour les Français de paraître d'une façon moins pacifique en Flandre. *Turenne* prit Maubeuge et Condé, mais échoua devant Valenciennes. Après sa victoire des *Dunes*, Dunkerque fut prise, mais pour être donnée aux Anglais, nos alliés. En 1659, le traité des Pyrénées régla la situation. *Mazarin* se fit céder par l'Espagne Bourbourg et Gravelines qui, avec Saint-Venant, formaient un circuit fortifié isolant Dunkerque. Avesnes, Landrecies et le Quesnoy furent aussi cédés au roi de France.

Conquête de la Flandre par Louis XIV. — La troisième bataille de Cassel.

Louis XIV avait épousé *Marie-Thérèse*, fille du roi d'Espagne Philippe IV. La jeune reine avait renoncé à toute prétention à la succession d'Espagne. A la mort de son beau-père, Louis XIV n'en réclama pas moins la Flandre (1667). Ses droits étaient douteux ; mais les Espagnols étaient peu nombreux et sans argent. Le roi de France entrait en campagne avec 100 000 hommes et Turenne. Il fit une véritable promenade militaire. Douai ne résista que quatre jours, assez pourtant pour que *Vauban*, le célèbre ingénieur, y fût blessé d'un coup de mousquet à la joue. Lille capitula le 27 août.

Le *traité d'Aix-la-Chapelle*, en 1668, donna à la France Douai, Lille, Armentières, Bergues. D'habiles négociations lui valurent Dunkerque qui fut rachetée aux Anglais.

Vauban, nommé gouverneur de Lille, se hâta de transformer d'une façon formidable les fortifications de ces places frontières. Il était visible que la paix d'Aix-la-Chapelle n'était pas définitive. L'Espagne avait gardé en France des enclaves utiles seulement pour une reprise des hostilités. De son côté, Louis XIV s'était ménagé en Belgique des positions avancées pour une nouvelle offensive. Ainsi s'explique cette bizarrerie apparente des Espagnols gardant Valenciennes, Bouchain et Cambrai sur l'Escaut, tandis que le roi de France se faisait céder sur le même fleuve, mais plus au nord, Tournai avec la position excentrique de Courtrai sur la Lys.

Ce fut l'Espagne qui prit les devants. Quand elle vit une coalition se former contre la France aux prises avec la Hollande, elle se hâta d'y accéder. Elle en fut cruellement punie. — Le 21 avril 1676, Condé était investie, elle capitula le 26. Dès le 2 mai l'armée du roi entourait Bouchain. Vainement *Guillaume d'Orange* et les Hollandais partis de Valenciennes, s'avancèrent jusqu'à *la cense Heurtebise;* à la vue des bonnes dispositions prises par l'armée française que commandait *le roi en personne*, ils durent battre en retraite sans rien tenter pour délivrer Bouchain qui capitula le 11 mai. En 1677, ce fut le tour de Valenciennes. La tranchée fut ouverte le 9 mars ; le 17 les mousquetaires entraient de haute lutte dans la ville. Le 22, le roi était devant Cambrai qui capitula le 3 avril. Le 11 avril, Guillaume d'Orange était complètement battu à Cassel par Monsieur, frère du roi, c'est-à-dire par Philippe d'Orléans, assisté, il est vrai, du maréchal de Luxembourg.

Guillaume d'Orange et son armée étaient partis d'Ypres pour dégager Saint-Omer qu'assiégeaient les Français. L'armée de soutien courut à sa rencontre et se rangea derrière la Peene, gros ruisseau ou *becque* issu des environs du mont Cassel. Les Hollandais jetèrent des ponts sur ce ruisseau et le traversèrent, non sans jeter un certain désordre parmi leurs adversaires. Heureusement, le duc de Luxembourg, placé à Nordpeene qui formait la gauche des Français, chargea avec une incomparable furie, rompit les Hollandais surpris à la rencontre d'un nouveau ruisseau, le *Lyncke*, dont ils ignoraient l'existence, les mit en déroute de telle sorte que la plupart s'enfuirent d'une traite jusqu'à Ypres. — Depuis 1865, un monument rappelant cette victoire a été élevé au sud du village de Nordpeene, près du confluent des deux rivières. — Un autre du même genre, au sommet de la montagne, rappelle les trois batailles de Cassel (1071-1328-1677).

A la paix de Nimègue en 1678, les Espagnols payèrent pour tout le monde. A l'est ils nous cédaient la Franche-Comté ; au nord toutes les villes de l'Escaut. Cambrai, Bouchain, Valenciennes, Condé étaient définitivement abandonnées à la France, à la grande joie de Vauban qui les considérait comme « un pré carré que vingt années de guerre ne pourraient arracher ». Il en compléta bientôt les défenses, sans se douter qu'on serait heureux de les trouver du vivant même du grand roi.

Siège de Lille en 1708. — Victoire de Denain.

Louis XIV avait eu le bon esprit de laisser à la Flandre ses coutumes et privilèges : il respecta les franchises des villes, contribua à leur agrandissement et à leur prospérité. Aussi la domination française fut-elle très vite acceptée, et les Flamands montrèrent un véritable héroïsme toutes les fois qu'on voulut les séparer de leur nouvelle patrie.

On le vit dès 1708. La guerre de succession d'Espagne avait provoqué une nouvelle coalition contre la France. Les défaites de Ramillies et d'Oudenarde rendirent possible l'invasion de la Flandre, et une armée commandée par le *prince Eugène* parut devant Lille en 1708.

Vauban était mort, mais avait trouvé comme gouverneur de Lille un digne successeur dans le maréchal *de Boufflers*. Ce dernier déploya dans la défense de la place les plus grands talents et la plus rare énergie. Il fut admirablement secondé par les habitants qui arrachaient le plomb de leurs toits pour fondre des balles. L'investissement avait été achevé le 14 août, la ville ne capitula que le 22 octobre. Encore Boufflers se retira-t-il dans la citadelle, chef-d'œuvre de Vauban, et y tint quarante jours, ne se rendant qu'après avoir épuisé tous ses vivres et toutes ses munitions.

L'année 1709 nous fut encore plus funeste. Un hiver terrible mit le comble à nos misères. Il eut du moins ce résultat inattendu de fournir un nombre prodigieux de soldats. Les paysans, réduits à la dernière détresse, s'engageaient pour pouvoir manger. La pénurie était si grande qu'il fallait se résigner à jeûner un jour sur deux. Le soldat accepta cette dure extrémité. On espérait être récompensé de tant de sacrifices par la victoire, il n'en fut rien. Mons était menacée. Le maréchal de *Villars* voulut la couvrir. Il rencontra les alliés à *Malplaquet*. Là s'engagea une terrible bataille où nous eûmes huit mille morts, tandis que l'ennemi en comptait vingt mille, mais il resta maître du champ de bataille. Villars avait été blessé, et tout ce que Boufflers, son lieutenant volontaire, avait pu faire avec de jeunes troupes était de battre en retraite fièrement entre le Quesnoy et Valenciennes (11 septembre 1709).

Villars. — Général du roi Louis XIV, qui sauva la France par la victoire de Denain (1712). — Il avait déjà arrêté l'élan de l'ennemi à la furieuse bataille de Malplaquet (1709).

L'année 1710 vit la chute de Douai. En 1711, une pointe hardie de *Marlborough*, le général anglais, le rendit maître de Bouchain et lui ménagea un passage entre Valenciennes et Cambrai. Ce fut son dernier succès. Une intrigue de cour avait amené son rappel en Angleterre. La reine Anne négociait avec Louis XIV et se retirait de la coalition. Cette défection n'affaiblissait que fort peu nos ennemis. L'Angleterre soldait un fort contingent allemand, la Hollande se chargea de ce surcroît de dépense, tandis que les 6 000 Anglais allaient prendre possession de Dunkerque, gage qu'ils devaient garder jusqu'à la paix définitive.

Les Allemands et les Hollandais résolurent d'agir avec la plus grande vigueur. Le Quesnoy fut pris en juillet 1712 par le prince Eugène, Landrecies fut assiégée à son tour. C'est alors que Villars changea la face des choses par sa belle victoire de *Denain*.

Le prince Eugène avait laissé tous ses approvisionnements et toutes ses munitions à Marchiennes. Entre deux il avait placé à Denain le général Albemarle pour garder ses communications. Villars vit combien cette ligne était étendue et résolut de la percer en son centre. Pour cela, il réunit tous les dragons de son armée avec ordre de se porter en vue de Landrecies. Eugène crut à une attaque imminente et rappela les corps détachés qui le reliaient à Denain pour attendre le choc derrière ses lignes. Pendant ce temps les dragons se repliaient sans être inquiétés sur la ville de Guise (Aisne) et Villars accablait Albemarle à Denain (24 juillet 1712). Marchiennes est enlevée six jours après ; l'armée française se trouve largement pourvue, tandis que ses ennemis manquent de tout. Le siège de Landrecies est levé, Douai, le Quesnoy, Bouchain, reprises en quelques jours. Les choses sont remises en l'état où elles étaient au commencement de 1709. La paix d'Utrecht couronna ces belles opérations. Elle laissait à la France toutes ses acquisitions de la paix de Nimègue, la Flandre restait définitivement française.

Les guerres de la Révolution. — Siège de Lille en 1792.

La Flandre prospéra en paix jusqu'à la Révolution. Lille vit seulement les troupes du roi Louis XV se concentrer sous ses murs avant le siège de Tournai, qui devait être cause de la glorieuse bataille de Fontenoy. Mais quand Louis XVI eut déclaré la guerre à l'Autriche, la Flandre vit de nouveau le passage des armées.

Les traités d'Utrecht avaient donné la Belgique à l'Autriche;

mais en 1790, les Belges s'étaient soulevés en masse contre l'empereur Joseph II qui voulait les germaniser et les soustraire à l'influence de leur clergé national. On se méprit en France sur la portée de ce mouvement que l'on crut issu de notre révolution. Aussi, en 1792, c'était une opinion commune qu'il suffirait de la présence de quelques troupes françaises pour provoquer une nouvelle prise d'armes dans ce pays qu'avait eu peine à pacifier l'habile diplomatie de l'empereur Léopold, successeur de Joseph II. On s'aperçut bientôt que c'était là une illusion.

4 000 hommes sous Théobald Dillon devaient marcher de Lille sur Tournai, tandis que 10 000 hommes avec Biron partiraient de Valenciennes sur Mons.

Mais les troupes manquaient de confiance en leurs chefs. Au lieu de Belges amis qu'on croyait rencontrer, la troupe partie de Lille se heurta à Baisieux contre un détachement autrichien. Une panique se produisit, on cria à la trahison : les fuyards, rentrés à Lille, massacrèrent leur général et brûlèrent son cadavre en face de la bourse de commerce. A Valenciennes, les événements suivirent une marche analogue : les soldats s'enfuirent sans avoir vu l'ennemi et peu s'en fallut que Biron n'eût le même sort que son collègue de Lille (avril 1792).

Ce lamentable échec des Français et aussi la prise de Longwy et de Verdun par les Prussiens décidèrent les Autrichiens à envahir le département du Nord. 34 000 soldats sous les ordres du duc *Albert de Saxe-Teschen* vinrent mettre le siège devant Lille. On dit que sa femme, l'archiduchesse Marie-Christine, mit elle-même le feu à l'un des mortiers qui bombardaient la ville.

Le courage des Lillois fut au moins égal à celui de leurs ancêtres de 1708. « *Nous venons de renouveler notre serment d'être fidèles à la nation, de maintenir la liberté et l'égalité ou de mourir à notre poste. — Nous ne sommes pas des parjures.* » Telle fut la fière réponse que fit le maire *André* au parlementaire autrichien. Il était le fidèle interprète de la population entière.

Vainement l'ennemi lança 60 000 bombes ou boulets rouges qui ruinèrent la ville ; on demeura impassible. Le commandant de place *Ruault* trouva dans la population civile le concours le plus absolu. Les canonniers de la garde nationale firent merveille aux remparts et méritèrent pour leurs descendants cet honneur insigne d'avoir été maintenus lors de la suppression de la garde nationale en 1871. Il y eut des mots dignes des héros de l'antiquité. On vint dire à *Charlemagne Ovigneur*, commandant des canonniers, que sa mai-

Le barbier Masse. — Lors du bombardement de Lille en 1792, un barbier appelé Masse vit une bombe éclater devant la porte de sa boutique. Sans s'émouvoir, il ramassa un des éclats de la bombe et se servit de ce plat à barbe d'un nouveau genre pour raser la pratique. Cet à-propos eut beaucoup de succès. Une rue de Lille porte le nom *Barbier-Masse*.

son était la proie des flammes : « Eh bien, dit-il, rendons feu pour feu ! » et il retourna à ses pièces. — Un perruquier du quartier Saint-Sauveur fit preuve du plus beau sang-froid. Les boulets ont dévasté sa boutique, sa maison s'écroule, il ramasse un éclat de bombe et, séance tenante, rase quatorze citoyens dans la rue.

Tant de constance devait être récompensée. Le 8 octobre, les Autrichiens levaient le siège. Une colonne commémorative de ce siège, surmontée d'une statue symbolique que les Lillois appellent familièrement la *Déesse*, a été élevée sur la grande place de Lille. Elle rappelle que le 12 octobre la Convention déclara que Lille avait bien mérité de la patrie.

L'invasion de 1793. — Victoires d'Hondschoote et de Wattignies.

La fin de l'année 1792 vit la conquête de la Belgique par les jeunes armées de la République. Le département du Nord se crut pour longtemps à l'abri de l'invasion. La trahison de *Dumouriez*, à la suite de sa défaite de Nerwinden, ramena pourtant l'ennemi sur notre territoire (1793). Vainement le général *Dampierre* chercha à couvrir la frontière avec l'armée qu'il organisait au camp de Famars, près de Valenciennes. Il fut tué devant le bois de Vicoigne en cherchant à barrer la route de Quiévrain. Son successeur, *Custine*, ne put ou ne voulut rien faire pour défendre les places de Valenciennes et de Condé, qui capitulèrent après une défense héroïque. Condé résista quatre mois, perdant 2 500 hommes sur les 4 000 qui composaient sa garnison. Valenciennes, moins heureuse que Lille, avait pourtant montré une égale constance. Elle avait subi 43 jours et autant de nuits de bombardement, reçu 152 000 projectiles ! Les alliés étaient maîtres de l'Escaut, la France sérieusement menacée ; heureusement, nos ennemis se divisèrent.

Les Anglo-Hollandais avec le duc d'York vinrent assiéger

Dumouriez.— Né à Cambrai en 1739, eut une carrière des plus aventureuses. Il se signala en Corse lors de la conquête de cette île (1768), parcourut l'Europe et essaya d'empêcher avec l'armée polonaise le premier partage de la Pologne en 1772. Sa connaissance des différentes cours d'Europe lui valut d'être nommé ministre des affaires étrangères en 1793, mais il abandonna bientôt ce poste pour commander l'armée qui battit les Prussiens à Valmy, les Autrichiens à Jemmapes. Vaincu à son tour à Nerwinden (1793), il conçut la pensée coupable de passer à l'ennemi avec son armée, mais ses soldats refusèrent de le suivre. Il partit suivi seulement de quelques amis et mourut à Londres en 1823.

L'INVASION DE 1793. — HONDSCHOOTE. — WATTIGNIES

Dunkerque. Le général *Souham*, admirablement secondé par *Hoche*, défendit la place.

Une armée de secours, conduite par *Houchard*, vainquit à *Hondschoote* le maréchal Freytag et rejeta sur Furnes l'armée qui couvrait le siège. En se portant vivement d'Hondschoote sur Ghyvelde, Houchard coupait la retraite au duc d'York et le capturait : la chose paraît facile aujourd'hui qu'une belle route part du pont aux Cerfs, à trois kilomètres d'Hondschoote, pour aller rejoindre la route de Dunkerque à Furnes au travers des Moëres ; mais cette route n'existait pas alors. Houchard hésita à s'engager dans ce fouillis de marais : il paya de sa tête cet instant d'indécision (8 septembre).

Cobourg avec les Autrichiens s'était séparé des Anglais à Bouchain, qui avait succombé à son tour. Il se porta sur la forêt de Mormal et le Quesnoy, dont il s'empara le 11 septembre. Puis il mit le siège devant Maubeuge. En s'étendant

Statue commémorative de la bataille d'Hondschoote. — Cette statue a été inaugurée sur la grand place d'Hondschoote le 15 juin 1890. Elle est l'œuvre de M. Albert Darcq.

ainsi en largeur et en négligeant de marcher sur Paris, Cobourg avait permis au Comité de Salut public de rassembler à Guise 40 000 hommes avec *Jourdan* et *Carnot*. Ils s'avancèrent pour débloquer Maubeuge. Cobourg plaça son armée sur une ligne perpendiculaire à la Sambre, partant de Berlaimont pour aboutir à Dimechaux. Dans ce pays ondulé, couvert de bois, il avait utilisé tous les accidents de terrain en les couvrant d'artillerie pour une savante défensive. A la vue de ces lignes formidables, il déclarait que si les Républicains passaient par là il se ferait sans-culotte[1]. Les Ré-

---

[1] **Sans-culotte**, nom sous lequel on désignait certains révolutionnaires.

publicains passèrent cependant. *Wattignies* et *Dourlers* furent enlevés au chant de la *Marseillaise* après deux jours de lutte acharnée (15 et 16 octobre). — L'armée autrichienne, coupée en deux, dut battre en retraite. Inutile d'ajouter que Cobourg ne tint pas sa promesse.

Maubeuge débloquée, l'invasion arrêtée furent les consé-

A la bataille de Wattignies, Carnot, alors ministre de la guerre, prit le fusil comme un simple soldat, et, se plaçant en tête des colonnes d'attaque, entraîna les jeunes recrues qui enlevèrent de haute lutte les retranchements autrichiens.

quences de cette belle victoire. Restait maintenant à reprendre le terrain perdu, ce fut l'œuvre de l'année 1794.

Au lieu d'attaquer de front la ligne de l'Escaut, on résolut de la tourner. *Pichegru* opéra entre Lille et la mer, fit une pointe hardie le long de la Lys, découvrant ainsi Lille sur laquelle le duc d'York se hâta de se porter. Mais Pichegru, revenant à propos, lui infligea un cruel échec à Tourcoing (18 mai). En attirant sur lui le gros des forces ennemies, Pichegru rendit possible le passage de la Sambre par une seconde armée que commandait Jourdan.

La belle victoire de *Fleurus* (26 juin) assura notre situation de ce côté. Les deux généraux français cherchèrent désormais à se rejoindre en formant un angle dont le sommet était à Bruxelles.

Les Autrichiens demeurés en France étaient perdus s'ils ne rétrogradaient en toute hâte. Ainsi s'explique la prompte chute de Landrecies, le Quesnoy, Bouchain, Valenciennes et Condé. La forêt de Mormal, couverte de retranchements, fut évacuée sans combat, non sans avoir été abattue sur une étendue de 767 arpents.

Ce fut la dernière fois que notre département vit une invasion sérieuse. Pendant la campagne de France (1814), les alliés ne firent que le traverser. Une surprise tentée sans succès par les Prussiens contre Landrecies est le seul fait de guerre se rapportant au département pour la funeste année 1870.

Flamands et Wallons. — Personnages illustres : hommes de guerre.

Lorsque l'Assemblée constituante, rompant le cadre provincial pour mieux assurer l'unité nationale, créa la division en départements, le nôtre fut formé de la Flandre, du Hainaut français, du Cambrésis et de quelques parcelles d'Artois et de Picardie (Vermandois).

On prévoit par cette seule énumération certaines différences dans la population. L'habitant du Hainaut est déjà presque un Ardennais : il est plus vif, plus alerte et aussi plus expansif. Le Flamand, plus lourd, est en même temps plus calme. Mais chez les Flamands eux-mêmes il y a des différences.

A partir de Bailleul, dans les arrondissements d'Hazebrouck et de Cassel, on trouve les *Flamingants*. Sans doute on parle français dans cette région, et même, depuis vingt ans, des progrès considérables ont été faits dans ce sens, mais le langage flamand ne disparaît point pour cela, et, les jours de *ducasse*, au dessert des longs dîners, quand les langues se délient, c'est toujours en flamand que s'engagent les bruyantes conversations particulières. Le Flamand de Lille est un *Wallon*, et dans le pays flamingant il entend murmurer sur son passage : « C'est un Français ! »

Ceci posé, il ne faudrait pas conclure à un antagonisme de

race : Flamingants et Français rivalisent d'amour pour la patrie commune et se signalent par le même esprit militaire.

Il était de Meteren, ce brave colonel *Cremer* qui tomba criblé de coups à la tête de son régiment de turcos lors de la bataille de Wissembourg ! Pour ne citer que les généraux flamingants, le major général du duc d'Angoulême dans l'expédition d'Espagne de 1823, *Guilleminot*, était de Dunkerque. Un des plus braves divisionnaires de Napoléon Ier, *Vandamme*, était un enfant de Cassel comme aussi *Gobrecht*.

Jean-Bart (d'après Brun).— Célèbre marin né à Dunkerque en 1651, fit la guerre de *course* pendant le règne de Louis XIV, brûla plus de 80 navires anglais dans la Manche, ravitailla Dunkerque assiégée, après un combat où il tua de sa main l'amiral ennemi.

L'intrépide corsaire *Jean Bart* est comme le patron guerrier de Dunkerque : un hymne d'une facture large et d'un effet puissant est consacré à sa mémoire, et du haut de la tour Saint-Éloi, le carillon répète toutes les heures ce chant national des Dunkerquois.

Les Wallons ont pour eux *Dumouriez*, originaire de Cambrai, qui ternit par une misérable trahison la gloire conquise sur les champs de bataille de Valmy et de Jemmapes. Plus pure est la mémoire de *Corbineau*, général de cavalerie, né à Marchiennes; ce fut lui qui trouva, à la Bérézina, le gué par où put s'échapper le reste de la grande armée dans la néfaste retraite de 1812, lui qui défendit Reims avec une poignée d'hommes, après avoir sauvé la vie de l'empereur à la bataille de Brienne.

Mortier, parti du Cateau comme simple soldat, devint maréchal de France et duc de Trévise. *Durutte*, de Douai, s'engagea en 1792 et devint général de division; en 1814 il défendit Metz contre une armée russe, et les habitants lui offrirent une épée d'honneur en souvenir de sa belle conduite; l'année suivante, il avait le poignet fracassé à la bataille de Waterloo. — A côté de ces noms, il convient de signaler celui d'un ouvrier de Lille, *Mathey*, engagé volontaire avec ses trois fils en 1793. Blessé mortellement au siège d'Ypres, et voyant ses enfants fondre en larmes : « Cessez de vous affliger, dit-il, je meurs content si vous jurez de venger ma mort en combattant pour la République. »

« Cessez de vous affliger, je meurs content si vous jurez de venger ma mort en combattant pour la République. »

Le Hainaut s'enorgueillit à bon droit de *Dupleix*, originaire de Landrecies, qui nous aurait donné l'empire des Indes, si le gouvernement de Louis XV ne l'avait abandonné dans son entreprise. Dupleix expia les services

Dupleix. — Né à Landrecies. Gouverneur de Pondichéry et directeur général des comptoirs de la Compagnie des Indes françaises, il sut se mêler habilement aux démêlés des princes indiens ou nababs, les transforma en clients de la France et se fit céder les côtes de Coromandel et d'Orissa dans le Dekan (900 kil.). C'était un magnifique empire colonial que nous ne sûmes point garder. Dupleix fut rappelé sur la demande des Anglais, qui reprirent son système pour leur propre compte. Il mourut à Paris en 1763 dans le chagrin et la pauvreté. Sa ville natale lui a élevé une statue en septembre 1888.

qu'il avait voulu rendre par la ruine et un séjour à la

Bastille. Sa ville natale, reconnaissante, lui a élevé une belle statue inaugurée en septembre 1888.

Les femmes ne le cèdent pas aux hommes pour l'esprit militaire. En 1582, les *Hurlus* ou Huguenots de Tournai tentent un coup de main sur Lille, qui succombait sans la présence toute fortuite des archers de Saint-Sébastien dans un cabaret voisin des remparts. L'hôtesse, *Jeanne Maillotte*, saisit une hallebarde, se met à la tête de la confrérie et les Hurlus sont repoussés. — *Madeleine Caulier* est originaire d'Avelin, près de Pont-à-Marcq. Au siège de Lille en 1708, elle traverse toutes les lignes ennemies pour apporter des dépêches dans la place, demande pour récompense de servir son pays et périt en combattant à Denain. — Cette héroïne a pour émules deux jeunes filles de Mortagne-sur-Escaut, les demoiselles *de Fernig*. Leur père commandait en 1792 la garde nationale du pays. On organisait des battues de nuit contre les maraudeurs autrichiens. Un matin on surprend deux soldats qui cherchaient à se dissimuler derrière les haies: on les arrête. Le père reconnaît alors ses deux filles. Il les autorisa à garder l'uniforme, elles devinrent de vaillantes amazones et combattirent comme officiers d'état-major de Dumouriez à Valmy et à Jemmapes.

François Cotigny, dit Brûle-Maison. — Chansonnier lillois né en 1678, mort en 1740. Il se tenait d'ordinaire sur la grande place où il chantait en plein vent ses improvisations. Avant de commencer la séance, pour attirer les auditeurs, il avait l'habitude de brûler une petite maison de carton, ce qui lui valut son surnom.

Les écrivains. — L'architecture.

L'habitant du Nord a un côté matériel qui se retrouve toujours : il a un tempérament plus artistique que littéraire.

Cela ne veut pas dire qu'il soit insensible aux beautés de la littérature : il les ressent vivement. Deux grandes tragédiennes du commencement du siècle, Mlle Clairon et Mlle Duchesnois, sont nées l'une à Condé, l'autre à Saint-Saulve, près de Valenciennes. Le grand acteur Talma passa toute son enfance en Flandre; il était Flamand par l'éducation.

Le département du Nord a eu ses poètes : Mme Desbordes-Valmore, née à Douai, a écrit un recueil de poésies dont plusieurs révèlent une exquise sensibilité, par exemple celle intitulée l'*Oreiller d'une petite fille*. Le genre léger semble convenir au pays qui a produit de si remarquables chansonniers comme le Lillois François Cotigny, dit Brûle-Maison, au XVIIIe siècle. A notre époque, sa verve s'est retrouvée épurée chez son compatriote Desrousseaux, l'auteur du *Petit Quinquin* et de cette charmante poésie appelée l'*Habit de mon vieux grand-père*. — Il est vrai que leur muse parle patois ; il n'en est pas de même pour le Roubaisien Nadaud, auteur de tant de chansons satiriques, souvent philosophiques, toujours spirituelles.

Froissart. — Cet illustre chroniqueur naquit à Valenciennes en 1337 et mourut à Chimay vers 1410. Il voyagea beaucoup, visita l'Angleterre, l'Ecosse, l'Italie, l'Allemagne. Il se plaît au récit des batailles et des beaux coups d'épée; malheureusement il oublie trop que la plupart de ces coups retombent sur la France. Grand admirateur de la féodalité, il n'a que du mépris et du dédain pour Jacques Bonhomme, c'est-à-dire le paysan.

La prose est surtout représentée par des historiens. Jean Froissart est de Valenciennes, Monstrelet vit le jour à Cambrai, mais ses chroniques sur l'époque de Louis XI sont singulièrement dépassées par l'histoire de ce prince signée du nom de Philippe de Comines, originaire de Comines, véritable historien moderne. Le géographe Gosselin est originaire de Lille.

Le tempérament artistique de l'habitant du Nord se manifestait déjà au temps des libertés communales. Les beffrois semblaient leur donner une forme tangible en dominant la plaine avoisinante. Tel est celui de Douai, tel est aussi celui de Bergues, flanqué aux quatre angles d'élégants clochetons qui forment cortège au clocher central, travaillé à jour, de façon à laisser voir les cloches du carillon. Les *maisons de ville* étaient construites avec luxe : le plus beau type est le merveilleux hôtel de ville de Valenciennes[1], construit en 1612 dans le goût de la Renaissance. Dans des proportions moindres, mais non dépourvu d'élégance, s'élève l'hôtel de ville de Cassel[2], construit en 1634, sous la domination espagnole. L'hôtel de ville de Cambrai date de la même année, avec le ménage modèle de Martin et de Martine qui surmonte le campanile, et qui, grâce aux horlogers de la ville, marche toujours d'accord depuis 1810.

On voit que c'est au XVIIe siècle que se manifeste ce goût propre au département du Nord pour l'architecture dite espagnole. Un autre curieux spécimen d'architecture est la tour de Saint-Amand[3], reste d'une église bâtie en 1632 par Nicolas Dubois, à la fois abbé et architecte. Il y a peut-être sur la surface une trop grande profusion d'ornements, mais l'ensemble est d'un effet imposant, et Pélisson écrivait à Mlle de Scudéri : « C'est un ouvrage de nos jours digne de la plus savante et de la plus superbe antiquité ». De l'abbaye dirigée par Nicolas Dubois il reste un pavillon occupé par la mairie.

Philippe de Comines. — Né au château de Comines en 1445. Il servit d'abord le duc de Bourgogne, mais effrayé de l'agitation fébrile de son maître lors de la fameuse entrevue de Péronne, il trouva moyen de faire passer à Louis XI l'avis d'accepter toutes les conditions qui lui seraient imposées. A la suite de cet important service, il passa à la cour du roi de France qui le combla de présents et en fit même un prince de Talmont. Sous Charles VIII, Philippe de Comines fut frappé d'une demi-disgrâce dont il employa les loisirs à écrire l'histoire du roi qu'il avait servi. Il mourut en 1509.

L'architecture militaire se ressent de la tendance générale de l'époque. Sans parler de la porte de Paris conservée à

---

1. Voir page 24.
2. Voir page 21.
3. Voir page 19.

Lille comme monument historique et datant de 1682, il convient de signaler la belle porte de Notre-Dame à Cambrai.

Peintres et sculpteurs.

Les sociétés musicales du département, orphéons ou harmonies, jouissent d'une juste réputation. C'est qu'en effet, l'habitant du Nord est musicien, mais à sa manière ; il est surtout exécutant, il n'est pas compositeur [1] : la musique frappe moins les sens que la peinture et la sculpture qui sont brillamment représentées.

Valenciennes a, de ce côté, une sorte de supériorité. Elle s'enorgueillit à bon droit du peintre Watteau qui fit école au XVIIIe siècle. A côté de lui Abel de Pujol, dans un genre tout différent, s'inspirant de David, tient une place honorable dans la première moitié du XIXe siècle. Le paysagiste moderne, Harpignies, est aussi de Valenciennes. Comme sculpteurs, elle a vu naître Henri Lemaire, l'auteur du magnifique fronton de l'église de la Madeleine à Paris ; la façade du grand Opéra est décorée de groupes, comme celui de la *danse*, dus au ciseau d'un autre enfant de Valenciennes, Carpeaux, fils

Watteau (Antoine) (d'après L.-O. Merson). — Naquit à Valenciennes en 1684 et choisit la carrière de la peinture. Il eut des débuts difficiles, mais sur la fin de sa vie devint fort à la mode. Il créa un genre nouveau, les bergeries ; mais ses bergers sont couverts de rubans, ses bergères portent des robes de soie, ses paysages ressemblent trop à des décors de théâtre. Il rachète ces défauts par la grâce de ses personnages et son coloris. Il mourut en 1721.

---

1. Il faut pourtant signaler l'auteur de l'opéra *le Roi d'Ys* : c'est Lalo, originaire de Lille.

d'un pauvre maçon et devenu l'un des maîtres de la sculpture contemporaine.

Les autres villes du département ont aussi leurs peintres et leurs sculpteurs.

Maubeuge est la patrie de Jean Mabuse, peintre célèbre du XVIe siècle. Avant lui, Jean Bologne, élève de Michel-Ange, avait illustré Douai, sa ville natale, en faisant passer dans ses sculptures une partie des qualités de son maître. C'est un Douaisien, Théophile Bra, qui fut de nos jours le maître du grand sculpteur David d'Angers. Lille a donné le jour à plusieurs peintres : à Wicar, fils d'un ouvrier charpentier, qui exagéra les défauts de son maître David ; mais surtout à Carolus Duran, un des peintres les plus célèbres de notre temps. Le Lillois Ducornet montra au commencement de ce siècle ce que peut la volonté jointe à l'énergie. Bien que né sans bras, il devint un peintre estimé, se servant de ses pieds en guise de mains. L'auteur de la belle statue de Caton d'Utique, Roland, est presque un Lillois, étant né à Pont-à-Marcq. Le rival heureux de Wicar était le peintre Boilly : le musée de Lille possède de lui des études et des ébauches ravissantes, sans parler d'une petite toile pleine de finesse, le *triomphe de Marat*. Cet artiste était originaire de la Bassée. Cambrai se réclame des deux frères Marty, sculpteurs estimés du XVIIe siècle ; Dunkerque cite les noms de Jean de Reyn, de Descamps, peintres du XVIIe et du XVIIIe siècle.

Carpeaux. — Sculpteur de grand talent né à Valenciennes en 1830, mort à Paris en 1875. Parmi ses œuvres, on peut citer la fontaine de l'Observatoire à Paris et aussi le fameux groupe de la danse qui décore la façade du grand Opéra. A signaler encore la belle statue qui surmonte l'hôtel de ville de Valenciennes.

Léon Faidherbe.

Pour terminer, nous allons prendre un Lillois sur les bancs de l'école, et nous ne le quitterons qu'au cimetière.

C'était un enfant très doux, très affectueux, très caressant ; ses camarades l'avaient surnommé le *petit Léon*. La vérité oblige à dire que l'écolier faisait quelquefois *queuette*[1] ; on ne lisait sa leçon qu'en allant en classe, mais on la savait tout de même. On faisait ses devoirs quand on avait le temps. Un jour pourtant, le jeune Léon révéla son esprit d'observation.

Le maître venait de décrocher une équerre. « Combien de lignes dans cette équerre ? » demanda-t-il à la classe.

Les étourdis répondirent trois, les sages six, car l'équerre étant un volume, les deux triangles parallèles donnent une somme de six côtés. Les malins trouvèrent neuf, car les sommets des triangles sont reliés deux à deux par une ligne. — « Eh bien, et toi, petit Léon ? » fit le maître à notre ami qui regardait sans mot dire. « Ils se trompent tous, répondit le petit Léon, car il y a le trou ; cela fait deux circonférences qui, jointes aux neuf lignes précédentes, font le total de onze. » « Petit Léon, s'écria le maître, crois moi sur parole, tu iras loin ! » Et en effet, le petit Léon obtint plus tard une bourse au lycée de Douai, il entra à l'École polytechnique et quand il en sortit, il ne s'appelait plus le petit Léon, il s'appelait *Faidherbe*.

Léon Faidherbe. — Né à Lille en 1818, mort à Paris en 1889.

Un brillant avenir s'ouvrait devant lui, mais il était pauvre. Encore enfant il avait perdu son père, et sa mère voyait son commerce languissant, ses affaires embarrassées. Faidherbe comprit qu'il devait rechercher un avancement rapide ; il partit pour les colonies et fut envoyé au *Sénégal*. Il y montra de telles aptitudes qu'au départ du gouverneur, tous les colons indiquèrent notre jeune compatriote comme le plus digne de

---

[1]. Expression lilloise signifiant l'école buissonnière.

lui succéder. Le gouvernement ratifia ce choix en nommant Faidherbe chef de bataillon.

Il n'entre pas dans le cadre restreint de cet ouvrage d'étudier en détail son œuvre. Rappelons cependant le résumé qu'en a donné un biographe : « Il a eu ce double et rare mérite d'être à la fois un conquérant heureux et un administrateur habile. » Après avoir soumis les populations indigènes, il sut leur inspirer confiance. La fidélité vint ensuite. Pour les colons, « leur confiance aux capacités et à l'honnêteté du nouveau gouverneur les rendait pleins de hardiesse et d'heureuse initiative dans leurs entreprises commerciales. »

Cet homme du Nord trouvait des mots dignes d'un ancien Romain. — Un chef révolté serrait de près une poignée d'Européens cernés dans Médine, un des postes fondés par le gouverneur sur le haut Sénégal. Celui-ci se met à la tête d'une petite armée de secours ; mais voici que les eaux sont basses, le vapeur qui porte la petite troupe ne peut passer. Faidherbe se fait débarquer et dit au commandant : « Attendez-moi dix jours ici, et si vous ne me voyez pas revenir, vous retournerez à Saint-Louis dire que le gouverneur est mort en faisant son devoir. »

Les rigueurs du climat d'Afrique, les fatigues multipliées firent bientôt ressentir à Faidherbe les premières atteintes d'une cruelle maladie. Il dut se résigner à un repos relatif, il laissait à ses successeurs une colonie florissante qui lui devait sa prospérité. Aujourd'hui encore les officiers et les soldats qui combattent pour affermir notre influence dans la région du haut Sénégal et du Niger ne font que poursuivre l'exécution du plan conçu par Faidherbe. Ce fut en Algérie qu'il alla prendre le commandement d'une brigade, puis peu après d'une division.

Il y était encore quand survint l'année terrible. Le gouvernement de la défense nationale eut l'heureuse idée de confier le commandement de l'armée du Nord à cet enfant du pays.

L'armée du Nord en 1870-71.

Quand il arriva, il trouva une situation presque désespérée. Son prédécesseur, le général Farre, avait fait de louables efforts pour organiser une armée avec les éléments les plus disparates, mais il n'avait pu arrêter la marche des Prussiens sur Amiens. L'armée du Nord était isolée du reste de la France et comme bloquée entre la Somme et la frontière belge. Là comme partout la coupable impéritie du gouvernement impérial nous laissait désarmés et sans ressources en face de l'invasion victorieuse : pas d'officiers, pas de soldats exercés, pas de canons, pas d'effets d'équipement. Les rares qualités d'organisation dont Faidherbe était doué le désignaient pour un poste où tout était à créer. Au grand étonnement des Prussiens qui croyaient s'avancer sans peine jusqu'aux places du département du Nord, une armée vient leur disputer le passage. A *Pont-Noyelles* (**23** novembre) la victoire demeure indécise ; dans la soirée pourtant nous devons battre en retraite, faute de munitions. On raconte que les Allemands, ramassant nos soldats morts sur le champ de bataille et constatant par leurs livrets qu'ils étaient enrégimentés depuis quelques jours seulement, étaient stupéfaits d'avoir trouvé devant eux une telle résistance. A *Bapaume* (3 janvier 1871), après une lutte acharnée, nous restons maîtres du champ de bataille. Nous ne pouvons pourtant forcer l'ennemi à lever le siège de Péronne.

La victoire de Bapaume était une lueur d'espérance dans ces jours si sombres : mais nous étions toujours malheureux ailleurs. Les succès de l'armée du Nord ne pouvaient avoir une influence décisive sur le résultat de la guerre : elle était trop peu nombreuse et son rôle devait se borner à attirer à elle le plus d'ennemis possible de manière à diminuer le nombre de ceux qui assiégeaient Paris. C'est dans ce but, c'est pour aider au grand effort final des Parisiens, que Faidherbe livra la bataille de *Saint-Quentin* (19 janvier 1871). Il fut écrasé sous le nombre. Il avait pourtant, pendant deux jours, tenu la fortune incertaine.

A la conclusion de la paix, Faidherbe fit preuve d'un rare désintéressement. Comme on voulait lui assigner le traitement d'un général en chef, il refusa et n'accepta que celui de général de division, ne voulant pas, dit-il, spéculer sur les malheurs de la France.

Nul n'était mieux désigné que lui pour occuper le poste de *grand chancelier de la Légion d'honneur :* n'était-il pas, en effet, la personnification de l'honneur? La mort vint le prendre dans cette retraite que lui avait donnée la reconnaissance de ses concitoyens, et ce fut un deuil véritablement national. La France salua d'un dernier hommage l'enfant de Lille dont le cercueil, enveloppé dans le drapeau tricolore, traversa, pour se rendre au cimetière de sa ville natale, les rangs pressés de milliers d'admirateurs respectueux, accourus de tous les points du département.

Cette existence si bien remplie, cette apothéose incontestée sont des choses réconfortantes pour l'avenir.

*
* *

On a groupé savamment tout un système de fortifications pour préserver le département du Nord des horreurs de l'invasion; on se demande déjà si ces travaux n'ont pas perdu la plus grande partie de leur utilité. On a inventé tant de nouveaux canons, tant de terribles explosifs que les remparts les plus solides ne sont plus maintenant que de chétives barrières. Le temps n'est plus où, comme en 1792, les Lillois pouvaient noyer les boulets rouges dans des cuvelles. Mais il est une chose qui ne change pas, c'est l'amour de la patrie française, c'est le sentiment du devoir à remplir, c'est le courage froid et calme de l'habitant du Nord. Il y a sans doute plus d'un Faidherbe ignoré entre Dunkerque et Anor, et il ne faut pas oublier que le meilleur rempart est encore celui de robustes poitrines qui se dressent comme un obstacle invincible devant l'envahisseur de la Patrie.

PLAN-MODÈLE

POUR SERVIR A L'ÉTABLISSEMENT D'UNE MONOGRAPHIE
CANTONALE OU COMMUNALE

L'attention des enfants est toujours vivement excitée quand on peut rattacher une leçon de géographie ou d'histoire à des choses qu'ils ont vues ou à des faits qu'ils connaissent bien. Aussi pensons-nous qu'il serait utile de compléter les lectures départementales par une notice sur la commune ou sur le canton où l'école est située. Dans les villes importantes on pourrait faire la monographie de la commune, partout ailleurs celle du canton.

Le plan de ces notices cantonales ou communales serait à peu près le même que celui des notices départementales.

1° **Aspect général.** — Pour une *ville* : étude rapide de la région, causes qui ont amené la création et le développement d'une ville à cet endroit. Description des principaux quartiers : places, rues, promenades, édifices anciens ou modernes et, s'il y a lieu, transformations accomplies récemment (rues nouvelles, boulevards, etc.).

Pour un *canton rural* : courte description qui pourra servir à rappeler et à préciser le sens de certains termes géographiques. Relief du sol ; cours d'eau ; curiosités naturelles ; climat.

2° **L'agriculture et les agriculteurs.** — Principales cultures ; leur importance respective ; produits agricoles consommés sur place et produits exportés, avec indication des villes ou des pays où on les exporte.

Division de la propriété ; modes d'exploitation (exploitation directe par le propriétaire, par des fermiers ou par des métayers).

Progrès accomplis : cultures nouvelles ; perfectionnement du matériel agricole ; engrais chimiques ; meilleur mode d'assolement, etc. Conseils pratiques sur les soins à donner aux animaux domestiques, sur la culture et la taille des arbres fruitiers, etc.

Situation des paysans aujourd'hui et autrefois ; ne sont-ils pas mieux logés, mieux nourris, mieux vêtus ? Le salaire des ouvriers agricoles ne s'est-il pas accru rapidement ? Insister sur les avantages de la vie à la campagne : on s'y porte mieux, les objets nécessaires à la vie sont moins chers, les occasions de dépenses moins nombreuses, enfin l'ouvrier agricole n'est pas exposé au chômage, comme celui des grandes usines, etc.

Ce chapitre de l'agriculture sera naturellement assez développé dans la notice d'un canton rural. Dans les autres notices, on pourra faire remarquer que le voisinage d'une ville assure la prospérité de certaines cultures : légumes, arbres à fruits, fleurs, arbustes d'agrément, etc. C'est dans les environs des villes que les terrains agricoles atteignent la plus grande valeur.

3º **L'industrie et les ouvriers.** — Énumération des diverses industries : mines et carrières, eaux minérales, industries relatives à l'alimentation, au vêtement, etc. — De quels pays tire-t-on les matières premières ? Vers quels pays exporte-t-on les produits ?

La vie des ouvriers autrefois et aujourd'hui : augmentation des salaires et du bien-être. Cités ouvrières, sociétés coopératives de consommation, sociétés de secours mutuels, caisses d'épargne, etc. Les ouvriers étant exposés parfois à de longues périodes de chômage, il est nécessaire qu'ils économisent sur leurs salaires journaliers. Économies à faire sur des dépenses de luxe nuisibles à la santé : funeste influence de l'alcool et du tabac.

4º **Commerce et moyens de communication.** — Commerce d'importation et d'exportation. Amélioration des voies de communication : les chemins de fer. Comment on voyageait autrefois, avant les chemins de fer. Dire combien de temps on mettait pour aller au chef-lieu du département, — à telle grande ville de la région, — à Paris ? Combien de temps met-on aujourd'hui ? Les voies fluviales, rivières et canaux. Les routes. La poste aux lettres autrefois et aujourd'hui. Le télégraphe.

5º **Histoire.** — Impossible ici de donner un plan général. Deux règles à suivre : 1º Peindre à grands traits et en s'abstenant de tous détails inutiles, les *principales époques* de l'histoire de la ville ou de la province. Ne jamais oublier de rattacher les faits de l'histoire locale à l'histoire générale. 2º Prendre pour point de départ, toutes les fois que cela est possible, un objet vu par les enfants : par exemple les ruines d'un vieux château serviront à amener une lecture sur la féodalité.

On consultera avec fruit les histoires locales de provinces et de villes, mais il faudra en retrancher tous les détails d'érudition qui allongeraient trop le récit et qui lasseraient l'attention des enfants.

Ne point se borner, comme on le fait trop souvent, à l'histoire des batailles et des traités. Donner une large place à l'histoire pittoresque et à la civilisation. Tâcher de faire revivre en quelque sorte la ville ou la province telles qu'elles étaient au moyen âge, pendant la guerre de Cent Ans, les guerres de religion, depuis un siècle. Terminer par l'histoire des progrès accomplis depuis un siècle : progrès politique qui a transformé en citoyens les habitants de la plus petite commune, progrès matériels de tout genre, enfin progrès intellectuel et développement de l'instruction. Nous voudrions voir dans toutes les notices un chapitre intitulé : Notre commune il y a cent ans et aujourd'hui. Appuyée sur quelques chiffres bien choisis, cette comparaison entre l'ancien temps et le nôtre serait un excellent chapitre d'histoire.

JEAN FELBER

TABLE DES GRAVURES

Vues de villes et sites.

Ajaccio. — Maison où est né Napoléon	335
Alger	337
Amiens. — Cathédrale	177
Angers. — Château	263
Angoulême. — Hôtel de ville	301
Anzin. — Fosse Thiers	182
Aurillac. — Le canal	231
Auxerre	264
Avignon. — Palais des papes	320
Barèges	237
Barentin. — Viaduc du chemin de fer	290
Bar-le-Duc. — Tour de l'horloge	35
Bastia	336
Bayonne	239
Belfort. — Citadelle	200
Besançon. — Palais de justice	202
Bordeaux. — Les quais	299
Bourges. — Maison de Jacques Cœur	257
Brest. — Port militaire et château	159
Caen. — Hôtel de la Bourse	164
Châlons-sur-Marne. — École d'arts et métiers	34
Chambéry	90
Chambord. — Le château	264
Chamonix et le Mont-Blanc	96
Châtillon. — Batterie prussienne	120
Chaumont. — Viaduc du chemin de fer	247
Chaumont-s-Loire. — Le château	264
Chenonceaux. — Le château	264
Cherbourg	293
Corbeil. — Cloître et église Saint-Spire	267
Decize	255
Dieppe. — Vue du château	167
Dijon. — Panorama de Saint-Michel	209
Epernay. — Cave à vin de Champagne	29
Epinal. — Quai de la Moselle	246
Fontainebleau. — Cour du Cheval-Blanc	266
Gergovie. — Le plateau	217
Grenoble	285
Havre. — Bassin de Commerce	166
Issoire. — Église Saint-Paul	224
Lille. — Grande place	179
Limoges. — Rue du Pont-Saint-Étienne	226
Lyon. — Place des Jacobins	306
Mans (Le). — Maison dite de la reine Bérengère	129
Marseille. — Palais de Longchamp	322
Meaux. — Cathédrale	23
Molsheim. — Auberge de la Charrue d'or	346
Mont-Blanc	93
Mont-Blanc. — Cabane des Grands-Mulets	99
Mont-Blanc. — Mer de glace	97
Montpellier. — Cathédrale	325
Mont-Saint-Michel	160
Mulhouse. — Hôtel de ville	198
Nancy. — Place Stanislas	37
Nantes. — Château	261
Narbonne. — Mairie et cathédrale Saint-Just	326
Nevers. — Pont de Loire	266
Nice	319
Orléans. — Place du Martroi	265
Paris. — Abattoir de la Villette	273
Paris. — Barrière d'octroi	273
Paris. — Bassin de la Villette	23
Paris. — Cour de la Sorbonne	282
Paris. — Dôme des Invalides	360
Paris. — Exposition de 1889	381
Paris. — Galerie des machines	383
Paris. — Gare de l'Est	22
Paris. — Halles centrales	281
Paris. — Hôtel de ville	279
Paris. — Palais des colonies	363
Paris. — Palais des gros animaux au Jardin des plantes	276
Paris. — Palais des singes au Jardin des plantes	277
Paris. — Panthéon	378
Paris. — Place de la Bastille	283
Paris. — Rue de Rivoli	280
Pau. — Vue du château	238
Perpignan. — Entrée de la citadelle	327
Pointe du Raz	143
Poitiers. — Notre-Dame la Grande	305
Puy-de-Dôme	215
Reims. — Cathédrale	32
Rennes. — Porte Mordelaise	132
Rouen. — Palais de justice	170
Rouen. — Pont de pierre	169
Royat	213
Saint-Étienne. — Hôtel de ville	308
Saint-Malo. — Avant port	151
Saint-Malo	149
Saint-Nazaire. — Place de la Marine	262
Strasbourg. — Départ du régiment de Jean	46
Strasbourg. — Horloge de la cathédrale	41
Strasbourg. — Place Kléber	40
Toulon	328
Toulouse. — Musée	235
Troyes. — Rue et tourelle des Orfèvres	249
Ulm	77
Verdun. — Porte Chaussée	103
Wissembourg	73
Wœrth	50

Scènes.

Arlésiennes	324
Auberge dans le Cantal	223
Auberge à Troyes	250
Ballons du siège de Paris	117
Basques et chariot à bœufs	239
Bataille de Frœschwiller	52
Bataille de Marengo	220
Bazaine à Trianon	106
Bombardement de Strasbourg	69
Boucherie pendant le siège de Paris	124
Capitaine Robert blessé	57
Capitaine Robert à l'ambulance	61
Carabinier	48
Cheval emporté	268
Chirurgien militaire	59
Déclaration de guerre	42
Départ de Molsheim de M. et Mme Felber	349
Durand reçoit une lettre de ses parents	79
Épisode de la conquête de l'Algérie	341
Facteur à Molsheim	241
Famille Felber expulsée de sa maison	115
Festin des cavaliers allemands	63
Fête de gymnastique	367
Filature de Barentin	191
Franc-tireur	121
Gambetta quitte Paris	117
Garde champêtre allemand	88
Garde mobile, garde national	112
Garnison de Strasbourg prisonnière	75
Gaspard blessé	270
Gaspard et Louis montent dans la voiture de la paysanne	271
Gaspard et Louis quittent Molsheim	242
Gaulois	217
Grandes manœuvres	286
Grenadier de la garde	48
Henri et son grand-père	370
Jean Felber à Molsheim	12
Jean mène le capitaine Robert à l'ambulance	58
Jean saute par une lucarne	64
Jean et Durand projettent de s'évader	81

TABLE DES GRAVURES

Jean et ses compagnons s'habillent dans un bois	82	Passeports à la frontière allemande	348	Retour des cavaliers	130
Jean et ses compagnons réveillés en sursaut	84	Paysans alsaciens forcés de travailler aux tranchées	65	Retour des sauveteurs	148
Jean et ses compagnons purent savoir où ils se trouvaient	86	Paysans alsaciens fuyant devant l'invasion	113	Rêve de l'Alsace	5
Jean et Cavelier	110	Paysan portant des chevreaux	309	Sauvetage du jeune Anglais	102
Jean et Gaspard se rencontrent	111	Paysannes de la Bresse	211	Soldats bivouaquant dans la neige	127
Jean Felber décoré	197	Pêche à Molsheim	10	Troupes coloniales	365
Maison des Felber	13	Porte-drapeau	47	Valentin dans les fossés de Strasbourg	70
Maison Kergriden	133	Portrait du capitaine Lapeyre	108	Vendange à Molsheim	19
Maison de la famille Lipp	239	Portrait de Durand	366	Vigne du père Felber	17
Marché pendant le siège de Paris	123	Pousse-pousse	364	Visite des amis	16
		Régiment en marche	9	Voltigeur de la garde	48

Portraits.

Carnot (Lazare)	208	Gambetta à la tribune	105	La Fontaine	24
Chanzy	125	Gougeard	131	L'hospital (Michel de)	221
Charles IX	222	Hugo (Victor)	210	Montaigne	298
Denfert-Rochereau	201	Jauréguiberry	126	Pasteur	311
Desaix	219	Jaurès	126	Riquet	236
Duguay-Trouin	142	Jean Bart	181	Valentin	74
Faidherbe	134	Küss	137	Vercingétorix	218
François Ier	167				

Leçons de choses.

Abeilles et ruche	94	Empreintes de feuilles dans la houille	184	Navire à voile et à vapeur	154
Abricotier	214			Noyer	230
Ajonc	157	Fabrication du fromage de Gruyère	205	Œillet	345
Alambic	304			Oïdium de la vigne	299
Alfa	302	Fabrication du gaz d'éclairage	189	Olivier	318
Appareil de photographie	14	Ferme normande	161	Omnibus à trois chevaux	275
Ascenseur de la tour Eiffel	358	Four à cuire la porcelaine	297	Orge	92
Avoine	92	Four de verrerie	38	Panthère	340
Baratte normande	162	Galerie de mine boisée	185	Papillon du ver à soie	313
Betterave	175	Genêt	157	Pavot	175
Blé	227	Groseillier à grappes	36	Pêche à la sardine	158
Bouée	155	Guenon	277	Peigne battant d'une machine à carder la laine	30
Bruyère	157	Hêtre	244		
Câble sous-marin	356	Horloge	206	Péniche tirée à la corde	253
Cage de mine de houille	185	Houblon	174	Phare à éclipse	163
Canne à sucre	176	Jacinthe	139	Phare à feu fixe	163
Canon de Bange	204	Lampe à incandescence	355	Phonographe Edison	366
Canon de siège	66	Lampe de mineur	184	Phylloxera	300
Canot de sauvetage	145	Lion	340	Pigeon voyageur	118
Canot de sauvetage à la mer	146	Locomotive à grande vitesse	26	Plantes de l'époque houillère	183
Chambre de chauffe d'un navire	330	Locomotive (coupe théorique)	27	Pommes de terre	78
Chasseur de chamois	93	Macaque	277	Primevère	139
Châtaignier	228	Machine à carder le coton	194	Prunier	232
Chaudière à bouilleurs	26	Machine à fabriquer le papier	303	Reine-marguerite	345
Chemin de fer Decauville	361	Machine typographique rotative	364	Sapin	244
Cheval percheron	165			Seigle	227
Chou	62	Maïs	233	Taille du cristal	38
Chrysalide du ver à soie	313	Magnanerie	314	Torpille	330
Cocon de ver à soie	313	Mandrill	277	Travail du verrier	39
Colza	175	Melon	317	Truite	245
Coq et poule Crèvecœur	163	Métier à filer	194	Tunnel	225
Coton	192	Métier Jacquard	307	Ver à soie	312
Croiseur torpilleur	329	Mineurs	188	Viaduc	225
Cuirassé de premier rang	332	Morue	158	Vigneron soufrant une vigne	299
Cuirassier	55	Moule à bouteilles	39	Violette	139
Dentellière	229	Moutons du Berry	258	Voiture d'ambulance	59
Diligence	260	Mulet porteur de cacolet	59	Wagonnets dans une mine de houille	186
Écluse	254	Narcisse	139		
Écrevisse	245				

Cartes.

Algérie et Tunisie	338	État-major (fragment)	288	Loire et Gironde	295
Allemagne (Empire d')	43	Loire moyenne (Région de la)	259	Parisienne et de l'Est (Régions)	23
Alsace-Lorraine	71	Massif central	226	Saône et du Jura (Région de la)	203
Bas-Languedoc et Roussillon	323	Nord (Région du)	173	Savoie	91
Bretagne	156	Normandie	163	Sud-Est (Région du)	316
Corse	334	Ouest (Région de l') entre		Sud-Ouest (Région du)	234

PARIS. — IMPRIMERIE ALCIDE PICARD ET KAAN. — 42842. — M. L.

JEAN FELBER

L'Alsace-Lorraine.

*Vous avez certainement remarqué, mes amis, en regardant la France dans vos atlas, cette partie de la carte qui s'étend entre la Moselle, les Vosges et le Rhin et où est inscrit le nom d'*Alsace-Lorraine *(fig. 1).*

L'histoire de ce malheureux pays peut tenir en deux phrases :

L'Alsace-Lorraine a été longtemps française et, pendant deux siècles, elle n'a cessé de donner à la France des preuves d'affection et de dévouement.

L'Alsace-Lorraine, après la fatale guerre de 1870, nous a été arrachée par la force; elle a été prise par les Allemands qui, malgré elle et sans la consulter, en ont fait une province de leur empire.

I (1). La guerre de 1870.

I

C'est un douloureux récit, mais que tout Français doit connaître et méditer, que celui de la guerre de 1870.

Sachez donc qu'en cette année, qu'on a justement nommée l'*année terrible*, nos soldats furent vaincus en plusieurs batailles, non qu'ils aient manqué de courage, mais parce qu'ils n'étaient ni assez nombreux, ni assez bien préparés pour lutter contre les formidables armées de l'Allemagne.

Sachez que trente de nos départements eurent à subir la honte et la douleur de l'invasion.

Sachez que pendant plus de six mois, sans se laisser abattre par des désastres inouïs, la France continua la lutte, qu'elle étonna ses ennemis eux-mêmes par son opiniâtreté, qu'elle improvisa des armées pour remplacer celles qui avaient été battues, qu'elle fit appel à tous ceux qui pouvaient tenir un fusil.

Mais ces soldats d'un jour, arrachés la veille à leurs familles, que pouvaient-ils contre les troupes aguerries de l'Allemagne?

Enfin, quand ses armées furent partout repoussées, ses places fortes prises, quand sa capitale, Paris, fut tombée au pouvoir de l'ennemi, la France dut se résigner. Elle dut subir les conditions du vainqueur et ce vainqueur fut impitoyable. Il emporta en se retirant un lambeau de notre chair. Il nous prit l'Alsace-Lorraine; il retourna contre nous les canons de Strasbourg et de Metz, ces villes si françaises; il condamna à être Allemands un million et demi d'Alsaciens qui voulaient rester Français.

II

N'oublions pas !

Souvenons-nous de ces milliers de compatriotes, qui souffrent depuis tant d'années et espèrent sans jamais se lasser.

L'Allemagne a pu gagner des batailles et conquérir des territoires ; elle n'a point su se faire aimer. Aujourd'hui, comme au lendemain de leurs victoires, les Allemands sont détestés dans ces provinces qu'ils nous ont prises. Ils n'y sont point chez eux ; ils y sont campés comme en pays ennemi ; ils ne s'y maintiennent que par la force.

III

Dans leur colère ils multiplient les rigueurs ; les prisons se remplissent de patriotes alsaciens ; des juges impitoyables voient des crimes partout. Pour un mot, pour un geste, pour une chanson, on risque

Fig. 1. — **Alsace-Lorraine**. — Par le *traité de Francfort* (1871) la France a cédé à l'Allemagne le département du **Bas-Rhin** tout entier, celui du **Haut-Rhin**, moins le *territoire de Belfort*, celui de la **Moselle** (moins l'arrondissement de *Briey*), les deux arrondissements de *Sarrebourg* et de *Château-Salins*, qui faisaient partie du département de la Meurthe, deux cantons du dép. des Vosges. — Les territoires cédés ont une population de 1 600 000 habitants. Les principales villes de l'Alsace-Lorraine sont : **Strasbourg** (100 000 h.), grande place forte, ancien chef-lieu du Bas-Rhin, **Colmar**, ancien chef-lieu du Haut-Rhin, **Metz** (50 000 h.), place forte, ancien chef-lieu de la Moselle, **Mulhouse** (70 000 h.), ville industrielle, *Wissembourg*, *Saverne*, *Schlestadt*, *Sarreguemines*, *Thionville*, *Sarrebourg*, *Château-Salins*.

d'être arrêté et jeté en prison comme un malfaiteur. Des malheureux ont été condamnés, arrachés à leurs familles, détenus pendant plusieurs mois, pour avoir simplement crié *Vive la France !* ou pour avoir arboré à leurs chapeaux la cocarde tricolore, les couleurs de la patrie perdue.

Il n'est pas jusqu'aux petits enfants qui ne donnent des inquiétudes à ces Allemands si forts et si fiers de leur force. Oui, vos petits camarades, les écoliers et les écolières d'Alsace-Lorraine, sont traités comme des suspects et des révoltés. On a rayé l'enseignement du français du programme de leurs écoles; on leur défend de parler français entre eux, dans leurs conversations et dans leurs jeux, et on les punit s'ils font usage de la langue proscrite.

IV

C'est l'histoire d'une famille d'Alsace, de ce pays si cruellement éprouvé, que nous allons vous raconter.

Puisse notre récit vous faire connaître et aimer la France, puisse-t-il vous faire comprendre ce que c'est que la Patrie, cette Patrie qu'on doit aimer par-dessus tout et à laquelle on doit tout sacrifier.

*
* *

Jeunes gens qui quitterez un jour vos familles pour devenir soldats, jeunes filles qui verrez vos frères partir pour le régiment, quelques pénibles devoirs que la Patrie vous impose, acceptez-les sans murmurer et avec joie. Songez que vous n'êtes pas libres de ne penser qu'à vous, à vos goûts, à vos plaisirs, mais que vous êtes des Français, c'est-à-dire les enfants d'un grand pays que les malheurs qu'il a éprouvés doivent vous rendre plus cher encore.

II (2). Le pays natal.

Par une chaude après-midi du mois de juillet 1869 un régiment suivait la route qui des Vosges descend vers Strasbourg par la vallée de la Bruche. L'étape (1) avait été longue et pénible. A l'aube, dans l'air frais du matin, les hommes lançaient gaiement leurs chansons aux échos des vieilles forêts de sapins. Puis la chaleur du jour s'était abattue sur eux, lourde chaleur des mois d'été, qui fait ployer les corps des plus robustes. La marche s'était ralentie, les chants avaient cessé peu à peu, et c'est avec joie, qu'à la fin de cette rude journée, les soldats voyaient poindre à l'horizon le clocher de Molsheim, la petite ville où l'on devait passer la nuit.

Fig. 2 — Eh bien, Felber te voilà bientôt chez toi.

— Eh bien, Felber, te voilà bientôt chez toi, dit un officier en s'adressant à un sergent de la compagnie qui marchait en tête. Y a-t-il bien longtemps que tu n'étais venu au pays?

— Il y a tantôt deux ans, mon capitaine; aussi je dois dire que le temps me durait un peu.

— Deux ans, ça commence à compter quand on est loin des siens. De Strasbourg, où nous allons maintenant tenir garnison, tu pourras venir plus souvent embrasser tes parents. Tu dois être joliment content tout de même.

— Certes oui, mon capitaine, d'autant plus que nous

---

(1) **Étape**, lieu où des troupes s'arrêtent pour passer la nuit; se dit également, comme ci-dessus, de la distance entre deux étapes.

autres, habitants de l'Alsace, nous ne nous plaisons guère à vivre loin de notre pays.

— Ce qui n'empêche pas, mon brave Felber, les Alsaciens d'être de bons Français et de bons soldats. S'ils aiment leur village, ils aiment aussi leur patrie, la France, qui n'a pas de défenseurs plus dévoués.

Jean Felber, le sergent auquel le capitaine venait de parler, était fils d'un cultivateur de Molsheim. Il n'avait quitté le pays qu'à l'âge de la conscription pour aller au régiment, et il éprouvait une joie profonde à y revenir après deux ans d'absence.

A chaque pas les souvenirs de son enfance se présentaient en foule à son esprit. Que de fois il avait couru dans ces prairies se roulant dans le foin avec ses frères et ses camarades pendant les fenaisons (1) ! Quelles belles parties de pêche dans cette rivière qui coulait là tout près, au fond de la vallée! Et ces vignes, sur le coteau voisin, comme leurs raisins étaient doux! Celle du père Felber n'était pas la moins belle assurément, ni la moins soignée, ni la moins chargée de grappes!

Du coteau les regards de Jean se reportaient sur le village : on distinguait déjà nettement ses vieilles murailles des temps féodaux, encore debout sous leur manteau de lierre, et, plus loin, les maisons avec des milliers de vitres étincelantes où les rayons

Fig. 3. — Quelles belles parties de pêche dans cette rivière qui coulait là tout près, au fond de la vallée!

---

(1) **Fenaison**, temps où l'on coupe les foins.

du soleil couchant allumaient comme des lueurs d'incendie.

DEVOIR DE RÉDACTION. — Développez cette idée que l'on ne s'attache pas seulement aux personnes, mais aux choses, que chacun aime le pays où il est né et se rappelle avec joie les souvenirs de son enfance.

III (3). L'étape.

Musique en tête, au milieu des éclats bruyants des fanfares, le régiment a fait son entrée dans la ville et les soldats sont venus s'aligner sur la place du Marché. Ils ont mis leurs fusils en faisceaux (1) pendant qu'on leur distribue les pains de munition (2).

La place est pleine de monde. Presque toute la population de Molsheim est accourue. Pour cette petite ville d'Alsace c'est une fête que le passage d'un régiment. Pas une famille ici qui n'ait au moins un des siens sous les drapeaux : aussi nos soldats, qu'on enverra ce soir loger chez l'habitant (3), sont-ils sûrs d'être partout bien reçus et soignés comme le serait l'enfant de la maison.

Le sergent Felber, placé devant sa compagnie (4), surveille la distribution, mais il est visible qu'il a hâte d'avoir terminé sa tâche. A chaque instant il tourne la tête et regarde au coin de la place un groupe de paysans vêtus à l'ancienne mode alsacienne : longue capote aux boutons de métal, gilet écarlate s'ouvrant sur la chemise bien plissée, et, sur la tête, le tricorne de feutre à larges bords.

C'est dans ce groupe que se trouve le père Felber, bien droit encore et d'aspect robuste malgré ses che-

---

(1) **Faisceau**, assemblage de fusils qu'on forme en engageant les baïonnettes les unes dans les autres.

(2) **Pain de munition**, pain qu'on distribue aux soldats.

(3) **Loger chez l'habitant**, quand des soldats passent la nuit dans une localité dépourvue de caserne, ils sont logés chez les habitants.

(4) **Compagnie**, subdivision du bataillon commandée par un capitaine.

veux grisonnants. A côté de lui son fils Gaspard, le frère de Jean, Gaspard l'ouvrier forgeron, un colosse qui n'a que dix-neuf ans, mais qui déjà peut défier à la lutte les plus solides gars des environs. Puis le cadet de la famille, le petit Louis, écolier à mine éveillée, qui se dresse sur la pointe des pieds pour mieux voir son frère le sergent.

Aussitôt les rangs rompus, Jean se précipite vers les

FIG. 4. — Comme nous sommes heureux de te revoir! Et quelle chance de t'avoir à l'avenir, près de nous, à Strasbourg!

siens. On l'entoure, on l'embrasse; le père Felber pleure de joie; Gaspard et Louis, les deux frères, parlent tous deux à la fois sans attendre de réponse:

— Comme nous sommes heureux de te revoir! Et quelle chance de t'avoir à l'avenir tout près de nous, à Strasbourg!

— Mais tu as marché toute la journée, tu dois être bien fatigué, allons vite à la maison!

Et tandis que Gaspard saisit le sac de Jean qui ne pèse pas plus qu'une plume entre ses bras puissants, le petit Louis s'empare du fusil et tout fier se met à la tête du cortège.

IV (4). La maison paternelle.

Voici la maison paternelle, la jolie petite maison bien proprette et bien gaie, avec sa façade blanchie à la chaux, la vieille treille qui grimpe au-dessus de la porte et des pots de fleurs à toutes les fenêtres.

Voici la maman qui tombe dans les bras de son fils et qui l'étreint longuement. Et derrière voici Marie, la jeune sœur, qui attend son tour.

Marie est la savante de la famille. Elle passe son temps à lire et à étudier. Elle se prépare à prendre son brevet d'institutrice et tous ses maîtres disent qu'elle réussira, car elle est intelligente et laborieuse.

Mais pour aujourd'hui mademoiselle Marie a laissé ses livres de côté. Elle avait mieux à faire. Elle a tenu à montrer que la

Fig. 5. — Voici la maison paternelle, la jolie petite maison, bien proprette et bien gaie.

grammaire n'est pas l'ennemie irréconciliable de l'art de la cuisine et qu'on peut connaître sur le bout du doigt les règles des participes tout en sachant fort bien accommoder le pot-au-feu.

Si l'on fit honneur au dîner qu'elle avait préparé et si ce dîner fut gai, je vous le laisse à penser. Depuis longtemps la petite maison n'avait entendu tant de joyeux éclats de rire.

Jean dut raconter tout ce qui lui était arrivé depuis

1.

deux ans, dépeindre les pays qu'il avait vus, les villes où il avait tenu garnison.

Puis il parla de son régiment, de ses chefs et surtout du capitaine qui commandait sa compagnie, le capitaine Robert, qui lui avait toujours témoigné beaucoup de confiance et qui s'était toujours montré si bon, ne perdant aucune occasion de lui être utile. C'était le capitaine qui l'avait distingué, qui l'avait fait nommer caporal, puis tout récemment sergent, à la grande joie de ses camarades du régiment qui avaient pour lui beaucoup d'estime et d'amitié.

DEVOIR DE RÉDACTION. — Indiquez les devoirs d'une bonne ménagère, propreté, ordre, économie, soins à donner à la préparation des repas, — gaieté, bonne humeur pour que le mari, les frères, ou les fils, qui rentrent du travail après la journée finie, se plaisent à leur foyer et n'aillent pas chercher au cabaret des distractions coûteuses et funestes à la santé.

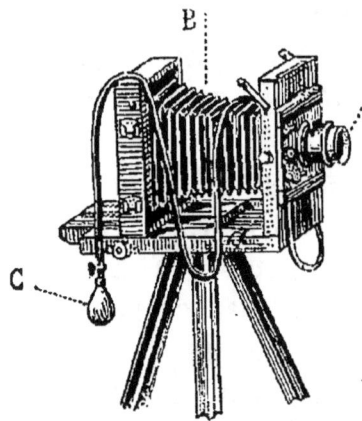

Fig. 6.—**Appareil de photographie.** Les personnes qui veulent se faire photographier se placent en face de l'*objectif* A. Le photographe, en pressant sur la *poire en caoutchouc* C, ouvre l'obturateur qui ferme l'objectif. L'image vient alors se reproduire sur une glace en verre dépoli qui est placée au fond de la *chambre noire* B.

A. V (5). **Nouvelles de Paris.**

Toute la famille était si attentive aux paroles de Jean que c'est à peine si l'on entendit frapper à la porte.

— C'est le facteur qui apporte une lettre, dit Louis qui s'était levé pour aller ouvrir. Tiens! C'est l'écriture de notre sœur Catherine. Nous allons avoir des nouvelles de nos Parisiens. Mais qu'y a-t-il donc dans cette enveloppe? On dirait un morceau de carton.

Le père Felber décacheta l'enveloppe et en retira, outre la lettre, deux photographies. L'une représentait Catherine et son mari, Gustave Ridell, placés tous les deux devant le petit magasin de nouveautés qu'ils dirigeaient à Paris dans le quartier de Vaugirard.

Mais la seconde photographie eut encore plus de succès. C'était le portrait des deux enfants : le petit Pierre debout, le bras droit appuyé sur le cou de son cheval de bois ; à côté sa sœur Pauline assise sur une chaise, avec sa poupée sur ses genoux.

Les deux photographies firent le tour de l'assistance et chacun s'extasia sur la gentillesse des deux enfants. Puis le père Felber donna lecture de la lettre :

VI (6). La lettre de Catherine.

« Mes chers parents,

« Nous avons pensé que vous auriez plaisir à avoir notre portrait et celui des enfants. Puisque nous sommes malheureusement bien loin de vous, trop loin pour aller vous voir, ces photographies nous rappelleront à votre souvenir.

« Je suis heureuse de vous dire que nous nous portons tous très bien. Pierre grandit tous les jours ; il sait lire couramment et il commence à écrire un peu. Son père lui a promis de l'emmener avec lui en Alsace quand il saura tout à fait bien écrire. Aussi il faut voir comme il s'applique. Le soir on est obligé de lui ôter son cahier, sans quoi il n'irait jamais se coucher.

« Quant à notre petite Pauline, qui a depuis huit jours ses trois ans révolus, elle n'a d'autre occupation que de bien manger, bien dormir et se faire grande. Elle s'en acquitte à merveille. Vous lui trouverez peut-être l'air un peu sérieux sur son portrait. C'est qu'on lui avait tant recommandé de ne pas bouger ! Mais quand elle n'est pas devant le photographe, je vous assure qu'elle est gaie, et vive, et espiègle. C'est un vrai diablotin.

« Nos affaires vont bien, Dieu merci. Notre boutique est bien achalandée (1) et nous avons de bons clients qui nous sont fidèles. Ah! par exemple, il ne faut pas plaindre sa peine, ni épargner ses pas. Il faut quelquefois montrer dix, vingt objets à quelqu'un qui s'en va sans rien acheter. Quand le soir arrive on est bien fatigué. Mais qu'importe quand on réussit? Mon cher Gustave a toujours de beaux projets; il parle de s'agrandir, d'avoir une boutique un peu plus vaste, car dans celle-ci nous sommes à l'étroit. Enfin tout va pour le mieux.

« Une seule chose m'est pénible, c'est d'être si éloignée de mes parents. Que je voudrais pouvoir passer quelques soirées auprès de vous, dans notre petite maison! Que je voudrais, comme autrefois, aider maman dans les soins du ménage! J'ai appris que Jean était changé de garnison et qu'il allait à Strasbourg. J'en suis heureuse pour vous et pour lui. Je suis sûre qu'il ira souvent à Molsheim et toute la famille sera réunie, sauf votre fille qui pense souvent à vous, et qui, en attendant de vous voir, vous embrasse tous bien fort.

« CATHERINE RIDELL. »

FIG. 7. — C'étaient quelques amis qui avaient entendu dire que Jean était dans le pays et qui venaient lui serrer la main.

(1) **Achalandé**, qui a beaucoup de *chalands*, c'est-à-dire d'acheteurs.

On frappa de nouveau à la porte. C'étaient quelques amis qui avaient entendu dire que Jean était dans le pays et qui venaient lui serrer la main : Ammel, le tanneur, l'aubergiste Lipp et Mathis, le vieux maître d'école. Jusqu'à une heure avancée on bavarda, on conta des histoires du temps passé, on fit des projets pour l'avenir.

DEVOIR DE RÉDACTION. — Dites comment on peut réussir dans le commerce : il faut beaucoup d'ordre, on doit tenir une comptabilité exacte des achats et des ventes ; il faut beaucoup d'activité, on doit toujours être aimable et prévenant envers le client, chercher à deviner ses goûts. Enfin une probité scrupuleuse n'est pas seulement commandée par la morale, mais aussi par l'intérêt bien entendu : le marchand qui tromperait sa clientèle serait bientôt abandonné pour un autre plus honnête.

Fig. 8. — Que de journées le père Felber avait passées sur ce coin de terre!

VII (7). La vigne du père Felber.

Le lendemain, de grand matin, le régiment partit pour Strasbourg.

Jean revint souvent à Molsheim, grâce aux permissions que le capitaine Robert lui faisait obtenir.

Ces jours-là étaient jours de fête pour tous et surtout pour le père Felber. S'il aimait bien tous ses enfants, il donnait tout de même dans son cœur une place un peu plus grande à l'aîné, à celui qui serait après lui le chef de la famille. Il ne se lassait pas de se promener avec lui dans le petit domaine, héritage sacré lentement accru par le travail et l'épargne de cinq ou six générations.

Pas bien vastes ces terres du père Felber! Et pourtant c'est grâce à cette modeste propriété qu'il avait pu, non sans peine, élever sa nombreuse famille. Elle produisait un peu de tout : du blé et des pommes de terre dans les terres de labour, des légumes dans le jardin; les arbres fruitiers, pommiers, pruniers, cerisiers, poiriers, ne manquaient point; la prairie donnait du foin pour deux vaches.

Mais le plus beau morceau, le joyau (1) que le père Felber montrait avec orgueil, c'était la vigne. Sur tout le coteau de Molsheim, dont le vin blanc est estimé dans l'Alsace entière, il n'y en avait pas d'aussi belle ni de plus riche en raisins.

C'était justice, en vérité, car lorsqu'il s'agissait de sa vigne l'heureux propriétaire n'épargnait jamais son temps ni son travail. Que de journées il avait passées sur ce coin de terre, la pioche ou la bêche à la main, peinant du matin au soir! Et que d'inquiétudes lors des gelées tardives du printemps, ou bien encore pendant l'été, lorsque le tonnerre gronde dans la montagne et qu'on peut redouter l'arrivée d'un de ces orages de grêle qui hachent tout sur leur passage!

Fig. 9. — **Pommes de terre.** — La pomme de terre est originaire de l'Amérique du Sud où elle croît naturellement. Les Espagnols l'ont introduite en Europe vers le XVIe siècle. Sa culture est devenue générale en France à la fin du siècle dernier, grâce à Parmentier. Les terrains légers, calcaires, ni pierreux, ni humides, sont ceux qui conviennent le mieux à la pomme de terre; on la sème à partir de février ou de mars. Les tubercules que donnent ses racines sont employés à la nourriture de l'homme et des animaux; on les distille pour faire de l'alcool; on en retire aussi de la fécule.

---

(1) **Joyau**, ornement précieux d'or, d'argent ou de pierreries; ce mot est ici employé au figuré.

Cette année-là par bonheur la vigne était superbe ; les grappes étaient nombreuses et suffisamment fournies, les grains de raisin gonflés de sève et bien dorés.

Chaque jour, à la première heure, alors que le soleil est encore bas sur l'horizon, le père Felber allait rendre visite à sa vigne. Il gravissait lentement le coteau par les sentiers pleins d'herbes et tout humides de rosée.

Pendant toute la matinée, il se promenait entre les rangées de ceps. On le voyait de temps à autre s'arrêter

Fig. 10. — La bande joyeuse envahit le vignoble.

et se baisser, soit pour enlever les feuilles qui faisaient ombre sur les grappes et les auraient empêchées de mûrir, soit pour arracher les mauvaises herbes ou rattacher les sarments défaits à leurs échalas.

Le grand jour, le jour de la vendange, arriva enfin. Jean était là depuis la veille ; pour une fois Gaspard avait abandonné sa forge et le petit Louis manquait à son école ; on avait convoqué les voisins et les amis.

La bande joyeuse envahit le vignoble : vendangeurs et vendangeuses, armés de serpes ou de ciseaux, détachaient les grappes, les entassaient dans leurs paniers, puis, ces paniers une fois remplis, venaient les vider dans les grandes hottes en bois, si lourdes, quand elles sont pleines jusqu'aux bords, qu'un homme robuste a peine à les soulever.

VIII (8). **L'amour du pays.**

Le soir venu les travailleurs, brisés de fatigue mais contents de leur journée, s'apprêtaient à reprendre le chemin du village. Avant de redescendre ils s'arrêtèrent un moment pour admirer le spectacle qu'ils avaient sous les yeux. Devant eux, à perte de vue, s'étendait la plaine d'Alsace.

— Quel beau pays que le nôtre! s'écria le père Felber. Voyez ces terres labourées, qui alternent avec les prairies, ces houblons plantés en longues lignes au-dessous des coteaux couverts de vignobles. Est-il, dans toute la France, une province plus riche que celle-ci? Et ce n'est pas seulement par la fertilité du sol que l'Alsace est admirable. Comptez, d'un bout de l'horizon à l'autre, ces villes, ces bourgs populeux, ces cheminées d'usine. Ici on travaille le fer, on le façonne de cent manières; ailleurs on transforme en tissus le coton venu d'Amérique ou la laine de nos troupeaux.

Heureux pays que celui-ci! De quelque côté que l'on se tourne, aux champs comme à l'usine, on voit partout l'image du travail et du bien-être que le travail amène avec lui. Ici quiconque a les bras solides et du cœur à l'ouvrage est toujours sûr de trouver à gagner sa vie.

— Bah! dit un des assistants, vous nous chantez les louanges de l'Alsace et peut-être qu'un jour, quand votre fils aura fini son temps de service, vous ferez comme tant d'autres, vous quitterez le pays pour aller vous établir à la ville, à Paris, auprès de votre gendre Ridell et de votre fille Catherine.

— Jamais, répliqua le père Felber, jamais je ne quitterai volontairement notre Alsace. Ici je suis né, ici j'ai vécu heureux, ici je mourrai, s'il plaît à Dieu.

Et il ajouta en riant:

— Croyez-vous donc que les vieux arbres puissent reprendre racine quand on les transplante?

IX (9). En route pour l'Alsace.

Le petit Pierre Ridell n'oubliait point que son père lui avait promis de le conduire en Alsace dès qu'il saurait écrire bien lisiblement. Il s'était mis au travail avec ardeur et comme il avait la ferme volonté de réussir, ses progrès avaient été rapides. C'était plaisir de feuilleter ses cahiers d'écriture où l'on pouvait constater page par page le résultat de ses efforts. Il avait fait du chemin depuis le premier cahier où il traçait d'une main mal assurée des barres pas toujours bien droites. Maintenant il écrivait en demi-gros très convenablement: les lettres mal formées étaient de plus en plus rares, les pleins et les déliés se trouvaient bien à leur place, la queue des p s'allongeait, mais sans exagération, les n ne se confondaient plus avec les u.

Un matin Ridell dit à son fils:

— Puisque tu es maintenant un grand garçon sachant bien manier la plume, je te charge d'écrire à ton grand-père. Tu vas lui annoncer toi-même que nous irons bientôt tous les deux lui rendre visite. Nous nous arrêterons à Reims et à Nancy, où j'ai des achats à faire pour le magasin.

Pierre pouvait à peine en croire ses oreilles. Faire un si beau voyage, quelle chance pour un bambin de sept ans! Que de choses nouvelles il allait voir, lui qui, jusqu'à présent, était à peine sorti de sa rue et de son quartier!

Et quel bonheur d'aller visiter ses grands-parents, ses oncles, sa tante, toute cette famille dont on lui avait si souvent parlé, qu'il aimait sans la connaître et qui serait, il en était sûr, bien heureuse de le recevoir!

X (10).
Le départ.

Fig. 11. — **Paris — La gare de l'Est.** — Cette gare s'élève à l'extrémité du boulevard de Strasbourg. Les principales stations du réseau de l'Est sont *Châlons-sur-Marne, Reims, Mézières, Nancy, Troyes, Belfort*. C'est par cette gare que s'embarquent les voyageurs pour *Strasbourg et l'Alsace-Lorraine, la Suisse, l'Allemagne du Sud, l'Autriche-Hongrie, la Turquie*.

Au jour fixé pour le départ, Catherine Ridell et la petite Pauline accompagnèrent les deux voyageurs jusqu'à la gare de l'Est (*fig.* 11). On se dit au revoir gaiement, car on savait bien que la séparation ne serait pas longue.

Installé près d'une des fenêtres du wagon, le nez collé sur la vitre, Pierre ouvrait de grands yeux, bien décidé à ne rien perdre du spectacle qui allait se dérouler devant lui!

On traversa d'abord la Villette (*fig.* 12), un faubourg de Paris, quartier d'usines dont les grandes cheminées vomissaient vers le ciel d'épais nuages de fumée. Puis, le paysage changea : on aperçut des bouquets de bois, de jolis jardins, de petites maisons de campagne, à demi cachées dans le feuillage.

Ensuite on vit des champs labourés et de vastes

prairies. Une grande rivière, la Marne, coulait près du chemin de fer, au fond de la vallée.

— Quel beau pays! s'écria Pierre.

Fig. 12. — **Paris. — Le Bassin de la Villette.** — Paris est le premier port de France pour la *navigation fluviale*. Les principales marchandises qui arrivent au bassin de la Villette sont les charbons de la région du nord, les matériaux de construction, les bois, les denrées agricoles.

— C'est la Brie, lui dit son père, un pays très fertile, qui nourrit de grands troupeaux de vaches et de moutons et qui produit beaucoup de blé.

— Comme nous allons vite, papa! Quelle belle invention que les chemins de fer! Qu'est-ce qui fait donc marcher le train?

— C'est la vapeur, mon enfant; quand nous arriverons à Épernay, où nous nous arrêterons une demi-heure, nous irons voir de près une locomotive et je tâcherai de t'expliquer comment la vapeur la fait marcher.

Fig. 13. — **Meaux. — La cathédrale.** — Meaux (12 300 hab.), s.-pr. de Seine-et-Marne, commerce important de produits agricoles et de fromages de Brie. — Bossuet fut évêque de Meaux de 1681 à 1704.

Sur cette assurance Pierre se remit à regarder par la

fenêtre. On s'arrêta quelques minutes à Meaux, jolie ville bâtie sur les bords de la Marne, qui y fait mouvoir plusieurs moulins. Puis on passa à Château-Thierry, patrie d'un écrivain que tous les enfants connaissent bien, le fabuliste La Fontaine.

DEVOIR DE RÉDACTION. — Choisissez parmi les fables de La Fontaine une de celles que vous connaissez le mieux (*la Cigale et la Fourmi, le Corbeau et le Renard, le Lion et le Moucheron*, etc.). Relisez cette fable avec attention, puis, le livre fermé, racontez-la à votre façon en insistant sur la leçon de morale qu'il faut en tirer.

XI (11). Les machines à vapeur.

— Épernay! Les voyageurs pour Reims changent de voitures, crièrent les employés.

Ridell et Pierre descendirent de wagon.

— Vois-tu l'heure à l'horloge de la gare?

— Oui, père, quatre heures.

— Il y a donc trois heures seulement que nous sommes partis de Paris. En trois heures nous avons fait cent quarante kilomètres. Autrefois, avant qu'il y eût des chemins de fer, il nous aurait fallu vingt-quatre heures pour faire le même trajet.

Fig. 14. — **Jean de La Fontaine**, célèbre fabuliste, né à Château-Thierry en 1621, mort à Paris en 1695.

— Comme les voyages devaient être difficiles en ce temps-là! dit Pierre.

— Aussi, mon enfant, on voyageait beaucoup moins.

LES MACHINES A VAPEUR

Sais-tu bien qu'il fallait trois jours et trois nuits pour aller de Paris à Strasbourg en diligence (1)? Aujourd'hui la locomotive franchit en moins de douze heures les cinq cents kilomètres qui séparent ces deux villes. Allons donc voir une de ces locomotives (*fig.* 16) qui permettent de marcher si vite. Mais d'abord il faut que je t'explique ce que c'est que la vapeur. Tu as quelquefois vu

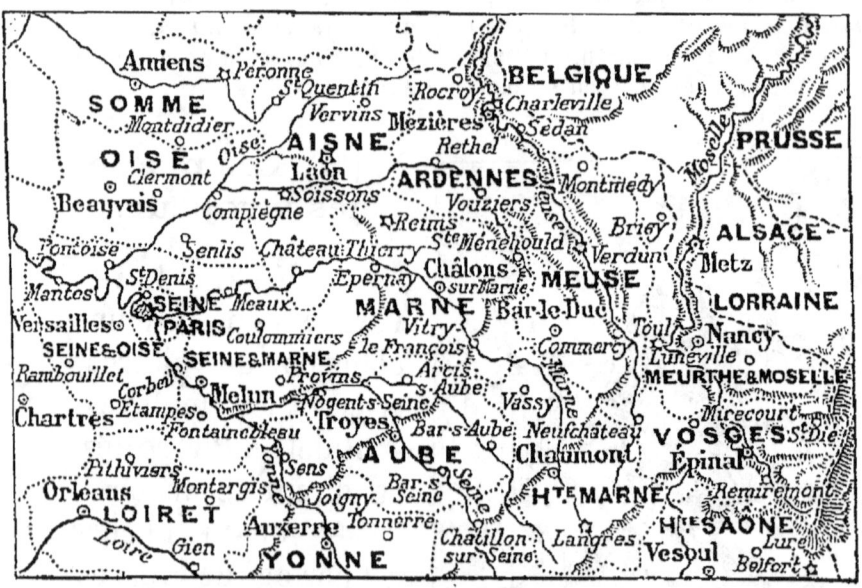

Fig. 15. — **Région parisienne et région de l'Est.** — *La région parisienne* occupe la partie centrale du bassin de la Seine; elle est arrosée par ce fleuve et ses grands affluents, l'Yonne, la Marne, l'Oise. Elle est riche en produits agricoles, mais elle doit surtout son importance à **Paris** (2 400 000 hab.), capitale de la France. — *La région de l'Est* (Champagne et Lorraine) a pour villes principales **Reims** (100 000 hab.), **Nancy** (80 000), **Troyes** (50 000). — Notre frontière de l'Est, la plus exposée à cause du voisinage de l'Allemagne, est défendue par une double ligne de places fortes : *Verdun, Toul, Épinal et Belfort;* — *Laon, Reims et Langres.* Enfin **Paris** est protégé par un mur d'enceinte et de nombreux forts détachés.

ta mère mettre chauffer de l'eau dans une marmite ou dans une bouillotte, n'est-ce pas? et tu as probablement remarqué que quand l'eau commence à bouillir, le couvercle s'agite et se soulève.

— Ah! oui, j'ai vu cela quelquefois et j'ai pesé sur

(1) **Diligence**, voiture publique; depuis l'établissement des chemins de fer, les diligences ne sont plus employées pour les longs parcours.

le couvercle avec les pincettes pour l'empêcher de se soulever; mais il se soulevait tout de même.

— Eh bien, quand une marmite est près du feu et que l'eau commence à bouillir, le couvercle se soulève parce qu'il est poussé par la *vapeur* qui veut s'en aller et elle est terriblement forte cette vapeur d'eau bouillante! Si on avait bien bouché la marmite, comme tu essayais de le faire, si on avait maintenu le couvercle, de façon à empêcher la vapeur de sortir, elle aurait pris plus de force encore, et aurait fini très certainement

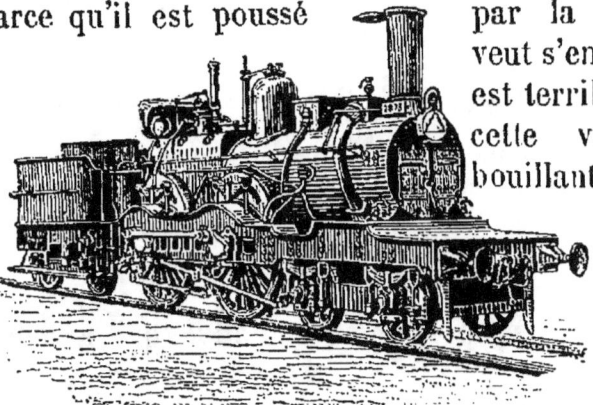

Fig. 16. — **Locomotive à grande vitesse.** — Ces machines sont employées à la traction des trains de voyageurs *express* et *rapides*, dont la vitesse varie de 70 à 90 kilomètres à l'heure.

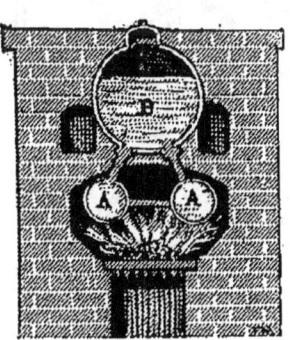 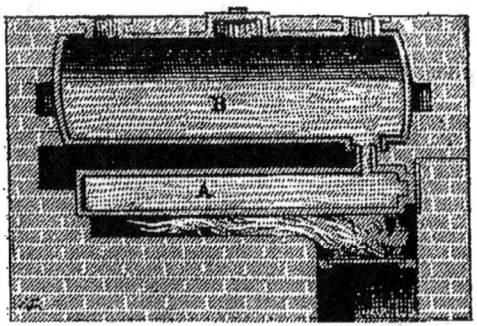

Fig. 17. — **Chaudière à bouilleurs.** — Les chaudières à bouilleurs sont employées dans les usines à la production de la vapeur. La *chaudière* **B** communique par les *tubulures* avec les *bouilleurs* **A** placés au-dessous d'elle; la flamme en lèche les parois, les échauffe et passe au-dessous de la chaudière par les conduits appelés *carneaux*; l'eau entre en ébullition et se transforme en vapeur.

par faire éclater notre pauvre marmite, car plus on chauffe l'eau en renfermant la vapeur, plus cette vapeur prend de la force. Et voilà justement ce que l'on fait dans les *machines à vapeur*. On fait bouillir dans de *grandes chaudières* (*fig.* 17) bien solides et parfaitement fermées, de l'eau qui se transforme en vapeur d'une force prodigieuse. On se sert alors de la *force* de cette vapeur pour faire marcher des bateaux pour soulever des poids, pour faire tourner des roues, ainsi de suite.

GÉOGRAPHIE. — Reproduisez la carte de la région parisienne et de la région de l'Est.

— Tracez de nouveau cette carte en indiquant seulement les cours d'eau et les villes fortifiées situées entre Paris et la frontière de l'Est.

XII (12). La locomotive.

— Voici bien à propos une locomotive qui arrive devant nous. Elle marche assez lentement et tu pourras la voir à ton aise.

Il y avait derrière la locomotive au moins quarante wagons chargés de charbon, de tonneaux, de toutes sortes de marchandises.

— Elle est joliment forte cette vapeur, dit Pierre, car

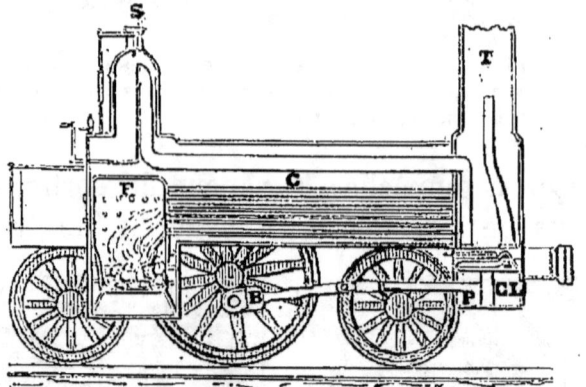

Fig. 18. — **Locomotive** (COUPE THÉORIQUE). — Les locomotives sont mues par la *vapeur*. Le feu est placé dans le *foyer* F, les gaz produits par la combustion pénètrent dans les tubes de la *chaudière* C, chauffent l'eau qu'elle contient et l'eau se change en vapeur qui se rend dans le *cylindre* CL; là, au moyen d'un organe appelé *tiroir*, elle pousse le *piston* P, tantôt par devant, tantôt par derrière, et lui fait exécuter un mouvement de va-et-vient. La *bielle* qui est articulée à la tige du piston, est fixée, par son autre extrémité, à la *roue motrice* B qu'elle fait tourner sous l'impulsion du piston. La *soupape de sûreté* S occupe le dôme placé au-dessus du foyer, elle est destinée à laisser échapper la vapeur quand la pression devient trop forte; on évite ainsi les explosions. La fumée et la vapeur sortent par la *cheminée* T.

il en faudrait des chevaux pour tirer tant de wagons. Mais qu'est-ce que c'est que cette grande barre de fer qui va et vient devant les roues? A quoi cela sert-il?

— Cette grande barre de fer s'appelle la *bielle* (*fig.* 18). C'est elle qui fait tourner les roues de la locomotive.

— Et qu'est-ce qui la pousse comme cela à droite et à gauche tout le temps?

— Elle est poussée par le *piston*, qui est tout simplement un morceau de fer, renfermé dans ce cylindre (1) que tu vois là-bas à droite, et maintenant tu pourrais peut-être me dire toi-même ce qui pousse le piston?

— C'est probablement la vapeur, père.

— Parfaitement, c'est la *vapeur* qui lui arrive tantôt d'un côté, tantôt de l'autre. Ainsi la vapeur pousse le *piston*, le piston pousse la *bielle*, et la bielle fait tourner les *roues*.

DEVOIR DE RÉDACTION. — Dites ce que vous savez de la vapeur et de la manière dont elle fait tourner les roues de la locomotive.

XIII (13). Épernay. — Les vins de Champagne.

On appela les voyageurs pour Reims. Ridell et Pierre se hâtèrent de prendre place dans le train. L'enfant se mit à regarder la ville d'Épernay qu'il n'avait pas encore vue, occupé qu'il était à considérer la locomotive et à suivre les explications de son père.

— Que de belles maisons dans cette ville, dit-il, et quels magnifiques jardins!

— C'est qu'il y a beaucoup de gens riches dans ce pays-ci, dit Ridell. Vois-tu toutes ces vignes sur les coteaux voisins? C'est là qu'on récolte les vins de Champagne, ces vins fameux dans le monde entier. Si nous avions le temps, nous irions voir les caves (*fig.* 19) où on les conserve; elles sont si vastes qu'on peut s'y promener des heures entières et c'est par centaines de mille que l'on compte les bouteilles qu'elles renferment.

(1) **Cylindre**, corps rond et allongé, d'un diamètre égal dans toute sa longueur.

XIV (14). Reims. — Les filatures de laine.

Après une journée passée à Reims, comme Ridell écrivait à Paris pour donner de ses nouvelles, Pierre composa de son côté une lettre pour un de ses petits camarades d'école, Maurice Coussot.

Fig. 19. — Épernay. — **Une cave à vin de Champagne.** — Les principaux centres de la production et du commerce des vins de Champagne sont *Reims, Châlons, Ay, Avize, Épernay*, et les environs. Les vignes, admirablement cultivées, occupent une étendue de 14 000 hectares. La production moyenne par an est de 450 000 hectolitres ; la meilleure partie de ces vins est seule transformée en vins mousseux. La vente annuelle est d'environ 25 millions de bouteilles.

« Mon cher Maurice,

« C'est de la grande ville de Reims que je t'écris. Nous y sommes arrivés hier au soir avec papa. Que de choses intéressantes on apprend en voyageant! Hier papa m'a expliqué que c'est la vapeur qui fait marcher les locomotives qui traînent les wagons. Aujourd'hui, à Reims, j'ai visité une filature de laine.

« En entrant dans cette fabrique j'ai d'abord été tout ébloui par la vue d'une foule de machines qui manœuvraient et tournaient sous mes yeux et tout étourdi par le tapage qu'elles faisaient. J'avais beau regarder, je ne comprenais rien à ce que je voyais. Heureusement un des ouvriers de la fabrique est venu et il nous a donné des explications. Je l'ai bien écouté et je ne suis pas sûr, pourtant, d'avoir tout compris ni tout retenu. Que de travail il faut pour transformer en fils la laine prise sur le dos des moutons !

« D'abord la toison des moutons est toute sale et couverte d'une sorte de graisse appelée *suint*, on la lave à plusieurs reprises, puis on la fait sécher. Quand elle est bien propre, on l'apporte à la fabrique où elle doit être cardée et peignée.

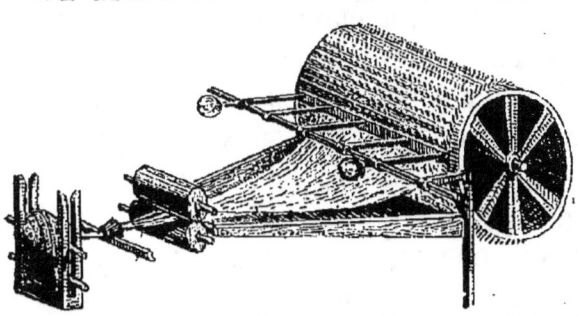

Fig. 20. — **Peigne battant d'une machine à carder la laine.** — Autrefois on cardait la laine à la main avec des cardes commes celles qu'emploient les matelassières. Aujourd'hui des machines spéciales, dont la figure représente un élément, font bien mieux ce travail. Elles se composent de cylindres, garnis de pointes recourbées, tournant en sens contraire ; la laine forme d'abord une sorte de nappe qui est ensuite étirée en ruban ; puis ce ruban est peigné, dégraissé, séché et enfin tordu en fil.

Elle passe entre de grandes machines rondes comme des tambours (*fig.* 20), armées de pointes et de crochets de fer. Ces machines tournent, tournent, et déchirent la laine dans tous les sens. D'autres machines la reprennent et ce n'est qu'après un long voyage et toutes sortes d'opérations qu'elle est transformée en fils.

« Papa m'a dit qu'avec ces fils on fabriquait des tissus comme des flanelles, des couvertures, des étoffes appelées *mérinos* et aussi le drap qui sert à faire nos vêtements.

« Ce qui m'a le plus surpris c'est d'apprendre que

les fabriques de Reims n'employaient pas seulement la laine des moutons qu'on élève en France, mais qu'on faisait venir des laines de pays très éloignés où il y a de grands pâturages et où on nourrit beaucoup de moutons, comme l'Amérique du Sud (1), ou encore comme l'Australie (2), qui appartient aux Anglais.

« Il pleuvait quand nous sommes sortis de la fabrique et il a fallu rentrer tout de suite à l'hôtel, mais je ne me suis pas ennuyé pour cela. Papa m'a acheté un joli livre où j'ai lu l'histoire d'un homme célèbre qui est né à Reims et auquel on a élevé une statue, au milieu d'une belle promenade, près de la gare. Il s'appelait Colbert et il vivait il y a à peu près deux cents ans, au temps de Louis XIV, dont il fut un des principaux conseillers.

« Demain nous devons visiter les monuments de Reims et surtout la cathédrale, qui est une des plus belles églises de France.

« Tu vois que je ne perds pas mon temps et que j'apprends bien des choses que je ne connaissais pas. Comme papa a fini d'écrire, je termine aussi ma lettre, car j'ai bien envie d'aller me coucher. Si c'est amusant de voyager, c'est aussi assez fatigant.

« Ton camarade,

« Pierre Ridell. »

XV (15). La cathédrale de Reims.

Il y a plus de six cents ans que la cathédrale de Reims a été construite. Elle date du XIIIe siècle, de cet âge de piété ardente qui vit s'accomplir les dernières croisades sous la conduite du roi saint Louis. Elle est

---

(1) **Amérique du Sud**, partie méridionale du continent américain, reliée à l'Amérique du Nord par l'isthme de Panama.

(2) **Australie**, grande île de l'Océanie, qui est presque aussi vaste que l'Europe et qui appartient à l'Angleterre.

contemporaine des magnifiques édifices religieux qui s'élevèrent alors presque en même temps dans les villes du nord de la France, de Notre-Dame de Paris, des cathédrales de Chartres, d'Amiens, de Soissons, de Noyon, de Laon, de Beauvais.

Entre tant d'églises merveilleuses la cathédrale de Reims est une des plus belles. Un peuple d'ouvriers a travaillé à la construire et à l'orner : après que les maçons, associés pour bâtir les églises et qu'on nommait les *logeurs du bon Dieu*, eurent terminé le gros du travail, on fit venir des sculpteurs, pour tailler dans la pierre ces statues, si nombreuses qu'on a peine à les compter, des peintres verriers, pour peindre les vitraux aux couleurs éclatantes, des orfèvres, pour ciseler les châsses et les reliquaires (1).

Fig. 21. — **Reims. — Vue de la cathédrale.** — Reims, qui compte 100 000 hab., s'élève dans une plaine entourée de collines. C'est un centre industriel très important pour la filature des laines, la construction des machines, les fabriques de flanelles, mérinos, casimir, draps, etc.

Le portail surtout est justement admiré : devant ces pierres fouillées en tous sens par le ciseau de l'artiste et découpées comme une broderie, l'œil est ébloui.

Dans les tours on va voir les deux cloches gigantes-

---

(1) **Châsses, reliquaires,** coffrets ou cadres dans lesquels on conserve les reliques.

ques, les deux bourdons, merveilles de l'art du fondeur. L'un pèse 7 500 kilogrammes, et c'est le plus léger ! L'autre pèse 11 500 kilogrammes : c'est le poids de cent cinquante hommes de taille moyenne.

Il est un peu moins lourd pourtant que le gros bourdon de Notre-Dame, à Paris, et surtout que la grande cloche de Moscou, en Russie, qui pèse 165 000 kilogrammes.

XVI (16). L'école d'arts et métiers de Châlons. La coutellerie de Langres.

Le lendemain Ridell et Pierre s'embarquaient pour Nancy. Ils furent seuls dans leur compartiment jusqu'à Châlons-sur-Marne ; mais là leur train fut tout d'un coup pris d'assaut par une troupe de jeunes gens de quinze à vingt ans. Ils n'étaient pas plus d'une quarantaine, mais ils faisaient du bruit comme cent. Ils criaient, s'appelaient, se disputaient les places libres :

— Par ici, Charles, viens donc avec nous ; il y a encore une place.

— Mais où donc est passé Auguste ?

— Voilà, voilà ! criait Auguste en arrivant.

— Complet ! Tu n'entreras pas, disait un autre en retenant la portière.

Les employés du chemin de fer eurent quelque peine à faire placer toute cette bruyante jeunesse. Ils y parvinrent enfin et le train se mit en route. On était un peu plus serré, mais on avait des compagnons qui ne demandaient qu'à rire et à bavarder.

— Vous êtes des écoliers en vacances, dit Ridell à son voisin, c'est facile à deviner.

— Oui, monsieur, répondit le jeune homme, nous sommes élèves de *l'école d'arts et métiers de Châlons* (*fig.* 22) et nous allons chez nous passer les vacances de Pâques.

— Un bon moment, les vacances, quand on a bien travaillé pendant plusieurs mois, dit Ridell.

— Oh! oui, monsieur, et je vous assure que je suis bien content. Voilà six mois que je n'ai pas vu mes parents. Ils demeurent un peu loin, à Langres, dans la Haute-Marne, où mon père est coutelier.

Fig. 22. — **Châlons-sur-Marne.** — **L'école d'arts et métiers.** — Les écoles d'arts et métiers de Châlons-sur-Marne, d'Aix et d'Angers sont destinées à former des chefs d'atelier et des ouvriers instruits et habiles pour les industries où l'on travaille le fer et le bois. On y est admis à la suite d'un concours : peuvent y prendre part les jeunes gens qui ont plus de quinze ans et moins de dix-sept au 1er octobre de l'année du concours. La durée des études est de trois ans; les élèves qui satisfont aux épreuves de sortie reçoivent un certificat. — Châlons (24 000 hab.) est le chef-lieu du départ. de la Marne. Commerce de grains et de vins de Champagne. Fabriques de bonneterie, de toile, etc.

— Les couteaux de Langres sont très estimés, dit Ridell.

— En effet, monsieur, et tenez, voici un couteau fabriqué à Langres, le nom de la ville est gravé sur la lame.

— Le mien n'a pas été fait à Langres, dit Pierre qui avait aussi tiré son couteau de sa poche. C'est un autre nom, beaucoup plus long, qui est écrit dessus, mais il est un peu effacé et je ne puis pas le lire.

— Ton couteau vient de Châtellerault, dit Ridell après avoir regardé. C'est une ville du département de la Vienne, située bien loin d'ici, dans l'ouest de la France et qui, comme Langres, est renommée pour sa coutellerie.

— Pour ne pas faire de jaloux, dit un autre élève, mentionnons aussi les couteaux de Thiers, dans le département du Puy-de-Dôme.

— Et n'oublions pas ceux de Nontron, dans la Dordogne, riposta un troisième.

— Voilà, dit un autre, un cours complet sur la coutellerie. Si nous perdons nos couteaux, nous saurons où nous adresser pour en avoir d'autres.

XVII (17). Les confitures de Bar-le-Duc.

A l'embranchement qui conduit à Chaumont et à Langres, le fils du coutelier et plusieurs de ses camarades descendirent. Dans la voiture où étaient Ridell et Pierre il ne resta que deux élèves de Châlons.

— Vous êtes encore avec nous pour quelque temps? demanda Ridell.

— Jusqu'à Bar-le-Duc seulement, monsieur, le père de mon camarade est contremaître dans une filature de coton.

— Et que fait votre père à vous? mon ami.

Le jeune homme hésita un peu :

— Mon père, dit-il, a un métier que vous trouverez peut-être singulier : il fabrique des confitures de groseille.

Fig. 23. — **Bar-le-Duc.** — **La tour de l'horloge.** — Bar-le-Duc (20 000 hab.), chef-lieu du dép. de la Meuse, patrie des maréchaux Oudinot et Exelmans.

— Ce n'est pas un métier plus singulier qu'un autre; demandez à mon petit Pierre, s'il méprise les confitures de Bar-le-Duc.

— Oh! que non, dit Pierre; seulement, monsieur, puisque votre papa fabrique des confitures de Bar-le-Duc, dites-lui donc qu'elles seraient encore meilleures si on les mettait dans de plus grands pots.

Cette réflexion du petit gourmand égaya beaucoup l'assistance.

— Alors vous ne voulez pas succéder à votre père, car ce n'est pas pour étudier la fabrication des confitures qu'on vous a mis à Châlons.

— Non, monsieur. A l'école d'arts et métiers on ne s'occupe que des industries où l'on travaille le fer et le bois. On étudie tout ce qui peut être nécessaire pour devenir un ouvrier habile. Aussi, quand on sort de l'école, on trouve facilement un emploi. J'ai un frère, qui a passé par l'école de Châlons et qui a maintenant une très bonne place dans une usine métallurgique (1) à Charleville. Dans deux ans, quand je sortirai, je tâcherai d'entrer dans la même maison.

Fig. 24. — **Groseillier à grappes.** — Les fruits du groseillier à grappes sont de petites baies rouges ou blanches d'un goût acide et sucré en même temps dont on fait du sirop, de la gelée et des confitures. Les confitures de Bar-le-Duc sont les plus renommées. Le groseillier est originaire des Alpes.

XVIII (18). **Nancy. — Les cristaux de Baccarat.**

A Nancy (*fig.* 25) nos deux voyageurs visitèrent plusieurs magasins où Ridell avait à faire des achats de broderies. Les broderies de Nancy sont sans rivales en France; elles sont appréciées dans le monde entier.

— Quelle belle ville! disait Pierre, on croirait être à Paris tant les rues sont larges et droites; seulement il y a moins de promeneurs et de voitures.

— C'est que Nancy a bien moins d'habitants, mon

---

(1) **Usine métallurgique**, usine où l'on travaille les métaux.

NANCY. — CRISTAUX DE BACCARAT 37

enfant; Nancy est pourtant une des villes importantes de l'est de la France, l'ancienne capitale de la Lorraine; c'est aux ducs de Lorraine, qui y résidaient autrefois, qu'elle doit ses belles places, ses rues bien alignées et ses jolies promenades.

— Arrêtons-nous un peu, continua Pierre; allons

Fig. 25. — **Nancy**. — **La place Stanislas**. — Nancy, sur la Meurthe (80 000 h.), chef-lieu du dép. de Meurthe-et-Moselle, ancienne capitale de la Lorraine. — La statue qui est au milieu de la place est celle de Stanislas Leczinski, roi détrôné de Pologne, dont la fille, Marie Leczinska, épousa le roi de France Louis XV. En 1738 Stanislas reçut le duché de Lorraine qui, à sa mort (1766), fut réuni à la France.

donc voir de près tous ces objets qui brillent au soleil.

Et il entraîna son père vers un magasin richement installé sur la porte duquel on lisait : *Cristaux de Baccarat*. Il y avait là, rangées le long des murs, des glaces de toute dimension, quelques-unes si grandes qu'elles allaient du plancher jusqu'au plafond. A ce plafond étaient suspendus des lustres (1) dont les pendeloques (2)

(1) **Lustre**, grand chandelier à plusieurs branches qu'on suspend au plafond.

(2) **Pendeloque**, petite pièce de cristal qui sert d'ornement à un lustre.

étincelantes miroitaient comme des milliers de petites étoiles. Plus près et bien à la vue des passants, on distinguait, derrière la vitrine, des coupes, des flacons aux formes variées, des verres, des salières, tout ce qui compose un service de table.

XIX (19). Le cristal. Le verre.

Pierre poussait des cris de joie.

— Vois donc, papa, ces belles carafes, comme elles sont brillantes! Et quels jolis bouchons de verre aux facettes finement polies! Par exemple, ceux qui s'en servent doivent avoir joliment peur de les casser. Et ces tout petits verres à liqueur, pas beaucoup plus grands qu'une coquille de noix. En voici qui ont des reflets rouges, d'autres qui sont ornés de dessins bleus ou dorés. En vérité c'est bien heureux que je n'aie pas à choisir entre tant de merveilles, car je serais bien embarrassé.

— Tu as raison, petit Pierre, ce sont de véritables merveilles que tous ces cristaux qu'on fabrique près

Fig. 26. — **Taille du cristal.** — Pour tailler le cristal, c'est-à-dire pour faire sur les verres, les carafes, etc., les facettes appelées *tailles*, on se sert de meules de fer, de grès ou d'acier enduites de sable ou d'émeri en poudre sur lesquelles on appuie l'objet à tailler. Le cristal est usé par le frottement; on le polit ensuite avec différentes poudres minérales.

Fig. 27. — **Four de verrerie.** — Les matières qui servent à faire le verre sont mises à fondre dans des vases de *terre réfractaire*, c'est-à-dire qui résiste au feu le plus violent, nommés *creusets*, qui sont eux-mêmes placés dans un four que l'on chauffe à 12 ou 1300° au moyen du bois ou de la houille.

d'ici à Baccarat, et qui font le plus grand honneur à l'habileté des ouvriers. Sais-tu au moins avec quoi on fait le verre et ces cristaux si brillants? Te douterais-tu que c'est avec du sable?

— Avec du sable? dit l'enfant étonné.

— Oui, avec du sable et de la potasse, sorte de sel qu'on tire des cendres du bois. Sable et potasse, soumis à une très forte chaleur, se fondent et forment une pâte liquide, qui est le verre. A cette pâte liquide l'ouvrier donne la forme qu'il veut: vitre, verre à boire, bouteille. Veut-il faire une bouteille, il prend un peu de pâte au bout d'un long tuyau de fer et il souffle dans le tuyau. Le verre, qui est à l'autre bout, se gonfle en forme de boule.

Fig. 28. — Travail du verrier. — Le principal outil du verrier est la *canne*, tube de fer de 1m 50 de long. La figure ci-dessus représente des ouvriers verriers au travail. Ils sont devant le four : l'un d'eux *cueille* avec sa *canne* dans le creuset, par l'ouverture appelée *ouvreau*, la quantité de verre en fusion qui lui est nécessaire. Ses compagnons façonnent le verre en soufflant dans leur canne et en la balançant, ils lui donnent ainsi différentes formes.

— Alors c'est comme quand je fais des bulles de savon, dit Pierre.

— A peu près. Seulement pour donner à la bulle de verre la forme d'une bouteille on l'enferme dans un moule et on souffle jusqu'à ce

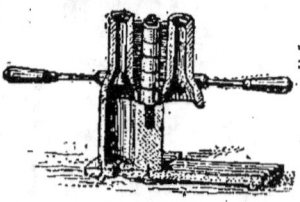

Fig. 29. — Moule à bouteille.

qu'elle ait pris la forme de ce moule. Quant au cristal, c'est un verre plus brillant que l'on obtient en mêlant du plomb au sable et à la potasse.

La manufacture de Baccarat emploie plus de quinze cents ouvriers. C'est la plus grande fabrique de cristaux de la France entière.

XX (20).
La cathédrale de Strasbourg.

Fig. 30. — **Strasbourg. — La place Kléber.**
— Cette place est ornée d'une statue colossale de Kléber (né à Strasbourg en 1753, mort en Égypte en 1800.)

Comme on était à l'époque où les conscrits rejoignent le régiment, Jean, très occupé par l'instruction des nouvelles recrues, ne put pas venir à Molsheim, pendant que son beau-frère et son neveu y étaient. Toute la famille partit un jour pour Strasbourg afin de déjeuner avec lui. Ce fut une occasion de visiter cette grande ville, capitale de l'Alsace, qui est une des premières places fortes de la vallée du Rhin.

On admira les rues, la place Kléber, mais surtout la magnifique cathédrale, orgueil de la cité, et la flèche de son clocher qui s'élève à cent quarante-deux mètres de hauteur. On fit l'ascension de ce clocher, si élevé qu'on ne peut regarder en bas sans être pris de vertige. Mais ce qui amusa le plus le petit Pierre, ce fut la curieuse horloge (*fig.* 31) qui est à l'intérieur de l'église. Cette horloge est à elle seule tout un monument. Une foule de personnages et de statues, qu'un mécanisme de poids ingénieusement disposés met en mouvement, indiquent les différentes heures de la journée. Un *ange* sonne les quarts d'heure au moyen d'une cloche qu'il tient à la main ; à côté de lui un *génie* retourne un sablier après chaque heure. Plus haut un *enfant*.

un *adolescent*, un *homme dans l'âge mûr* et un *vieillard* tournent autour d'une statue du *Temps* qui frappe également l'heure. Enfin, à la galerie la plus élevée, à l'heure de midi, les *douze apôtres* viennent tourner autour du *Christ*.

Les jours heureux passent toujours trop vite. On était déjà au bout de la semaine qu'il semblait à Pierre qu'il venait à peine d'arriver. Il fallut cependant se séparer, quitter ces excellents parents qui l'avaient comblé de caresses et de cadeaux, cette maison où il avait passé de si bons moments. On s'embrassa, on se dit au revoir ; Ridell et Pierre promirent de revenir l'année suivante.

Fig. 31 — **L'horloge astronomique de la cathédrale de Strasbourg**, arrêtée depuis 1790, fut réparée de 1838 à 1842 par Schwilgué, professeur au collège de Schlestadt. — A l'heure de midi on voit presque toujours devant l'horloge, un groupe de curieux venus pour contempler le Christ et les douze apôtres.

Par malheur d'une année à l'autre bien des événements peuvent survenir qui dérangent les plus beaux projets.

XXI (21). La déclaration de guerre.

Un matin, c'était vers la fin du mois de juillet 1870, le père Felber traversait la place du Marché lorsqu'il aperçut un groupe nombreux de paysans et d'ouvriers arrêtés devant une affiche qu'on venait de poser sur le mur de l'hôtel de ville. Ces hommes semblaient discuter avec animation; ils parlaient très haut, faisaient de grands gestes.

Le père Felber s'approcha pour lire l'affiche qui excitait tout ce tumulte. Comme il arrivait près du ras-

Fig. 32. — Eh bien, vous savez la grande nouvelle? La guerre est déclarée.

semblement, quelqu'un lui cria : « Eh bien, vous savez la grande nouvelle? La guerre est déclarée. »

La guerre! Il n'était pas besoin de demander quelle guerre, ni contre quel ennemi nous allions marcher. On savait bien depuis longtemps que les Allemands ne nous aimaient point, qu'ils étaient jaloux de la France, qu'ils la trouvaient trop belle et trop prospère et qu'ils saisiraient la première occasion de l'attaquer. Depuis trois ou quatre ans surtout, on parlait souvent d'une guerre contre l'Allemagne, on la considérait comme inévitable, on vivait dans l'attente de cette lutte meurtrière où seraient engagées les armées de deux grands pays.

Cependant, en apprenant que la guerre était déclarée, le père Felber fut tout bouleversé. La guerre c'est le ravage des champs, c'est le bombardement et l'incendie des villes, c'est la mort pour des milliers de jeunes gens valides, espoir de la Patrie; la guerre renverse les lois de la nature et force le père aux

Fig. 33. — **Empire d'Allemagne**. — L'empire d'Allemagne est un peu plus vaste que la France. Il a 47 millions d'habitants (France : 38 millions). — Il se compose de 26 États étroitement unis sous la domination de la Prusse. — Principaux États : **Prusse** (28 millions d'hab.), *Bavière* (6 millions), *Saxe* (3 millions). — Grandes villes : *Berlin*, capitale de l'empire et de la Prusse; *Dresde*, cap. de la Saxe; *Munich*, cap. de la Bavière; Francfort-sur-le-Mein, Mayence et Cologne, places fortes sur le Rhin; Brême et Hambourg, ports de commerce; Kiel, port militaire; Stettin et Breslau, sur l'Oder; Dantzig et Kœnigsberg sur la mer Baltique. — En 1871 l'Allemagne a enlevé à la France l'*Alsace-Lorraine*, avec les deux grandes places fortes de *Strasbourg* et de *Metz*.

cheveux gris à suivre le cercueil des fils qui auraient dû lui survivre.

Combien pourtant le pauvre homme était loin de prévoir toutes les catastrophes et les afflictions que l'avenir lui réservait! Si le voile qui cache à nos yeux les choses futures se fût à ce moment soulevé devant lui, il eût reculé d'horreur. La Patrie envahie, dévastée, pillée, l'Alsace violemment arrachée à la France, la pauvre famille des Felber, si heureuse maintenant et si unie, dispersée par l'ouragan... quelle affreuse vision !

Mais non. L'avenir, par bonheur, échappe à notre vue, et, si triste que soit notre sort, nous pouvons du moins conserver l'espérance.

Comme tant d'autres à cette époque, le père Felber croyait la France invincible. Nos soldats n'avaient-ils pas prouvé leur valeur dans cent batailles ? Nos ancêtres n'avaient-ils pas, pendant les grandes guerres de la Révolution, battu vingt fois ces Allemands, ces Prussiens, aujourd'hui si arrogants ? Puisque ces leçons n'avaient pas suffi, puisque ces gaillards-là venaient nous chercher noise, puisqu'ils avaient perdu le souvenir de la bataille d'Iéna (1), où en une seule journée la Prusse fut accablée, nos généraux et nos soldats se chargeraient de leur rafraîchir la mémoire. Telles étaient les pensées du père Felber pendant qu'il rentrait chez lui.

GÉOGRAPHIE. — Tracez la carte d'Allemagne.

XXII (22). Le départ du régiment.

Depuis le jour de la déclaration de guerre la ville de Strasbourg a changé d'aspect. De tous côtés des régiments y arrivent. Sur les glacis (2) qui entourent les remparts, au polygone, champ de manœuvre de la garnison, sur les promenades, la foule se presse autour des campements improvisés de la cavalerie, de l'infanterie, de l'artillerie.

Chaque fois qu'un régiment quitte la ville pour se

(1) **Iéna**, ville d'Allemagne, où Napoléon Ier battit les Prussiens, le 14 octobre 1806.

(2) **Glacis**, talus en pente douce qui sépare les fossés d'une place forte de la campagne ouverte.

rendre à la frontière, les habitants lui font la conduite. De toutes parts retentissent les cris de *Vive l'armée! Vive la France!* Et pour ceux qui vont risquer leur vie sur les champs de bataille c'est une grande joie

Fig. 34. — Le départ du régiment de Jean fut une longue marche triomphale à travers Strasbourg.

de se sentir ainsi encouragés, soutenus par les acclamations de tout un peuple.

Le départ du régiment de Jean fut une longue marche triomphale à travers la ville. Dans ce régiment, qui depuis plusieurs mois tenait garnison à Strasbourg, beaucoup des assistants avaient des amis qu'ils ne voulaient pas laisser partir sans leur dire adieu.

Mais quand le régiment parut précédé de son colonel, vieux soldat aux cheveux blancs, marqué glorieusement d'une balafre à la joue, ce ne fut pas seulement aux amis que chacun pouvait avoir dans les rangs que s'adressèrent les applaudissements, mais aussi à la bonne tenue, à l'ordre parfait, à l'aspect martial de ces deux mille soldats, que l'on sentait étroitement unis sous la main du chef qui les commandait.

XXIII (23). Ce que c'est qu'un régiment.

C'est qu'en effet, un régiment n'est pas un rassemblement d'hommes réunis à la hâte, un troupeau de conscrits à peine revêtus de l'uniforme depuis quelques jours.

Ce qui fait la force du régiment, ce qui lui permet d'affronter des dangers terribles et de marcher sans crainte à l'ennemi, c'est qu'il est composé de soldats éprouvés, unis, disciplinés.

Ces hommes ont longtemps vécu ensemble; ils ont appris à se connaître, à s'estimer; ils savent qu'ils peuvent compter les uns sur les autres et qu'à l'heure du péril nul ne lâchera pied.

Ils ont confiance dans leurs chefs; ils savent que les grades se donnent aux plus dignes, à ceux que leur courage ou la supériorité de leur intelligence a désignés; ils sont prêts à suivre leurs officiers partout où il faudra combattre pour la défense du pays.

De ces conscrits venus de tous les points de la France et sortis de toutes les conditions, la vie en commun du régiment a fait comme une grande famille. Elle a donné à tous mêmes sentiments, même abnégation, même mépris du danger, même dévouement à la Patrie.

Celui-ci labourait son champ au fond de la Bretagne, celui-là martelait le fer dans une usine, tel sort des mines du nord de la France, tel autre conduisait ses troupeaux des plaines de la Provence aux pâturages alpestres. Aujourd'hui il n'y a plus ni laboureur, ni ouvrier, ni mineur, ni pâtre; on ne distingue plus le Breton du Provençal, ni l'homme des villes du paysan.

CE QUE C'EST QU'UN RÉGIMENT

Comme en arrivant au régiment chacun d'eux a quitté ses habits de travail pour prendre l'uniforme, ainsi des pensées étroites de leur vie passée, ils se sont élevés à l'idée de devoirs nouveaux.

Ils vivaient pour eux seuls, préoccupés uniquement d'accroître leur gain de chaque jour; ils vivent maintenant pour la France à laquelle ils donnent gaiement les plus belles années de leur jeunesse, et pour laquelle ils feront, s'il le faut, le sacrifice de leur vie.

Et qui donc oserait se soustraire aux périlleux devoirs que le patriotisme impose? Que celui qui hésiterait et qui se sentirait le cœur troublé à l'approche du danger, que celui-là lève les yeux vers le drapeau. Il y lira, inscrits en lettres d'or, les noms des batailles où le régiment a figuré avec honneur.

Fig. 35. — Que celui qui se sentirait le cœur troublé à l'approche du danger, lève les yeux vers le drapeau. Il y lira, inscrits en lettres d'or, les noms des batailles où le régiment a figuré avec honneur.

Il y apprendra qu'avant lui, sous ce même drapeau, d'autres enfants de la France ont versé leur sang pour la gloire de la Patrie.

N'ayez crainte, héros des âges passés, soldats de la Révolution et de l'Empire, qui avez promené vos pas dans toutes les capitales d'Europe, conquérants de l'Algérie, combattants tombés dans les champs de la Crimée ou de l'Italie, vienne l'heure des grands sacrifices, vos successeurs ne seront pas indignes de vous!

DEVOIR DE RÉDACTION. — Dites quelles sont les qualités nécessaires aux chefs qui commandent un régiment et aux hommes qui le composent. Si la loi décide que tous les Français doivent passer trois ans à la caserne, ce n'est pas seulement pour qu'ils apprennent le maniement des armes et quelques manœuvres, mais surtout pour leur permettre d'acquérir ces qualités de discipline, d'abnégation, de patriotisme qui leur seraient indispensables en temps de guerre.

XXIV (24). En campagne.

Voilà plusieurs jours déjà que le régiment de Jean Felber a quitté Strasbourg. Il s'est dirigé vers la fron-

Fig. 36. Carabinier, voltigeur de la garde, grenadier de la garde. — Tous ces corps ont été supprimés après la guerre de 1870.

tière à petites journées. Les routes sont pleines de troupes, et, sur la voie ferrée, les trains se succèdent apportant leur contingent à l'armée qui va défendre l'Alsace.

Voici des zouaves avec leurs calottes rouges, leurs vestes bleu foncé et leurs larges pantalons bouffants ; voici les enfants de l'Afrique, les turcos au teint bronzé ;

voici des artilleurs qui débarquent, qui font sortir leurs chevaux des wagons et les attellent à leurs pièces.

Plus loin des fantassins de la ligne dressent leurs tentes dans une prairie, tandis que, sur le coteau voisin, défile un régiment de cavalerie dont les sonneries joyeuses éclatent au milieu du hennissement des chevaux et des coups de sifflet des locomotives.

Et devant ce grand déploiement de forces on se sent réconforté et plein d'espoir. A voir cette avalanche humaine qui roule au-devant des Prussiens on se prend à croire que tout pliera devant elle.

Cependant, le 4 août, le canon tonne pendant toute la matinée, et le soir de mauvaises nouvelles arrivent. Une division de dix mille hommes a été attaquée près de Wissembourg par des forces quadruples; elle a été écrasée, anéantie; la frontière est ouverte, la France envahie.

Ces nouvelles enflamment les courages, loin de les abattre, et chacun sent en son cœur un ardent désir de revanche. Qu'on puisse seulement se mesurer à nombre égal, et l'on verra bien!

Hélas! à la bataille de Frœschwiller, le nombre devait encore une fois triompher de l'héroïsme.

XXV (25). **La bataille de Frœschwiller.**

Ce jour-là, le 6 août, les deux armées campaient si près l'une de l'autre que dès les premières lueurs du jour les avant-postes échangeaient des coups de fusil.

Jean et ses compagnons ne furent pourtant pas engagés tout d'abord. Deux heures durant ils restèrent l'arme au pied, prêts à marcher au premier signal.

Devant eux l'air s'emplissait de bruit et de fumée; la fusillade faisait rage, dominée de temps à autre par la puissante voix du canon.

Enfin l'ordre vint d'avancer.

Régulièrement, sans hâte ni désordre, comme s'il se fût agi d'aller à la parade, les rangs se formèrent et les soldats se mirent en marche.

Certes ils étaient émus; les plus courageux le sont

Fig. 37. — **Wœrth**. — C'est entre les villages de *Wœrth* et de *Frœschwiller* que l'armée de Mac-Mahon fut battue par celle du prince royal de Prusse, le 6 août 1870.

en de pareils moments. Comme dans un rêve la pensée de Jean se porta vers Molsheim, vers ses parents, vers la petite maison paternelle, si tranquille, où il ferait si bon vivre, un jour. Mais il chassa bien vite ces pensées. Honte à celui qui tremble quand il faut être fort et vaillant! Honte à celui qui hésite à faire pour son pays le sacrifice de sa vie! Celui-là, quand il rentrerait dans son village, serait pour tous un objet de mépris, on le montrerait au doigt, on dirait : « Voilà le lâche qui s'est caché le jour de la bataille! »

Le régiment traversait un petit bois, quand soudain un effroyable craquement se fit entendre près de la cime des arbres ; des branches s'abattirent comme tranchées par une hache invisible et un obus (1), passant par-dessus la tête des hommes, alla éclater à cent pas plus loin sans blesser personne.

Un second obus, mieux pointé, tua net un des hommes qui marchaient à l'avant et en couvrit cinq ou six autres de boue et d'éclats de pierres.

Un troisième obus tomba, puis un autre.... Les soldats rompirent les rangs pour se répandre dans les bois. Ils ne marchaient plus, ils couraient. Il semblait que la bataille dont on entendait devant eux le bruit sans cesse grandissant, les attirait à elle et les emportait dans son tourbillon.

DEVOIR DE RÉDACTION. — Dites quels sont les sentiments qui soutiennent le soldat au milieu de la bataille et qui lui donnent la force d'affronter les dangers et de braver la mort.

XXVI (26). **A l'assaut.**

Après dix minutes d'une course rapide, nos hommes, toujours accompagnés par les projectiles de l'ennemi, arrivèrent sur la lisière du bois.

On se battait là depuis le matin : accroupis dans les fossés, dissimulés derrière les arbres et les buissons, nos soldats dirigeaient leur feu sur le coteau voisin. C'est à peine si l'on pouvait apercevoir, au milieu de la fumée, les lignes des tirailleurs allemands blottis dans des vignes à quatre ou cinq cents mètres de distance.

Les balles sifflaient ; quelques-unes frappaient d'un coup sec les arbres dont elles faisaient voler le bois en éclats ; des obus labouraient le sol, ébranlaient l'air de leurs formidables détonations.

(1) **Obus**, projectile creux, rempli de poudre, qui est lancé par un canon et qui éclate en l'air ou en tombant sur le sol.

A terre, un peu partout, des cadavres éparpillés dans toutes les positions : couchés sur le dos, sur le ventre, accroupis, assis, penchés dans tous les sens ; plusieurs, frappés au moment où ils faisaient un geste d'attaque ou de défense, étaient restés dans la position où la mort les avait pris. A côté d'eux des blessés se traînaient péniblement, cherchant un abri, criant, appelant, sans

Fig. 38. — Baïonnette au canon, les soldats prennent le pas de charge et se précipitent, sans souci des balles qui pleuvent autour d'eux.

que personne au milieu de tout ce tumulte pût songer à leur porter secours.

L'arrivée d'un régiment de troupes fraîches ranime le combat. La fusillade reprend plus vive et plus nourrie, et comme l'ennemi ripostait mollement, on se décide à tenter l'attaque pour le déloger de ses positions.

Sabre au clair (1), le colonel se porte devant ses hommes en criant : En avant ! Tous les officiers répètent : En avant !

(1) **Sabre au clair**, le sabre hors du fourreau.

Baïonnette au canon, les soldats prennent le pas de charge et se précipitent sans souci des balles qui pleuvent autour d'eux ni des vides qu'elles font dans leurs rangs.

En avant ! Voici qu'on gravit la pente du coteau et qu'on arrive aux vignes où les Allemands sont embusqués.

En avant ! Voici les casques à pointe des Prussiens !

Et la bataille reprend plus terrible, corps à corps, d'homme à homme. On se bat à la baïonnette, on se fusille à vingt pas. Trois fois Jean vit se dresser devant lui la silhouette d'un soldat ennemi ; trois fois il déchargea son arme et il vit tomber un Allemand.

XXVII (27). **La défaite.**

Rien n'a pu résister à la furie de notre attaque. Nous sommes maîtres du terrain, mais pour que ce régiment décimé par les balles ennemies, épuisé par l'effort qu'il vient de faire, pût se maintenir dans la position conquise, il faudrait qu'il fût soutenu.

Déjà les Allemands, un moment surpris, se rallient ; ils se préparent à reprendre l'offensive ; déjà leurs batteries couvrent d'obus ce coin de terre si vivement disputé.

Il faut partir : inutile a été le courage et le dévouement de tant de braves gens, inutile le sacrifice de tant de vies humaines. Il faut céder à l'ennemi ce sol arrosé du sang des nôtres et couvert de leurs cadavres.

Depuis le matin 35 000 Français luttaient contre des forces supérieures ; à chacun de nos soldats les généraux allemands pouvaient en opposer trois ou quatre ; ils avaient plus de canons et des canons meilleurs que les nôtres.

Et cependant, vers le milieu du jour, la bataille n'était pas perdue ; nulle part nos troupes n'avaient plié dans cette lutte inégale. Pour amener à nous la victoire encore indécise que fallait-il? Des troupes nouvelles, des régiments intacts à opposer à ceux que l'ennemi mettait sans cesse en ligne.

Mais les renforts ne vinrent point, et ce fut au contraire l'armée allemande qui en reçut.

Dès lors l'issue ne fut plus douteuse: exténuées par dix heures de combat, attaquées de front, débordées sur les ailes et presque tournées, les troupes françaises perdirent du terrain.

Moment terrible! Ces hommes qui tout à l'heure se battaient comme des lions sont ramenés en arrière; ils battent en retraite, l'espoir de vaincre ne les soutient plus; la journée est finie, la bataille est perdue!

XXVIII (28). La charge des cuirassiers.

A cet instant critique, où les minutes valent des heures, il faut gagner du temps, il faut, même au prix des plus grands sacrifices, ralentir la poursuite de l'ennemi.

Derrière un pli de terrain deux régiments de cavalerie étaient en réserve, deux magnifiques régiments de cuirassiers (*fig.* 39). C'était comme une armée d'élite au milieu de l'armée; pour la former on avait choisi dans cent cantons les hommes les plus grands, les plus solides, et ces colosses, hissés sur des chevaux à leur taille, avaient quelque chose de surhumain. Leurs larges poitrines battaient sous l'acier étincelant des cuirasses; les casques qui surmontaient leurs têtes les faisaient paraître plus grands encore; aux flancs de leurs chevaux pendaient de longs sabres, sabres de géants, que leurs bras robustes pouvaient manier sans peine.

Troupe héroïque et cent fois victorieuse! C'est aux cuirassiers que jadis, au temps des grandes guerres de l'empire, Napoléon 1er demandait l'effort décisif qui devait rompre les rangs des ennemis ; c'est à ces escadrons redoutés qu'il confiait le sort d'une bataille en leur donnant l'ordre d'arracher la victoire de haute lutte, à la pointe du sabre.

Et maintenant c'était pour retarder de quelques instants la défaite inévitable que les cuirassiers allaient mourir.

On les vit partir, au galop, franchir les haies, bondir par-dessus les fossés. Une rivière, où leurs chevaux avaient de l'eau jusqu'au poitrail, les arrêta quelque temps. Puis ils reparurent de l'autre côté, mais déjà des vides se creusaient dans leurs rangs. De toute part, des champs de houblon et des vignes, comme des maisons et des jardins du village de Morsbronn, qu'on apercevait en face, des tirailleurs invisibles les fusillaient. Chaque coup portait dans cette masse d'hommes et de chevaux. Des files entières étaient comme fauchées.

Fig. 39. — **La charge des cuirassiers** — On ne saurait trop admirer le dévouement de ces héroïques cavaliers qui se firent tuer pour protéger la retraite de l'armée après la bataille de Frœschwiller.

Et les survivants galopaient toujours, le sabre au poing, fous de rage devant cet ennemi qu'ils ne pouvaient joindre. Bien peu parvinrent jusque dans les rues du village. Ils y sabrèrent quelques Prussiens et vinrent s'abattre sous des fenêtres d'où on les criblait à coup sûr.

Une demi-heure s'écoula. Deci, delà on voyait reparaître quelques-uns de ces braves, noirs de poudre, couverts de boue, ensanglantés. Des chevaux sans cavaliers erraient à l'aventure.

Eh quoi! est-ce donc là tout ce qui reste de ces fiers régiments? Où sont-ils ces cavaliers superbes qui semblaient taillés pour vivre un siècle?

La mort a fait son œuvre. Comptez les cadavres dans les prés, dans les houblonnières, dans les vignes, dans les rues du village. Des douze cents hommes qui sont partis tout à l'heure pleins de vie et de santé, deux cents à peine sont revenus.

DEVOIR DE RÉDACTION. — Racontez, d'après le texte mais sans le copier, la charge des cuirassiers.

XXIX (29). **La blessure du capitaine Robert.**

La charge héroïque des cuirassiers n'arrêta pas longtemps l'ennemi. La poursuite recommença, d'autant plus acharnée que les vaincus se défendaient à peine.

Le régiment de Jean fit bonne contenance jusqu'au bout. Pauvre régiment! Il était réduit de moitié, le colonel avait été tué, une vingtaine d'officiers étaient morts ou blessés. Ceux qui restaient multipliaient leurs efforts. On remarquait entre tous le capitaine Robert, l'ami, le protecteur de Jean. Avec un sang-froid admirable il marchait à côté de ses tirailleurs, les encourageant de son exemple, veillant à leur faire ménager les munitions qui commençaient à manquer.

Tout à coup on le vit chanceler. Il porta vivement la main à sa poitrine, tourna sur lui-même et tomba. On s'empressa autour de lui; il respirait encore, il n'était que blessé, mais sa blessure paraissait grave.

Jean déroula sa couverture, en enveloppa le capitaine avec mille précautions et, aidé d'un soldat, le transporta derrière un petit tertre, à l'abri des balles.

Là, Jean nettoya de son mieux la plaie, étancha le

sang qui coulait et chercha à l'arrêter en faisant de son mouchoir un tampon qu'il fixa solidement sur la blessure avec une des courroies de son sac. Le blessé, d'abord évanoui, revint à lui au bout de quelques instants.

Mais sa faiblesse était extrême et il ne fallait pas songer à le faire marcher, même en le soutenant.

Que faire? Le soldat qui avait aidé à transporter le capitaine avait disparu avec le régiment qui était déjà loin. Les Allemands approchaient; rester là plus longtemps, c'était pour le blessé la certitude de mourir sans secours, c'était pour Jean la mort ou la captivité.

Fig. 40. — Le blessé, d'abord évanoui, revint à lui au bout de quelques instants.

— Laisse-moi, disait le capitaine, je sens que je n'en reviendrai pas, je vais mourir; mais, toi, n'expose pas ici ta vie inutilement.

XXX (30). Après la bataille.

Mais Jean ne l'écoutait pas. A quelque vingt pas de là, il venait d'apercevoir un cheval tout bridé et sellé, sans doute celui de quelque malheureux tué dans la bataille. Privée de son cavalier, la pauvre bête errait tout effarée. Elle se laissa pourtant approcher et Jean saisit la bride. Ce ne fut pas chose facile que de mettre en selle le blessé; quelque soin que prît Jean de ne pas le remuer trop brusquement, la douleur lui arrachait des gémissements.

La nuit tombait quand ils se mirent en route. A cette

heure tardive, dans le crépuscule qui voilait à demi les objets, la vue du champ de bataille était encore plus lugubre. L'ardeur qui animait les combattants pendant la lutte, était tombée. Et devant ces plaines couvertes de cadavres et de blessés, une pensée s'emparait des esprits, dominant tous les deuils, faisant taire les douleurs particulières, la pensée de la bataille perdue et de la Patrie envahie.

Fig. 41. — La nuit tombait quand ils se mirent en route.

Après une marche pénible dans des terres que les projectiles de l'artillerie avaient soulevées et labourées dans tous les sens, Jean et son compagnon parvinrent à une route. Par là s'écoulaient comme un torrent les débris de l'armée française. Les uniformes de tous les corps de troupes étaient confondus. On voyait là des cavaliers démontés, des fantassins à cheval, des artilleurs qui avaient perdu leurs canons.

Mais ce qui excitait surtout la pitié, c'était la vue des malheureux paysans surpris par cette effroyable tourmente. A la hâte ils avaient attelé le cheval à la carriole chargée à en craquer de meubles, de sacs, de paniers. Par-dessus s'accrochaient des femmes en pleurs, l'aïeule aux cheveux blancs, la mère soutenant dans ses bras les enfants qui criaient. Les hommes suivaient à pied, mornes, atterrés (1), anéantis, sans dire un mot, sans proférer une plainte. Où allaient-ils ? et quel toit hos-

(1) **Atterré**, complètement abattu.

pitalier s'ouvrirait devant eux ? Nul n'aurait pu le dire. Comme des arbres que l'inondation a déracinés, ils se laissaient entraîner dans ce grand courant de déroute.

XXXI (31). A l'ambulance.

La guerre est chose abominable : elle prend des hommes paisibles la veille, elle leur met le fusil en main et elle en fait des meurtriers ; elle réveille au fond

Fig. 42. — **Chirurgien militaire, mulet porteur de cacolet, voiture d'ambulance.** — La *convention de Genève*, adoptée en 1864, par les délégués de toutes les nations civilisées, a pour but de soustraire aux périls de la guerre les ambulances et les hôpitaux militaires. Les belligérants doivent respecter et protéger les édifices, campements, voitures d'ambulances sur lesquels flotte le *drapeau blanc à croix rouge*, qui est celui de la convention de Genève. Les médecins et infirmiers portent le brassard blanc à croix rouge.

de l'âme humaine tous les mauvais instincts de brutalité ; elle ramène à la barbarie des âges passés les peuples les plus fiers de leur civilisation. Et pourtant cet horrible fléau de la guerre suscite d'admirables vertus.

Quoi de plus sublime que le dévouement du soldat

qui brave tous les périls plutôt que de quitter le poste où ses chefs l'ont placé? Il ne combat pas pour la gloire, il sait que, s'il meurt, son nom restera inconnu, mais il est soutenu par le sentiment du devoir et par l'amour de la Patrie.

N'est-ce pas aussi au milieu des horreurs de la guerre que par un étonnant contraste, l'amour de l'homme pour son semblable se révèle avec le plus de force? Derrière l'armée de ceux qui tuent ou se font tuer, voici venir une autre armée qui se donne pour mission d'aller relever les blessés au milieu de la bataille pour tâcher de les disputer à la mort.

Qui pourrait dire l'infatigable activité des médecins (*fig.* 42) accablés par un travail de jour et de nuit, l'héroïsme des brancardiers (1), dont plusieurs sont tombés percés de balles à côté des malheureux qu'ils allaient secourir?

Et surtout comment louer en termes assez dignes l'énergie, la patience, l'inaltérable douceur de ces femmes de toute condition, les unes vouées pour leur vie au soin des malades, les autres arrachées subitement à leurs occupations ou à leurs plaisirs, qui accourent dans les ambulances pour se consacrer à un métier toujours pénible et parfois dangereux?

Que de malheureux elles ont consolés à leurs derniers moments, remplaçant auprès d'eux la mère ou la sœur absente! Que d'autres elles ont su ramener à l'espérance et à la vie!

XXXII (32). La convention de Genève. La mort du capitaine.

A côté du champ de carnage où l'on s'entre-tue, l'ambulance, terrain neutre protégé par le drapeau blanc à croix rouge, doit être respectée par les deux

---

(1) **Brancardiers**, infirmiers porteurs de brancards qui ramassent les blessés sur le champ de bataille.

armées. Dans ce séjour de douleur et de larmes, il n'y a plus ni vainqueurs ni vaincus, ni Français ni Allemands, mais seulement des hommes qui souffrent et qui ont droit à la compassion.

Toutes les nations de l'Europe se sont entendues pour rendre inviolable l'asile des blessés et des mourants, et le drapeau protecteur qui flotte sur les ambulances montre que même au milieu des conflits sanglants de deux peuples qui se ruent l'un sur l'autre, l'humanité n'abdique point ses droits.

Fig. 43. — Jean est assis près du petit lit d'ambulance où l'on a étendu le capitaine Robert.

Jean est assis près du petit lit d'ambulance où l'on a étendu le capitaine Robert. Le médecin qui a examiné la blessure ne lui a point dissimulé la triste vérité. Jean sait que son chef est atteint mortellement. Bien que brisé par cette journée de fatigues et d'émotions, il n'a pas voulu abandonner à un étranger le soin de veiller auprès du moribond. Son dévouement faillit lui coûter cher.

Le capitaine mourut le lendemain dans l'après-midi. Il avait à peine rendu le dernier soupir qu'un grand bruit s'éleva dans la rue du village. On criait : « Les Prussiens ! Les Prussiens ! Les voilà ! » Presque au même instant on entendit le galop d'une troupe de cavaliers.

Jean n'avait pas une minute à perdre pour éviter d'être fait prisonnier. « Vite, vite ! Par ici ! » lui cria un paysan qui se trouvait dans l'ambulance. Ils traversèrent une ruelle, puis une cour de ferme, et le paysan le poussa en haut d'un escalier dans un réduit à demi rempli de bûches et de fagots.

Il était temps. A travers les planches mal jointes de sa cachette, Jean put apercevoir plusieurs cavaliers allemands qui entraient dans la cour de la ferme.

XXXIII (33). **Les apprêts du festin.**

Les cavaliers attachèrent leurs chevaux sous un hangar situé au fond de la cour. Ils allèrent ensuite chercher du foin et le mirent en tas devant les chevaux qui en eurent bientôt jusqu'au poitrail ; puis ce fut le tour des sacs d'avoine qu'ils éventraient à grands coups de sabre pour ne pas se donner la peine de les dénouer.

Fig. 44. — **Chou.** — Le chou est une plante alimentaire cultivée depuis les temps les plus reculés. Il en existe de nombreuses variétés : le *chou pommé;* le *chou de Milan*, dont les feuilles sont frisées ; le *chou de Bruxelles*, dont on ne mange que les bourgeons, qui poussent sur la tige ; le *chou rouge;* le *chou-fleur* et enfin le *chou-rave* qui sert surtout à nourrir les bestiaux.

Devant ce pillage de ses ressources de toute une année, le paysan, celui-là même qui avait aidé Jean à se cacher, ne put se contenir. Il interpella vivement les soldats. Mais sa voix fut couverte par une bordée d'injures. Un des Allemands marcha sur lui le sabre levé.

Blême de peur, le paysan se retira. Sans plus s'occuper de lui, les Allemands se mettent en devoir de préparer leur dîner. Ceux-ci, armés de pioches et de bêches, vont piller le jardin et en rapportent des brassées de choux et de pommes de terre. Ceux-là donnent la chasse aux poules et aux canards. D'autres pénètrent dans la ferme et reviennent avec des paniers pleins de lard et de saucisses.

LE FESTIN

Cependant ceux qui sont chargés de la cuisine ont allumé le feu et se sont emparés des grandes marmites où d'habitude on prépare la soupe pour les porcs. Ils y entassent pêle-mêle les viandes et les légumes. Une

Fig. 45. — En attendant que ce dîner succulent soit prêt, les hommes allument leurs grandes pipes.

fourche trouvée sur le fumier sert à remuer et à retourner la bouillie.

En attendant que ce dîner succulent soit prêt, les hommes allument leurs grandes pipes. Assis en rond autour des marmites, ils vont tour à tour se désaltérer à deux tonneaux de bière qu'ils ont roulés au milieu de la cour.

XXXIV (34). Le festin.

Dès que la soupe est prête, les soldats éteignent leurs pipes et, rangés à la file, ils s'avancent vers les marmites, leurs gamelles à la main. A chacun d'eux le brigadier d'ordinaire verse une pleine gamelle de bouillon et remet une portion de viande. Puis ils vont prendre sur leurs sacs leur mauvais pain noir de sarrasin, et le cassent en petits morceaux dans le bouillon jusqu'à ce qu'il soit saturé et ne forme plus qu'une sorte de mortier où la cuiller tient debout.

Alors le festin commence et durant une heure on n'entend plus qu'un bruit de mâchoires qui s'ouvrent et se ferment au plus vite. Leur faim apaisée, les soldats se couchent sur la paille, tout habillés, et ils ronflent bientôt à qui mieux mieux.

Fig. 46. — Jean saute par une lucarne qui donne sur des jardins.

C'est le moment pour Jean d'essayer de fuir. La nuit est arrivée, nuit sombre et sans étoiles, favorable aux évasions. Sautant par une lucarne qui donne sur des jardins, il réussit à tromper la vigilance des sentinelles allemandes. Évitant les grandes routes, passant par les bois ou suivant les chemins de traverse, il marche toute la nuit et une partie de la journée du lendemain et il arrive enfin à Strasbourg.

XXXV (35). Les Prussiens devant Strasbourg.

Strasbourg ne devait pas tarder à être investi : une armée de soixante mille hommes vint bloquer la ville. La garnison assiégée tenta d'abord quelques sorties. Malheureusement elle n'était pas assez nombreuse, et dès les premiers engagements il fallut abandonner aux Allemands des positions qui dominent la ville. Maintenant, sur les collines qui entourent la place, l'ennemi creuse des tranchées pour abriter les grosses pièces de canon qui serviront pour le bombardement.

LES PRUSSIENS DEVANT STRASBOURG.

Du haut des remparts, les soldats français observent les travaux d'approche de l'ennemi.

— M'est avis qu'ils ont fait de la besogne cette nuit, dit un caporal à son voisin, le sergent Felber.

— En effet, c'est toujours la nuit que les Prussiens travaillent, car dans le jour nous pourrions les gêner.

— Voyez donc, reprend le caporal, toute cette terre remuée, là-bas, droit devant nous.

— Sans doute quelque batterie ; il ne fera pas froid pour nous quand elle se mettra de la partie.

— Et dire, sergent, qu'ils sont là derrière ces tas de terre, bien à l'abri de nos balles.

Fig. 47. — Les Prussiens forçaient les paysans à construire les épaulements à l'abri desquels ils bombarderaient Strasbourg.

— Que veux-tu, mon pauvre Durand? Nous nous rattraperons le jour où ils monteront à l'assaut, s'ils se décident jamais à une attaque de vive force.

— Attention ! voici du nouveau, s'écria le caporal Durand, on dirait qu'ils sortent de leurs taupinières.

— Oui, dit Felber, on voit des hommes aller et venir près de l'endroit où ils ont creusé leurs tranchées.

Les soldats apprêtèrent leurs fusils. Des canonniers pointèrent une de leurs pièces.

— Ne tirez pas ! cria un officier qui venait d'observer le terrain avec sa lunette d'approche. Ce ne sont pas des Allemands que vous voyez là-bas, mais des Français, des paysans, qu'ils forcent sans doute à travailler pour eux.

— Les misérables ! s'écria Felber, pris d'une inexprimable angoisse en songeant que parmi ces paysans il pouvait y en avoir qui étaient de Molsheim.

— Quelle abomination! dit Durand. Ces lâches restent cachés dans leurs trous et ils forcent des Français à construire les épaulements à l'abri desquels ils bombarderont une ville française.

Toute la journée les travaux continuèrent; aussi personne ne fut surpris quand, à la nuit tombante, toutes les batteries prussiennes se mirent à tonner à la fois. De toutes parts les éclairs jaillissent; les obus, au sinistre sifflement, prennent leur vol.

XXXVI (36). **Le bombardement de Strasbourg.**

Sur les remparts nos artilleurs attendent calmes, résolus, prêts à riposter. Mais ô prodige! aucun projectile ne vient les atteindre. Bien au-dessus de leurs têtes, par delà les ouvrages avancés, par delà le mur d'enceinte, les obus vont s'abattre au centre de la ville.

Fig. 48.—**Pièce de siège.** — Les pièces de siège sont des canons de gros calibre employés pour l'attaque et le bombardement des villes fortifiées. Comme ils sont très lourds, on ne les transporte pas facilement; seules les pièces de campagne sont attelées de six chevaux et peuvent être mises en batterie partout où l'on veut.

Est-ce donc que les artilleurs ennemis sont des maladroits pour viser ainsi au-dessus du but? Mais non, ils ne rectifient point leur tir. C'est volontairement qu'ils portent la mort et l'incendie dans les rues populeuses. Ils bombardent (*fig.* 48) la ville, mais ils ne touchent pas aux remparts. Ils tuent dans leurs lits des vieillards, des femmes, des enfants, mais ils ne s'attaquent point aux soldats.

Par un abominable calcul ils comptent que la population épouvantée forcera la garnison à capituler.

C'est là leur espérance ; le commandant de l'armée assiégeante, le général de Werder, ne l'a point dissimulée. Comme on lui demandait, à l'approche du bombardement, de laisser sortir les femmes et les enfants, il a répondu : « Je regrette de ne pouvoir accorder votre demande. La présence dans votre ville des femmes et des enfants est pour vous un élément de faiblesse, dont je ne puis pas vous priver. Ce qui fait votre faiblesse fait ma force. »

Toute la nuit le bombardement continua. Partout les incendies s'allument. Des rues entières sont brûlées : ici ce sont les maisons des riches, là les pauvres habitations des faubourgs, dont chacune abrite plusieurs familles. Les monuments publics ne sont pas épargnés : cette gerbe de feu qui s'élève là-bas, éclairant tout un quartier de lueurs sinistres, c'est la bibliothèque qui brûle ; demain c'est ce monument admirable, unique, l'orgueil des Strasbourgeois, c'est la cathédrale qui servira de point de mire à l'artillerie ennemie.

XXXVII (37). Incendie de la bibliothèque de Strasbourg.

L'Allemagne est fière de sa civilisation. Elle a beaucoup d'écoles et beaucoup d'instituteurs ; avant la France elle a décidé que l'enseignement primaire serait obligatoire pour tous, que tous les enfants apprendraient à lire et à écrire. L'Allemagne n'a pas seulement des écoles primaires ; elle a des collèges, des universités, où des milliers de jeunes gens se perfectionnent dans leurs études. Oui, il faut en convenir, car il faut être juste même pour ses ennemis, l'Allemagne a droit d'être fière de sa civilisation.

Et pourtant les Allemands qui ont assiégé Strasbourg se sont conduits comme des barbares qui méprisent toute science. Sans nécessité, sans que cela pût avancer d'un jour la capitulation de la ville, pour l'unique plaisir de détruire et de faire le mal, ils ont incendié la bibliothèque de Strasbourg. La bibliothèque de Strasbourg! Vous pensez bien qu'il ne s'agit pas là d'une toute petite bibliothèque, comme celle qui est rangée sur les rayons d'une armoire, dans un coin de votre école. Non, c'était une de ces grandes bibliothèques où les hommes les plus savants peuvent venir travailler et où ils trouvent encore à apprendre. C'était la plus importante des bibliothèques de France après celles de Paris. Elle renfermait plus de deux cent mille volumes. Il y avait là des livres rares, des manuscrits précieux, très anciens, datant de l'époque où l'imprimerie n'était pas encore connue, des ouvrages qu'on ne retrouvera plus nulle part et qui sont irrévocablement perdus. La bibliothèque était ouverte à tous et souvent des savants d'Allemagne y étaient venus et y avaient reçu bon accueil. Honte aux Allemands qui ont brûlé tous ces livres! Honte aux Allemands qui ont pointé leurs canons sur la cathédrale de Strasbourg !

XXXVIII (38). Bombardement de la cathédrale et de l'hôpital.

Dans toutes les anciennes guerres, la cathédrale avait été respectée. Un seul boulet l'avait frappée par hasard, en 1678, et la chose avait paru si monstrueuse aux hommes de ce temps qu'ils firent graver sur la pierre, près de l'endroit touché, une inscription rappelant l'insulte faite au plus beau monument de l'Alsace.

En 1870 les Allemands incendièrent la cathédrale dans la nuit du 25 août et, pendant un mois, jusqu'à la fin du siège, ils ne cessèrent de la cribler de projectiles. Leurs obus brisèrent les frêles colonnettes de pierre, mutilèrent les statues, firent voler en éclats les beaux vitraux, tordirent les tuyaux des orgues monumentales, et vinrent frapper, à plus de cent quarante mètres de hauteur, la croix qui surmonte le clocher.

Dans la nuit du 25 août, vers dix heures, le toit de la nef s'alluma. Ce fut un spectacle grandiose et terrible. A la lueur de l'immense brasier la silhouette du clocher, éclairée de reflets rouges, se détachait dans le ciel noir. Du haut de la plate-forme les veilleurs de nuit, chargés d'annoncer les incendies, criaient par leurs porte-voix : « Au secours ! la cathédrale brûle ! »

Et comme ils essayaient, au péril de leur vie, de lutter contre le fléau, voici qu'à l'autre bout de la ville des flammes s'élèvent : le feu était à l'hôpital civil.

Fig. 49. — **Bombardement de Strasbourg.** — Le bombardement dura quatre semaines sans interruption : 300 habitants, de la ville, parmi lesquels beaucoup de femmes et d'enfants furent tués, 3 000 furent blessés et estropiés ; les obus prussiens incendièrent la bibliothèque, la cathédrale, le théâtre, l'hôpital civil ; trois faubourgs furent détruits, tous les édifices publics démolis.

L'hôpital était plein de malades et de blessés. Il était protégé, on le croyait du moins, par la croix rouge de la convention de Genève, de cette convention qui neutralise et qui soustrait aux périls de la guerre les endroits où sont soignés les blessés.

L'Allemagne, comme toutes les autres nations d'Europe, avait signé cette convention. Mais l'Allemagne a renié sa signature et manqué à ses engagements.

Elle ne respectait pas la science quand elle a brûlé la bibliothèque, ni l'art et la religion quand elle a bombardé la cathédrale ; en incendiant l'hôpital elle n'a pas respecté la souffrance et l'humanité.

DEVOIR DE RÉDACTION. — Écrivez à un ami que vous venez de lire un récit du siège de Strasbourg en 1870. Racontez ce que vous savez de ce siège fameux. Dites quels sentiments cette lecture vous a inspirés.

XXXIX (39). Edmond Valentin, le dernier préfet français de Strasbourg.

Un soir Jean Felber était de garde sur le rempart. Le canon grondait presque sans interruption.

Soudain, au milieu du vacarme de la bataille, Jean crut entendre, par delà le mur du rempart, quelque chose comme un cri, comme l'appel d'une voix humaine Étonné il prêta l'oreille, mais il

Fig. 50. — « Je suis le nouveau préfet de Strasbourg ; conduisez-moi vers votre général. »

n'entendit plus rien sinon le fracas des obus qui brisaient les arbres de la promenade voisine ou qui venaient éclater avec un bruit de tonnerre contre les murs des fortifications.

LA CAPITULATION DE SEDAN. — LA RÉPUBLIQUE 71

Il pensa qu'il s'était trompé. D'ailleurs qui donc se fût avisé de se promener autour de la ville en un pareil moment?

Tout à coup, du milieu de l'ombre de la nuit, surgit une forme humaine qui criait à haute voix : France! France!

Cinq ou six coups de fusil partirent en même temps, mais, par miracle, l'inconnu ne fut pas atteint. Il fit quelques pas en avant, criant toujours : France! France!

Comme un soldat s'apprêtait à faire feu de nouveau, Jean releva vivement son fusil, en disant : « Ne tirez plus, vous voyez bien qu'il est seul! »

L'homme s'approcha alors; ses vêtements étaient mouillés et couverts de boue. Il dit aux soldats : « Je suis le nouveau préfet de Strasbourg; conduisez-moi vers votre général. »

XL (40). La capitulation de Sedan. La République.

C'était en effet Edmond Valentin, le *dernier préfet français de Strasbourg*, qui venait au péril de sa vie de traverser l'armée des assiégeants pour prendre possession du poste que la République lui avait confié.

Depuis que Strasbourg investi était privé de toute communication avec le dehors, de nouveaux malheurs s'étaient abattus sur la France. Une de nos armées, après trois batailles sanglantes, glorieuses et inutiles, s'était repliée sous les canons de la place de Metz, où les Prussiens la tenaient bloquée.

Une autre armée, réunie à la hâte, avait été attaquée près de Sedan, rejetée sur la ville, enveloppée par des forces supérieures, et elle avait dû capituler après plusieurs jours de lutte. L'empereur Napoléon III, qui avait si légèrement engagé la France dans cette terrible guerre, avait été fait prisonnier à Sedan.

Alors, d'un bout du pays à l'autre, ce fut un grand mouvement d'indignation : à Paris et dans plus de trente villes, la République fut immédiatement proclamée, sans qu'aucune voix s'élevât pour défendre ceux dont l'incapacité avait amené tant de malheurs.

Les républicains qui prirent le pouvoir en ces circonstances difficiles ne pouvaient envoyer une armée au secours de Strasbourg, puisque tous nos soldats étaient prisonniers en Allemagne. Ils voulurent pourtant donner à la malheureuse ville un témoignage éclatant de l'intérêt que lui portait toute la France. Edmond Valentin, nommé préfet du département du Bas-Rhin, s'engagea à pénétrer dans la place assiégée.

XLI (41). A travers les lignes allemandes.

Ce n'était point chose facile, car les Allemands faisaient bonne garde. Le nouveau préfet se mit à rôder autour de la ville, observant les positions ennemies, épiant un moment favorable.

Deux fois il fut arrêté par des patrouilles. Si on l'eût reconnu, il était perdu ; mais il réussit à se faire passer pour un étranger, pour un Américain, venu là par curiosité, pour voir ce que c'est qu'un siège. On le relâcha, mais, la seconde fois, on le prévint qu'il serait fusillé si on le rencontrait encore autour de la ville et on lui donna seulement douze heures pour s'éloigner.

Il s'éloigna en effet, mais pour revenir en Alsace par Wissembourg (*fig.* 51). Là il est reconnu par quelques habitants qui avec un dévouement et une discrétion admirables lui donnent asile, puis le guident par des chemins détournés jusqu'au milieu des lignes ennemies.

Caché sous un déguisement, il demeure deux jours dans la maison même où le commandant de l'armée assiégeante, le général de Werder, venait prendre ses repas. Il l'entend à plusieurs reprises menacer les paysans qui accueillent les étrangers et recommander à ses officiers la plus stricte vigilance pour empêcher le nouveau préfet républicain de pénétrer dans la ville.

Le général de Werder ne se doutait point que celui qu'il guettait était si près de lui.

Le 19 septembre, Valentin va s'embusquer, au coucher

Fig. 51. — **Wissembourg.** — Ancienne sous-préf. du Bas-Rhin. Le général Abel Douay y fut attaqué par les Allemands le 4 août 1870 et fut tué dans la bataille.

du soleil, un peu en arrière des batteries allemandes. A la lueur des pipes des soldats qui s'éloignent pour chercher leur ration de café, il devine que la tranchée (1) où les ennemis s'abritent va être vide pendant quelques instants.

Il s'avance alors, franchit d'un bond la tranchée et,

---

(1) **Tranchée**, sorte de fossé creusé par les assiégeants pour se garantir du feu de la place.

se jetant à plat ventre dans des champs de pommes de terre et de maïs qui se trouvent de l'autre côté, il se met en marche à quatre pattes dans la direction des remparts.

Par malheur le mouvement des tiges de maïs qu'il déplace en avançant trahit sa présence et aussitôt la fusillade éclate ; les a les pleuvent autour de lui.

Fig. 52. — **Edmond Valentin**, né à Strasbourg en 1823, mort à Paris en 1879. Engagé volontaire à 17 ans, il était sous-lieutenant lorsque ses compatriotes du Bas-Rhin l'envoyèrent à l'Assemblée législative (1850). Proscrit après le coup d'État du 2 décembre 1851, il se retira en Angleterre où il devint professeur à l'école militaire de Woolwich. En 1870, il revint en France après la proclamation de la République, il fut nommé préfet du Bas-Rhin et réussit à pénétrer dans Strasbourg investi par les Allemands. La guerre terminée il fut nommé préfet du Rhône, puis député et enfin sénateur.

Pendant une heure il attend, immobile. Puis, quand le feu s'est un peu ralenti, il reprend son pénible voyage. Il arrive au fossé qui est en avant des remparts et se jette à la nage pour le traverser, mais sur l'autre bord il s'embarrasse dans les herbes et les roseaux et il est forcé de revenir en arrière.

Plus loin, ayant distingué un endroit plus facile, il se remet à la nage et traverse de nouveau le fossé. Pendant une demi-heure il s'efforce mais en vain de se faire entendre des sentinelles françaises.

Ses forces commençaient à s'épuiser, le froid le gagnait, ses dents claquaient. C'est alors qu'il se décide à gravir le rempart, au risque d'être tué par une balle française, et qu'il apparaît tout à coup en criant : « France ! France ! »

Son arrivée causa une grande joie aux Strasbourgeois. Mais les Allemands, dont il avait déjoué la surveillance, ne lui pardonnèrent point. Après la capitulation le préfet de Strasbourg fut, au mépris du droit des gens (1), traité comme un prisonnier militaire et enfermé pendant cinq mois dans une forteresse.

DEVOIR DE RÉDACTION. — Racontez, d'après le récit du livre mais sans le copier, comment Edmond Valentin réussit à pénétrer dans Strasbourg.

XLII (42). Jean prisonnier des Allemands.

Le jour fatal est venu. La ville est couverte de ruines ; depuis un mois elle a reçu (les Allemands en ont exac-

Fig. 53. — Puis tous, rangés entre une double haie de soldats ennemis, se mettent en marche par la route qui conduit vers l'Allemagne. Jean Felber et le caporal Durand cheminent côte à côte.

tement fait le compte) 193 722 obus, c'est-à-dire environ 6 000 par jour, 250 par heure et plus de 4 par

(1) **Droit des gens**, ensemble de coutumes qui règlent les rapports des peuples ; le droit des gens établit, par exemple, qu'après la prise d'une ville, les défenseurs de la place sont seuls considérés comme prisonniers de guerre.

minute. Six cents maisons détruites de fond en comble, dix mille personnes sans abri, plusieurs centaines d'habitants tués ou estropiés, tels sont les cadeaux de bienvenue des Allemands à ceux qu'ils nomment leurs frères d'Alsace.

Deux larges brèches sont ouvertes dans les remparts et les assiégés n'ont plus aucun espoir d'être secourus : ils savent que la France n'a plus d'armées à opposer à l'invasion et que Paris même est investi.

C'est fini. Il faut se résoudre à capituler. Le 28 septembre les vainqueurs font leur entrée : par les rues désertes, au milieu des ruines encore fumantes et des pans de mur noircis par l'incendie, les musiques de leurs régiments font retentir leurs joyeuses fanfares.

En même temps, par une autre porte, sort un lugubre cortège, celui des soldats de la garnison qui sont prisonniers de guerre et qui vont être désarmés. Les uns mornes, accablés, défilent en silence ; d'autres, fous de rage, s'efforcent de détruire ces armes dont ils ne se serviront plus et jettent aux pieds des vainqueurs des tronçons de sabres, des baïonnettes tordues et des fusils brisés. Puis tous, rangés entre une double haie de soldats ennemis, se mettent en marche par la route qui conduit vers l'Allemagne (*fig.* 53).

Jean Felber et le caporal Durand cheminent côte à côte ; ils n'échangent aucune parole ; Jean songe à sa famille. Qu'est-elle devenue depuis deux mois qu'il l'a quittée? Qui sait si les Prussiens n'ont pas envahi Molsheim, brûlé la petite maison et ravagé la vigne? O douleur! Etre si près des siens et ne pas savoir seulement s'il ne leur est rien arrivé de mal.

Comme ils doivent être eux-mêmes inquiets au sujet de leur fils! Par un mot écrit à la hâte, il leur a fait savoir qu'il avait assisté à la terrible bataille de Frœschwiller et qu'il s'était réfugié à Strasbourg. Mais depuis, aucune nouvelle ! Comme ils ont dû trembler pour lui pendant ce siège terrible, alors que durant un mois le bruit de la canonnade est venu troubler leur sommeil et que du haut de leurs collines ils ont pu contempler à l'horizon les incendies de Strasbourg !

Qui sait maintenant quand il les reverra? Où le mène-t-on? Quelle est la forteresse qui lui servira de prison?

XLIII (43). **En route pour l'Allemagne.**

Pendant trois jours on fit marcher les prisonniers. Les étapes étaient longues, la nourriture insuffisante et mauvaise, les soldats qui les conduisaient étaient durs et

Fig. 54. — **Ulm.** — Sur le Danube, est une des principales villes du royaume de Wurtemberg (Allemagne). Place forte importante. En 1805 Napoléon Ier y enveloppa le général autrichien Mack, qui dût capituler avec 30 000 hommes.

cruels. Quelques uns de ces malheureux exténués par les privations, brisés de fatigue, tombaient sur le bord de la route. Alors les soldats allemands arrivaient et à grands coups de pied, à coups de crosse, ils les forçaient à se relever et les poussaient en avant.

Ah! le triste sort que celui des soldats quand ils tombent entre les mains d'un vainqueur sans générosité ! Combien ils doivent envier ceux de leurs camarades que la mort a frappés en pleine bataille ! D'ailleurs la captivité est souvent aussi meurtrière que le canon. Pendant la dernière guerre, plus de vingt mille Français sont morts sur les routes et dans les prisons de l'Allemagne après avoir enduré d'épouvantables souffrances.

Le troisième jour on s'arrêta près d'une gare ; on fit monter les Français dans des wagons à bestiaux qui avaient servi au transport de la cavalerie et qu'on n'avait même pas pris la peine de nettoyer. Les prisonniers y étaient si serrés qu'ils ne pouvaient ni s'asseoir, ni se coucher ; ils souffraient de la faim et du froid ; quand on les fit débarquer, après une nuit de voyage, leurs membres endoloris refusaient de les porter. C'est en chancelant et en boitant qu'ils durent se traîner, à travers les rues de la ville d'Ulm (*fig.* 54), jusqu'aux baraquements (1) préparés pour les recevoir.

DEVOIR DE RÉDACTION. — Développez cette idée qu'il vaut mieux s'exposer à être tué sur le champ de bataille qu'à être fait prisonnier par l'ennemi.

XLIV (44). Souffrances des prisonniers français.

Du matin au soir les prisonniers étaient astreints aux travaux les plus pénibles. Les uns étaient employés à des terrassements autour des forts, d'autres à empierrer des routes. Jean Felber et Durand étaient parmi ces derniers. On les faisait lever avant le jour pour les conduire à une carrière où ils remplissaient de pierres de petites charrettes qu'ils traînaient de là jusqu'à la route en construction. Leur travail, à peine interrompu par

---

(1) **Baraquement,** ensemble de baraques ou de constructions légères généralement en planches.

quelques minutes de repos, ne finissait qu'à la nuit tombante. Ils rentraient alors, harassés de fatigue, dans les mauvaises baraques qui leur servaient de logement. Le froid, en ces premiers jours d'octobre, était déjà très vif; l'air du dehors passait à travers les planches mal jointes; presque tous les hommes toussaient, et comme les hôpitaux n'étaient pas assez vastes, on n'y admettait les malades qu'à la dernière extrémité, alors qu'il était trop tard pour les soigner et les guérir.

Ce qu'il y avait de plus triste, c'était d'ignorer complètement ce qui se passait en France, de ne pas savoir si les Allemands continuaient leur marche ou si on avait réussi à les arrêter, de ne pouvoir en aucune manière prévoir combien de temps durerait encore la captivité.

Fig. 55. — Tous se précipitèrent autour de Durand pensant apprendre quelques nouvelles de la guerre.

Vers le milieu de la seconde semaine, Durand reçut une lettre de ses parents qui habitaient dans le midi de la France. C'était la première lettre qui arrivait pour un des prisonniers de Strasbourg. Aussi tous se précipitèrent pensant apprendre quelques nouvelles de la guerre. Mais leur attente fut déçue : la lettre avait été décachetée et plusieurs passages, ceux-là sans doute où il était question de la situation de la France, étaient recouverts d'une large couche d'encre. Il en fut de même pour toutes les lettres qui arrivèrent par la suite.

Les Allemands firent mieux encore : ils imaginèrent

de faire rédiger en français un journal qui était distribué gratuitement aux prisonniers et qui était rempli à dessein de fausses nouvelles, propres à les décourager. Ce journal, qu'on appelait la *Correspondance de Berlin*, annonçait à chaque numéro de nouveaux triomphes des Prussiens, tous plus étonnants les uns que les autres : c'étaient des places fortes qui se rendaient sans avoir tiré un coup de canon, c'étaient des batailles où les Allemands tuaient des milliers de Français sans perdre eux-mêmes plus de deux ou trois hommes, c'était la guerre civile qui avait éclaté parmi les habitants de Paris qui ne songeaient plus qu'à s'entre-tuer au lieu de se battre contre les Prussiens. Ce journal en dit tant qu'on finit par ne plus faire attention à ce qu'il racontait. Que de fois il annonça que les Parisiens allaient se rendre! C'était toujours pour le prochain numéro cette capitulation de Paris qui devait mettre fin à la guerre. Mais le prochain numéro arrivait et, en dépit des mensonges et des fanfaronnades, il fallait bien avouer que Paris tenait toujours.

XLV (45). **Plan d'évasion.**

Un soir Jean Felber, se trouvant au travail tout près de Durand et seul avec lui, lui dit à demi-voix : Veux-tu essayer de nous évader?

— Nous évader! Pour revenir en France?

— Oui.

— Est-ce possible? Voyez comme nous sommes surveillés.

— C'est très difficile, j'en conviens, mais il faut essayer. Nous sommes bien portants tous deux, nous ne pouvons rester ici pendant qu'on se bat là-bas.

— Vous avez raison, il faut partir. Mais si nous parvenons à échapper à nos gardiens, saurons-nous ensuite de quel côté nous diriger? C'est ça qui sera difficile.

— Pas si difficile que tu crois. J'ai pu me procurer une petite carte : nous sommes à quarante lieues seulement de la frontière suisse, qui est là dans cette direction, dit Jean en étendant la main. En quatre ou cinq jours nous pourrons franchir cette distance.

— Sans doute. Mais nous ne pouvons pas espérer ne rencontrer personne sur notre chemin pendant ces quatre ou cinq jours. Avec notre uniforme, avec nos pantalons rouges, nous serons vite signalés et rattrapés.

— Et qui te dit que nous garderons notre uniforme et nos pantalons rouges? Nous aurons d'autres vêtements.

Fig. 56. — Veux-tu essayer de nous évader?

— D'autres vêtements! Où les prendrez-vous? Vous êtes donc sorcier?

— Nullement. Tu connais parmi nos camarades de captivité celui qu'on appelle le Marseillais, ce bon garçon un peu bavard, qui a toujours le mot pour rire.

— En voilà un qui a de la chance, dit Durand. Au lieu de venir avec nous casser des pierres sur les routes, il a obtenu de travailler de son état chez un commerçant de la ville, maître Becker, et il s'y trouve fort bien, à ce qu'il paraît.

— Et que fait donc le Marseillais chez maître Becker?

— J'y suis, dit Durand, comme frappé d'une idée subite: maître Becker est tailleur! Et c'est le Marseillais qui nous fera des vêtements. Mais y consentira-t-il?

— J'en suis sûr; le Marseillais comme nous, veut rentrer en France pour se battre. Je lui ai parlé et tout est convenu. Une seule chose reste à décider, c'est de savoir si tu nous accompagneras.

— En pouvez-vous douter? Le devoir nous appelle là-bas. Qui sait si nous ne réussirons pas enfin à chasser ces gredins d'Allemands?

— C'est entendu, dit Felber; nous partirons tous les trois. Mais voici un de nos gardiens qui s'approche. Séparons-nous et remettons-nous vite au travail.

XLVI (46). L'évasion.

— Vous me croirez si vous voulez, sergent Felber, il n'y a pas dans toute la ville d'Ulm un bourgeois mieux habillé que vous. Tâtez-moi ce drap, comme il est souple. C'est le plus beau que j'aie pu trouver dans la boutique de cet excellent monsieur Becker. Quant à vous, caporal Durand, excusez moi si je vous donne une étoffe un peu plus grossière. On fait ce qu'on peut et il n'eût pas été prudent de prendre tous nos costumes dans la même pièce.

Fig. 57. — Vous me croirez si vous voulez, sergent Felber, mais il n'y a pas dans toute la ville d'Ulm un bourgeois mieux habillé que vous.

Ainsi parlait ce joyeux compère de Marseillais pendant que Felber et Durand achevaient de s'habiller avec les vêtements qu'il avait faits pour eux.

Les deux prisonniers, à la fin de leur journée de travail, avaient réussi à tromper la surveillance des soldats qui les gardaient, et, comme la nuit protégeait leur fuite, ils avaient pu sans trop de peine gagner le petit bois où ils avaient donné rendez-vous à leur camarade.

— Vraiment, disait Felber, je suis presque honteux d'être forcé de prendre ces vêtements que nous n'avons pas payés.

— Bah! disait Durand, à la guerre comme à la guerre! Ce n'est pas notre faute si les Allemands nous ont mis dans la nécessité de leur faire ce petit emprunt.

— Et mes gages, dit le Marseillais. Ce vieil avare de père Becker a toujours oublié de me compter ce qu'il me devait. Nous emportons nos draps, je lui laisse mes gages; il me semble que nous sommes quittes.

— Sans compter que les Allemands en font bien d'autres chez nous, ajouta Durand.

— Ce ne serait pas une raison pour les imiter, dit Felber; notre meilleure excuse c'est que nous ne pouvons pas faire autrement. Maintenant il s'agit de ne point perdre de temps; on ne s'apercevra probablement de notre départ que demain matin; d'ici là nous pouvons être loin.

Ils marchèrent toute la nuit à travers un pays sauvage et presque désert. Parfois les aboiements d'un chien ou le chant d'un coq leur indiquaient le voisinage d'une ferme. Alors ils s'éloignaient, car ils avaient grand-peur de rencontrer quelqu'un. Ils avaient même décidé qu'ils n'entreraient dans aucun village. Aussi s'étaient-ils munis de vivres pour cinq jours, temps qu'ils jugeaient nécessaire pour atteindre la frontière.

Ils continuèrent leur course jusque vers le milieu de la journée, puis, comme ils tombaient de fatigue et de sommeil, ils s'arrêtèrent près d'un mur et s'endormirent bientôt tous les trois.

DEVOIR DE RÉDACTION. — Racontez à votre manière l'évasion des prisonniers français.

XLVII (47). **Une alerte.**

Ils furent réveillés en sursaut par une grosse voix qui les interpellait. Deux hommes étaient devant eux. Felber savait parler allemand, comme tous les Alsaciens, mais ses deux compagnons ne comprenaient pas un mot de ce que disaient les inconnus.

Fig. 58. — Ils furent réveillés par une grosse voix qui les interpellait. Deux hommes étaient devant eux.

Ceux-ci étaient deux ouvriers qui demandaient tout simplement le plus court chemin pour se rendre à Ulm. Felber leur donna l'indication et se hâta d'ajouter :

— Quant à nous, nous allons justement dans la direction opposée et nous sommes très pressés, ce qui nous oblige à vous quitter tout de suite.

— C'est dommage, dit l'un des Allemands ; mais, voyons, est-on jamais si pressé qu'on ne puisse bavarder un peu ? N'y a-t-il point d'auberge près d'ici ?

— Allons ! décidez votre camarade, dit l'autre ouvrier en s'adressant à Durand ; venez trinquer avec nous à la santé des armées allemandes qui font le siège de Paris.

Durand, ne comprenant pas, ne répondait rien.

— Eh bien ! dit le premier ouvrier au Marseillais, qu'a donc votre ami à nous regarder ainsi sans parler ? Est-ce qu'il est sourd-muet ?

Le Marseillais, bien entendu, ne répondit pas plus que Durand. La situation devenait grave.

— Comme c'est drôle ! dit Felber en s'efforçant de rire, vous leur parlez allemand, mais ils n'y comprennent goutte (1) : ils sont Belges tous les deux et vous savez qu'on parle français en Belgique.

— Alors nous aurions pu parler longtemps sans nous rien dire, s'écria en riant un des ouvriers.

Mais l'autre fut moins facile à tromper :

— Ils sont Belges ! répétait-il d'un air méfiant, ils sont Belges ! C'est bien près de la France, la Belgique !

— Est-ce que ces Belges sortiraient de la citadelle d'Ulm ? reprit le premier qui redevint subitement sérieux.

Les deux Allemands mesuraient de l'œil les trois Français. Ils les virent qui serraient dans leur main de solides gourdins coupés dans le bois pendant la nuit; cette vue leur inspira sans doute de prudentes réflexions, car ils battirent en retraite immédiatement.

— Bon voyage, messieurs les Belges, crièrent-ils en s'éloignant, nous ne sommes pas curieux, comme vous voyez, mais tâchez de ne pas trouver de gendarmes sur votre route : ils pourraient être plus méchants que nous.

DEVOIR DE RÉDACTION. — La connaissance d'une langue étrangère est chose très utile : 1º Dans le commerce : celui qui connaît l'allemand ou l'anglais trouvera plus facilement à se placer; 2º En temps de guerre : exemple des Allemands qui ont pu toujours très bien se renseigner parce que beaucoup d'entre eux parlaient français.

XLVIII (48). Course folle.

Cette rencontre faillit avoir des conséquences funestes pour les fugitifs. Persuadés que les deux Allemands, au premier village qu'ils traverseraient, s'empresseraient de donner l'éveil et de lancer la population à leurs trousses, ils se mirent à courir au hasard, avec la seule idée de dépister ceux qui pourraient les poursuivre. Ils perdirent ainsi beaucoup de temps et allongèrent

(1) **Ils n'y comprennent goutte** : goutte se joint à la négation pour lui donner plus d'énergie ; ne voir, ne comprendre goutte, c'est-à-dire ne pas voir, ne pas comprendre du tout.

la route déjà bien longue qu'ils avaient à parcourir. Des pluies qui tombèrent avec persistance pendant les jours suivants les retardèrent encore.

Le cinquième jour, qui d'après leurs calculs devait être celui où ils atteindraient la frontière, ils purent, grâce aux indications inscrites sur un poteau à la jonc-

Fig. 50. — Ils purent, grâce aux indications inscrites sur un poteau à la jonction de deux routes, savoir à peu près où ils se trouvaient.

tion de deux routes, savoir à peu près où ils se trouvaient. Ils s'aperçurent alors avec stupeur qu'il leur faudrait encore près de deux jours pour arriver en Suisse. Leurs vivres, quelque soin qu'ils eussent pris de les ménager, allaient être épuisés. Quelques morceaux de pain leur restaient encore pour le repas du soir. Mais le lendemain, mais le surlendemain, comment se soutiendraient-ils?

— Il faut prendre un parti, disait Jean; voulez-vous que j'aille jusqu'à un village pour acheter du pain?

— Ce serait bien dangereux, répondit Durand; depuis cinq jours que nous nous sommes évadés, notre signalement a dû être donné partout.

— D'ailleurs, ajouta le Marseillais, rien qu'à voir nos vêtements mouillés et tachés de boue on aurait tout de suite des soupçons.

Tout à coup Durand, qui avait pris un peu d'avance, sur ses deux camarades poussa un cri de joie.

— Quoi donc? Qu'y a-t-il? crièrent les deux autres en le rejoignant.

— Voyez, mes amis, nous sommes sauvés.

Et Durand leur montrait tout un champ de pommes de terre qui n'étaient pas encore ramassées.

— Quelque fermier sans doute qui a ses fils à l'armée et qui n'a pas pu rentrer sa récolte, dit Felber.

— N'importe! Pour de la chance on peut dire que nous avons de la chance, dit le Marseillais retrouvant toute sa gaieté.

Les trois hommes allumèrent un bon feu, mirent les pommes de terre dans la cendre et après un repas qui leur parut excellent, firent une ample provision pour les jours suivants.

XLIX (49). Retour en France.

Le surlendemain ils étaient près de la frontière. Ils marchaient d'un pas rapide, le cœur plein d'espérance. Cette ligne de brouillards qu'on apercevait là-bas à l'horizon, c'était la vallée du Rhin, c'était la Suisse, c'était la liberté!

— Halte-là! On ne passe pas! cria une voix; et un garde champêtre, sabre au poing, se dressa devant eux.

Leur premier mouvement fut de fuir à toutes jambes. On était si près de la frontière! Un temps de course, et ils seraient hors de danger. Mais le garde champêtre les poursuivait et désespérant de les rattraper, car il n'était plus jeune et ses jambes n'étaient pas bien agiles, il criait de toutes ses forces pour appeler à l'aide. Qu'on l'entendît, qu'on vînt à son secours, et ils étaient perdus !

— Sommes-nous fous de courir ainsi quand nous sommes trois contre un, dit Felber. Ce serait par trop bête de nous laisser prendre quand nous touchons au but.

Ils se retournèrent ; la lutte ne fut pas longue : en un

Fig. 60. — A ceux qui viendront te détacher, tu pourras dire que tu as rencontré trois Français sortis des prisons allemandes, pour aller de nouveau combattre pour leur pays.

clin d'œil le vieux garde, tout essoufflé par la course qu'il venait de faire, fut désarmé et terrassé. Ils ne lui firent point de mal et se contentèrent de lui lier solidement les pieds et les mains et de lui attacher un mouchoir devant la bouche pour l'empêcher de crier ; ils le déposèrent ainsi garrotté au pied d'un arbre. Le visage du garde exprimait la terreur. Évidemment il ne pouvait croire qu'on lui fît grâce aussi facilement.

— Tu as de la chance d'avoir à faire à des ennemis

généreux, lui dit Felber. A ceux qui viendront te détacher, tu pourras dire que tu as rencontré trois Français sortis des prisons allemandes pour aller de nouveau combattre pour leur pays. Ajoute, si tu veux, que ces Français, t'ayant désarmé, pouvaient te donner la mort, mais qu'ils ont préféré l'épargner, car chez eux on n'a pas l'habitude de frapper un ennemi à terre.

Fig. 61. — **Schaffhouse**. — Ville de Suisse, sur la rive droite du Rhin, à peu de distance de la frontière allemande.

Une heure après ils sortaient du territoire allemand. Dans la soirée ils arrivaient à la ville suisse de Schaffhouse, où ils se reposèrent une nuit seulement tant ils avaient hâte de rentrer en France ; le lendemain, avec quelque argent qui leur restait, ils prenaient le train pour Pontarlier.

L (50). **Jean à Chambéry**.

Avec quel bonheur ils revirent leur pays ! Et quelle joie d'entendre tout le monde parler français autour d'eux, alors que depuis des semaines ils avaient les oreilles assourdies du son d'une langue étrangère !

Sans tarder nos trois amis se mirent à la disposition des autorités militaires. A leur grand regret ils durent se séparer : le Marseillais et Durand furent dirigés sur Lyon, pendant que Jean était envoyé à Chambéry.

Jean avait hâte de se retrouver en face des Prussiens et, sitôt arrivé à Chambéry, il eût voulu partir avec le premier détachement qui irait rejoindre l'armée rassemblée autour d'Orléans. Mais il avait trop présumé de ses forces : vaincu par toutes les fatigues subies depuis trois mois, il dut entrer à l'hôpital et s'aliter. Sa robuste constitution triompha

Fig. 62. — **Chambéry.** — 20 000 hab.) ch.-l. du dép. de a Savoie. La ville est entourée de montagnes qui offrent de nombreuses beautés naturelles.

vite de la maladie, mais le médecin lu prescrivit quelques jours de repos.

En toute autre occasion et sans le vif désir qu'il avait d'aller se battre, Jean se fut trouvé heureux de passer quelque temps dans le chef-lieu de la Savoie. Il est peu de pays en France qui soient comparables aux environs de Chambéry. La ville est entourée de collines couvertes de vignes et de prairies ; de belles maisons de campagne apparaissent çà et là, à demi cachées dans les grands arbres de leurs parcs ; sur les sommets, de vieux châteaux, débris des âges passés, dressent leurs tours ruinées, tapissées de lierre ou noircies par le temps. En quelque endroit qu'on dirige ses pas, on voit en peu de minutes les paysages les plus variés : ici des torrents blancs d'écume qui bondissent entre les rochers, là de gracieux vallons aux pentes couvertes de grands châtaigniers. Si on s'élève, si on gravit un coteau, on a devant soi le spectacle grandiose des Alpes avec leurs glaciers et leurs neiges éternelles.

Jean se lia vite d'amitié avec un autre sergent nommé Davat, qui comme lui sortait de l'hôpital et était dispensé momentanément de tout service afin qu'il pût se reposer. Ce Davat était un enfant de la Savoie, né dans le village de Chamonix, au pied du Mont Blanc. Avant d'être soldat il exerçait la profession de guide, c'est-à-dire qu'il accompagnait, dans des excursions souvent très dangereuses à travers les montagnes, les étrangers, qui pendant l'été viennent en grand nombre visiter la Savoie.

Fig. 63. — **Savoie.** — La Savoie est un pays de montagnes. Les pâturages sont la principale richesse de cette région. La Savoie, qui avait appartenu à la France de 1792 à 1814, a été de nouveau réunie en 1860, après la guerre d'Italie. Mais cette annexion ne peut être comparée à celle de l'Alsace-Lorraine par les Allemands, car elle a été volontaire : les habitants ont été consultés et ils ont voté à une forte majorité pour que leur pays fût réuni à la France.

LI (51). **La Savoie.**

Davat devint le compagnon de toutes les courses de Jean.

— N'est-ce pas que la Savoie est un beau pays ? lui disait-il. Et nos montagnes des Alpes, comment les trouvez-vous ? Pour moi je les aime tant que je ne changerais pas nos pauvres champs, qui ne produisent qu'un peu d'orge ou d'avoine (*fig.* 64 et 65), contre les plus belles terres de la plaine. Il me semble que je mourrais d'ennui s'il me fallait habiter un pays tout plat.

— Je crois pourtant, disait Jean, qu'on rencontre beaucoup de Savoyards dans les villes, loin de leurs montagnes.

— C'est vrai, beaucoup de Savoyards quittent leur pays, et cela pour des années; il faut bien vivre et quand on ne trouve pas d'ouvrage ici, force est d'en chercher ailleurs; mais ceux qui partent ainsi, parce qu'ils ne peuvent pas faire autrement, gardent toujours l'espoir de revenir. Dès qu'ils ont amassé quelques sous et que leur pain est assuré, ils reviennent à leurs montagnes. Ils sont comme attirés par elles; c'est que nos montagnes, nos rochers, ont comme une physionomie; on s'habitue à les avoir devant les yeux, à les regarder; leurs contours, leur couleur, les moindres détails de leur structure se gravent dans la mémoire; et si tout d'un coup nous venons à ne plus les voir, il semble qu'il nous manque quelque chose; c'est comme un visage d'ami qui aurait disparu subitement. Ici seulement, quoique je ne sois pas bien loin,

Fig. 64. — **Orge.** Fig. 65. — **Avoine.**

L'orge vient sur tous les terrains secs et chauds; dans les pays qui n'ont point de vigne, on la cultive en vue de la fabrication de la bière. Dans les pays pauvres on en fait un pain grossier et peu nourrissant. L'**avoine** se plaît sur les terrains légers et un peu humides. Elle sert à la nourriture des chevaux, des brebis dont elle favorise la production du lait et des volailles. En Écosse et en Irlande on fabrique du pain avec la farine d'avoine; il est grossier et amer.

croiriez-vous que je regrette la vallée de Chamonix?

— Elle est pourtant, en cette saison, toute couverte de neige.

— Oui; en ce moment, au mois de novembre, il y a bien un mètre de neige dans le village; les grands hôtels, pleins d'étrangers pendant l'été, sont fermés; personne ne sort, sauf quelques chasseurs qui vont à la poursuite des chamois.

DEVOIR DE RÉDACTION. — Lorsque l'Italie, en 1860, a cédé à la France la Savoie et le comté de Nice, les habitants de ce pays, consultés, ont déclaré qu'ils voulaient devenir Français. Les Allemands n'ont point demandé aux habitants de l'Alsace et de la Lorraine s'ils voulaient devenir Allemands.
Jugez la conduite opposée de la France et de l'Allemagne.

GÉOGRAPHIE. — Tracez la carte de la Savoie.

LII (52). La chasse au chamois.

— On dit que les chamois ne sont pas faciles à atteindre.

— Pas trop faciles, en effet, car ils vivent dans les

Fig. 66. — **Chasseur de chamois**. — Le *chamois* a le pelage brun foncé, sa taille est celle d'une grande chèvre; il habite les parties les plus impraticables des hautes montagnes de l'Europe. Dans les Pyrénées on lui donne le nom d'*isard*. La chasse du chamois présente les plus grands dangers, car il faut le poursuivre au milieu des rochers inaccessibles où il se retire.

parties les plus escarpées de la montagne. Ce sont de jolis animaux, un peu plus grands que des chèvres. Ils vivent en petites troupes de dix ou douze. Ils sont d'une agilité extraordinaire, très méfiants, et la grande difficulté est de s'approcher d'eux. Quelquefois il faut que le chasseur les attende toute une journée, embusqué derrière un rocher dans un endroit où ils ont l'habitude de passer. Il est vrai que celui qui tue un chamois est bien récompensé de sa patience. Leur chair est bonne à manger et leur peau, qui sert à faire des gants, se vend très cher.

— C'est égal, vous devez voir le retour de l'été avec plaisir.

— Assurément, car c'est pour nous la meilleure saison, celle où l'on gagne l'argent qui nous fait vivre tout le reste de l'année.

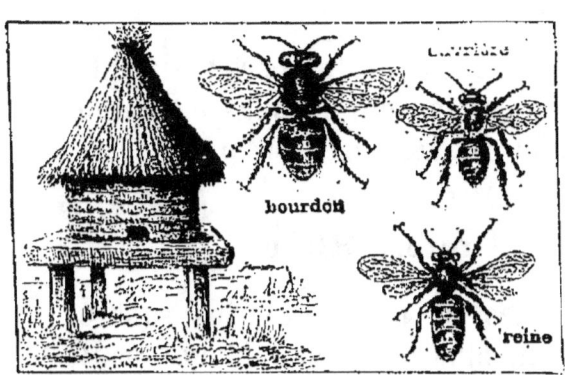

FIG. 67. — Abeilles et leur ruche. — Les abeilles nous donnent la cire et le miel. Seules, les *ouvrières* travaillent ; elles construisent les rayons, butinent les fleurs, font le miel et la cire et veillent à la sécurité de la ruche. Les *bourdons* ou mâles périssent tous les ans à l'automne. La *reine* a pour fonctions de multiplier l'espèce ; elle dépose ses œufs dans les alvéoles des rayons d'où sortiront plus tard de jeunes abeilles.

Vers la fin du mois de mai la neige commence à fondre, les torrents grossis mugissent dans les vallées, l'herbe pousse dans les prairies qui s'émaillent de fleurs à la grande joie des abeilles. Vous savez que le miel chez nous est excellent et qu'on en envoie dans toute la Savoie et même jusqu'à Paris. Les troupeaux de vaches sortent des étables pour gagner leurs pâturages et partout on entend le tintement de leurs clochettes. Puis nous voyons arriver, par longues files, les étrangers, ceux-ci en voiture, ceux-là à pied, d'autres à dos de mulet; tous les hôtels se rouvrent et le village est bientôt aussi animé, aussi bruyant qu'il était morne et silencieux pendant les mois d'hiver.

Tout en causant ils étaient entrés dans la cantine où les sous-officiers prenaient leurs repas. L'arrivée de Davat fut saluée par des cris de joie.

— Allons, le guide, en attendant que le fricot soit servi, contez-nous quelqu'une de vos histoires de montagnes !

— Voulez-vous le récit d'une ascension au mont Blanc? dit Davat.

— Oui, oui! crièrent en chœur tous les assistants.

— Et un récit bien émouvant, qui nous fasse trembler un peu, dit en riant celui qui avait parlé le premier.

LIII (53). **Le mont Blanc.**

— D'abord, camarades, il faut que vous sachiez, que le mont Blanc est le plus haut sommet non seulement de toute la France, mais de l'Europe entière. Il a 4 810 mètres de haut. Vous entendez bien : 4 810 mètres, c'est-à-dire plus d'une lieue.

De Chamonix pour aller à la cime du mont Blanc (*fig.* 68) et pour en redescendre il faut deux jours, et je vous assure que la course est rude. Quand à être dangereuse elle ne l'est point, pourvu qu'on soit prudent. Même que les Anglais, qui aiment les promenades où l'on risque de se casser bras et jambes, commencent à trouver que le mont Blanc est trop facile et qu'il y arrive trop peu d'accidents. Il y a quelques années, en Suisse, trois voyageurs et un guide, qui avaient fait l'ascension du mont Cervin, sont tombés d'une hauteur de 1 200 mètres. Vous ne le croirez peut-être pas et c'est pourtant la vérité : ça nous a fait du tort. Depuis cet accident le Cervin est à la mode et le mont Blanc est un peu négligé. Que voulez-vous? C'est leur manière de s'amuser à ces Anglais d'aller dans des endroits où on risque à tout moment de tomber dans quelque précipice.

Et même, en y pensant, ils n'ont peut-être pas tout à fait tort. Ce n'est pas une mauvaise chose que de s'habituer à supporter de grosses fatigues et à ne pas avoir peur du danger. Qui sait ce que le sort nous réserve? Voyez maintenant en France, tous ces jeunes

Fig. 68. — **Chamonix et le Mont-Blanc.** — C'est du village de Chamonix que l'on part ordinairement pour faire l'ascension du Mont-Blanc.

gens appelés sous les drapeaux, les riches comme les pauvres. Il y en a dans le nombre qui ont été trop soignés, trop dorlotés par leurs mamans, qui sont douillets, fragiles. Pauvres garçons! Ils sont à plaindre. Comme il vaudrait mieux pour eux s'être endurcis à la fatigue, s'être habitués à supporter le froid, la faim... Mais j'arrive à mon récit.

DEVOIR DE RÉDACTION. — Utilité des promenades et des courses à pied: elles sont une distraction agréable; elles fortifient et développent notre corps; en nous endurcissant à la fatigue et en nous apprenant à supporter les longues marches, elles nous préparent au métier de soldat.

LIV (54). L'ascension.

Donc c'était au commencement du mois de juin, non pas de cette année-ci, mais de l'autre. Un matin on vient nous chercher, mon père et moi, car dans ma famille nous sommes tous guides de père en fils. C'était un Anglais qui voulait monter au mont Blanc avec sa fille et son fils. Il faut vous dire que pour ces grandes

Fig. 69. — **La mer de glace.** — On donne ce nom à un des plus vastes glaciers des Alpes, situé sur les flancs du mont Blanc. La mer de glace a 2 kil. de largeur ; il faut plus d'une demi-heure pour la traverser.

courses de montagne les Anglaises sont aussi hardies que les Anglais.

On convient d'un prix ; on va chercher un troisième guide, car il en faut un pour chaque personne, et deux porteurs pour les vivres, ce qui n'était pas de trop, notre Anglais, M. Godmorton, ayant déclaré qu'il entendait être aussi bien servi là-haut et faire d'aussi bons repas que dans le meilleur hôtel de Chamonix.

À sept heures du matin nous nous mettons en route. Le chemin n'est pas trop difficile au commencement. On monte à travers une forêt, puis à mesure qu'on s'élève, on dépasse la région où les arbres peuvent pousser, car les arbres sont comme les hommes : ils craignent les grands froids, et il fait très froid sur les hautes montagnes.

Là où les arbres ne poussent plus, on trouve des pâturages, où on envoie les troupeaux de vaches, au printemps, dès que la neige est fondue. Elles ne peuvent y rester que trois ou quatre mois, car l'hiver est vite revenu sur ces hauteurs.

Après quatre heures de chemin à travers la forêt et les prairies, on arrive au bord d'un glacier. Vous savez, je pense, ce qu'on appelle des *glaciers*. Ce sont d'énormes amas de glace et de neige durcie qui remplissent les vallées de nos hautes montagnes. Il y a, près de Chamonix, un glacier, qu'on nomme la *Mer de glace* (*fig.* 69), qui a bien une demi-lieue de largeur.

LV (55). Le glacier.

Il n'est pas bien facile de marcher sur ces glaciers. D'abord la glace est en pente et très glissante ; puis elle n'est pas unie, mais toute brisée et couverte de bosses contre lesquelles on peut trébucher. Enfin en certains endroits, il y a des crevasses, de grands trous très profonds, où il ne ferait pas bon tomber.

Avant de nous engager sur le glacier nous nous arrêtons un moment pour faire notre toilette : à nos souliers nous vissons de gros clous à tête pointue qui doivent s'enfoncer dans la glace et nous empêcher de glisser ; nous nous protégeons les yeux par des lunettes à verres de couleur, car la glace et la neige, quand le soleil brille, font mal à regarder tant elles sont éblouissantes ; même nos trois voyageurs, pour se garantir du froid et ne pas avoir la peau gercée, se couvrent la figure d'un masque d'étoffe noire; après quoi nous nous attachons tous à la file avec une corde, de manière à ce que si quelqu'un glisse ou fait un faux pas, il soit retenu par les autres.

Ces précautions prises, nous nous remettons en route; nous tenions à la main de gros bâtons à bout ferré, qui ne nous servaient pas seulement à nous retenir sur les pentes glissantes, mais surtout à tâter la neige et à trouver les endroits où on pouvait poser le pied sans danger. En effet il arrive souvent que la neige fraîchement tombée couvre les crevasses en formant au-dessus une sorte de pont; mais ces ponts de neige ne pourraient pas porter une personne et le moindre poids les ferait craquer.

LVI (56). Les Grands Mulets.

On n'avance pas bien vite sur le glacier; pourtant il est des endroits où on ne séjourne pas trop longtemps, c'est ceux qu'on appelle *couloirs d'avalanche*. Les avalanches sont d'énormes masses de neige et de glace qui se détachent du sommet des montagnes et glissent jusqu'au fond des vallées avec une rapidité inouïe en balayant tout sur leur passage. Leur force est telle qu'elles brisent les plus gros arbres et emportent parfois les maisons. Quand on est forcé de traverser les *couloirs* ou passages qu'elles suivent habituellement, on le fait au plus vite et sans s'arrêter.

Fig. 70. — **La cabane des grands mulets**, où les voyageurs qui font l'ascension du mont Blanc passent la nuit.

Nos voyageurs avaient eu d'abord quelque peine à marcher sur le glacier, mais comme ils étaient tous trois, même la jeune fille, robustes et habitués à la fatigue, ils s'y firent vite. D'ailleurs ils semblaient prendre un grand plaisir à cette promenade; d'un bout de la corde à l'autre ils s'appelaient pour se communiquer leurs impressions. Tantôt ils tournaient leurs regards vers l'horizon où l'on n'apercevait que montagnes succédant aux montagnes, cimes rocheuses qui semblaient se confondre avec le ciel, sommets couverts de neige, glaciers étincelants. Tantôt ils admiraient tout près d'eux les gros blocs de glace d'une belle couleur verte, qui fait contraste avec le blanc mat de la neige.

Au soir nous arrivâmes aux rochers qu'on appelle les *Grands Mulets* (*fig.* 70); on y a installé deux cabanes où l'on peut passer la nuit. Nous repartîmes avant le jour, car nos Anglais voulaient voir le lever du soleil du haut du mont Blanc.

DEVOIR DE RÉDACTION. — Dites quelles sont les diverses zones qu'on traverse en faisant l'ascension d'une très haute montagne : forêts, pâturages, région des glaciers et des neiges éternelles. Explication détaillée des mots *glacier*, *avalanche*, *crevasse*.

LVII (57). Au sommet du mont Blanc.

La dernière partie de la route est fort rude; par endroits on est arrêté par des murs de glace qu'on ne peut gravir qu'en y creusant à coups de hache des entailles et comme une sorte d'escalier. Et puis, à mesure qu'on s'élève, on se sent pris d'un mal singulier, qui tient à ce que l'air est trop rare à cette grande hauteur. On respire péniblement, on a soif, on a envie de dormir, on se sent tout alourdi et on ne peut pas faire plus de cinquante pas sans s'arrêter.

Mais comme on est payé de toutes ses peines quand on arrive au sommet! Je ne crois pas qu'on puisse rien voir de plus beau. La moitié de la Suisse, l'Italie du

Nord, toute la Savoie et, du côté de la France, la chaîne du Jura depuis Bâle jusqu'à Lyon, puis les Cévennes jusque dans les environs de Nîmes, voilà tout ce qu'on peut voir si le temps est clair. On a tant de montagnes autour de soi qu'on ne sait laquelle regarder. Et par-dessus tout cela les premiers rayons du soleil, qui donnent une teinte rose à la neige des sommets.

Il fallut bientôt songer à redescendre. La descente naturellement se fait plus vite et est moins pénible que la montée. Nous n'étions plus attachés à notre grande corde; seulement dans les endroits difficiles, chaque guide donnait la main à son voyageur et le soutenait. Le mien c'était le jeune Anglais, un grand garçon de dix-sept ans, hardi et téméraire comme le sont les jeunes gens qui ne connaissent pas le danger.

Quoiqu'il parlât à peine le français, j'avais bien compris qu'il trouvait que notre promenade s'était passée trop simplement. Il avait projeté sans doute d'en faire quelque beau récit à ses camarades. Or, qu'est-ce qu'une ascension, je vous le demande, quand personne n'a fait de faux pas et qu'au retour on ne peut pas montrer la moindre bosse au front?

Mon jeune voyageur était très agité. J'étais sans cesse obligé de le retenir. « Monsieur William, je vous en prie, n'allez pas si vite, ne courez pas comme ça à droite et à gauche. »

Tout à coup son père, M. Godmorton, tendant le bras en avant, s'arrêta court en disant : « Des chamois! Des chamois! »

Nous regardâmes dans la direction qu'il indiquait et nous vîmes en effet une dizaine de chamois qui, à cette distance, sur une cime éloignée, semblaient de petits points noirs sur la neige.

« Quel dommage de n'avoir pas de fusil, dit William, nous aurions peut-être réussi à nous approcher assez de ces chamois pour en tuer un. »

LVIII (58). La chute. — Le sauvetage.

Comme il parlait, nous vîmes les points noirs s'agiter, filer sur la neige et disparaître. Nous étions encore à regarder de ce côté-là quand un grand cri se fit entendre à vingt pas devant nous. William avait disparu. Comme pris d'une folie subite il s'était élancé à la poursuite de ces chamois qu'on voyait à peine ; le pied lui avait manqué et il venait de tomber dans une crevasse. Il fallut retenir M. Godmorton qui voulait se précipiter au secours de son fils et qui n'aurait réussi qu'à se perdre avec lui. Nous appelâmes William de toutes nos forces. Il y eut un moment d'angoisse terrible. Nous ne recevions aucune réponse. M. Godmorton s'arrachait les cheveux.

Fig. 71. — Avec mille précautions, j'arrivai jusqu'au jeune Anglais.

Il fallait pourtant bien retirer le jeune homme, mort ou vivant, du trou où il était tombé. L'entreprise était périlleuse. On m'attacha avec des cordes. Je me glissai en rampant jusqu'au bord du trou et là, à une profondeur d'environ quinze mètres, sur un rebord de glace tout juste assez large pour soutenir un corps humain, j'aperçus le jeune Anglais étendu sans mouvement, une blessure saignante au front. Avec mille précautions j'arrivai jusqu'à lui. Son cœur battait encore, il n'était qu'évanoui. J'eus bien de la peine à remonter avec mon fardeau. J'avais peur que la corde ne vînt à se rompre. Quand j'arrivai en haut j'étais à bout de forces.

On réussit à ranimer William, mais le coup qu'il avait reçu était rude et nous dûmes le porter jusqu'à Chamonix. Je pensais qu'il en avait pour une quinzaine de jours au moins à rester au lit et qu'il serait guéri de son goût pour les excursions dangereuses. Mais le lendemain, comme j'allais prendre de ses nouvelles, je le trouvai debout dans le jardin de l'hôtel. Il avait une large compresse autour de la tête. Du plus loin qu'il me vit, il me cria en riant :

— Hé bien, quand faisons-nous l'ascension du mont Cervin?

LIX (59). L'invasion allemande. — Sièges de Toul, de Soissons et de Verdun.

Vers le milieu de novembre Jean Felber, complètement rétabli, put reprendre son service et il ne tarda pas à partir pour *l'armée de la Loire*. On nommait ainsi l'armée rassemblée autour d'Orléans pour tâcher de forcer les Prussiens à lever le siège de Paris.

Les Prussiens avaient fait du chemin depuis le début de la guerre. Ce n'était plus seulement l'Alsace qui était envahie, mais tout le nord de la France, où vingt départements étaient occupés par l'ennemi.

Fig. 72. — **Verdun.** — **La porte Chaussée.** — Verdun (18 000 hab.) s. pr. de la Meuse une des principales places fortes de la frontière de l'est. — C'est à Verdun que les trois fils de Louis-le-Débonnaire signèrent le fameux traité qui réglait le partage de l'empire carlovingien.

Nous n'avions plus dans nos régiments que des conscrits. L'armée de réserve, qu'on appelait la *garde mobile*, réunie en toute hâte, n'était pas mieux exercée. On manquait d'officiers pour mener au combat ces jeunes troupes, on manquait de fusils pour les armer, on manquait de canons.

Les Prussiens purent alors s'avancer sans combattre à travers la Champagne et l'Ile de France et investir Paris; maintenant ils menaçaient la Normandie et l'Orléanais. Nos places fortes, isolées au milieu des provinces envahies, tombaient l'une après l'autre. Mal préparées à se défendre, sans artillerie suffisante, avec de faibles garnisons presque entièrement composées de soldats qui n'avaient jamais vu le feu, elles tinrent cependant à honneur de résister aussi longtemps que possible.

A Toul les gardes mobiles de la Meurthe et les jeunes gens de Nancy, enrégimentés depuis quinze jours seulement, se battirent comme de vieux soldats. Le gouvernement déclara par un décret que la ville de Toul avait bien mérité de la Patrie.

Soissons, défendu par un bataillon des mobiles de l'Aisne et trois batteries d'artillerie des mobiles du Nord, ne se rendit qu'après trente-sept jours de siège et quatre-vingt-quatre heures de bombardement.

La patriotique population de Verdun (*fig.* 72), partagea tous les dangers de la garnison; deux fois, dans des sorties dirigées avec une audace inouïe, les assiégés parvinrent jusqu'aux batteries qui bombardaient la ville, tuèrent les soldats qui les défendaient, renversèrent les canons et les mirent hors d'état de servir.

LX (60). **Paris bloqué. — Gambetta et la défense en province.**

Mais l'attention de tous était alors tournée du côté de Paris, qui était depuis deux mois séparé du reste de la France et complètement entouré par les troupes allemandes. Chacun sentait bien que le siège de cette ville immense, capitale de notre pays, n'était pas un siège ordinaire et que si les Prussiens parvenaient à prendre Paris on ne pourrait plus leur résister nulle part; chacun comprenait que pour sauver la France il fallait délivrer Paris.

C'est alors qu'un des membres du Gouvernement de la Défense nationale, Léon Gambetta (*fig.* 73), passant en ballon au-dessus des lignes prussiennes, sortit de Paris pour organiser les armées de province. C'était un homme jeune, ardent, à la parole éloquente. Il se donna pour tâche de relever les cœurs un moment troublés par la rapidité de nos défaites. A sa voix le pays reprit confiance en ses propres forces et se prépara à entamer une lutte sans merci contre les envahisseurs.

Bientôt les Allemands, qui croyaient la France abattue, virent avec surprise qu'elle était debout encore et prête à de nouvelles luttes. Bientôt l'armée de la Loire leur reprenait Orléans et remportait la victoire de Coulmiers.

Fig. 73. — **Gambetta à la tribune.** — Léon Gambetta, né à Cahors en 1838, mort à Ville-d'Avray (Seine-et-Oise), le 31 décembre 1882. Célèbre orateur et homme d'État. Député au Corps législatif de l'empire (1869), il fut l'adversaire irréconciliable du gouvernement de Napoléon III. Membre de la Défense Nationale en 1870, il quitta Paris en ballon pour organiser la résistance en province. Il réussit à tenir tête aux Prussiens pendant quatre mois. Après la guerre il contribua à fonder la République et à la défendre contre les complots de ses adversaires. Il n'oublia jamais nos provinces perdues et sa préoccupation constante fut d'augmenter nos forces militaires. Sa mort prématurée fut un deuil pour la France.

LXI (61). La capitulation de Bazaine à Metz.

L'armée de la Loire réussirait-elle à débloquer Paris? Voilà ce qu'on se demandait partout avec anxiété.

Par malheur, au moment où l'on pouvait, après tant de défaites, espérer des jours meilleurs, le sort de no-

Fig. 74. — **Le procès du maréchal Bazaine**. — Après la guerre, Bazaine fut traduit devant un conseil de guerre siégeant à Trianon. Les débats furent accablants pour l'accusé. Il fut condamné à la **peine de mort avec dégradation militaire**. — On lui fit grâce de la peine de mort; il fut emprisonné à l'île Sainte-Marguerite, d'où il réussit à s'évader. Il se réfugia alors à Madrid, en Espagne, où il est mort en 1888.

tre pays fut de nouveau compromis par la trahison du maréchal Bazaine, commandant de l'armée de Metz.

C'est un triste récit à faire, c'est une page douloureuse qu'on voudrait pouvoir arracher de notre histoire : Bazaine avait une armée admirable, formée de troupes aguerries, qui avaient prouvé leur valeur dans les grandes batailles livrées autour de Metz. Que n'eût-il pu faire avec de tels soldats? Qu'on suppose à sa place un général audacieux, guidé seulement par son patriotisme, et l'issue de la guerre pouvait être changée !

Mais Bazaine, au lieu de combattre, entra en négociations avec les Prussiens. Il signa une capitulation honteuse, il leur livra, sans même essayer un suprême effort, cent vingt mille combattants, vingt mille blessés, ses fusils, ses canons, ses drapeaux, et une des plus fortes citadelles de la France, Metz, qui jusque-là n'avait jamais subi la honte d'être prise par l'ennemi.

Un tel crime est au-dessus même des châtiments de la justice.

L'armée de la Loire, au moment où Jean y arrivait, allait donc avoir à subir le choc des troupes allemandes qui avaient fait le siège de Metz et que la trahison de Bazaine avait rendues disponibles.

Dès le premier jour Jean fut nommé sous-lieutenant. En tout autre moment il eût accueilli avec joie cette nomination, mais alors il fut surtout préoccupé des devoirs que cette situation nouvelle lui imposait. Les soldats qu'il allait avoir à commander étaient si peu préparés aux fatigues et aux dangers qu'ils devaient affronter ! Ils ne manquaient pas de courage ni de dévouement, mais la bonne volonté ne peut suffire à tout et ils avaient tant de choses à apprendre !

LXII (62). On n'improvise pas une bonne armée

La compagnie avait pour capitaine un vieux grognard à mine énergique et rébarbative. Un visage au teint coloré, d'épais sourcils en broussaille, une paire de moustaches qui s'allongeaient des deux côtés de la bouche comme deux énormes virgules, une voix rude qui faisait trembler les conscrits, tel était le capitaine Lapeyre. Soldat depuis quinze ans, il avait fait campagne en Italie, en Algérie, au Mexique. Son manque d'instruction (il savait tout juste ce qu'on apprenait autrefois à l'école primaire, c'est à dire la lecture, l'écriture et les quatre règles) avait retardé son avancement. Sous-lieutenant quand éclata la guerre de 1870, il fut fait prisonnier à Sedan, s'échappa sous un costume de paysan et vint à l'armée de la Loire, où l'on manquait d'officiers et où d'emblée il passa capitaine.

De ses débuts pénibles il lui était resté un irrésistible besoin de pester à tout propos. Brave homme au fond, malgré son aspect bourru et ses perpétuels accès de colère, il criait beaucoup mais punissait peu, s'intéressait à ses soldats, veillait à ménager leurs forces et à leur épargner de trop grosses fatigues. Mais il ne pouvait s'habituer à commander à des conscrits; sans cesse il reprenait le récit de ses prouesses passées et des combats glorieux auxquels il avait assisté. Et c'était toujours le même refrain :

Fig. 75. — Brave homme au fond malgré son aspect bourru, le capitaine Lapeyre criait beaucoup mais punissait peu.

— Ah! nous avions des hommes alors, de vrais soldats, des gaillards qui n'avaient pas froid aux yeux... tandis que ceux-ci...

Et il désignait la troupe lamentable des jeunes soldats qui défilaient sur la route, la marche alourdie par la fatigue.

— Ils ont pourtant beaucoup de bon vouloir, disait Felber, ils sont bien dociles, et ils font tout ce qu'on leur commande.

— Des filles! hurlait le capitaine, frileux et douillets comme des filles, voilà comme ils sont vos conscrits!

Une étape un peu plus longue que l'autre et voilà tous ces beaux messieurs qui traînent la jambe. Ah! les fameux soldats, en vérité!

— Est-ce leur faute, reprenait Felber, s'ils ne sont pas mieux préparés à toutes ces fatigues?

— Ça ne sait pas seulement tenir un fusil, répliquait le capitaine, ça ne sait pas marcher, ça craint le froid, ça craint la faim! Voyez-vous, Felber, on n'improvise pas une armée et pour faire la guerre il faut avoir des soldats.

— Mais, mon capitaine, puisque tous nos soldats, les vrais, les bons, sont prisonniers en Allemagne; fallait-il donc nous croiser les bras et laisser avancer les Prussiens sans tenter un dernier effort?

LXIII (63). C'est pendant la paix qu'il faut se préparer à la guerre.

Le capitaine ne répondait rien, mais il mâchait furieusement le bout de ses moustaches. Il sentait bien que Felber avait raison et qu'un peuple serait déshonoré qui ne lutterait pas jusqu'à entier épuisement pour repousser l'invasion. Et Felber de son côté ne comprenait que trop combien était vraie cette parole du capitaine qu'on n'improvise pas une armée, qu'on ne peut pas, en quelques jours, faire de vrais soldats, ayant la force physique, qui fait qu'on supporte toutes les fatigues, et la force morale, qui fait qu'on ne se laisse pas abattre par un échec.

Parmi tous les soldats de sa compagnie il y en avait un surtout auquel Jean s'intéressait. C'était un jeune homme du nom de Cavelier. Fils d'un riche négociant de Rouen, il était parti comme engagé volontaire et il était venu, avant l'âge, réclamer une place parmi les défenseurs du pays. Il était faible et malingre, mais son indomptable volonté le soutenait.

Jean aimait à causer avec lui pendant les longues heures de marche. Et toujours dans ces conversations, comme quand il parlait avec le capitaine, la même idée revenait :

— Voyez-vous, mon lieutenant, disait le jeune homme, nous sommes cruellement punis de notre imprévoyance. Les Prussiens n'ont pas plus de courage que nous et nous pourrions être aussi bons soldats qu'ils le sont. Nous les avons

Fig. 70. — Les Prussiens n'ont pas plus de courage que nous. Ce qui fait leur supériorité, c'est qu'ils se sont depuis longtemps préparés à cette guerre.

battus, et bien battus, autrefois, au temps de la Révolution et du premier Empire. Ce qui fait leur supériorité c'est qu'ils se sont depuis longtemps préparés à cette guerre; ils ont travaillé, ils ont manœuvré, pendant que chez nous on s'endormait dans une trompeuse sécurité. A l'avenir il faudra que cela change et que tous les Français, riches ou pauvres, passent par la caserne. De cette façon nous ne serons plus surpris, comme nous l'avons été pour cette guerre, et, si l'on vient nous attaquer nous pourrons opposer à l'ennemi une armée nombreuse et bien exercée. *C'est pendant la paix qu'il faut se préparer à la guerre.*

DEVOIR DE RÉDACTION. — Expliquez qu'il ne faut pas s'irriter contre l'obligation du service militaire, ni contre les autres charges qui sont imposées aux citoyens français pour la défense de la patrie. Sans cette forte organisation nous risquerions d'être surpris et battus comme en 1870.

LXIV (64). La rencontre des deux frères.

Dans un champ, au bord de la route, la compagnie de Jean a fait halte, et les hommes sont occupés à préparer leur repas. Ceux-ci,

Fig. 77. — Gaspard met pied à terre et les deux frères sont bientôt dans les bras l'un de l'autre.

envoyés au village voisin, où se font les distributions de vivres, en reviennent avec de gros quartiers de viande, des pains empilés dans de grands sacs et d'autres sacs plus petits qui contiennent le riz, le sucre ou le café. Ceux-là, la hache à la main, ébranchent les arbres, cassent le bois en morceaux, le disposent dans des trous creusés en terre, fourneaux improvisés sur lesquels on placera les marmites. Bientôt les feux s'allument et d'épaisses colonnes de fumée, que le vent chasse en tourbillons, montent dans les airs.

Sur la route d'autres troupes continuent à défiler; les régiments succèdent aux régiments : gardes mobiles habillés de vareuses (1) sombres, cavaliers enveloppés dans leurs grands manteaux, artilleurs traînant des canons et des caissons qui passent avec un grand bruit de ferraille.

— Jean! Jean! crie soudain un artilleur qui pousse son cheval jusqu'au bord du chemin.

Jean lève la tête : ce soldat qui est là devant lui et qui l'appelle, il n'a pas de peine à le reconnaître, quoiqu'il soit bien changé et que sa figure fatiguée et amaigrie raconte les misères qu'il a dû supporter; c'est son frère, c'est Gaspard Felber.

Gaspard met pied à terre et les deux frères sont bientôt dans les bras l'un de l'autre (*fig.* 77).

— Quel heureux hasard! dit Jean. Enfin je vais avoir des nouvelles de nos parents et de Molsheim. Comment vont-ils? Ont-ils reçu mes lettres?

— Ils vont assez bien, dit Gaspard, mais ils sont si malheureux; ils sont très inquiets aussi à ton sujet; la seule lettre qui soit parvenue est celle que tu nous écrivais avant le siège de Strasbourg.

— Enfin, ils sont en bonne santé? Ils n'ont pas eu trop à souffrir?

— Pour des souffrances et de la peine ils n'en ont que trop, depuis qu'ils ont été chassés de Molsheim.

— Chassés de Molsheim! Que me dis-tu là?

— Oui, chassés de Molsheim et forcés de se réfugier dans les forêts de la montagne... Mais il faut que je rejoigne mon régiment. Si nous ne sommes pas campés trop loin d'ici, je demanderai la permission à mon capitaine et je reviendrai causer avec toi plus longuement.

(1) **Vareuse,** blouse en gros drap.

LXV (65). Les Allemands à Molsheim.

Une demi-heure plus tard, Gaspard était de retour.
— Il faut, dit-il, que je reprenne les choses d'un peu haut, presque au commencement de la guerre, puisque tu n'as pas eu de nos nouvelles depuis ce temps-là. Sache donc qu'au début tout le monde était plein d'espoir. Quelqu'un qui aurait osé dire alors que

Fig. 78. — Les routes se couvrirent de paysans qui fuyaient devant l'invasion et les cruautés des Prussiens.

nous pouvions être battus, se serait fait appeler traître et mauvais Français. Lorsqu'on annonça nos premières défaites, personne ne voulait y croire. Il fallut pourtant se rendre à l'évidence quand les routes se couvrirent de paysans qui fuyaient devant l'invasion. Ce qu'ils nous racontaient de la cruauté des Prussiens, des scènes de pillage et de meurtre qui signalaient partout leur passage, n'était point fait pour nous rassurer. Nous ne pouvions croire pourtant qu'un peuple civilisé fît ainsi la guerre à la façon des sauvages. Nous pensions que ces malheureux paysans, affolés par la terreur, faisaient l'ennemi plus méchant qu'il n'était réellement. Nous devions être bientôt détrompés.

— A quelle époque les Allemands sont-ils arrivés à Molsheim? dit Jean.

— Vers le milieu du mois d'août, quelques jours après le commencement du siège de Strasbourg. Presque tous ces Allemands connaissaient notre pays, où nous avions eu le tort de les accueillir trop facilement autrefois. Peut-être te souviens-tu du cordonnier Karl qui s'était établi à Molsheim et qui a disparu dès que la guerre a été déclarée?

— Si je m'en souviens, de ce misérable! Il était venu dans le pays comme espion, pour voir ce qui se passait et renseigner les Allemands sur nos moyens de défense. Dire que nous avons quelquefois accueilli chez nous ce coquin-là, qu'il s'est assis à notre table et qu'il a bu de notre vin!

— Et il ne l'avait pas oublié, le drôle! A peine arrivé, il est revenu à la maison, sans être invité cette fois, avec plusieurs de ses camarades. Ils sont allés droit à la cave, ils ont défoncé nos tonneaux, gâché, perdu, ce qu'ils ne buvaient pas. Notre pauvre père était furieux; nous avions peine à le retenir et à l'empêcher de commettre quelque imprudence. Ce qu'il y avait de plus irritant, c'est que ce vilain lâche de Karl, qui savait bien qu'on ne pouvait pas lui répondre, se moquait de ceux qu'il dépouillait et les accablait d'insultes. Il en a tant fait qu'il a lassé la patience des plus calmes. Tout le monde a été content quand on a appris un beau matin qu'on avait relevé son cadavre au coin d'une rue. Il avait été tué raide d'un bon coup de gourdin appliqué sur la tête.

LXVI (66). Vengeance des Allemands.

— Voilà une victime de la guerre que je me garderai bien de plaindre, dit Jean. Ce gredin de Karl n'a eu que ce qu'il méritait. Mais qu'ont dit ses camarades en apprenant sa mort ?

— C'est alors qu'ont commencé tous nos malheurs :

Fig. 79. — Un soir les Prussiens sont arrivés en force, sont entrés dans la maison en brisant la porte, nous ont mis dehors et se sont installés chez nous.

les Allemands ont voulu venger la mort d'un des leurs ; le maire et deux autres des principaux habitants de la ville ont été arrêtés, enchaînés et conduits en prison dans une forteresse allemande. Deux pauvres diables qui avaient eu le tort de parler un peu trop et de dire tout haut ce qu'ils pensaient des Prussiens, ont été rendus responsables du meurtre et, quoiqu'on n'ait rien pu prouver contre eux, ils ont été condamnés à mort et fusillés.

— Mais c'est abominable, ce que tu m'apprends là.

— Les Prussiens, reprit Gaspard, agissent partout de même. Il y a plus de vingt villages en Alsace qui ont été traités aussi durement que Molsheim. S'ils croient que jamais on perdra le souvenir de ces atrocités..... mais, patience, ce qui ne se fait pas aujourd'hui pourra se faire demain ; un jour viendra où nous serons vengés.

On commençait à croire que leur grande colère se calmait un peu quand de nouvelles troupes sont arrivées à Molsheim. Il paraît que quelqu'un, quelque espion, camarade de Karl, leur avait désigné ceux qui étaient trop bons Français et que nous étions parmi ceux-là. Un soir ils sont arrivés en force, sont entrés dans la maison en brisant la porte, nous ont mis dehors et se sont installés chez nous (*fig.* 79). Ordre était donné de tirer sur nous si nous voulions rentrer. Que faire ? Nous ne pouvions pas aller frapper chez les voisins : tout le monde était dans la terreur et personne n'eût osé nous recevoir. Nous avons pensé que pour éviter de nouvelles persécutions, le plus sage était de quitter la ville. Et nous voilà partis tous les cinq, le père et la mère, Marie, Louis et moi. Après avoir marché toute la nuit dans la direction des montagnes nous sommes arrivés dans la grande forêt de Girbaden. Là, de braves bûcherons, auxquels nous avons raconté notre histoire, nous ont accueillis dans leur cabane. C'est là que j'ai quitté les nôtres ; ils sont en bonne santé et ne risquent rien, car je ne crois pas que les Prussiens s'aventurent jusque dans ces bois ; mais tu penses que la vie n'est pas bien agréable pour eux et que notre père se fait du mauvais sang en songeant à sa maison et à son petit bien qui sont au pillage. Quant à moi, j'ai fait comme tous les jeunes gens d'Alsace qui ont mon âge. Je me suis sauvé en traversant les pays envahis et je suis venu m'engager dans l'armée française. Deux fois déjà nous avons eu occasion d'envoyer des obus aux Allemands et j'espère bien recommencer bientôt.

LES BALLONS ET LES PIGEONS VOYAGEURS

Les deux frères causèrent encore quelques instants, puis Gaspard s'éloigna pour rejoindre son régiment.

LXVII (67). Les ballons et les pigeons voyageurs.

Le lendemain on campa près de la ville de Vendôme, en vue du coteau qui porte son vieux château en ruines et des grands moulins aux toits pointus qui sont bâtis près de la rivière du Loir. Jean dut aller en ville pour

Fig. 80. — **Les ballons du siège de Paris. — Le départ de Gambetta.** — Gambetta quitte Paris pour aller organiser la défense en province (6 octobre 1870).

prendre les ordres d'un général. En passant devant le bureau de la poste, il fut assez étonné de voir un facteur qui portait quatre pigeons dans une cage.

— Est-ce que vous allez expédier ces oiseaux par la poste? dit-il en riant.

— Mieux que cela, mon lieutenant, dit le facteur. C'est à ces pigeons que nous allons confier les lettres pour Paris.

— Pour Paris?

— Oui, pour Paris, qui est entouré de tous côtés

par les Prussiens, ce qui ne nous empêche pas de faire passer tout de même nos correspondances. Les Parisiens nous envoient leurs lettres par des ballons (*fig.* 80). Ces ballons sont assez bien construits aujourd'hui pour enlever des poids considérables. Plusieurs personnes ont pu ainsi passer par-dessus la tête des Prussiens, et sortir de Paris. Par exemple on ne peut pas y rentrer par le même chemin. Il faudrait pour cela pouvoir diriger les ballons, ce qu'on ne sait pas faire jusqu'à présent, de sorte qu'ils vont où le vent les pousse. Aussi pour envoyer les lettres à Paris nous employons des pigeons. Ceux que vous voyez là ont été apportés de Paris où est leur pigeonnier. Dès qu'on les lâchera ils sauront tout de suite trouver leur route et ils arriveront bien vite si quelque oiseau de proie ou la balle d'un Prussien ne les arrête pas.

Fig. 81. — **Pigeon voyageur.** — De tout temps les pigeons ont été employés comme messagers. Les lettres écrites sur papier très mince sont introduites dans un tuyau de plume que l'on attache à l'une des plumes de la queue comme le montre la figure ; les plumes qui sont placées de chaque côté portent les timbres des points de départ. Un pigeon bien dressé fait 60 à 80 kilomètres à l'heure.

— Ils ne doivent pas pouvoir porter beaucoup de lettres, dit Jean.

— Aussi, pour ne pas trop les charger, on ne leur fait pas porter les lettres mêmes. Mais vous savez que par la photographie on peut obtenir une représentation très réduite et cependant exacte des objets. Sur du papier aussi mince qu'une pelure d'oignon on photographie, en les réduisant beaucoup, les lettres qu'on veut envoyer. C'est ainsi qu'un seul pigeon peut emporter des milliers de lettres dont le mince papier est enroulé autour d'une des grandes plumes de la queue (*fig.* 81). A Paris, toujours avec des appareils photographiques, on rend à ces lettres leur grandeur première de façon à pouvoir les lire.

Si vous connaissez quelqu'un à Paris hâtez-vous de faire une lettre, car les pigeons que voici seront lâchés demain matin.

— Je vous remercie, dit Jean, et je profiterai de l'occasion.

En effet, avant de revenir au camp, il fit une longue lettre pour Ridell et Catherine où il leur racontait tout ce qui lui était arrivé depuis le mois d'août et tout ce que Gaspard lui avait appris au sujet de Molsheim et de leurs parents.

DEVOIR DE RÉDACTION. — Rédigez la lettre de Jean Felber à son beau-frère Ridell et à sa sœur Catherine : récit rapide de ce qui le concerne personnellement; sa rencontre avec Gaspard, douleur qu'il a ressentie en apprenant ce qui était arrivé à ses parents; il terminera en disant qu'il ne faut pas se laisser abattre et qu'il espère bien qu'on finira par chasser les Allemands.

LXVIII (68). Nouvelles de Paris.

Dix jours après, Jean recevait une réponse de sa sœur Catherine.

Mon cher frère,

J'ai reçu ta lettre apportée dans Paris par un pigeon voyageur et celle que je t'écris maintenant partira par un ballon. Qui nous eût dit, il y a un an, que nos lettres prendraient ce chemin-là!

Nous avons été bien heureux, mon mari et moi, d'avoir enfin de vos nouvelles. Voilà près de trois mois que nous n'en avions pas, et trois mois c'est bien long quand on a tant de raisons d'être dans l'inquiétude.

Comme je suis peinée de tout ce que tu me dis au sujet de Molsheim et de nos parents! Quelle douleur ils ont dû éprouver à se voir chasser de leur petite maison! Je souhaite, sans oser l'espérer, qu'ils n'aient pas trop à souffrir des rigueurs de ce terrible hiver. Pauvres parents! Je suis sûre qu'au milieu de toutes leurs misères ils pensent à nous et que le souci qu'ils ont de nous savoir exposés à tous les dangers de la guerre est encore ce qui les afflige le plus.

Je suis bien contente de voir que tu as bon espoir au

Fig. 82. — **Châtillon**. — **La batterie prussienne.** — Du plateau de Châtillon, au sud de Paris, on aperçoit fort bien la ville et ses principaux monuments. Ce plateau fut évacué, presque dès le début du siège, après un combat malheureux. Les Allemands y établirent des batteries qui bombardèrent les quartiers de la rive gauche. Depuis la guerre on a construit un fort sur ce plateau.

sujet de la guerre. Oui, il faut espérer, malgré toutes les déceptions. Il n'y a que les lâches qui se laissent aller au découragement. Est-ce qu'une nation comme la France peut périr? N'a-t-on pas vu déjà dans son histoire d'autres grandes catastrophes? Et n'a-t-elle pas toujours trouvé en elle-même les ressources nécessaires pour résister et se relever?

Je voudrais, mon cher frère, pour t'encourager encore davantage, pouvoir te dire tout ce qu'on fait ici. L'a-t-on assez calomnié notre pauvre Paris? C'était, disait-on, une ville de luxe et de plaisir. Ses habitants ne songeaient qu'à faire fortune ou à s'amuser ; ils étaient privés de tout sentiment généreux, incapables de tout effort. Pour un peu on eût affirmé qu'à la première apparition des Prussiens, nous allions nous précipiter à leur rencontre, bien humblement, en les priant d'entrer.

Qu'ils viennent donc nous voir aujourd'hui ceux qui ont méconnu, ceux qui ont calomnié Paris ! Je ne veux pas médire de ce qu'on fait ailleurs, mais je doute qu'il y ait une province en France où l'on soit résolu à de plus grands sacrifices. Nous sommes décidés à lutter jusqu'au bout : les canons du roi Guillaume ne nous font pas peur et il peut commencer demain, si cela lui plaît, le bombardement (*fig.* 82) qu'il annonce. Personne ne faiblira.

LXIX (69). **Paris pendant le siège.**

Paris a bien changé d'aspect depuis qu'il est assiégé. C'est aujourd'hui une ville de guerre où chacun se prépare à faire son devoir courageusement. Tous les hommes valides de vingt à soixante ans ont reçu des armes et ils forment la *garde nationale*. Sur toutes les places, dans

Fig. 83. — **1** Garde mobile, **2** Garde national, **3** Franc-tireur.

les rues, du matin jusqu'au soir, on ne voit que gardes nationaux s'exerçant aux manœuvres militaires. Malgré la dure saison personne ne manque à l'appel. Riches et pauvres se coudoient dans les mêmes bataillons et sont confondus sous le même uniforme.

Avec les plus robustes et les mieux instruits on a formé des *bataillons de marche*, qui combattront dans les sorties à côté des soldats de la ligne et des régiments de *mobiles* qu'on a fait venir des départements. Ridell a demandé à faire partie d'un de ces bataillons de marche. Il sera ainsi plus exposé, mais n'est-ce pas à nous, Alsaciens, de donner à tous l'exemple du courage? Quand je vois mon mari il me dit que ça ne va pas trop mal, que tout le monde a beaucoup d'entrain, que ce qu'on reproche surtout aux chefs militaires c'est de ne pas employer assez la garde nationale. Les hommes des bataillons de marche brûlent de se trouver en face des Prussiens et de leur faire expier tout ce que nous souffrons depuis quelque temps.

LXX (70). **La nourriture des Parisiens assiégés**.

Car, il faut bien le dire, les souffrances sont grandes, même pour nous, qui ne sommes pourtant pas des plus malheureux. Tu penses bien qu'il en faut des approvisionnements pour nourrir une ville de deux millions d'habitants. Depuis que Paris est investi, le prix des denrées n'a cessé d'augmenter et on ne sait plus vraiment où ça s'arrêtera. Croirais-tu que, pas plus tard qu'hier, voulant régaler mon mari et mes enfants, j'ai marchandé un lapin et qu'on me l'a fait 15 francs? Et il n'était pas des plus gros pourtant. J'ai dû y renoncer. Tout est à l'avenant : une oie vaut de 30 à 60 francs, un kilogramme de jambon 10 ou 15 francs, un boisseau de pommes de terre 6 francs, un chou 2 francs. Quant au beurre et aux œufs frais, il n'y a que les millionnaires qui puissent s'en payer. On mange toutes sortes de bêtes dont on ne voudrait pas en temps ordinaire, du

cheval, de l'âne, du mulet; il y a aussi des boucheries
où l'on vend de la viande de chien et de chat et même

Fig. 84. — Pendant le siège de Paris on mangeait toutes sortes de bêtes :
chiens, chats, rats, etc...

des rats, ces gros rats que l'on voit courir la nuit le long
des trottoirs.

LXXI (71). La queue aux boucheries.

Pour ménager les vivres et faire que tout le monde
en ait sa part, on a distribué dans chaque famille des
cartes pour le pain et la viande. Il faut aller toujours à
la même boulangerie et à la même boucherie ; là en
montrant sa carte, on obtient une ration de pain ou de
viande, de viande de cheval bien entendu, car il y a
longtemps qu'on ne sait plus ce que c'est que le bœuf
ni le mouton. A la porte de ces boucheries et boulan-
geries il faut faire queue pendant des heures entières.
Elles n'ouvrent qu'à sept heures du matin et il y a déjà
du monde à cinq heures. On attend là par un froid
glacial, dans une complète obscurité, car il n'y a pas
assez de charbon pour fabriquer le gaz et les réver-

bères ne sont plus allumés. Presque pas de bruit dans les rues : les chevaux étant mangés, les voitures ont disparu. Au loin dans la campagne, les détonations sourdes et presque incessantes du canon des forts. Ai-je raison de dire que Paris a bien changé? Et ce qu'il y a de plus curieux, c'est que, malgré toutes ces souffrances on est gai, on rit, on plaisante. Le caractère parisien est ainsi fait.

Mais que de misères! Et, de semaine en semaine,

Fig. 85 — A la porte des boucheries, il faut faire queue pendant des heures entières.

quel nombre toujours croissant de cortèges d'enterrement! Il est temps que cela finisse et que vos armées de province viennent nous délivrer. Vous viendrez, n'est-ce pas? Après tant de malheurs nous aurons enfin un jour de triomphe et de revanche. C'est dans cet espoir que je te dis : Au revoir et à bientôt! Ton neveu et ta nièce, qui n'ont pas trop souffert jusqu'ici, heureusement, se joignent à moi et à leur père pour t'embrasser et te souhaiter bon courage et bonne santé au milieu de toutes ces épreuves.

Catherine Ridell.

DEVOIR DE RÉDACTION. — Décrivez l'aspect de Paris pendant le siège

LXXII (72). La retraite de l'armée de la Loire. Le général Chanzy.

Les espérances de ceux qui ne pouvaient se résigner à la défaite et qui, comme Jean et Catherine, s'obstinaient à attendre un retour de fortune, devaient être cruellement trompées. L'armée de Paris, après une bataille de deux jours à Champigny, ne put faire une trouée dans les lignes allemandes et fut rejetée sous les murs de la ville. Presque au même moment, au commencement du mois de décembre, l'armée de la Loire, battue près d'Orléans, était coupée en deux.

Dans ces tristes circonstances un général se révéla, qui, placé à la tête de meilleures troupes, eût peut-être réussi à ramener la victoire sous nos drapeaux. Chanzy a devant lui

Fig. 86. — **Le général Chanzy**. — Né à Nouart (Ardennes), en 1823, mort en janvier 1883. Commandant en chef de l'armée de la Loire, après la défaite d'Orléans, il fit preuve de talents militaires de premier ordre. **Malgré** les rigueurs de l'hiver, avec une armée entièrement composée de conscrits, il lutta héroïquement contre les Allemands et il réussit à les arrêter pendant deux mois.

un ennemi supérieur en nombre et exalté par le succès; ses propres soldats sont épuisés par la lutte, démoralisés, abattus. Cependant il dispute le terrain pied à pied, secondé par d'admirables lieutenants, comme les amiraux Jaurès et Jauréguiberry. Dirigée par ces chefs d'une ténacité héroïque, l'armée bat en retraite, mais cette retraite ne ressemble pas à une fuite, c'est une bataille de tous les jours : on se bat à Meung-sur-Loire, on se bat à Beaugency, malheureuse ville qui est canonnée pendant toute une jour-

Fig. 87. — L'amiral Jaurès.   Fig. 88. — L'amiral Jauréguiberry.

L'amiral Jaurès, né en 1823, mort à Paris (1889), se distingua à la bataille du Mans et au combat de Sillé-le-Guillaume, à la suite duquel il fut nommé général de division. Après la guerre, il fut député, sénateur, ambassadeur en Russie, ministre de la marine. — **L'amiral Jauréguiberry**, né en 1815, mort à Paris en 1887, se distingua à la bataille de Patay et fut plusieurs fois signalé pour sa bravoure et sa ténacité. Depuis la guerre, il fut député, sénateur et, à diverses reprises, ministre de la marine.

née, on se bat à Josnes, à Origny, à Fréteval, autour de Vendôme. Chaque jour les Allemands croient que la lutte est finie et que l'armée française est anéantie ; chaque jour ils retrouvent cette armée prête à leur disputer de nouvelles positions, toujours battue, jamais brisée.

Cet effort surhumain ne pouvait se prolonger. Les morts couvrent les champs de bataille, les blessés et les malades tombent le long des routes. Et bientôt, comme si ce n'était pas assez des maux de la guerre, l'hiver arrive, un hiver d'une rigueur inaccoutumée. Le froid est pour nos malheureux soldats un ennemi presque aussi terrible que les Prussiens et qui fait presque autant de victimes.

LXXIII (73). Souffrances de l'armée.

Oh! le lugubre spectacle et inoubliable pour tous ceux qui l'ont vu, que celui de cette armée vaincue qui marche, marche, sur les routes sans fin, à travers les immenses plaines toutes blanches de neige! Les uniformes tombent en lambeaux, les souliers, presque sans semelles, ne tiennent plus aux pieds. Pour nourriture, quand la distribution de vivres n'a pas manqué, quelques morceaux de viande de cheval et du pain qui gèle sur les sacs

Fig. 89. — Les hommes alors se réunissent, ils allument un grand feu.

et qu'il faut approcher du feu avant de pouvoir y mordre; pour boisson l'eau des mares et des fossés, dont il faut d'abord briser la glace à grands coups de crosse de fusil. Quand le soir arrive, quand on s'arrête épuisé au lieu fixé pour le campement, les soldats n'essayent même plus de dresser des tentes : les petits piquets de bois n'entreraient pas dans la terre durcie par la gelée; les hommes alors se réunissent par vingt ou trente, ils allument un grand feu; tout autour ils étalent à terre les toiles de tentes puis ils se couchent les pieds dans la cendre, la tête sur le sac, pelotonnés sous leurs minces couvertures et bien serrés les uns contre les autres. A tour de rôle chacun veille pour entretenir le feu. Parfois la neige tombe toute la nuit et c'est, quand le jour arrive, une chose à la fois risible et douloureuse que de voir tous ces corps humains étendus qui font bosse sous le blanc linceul.

Au matin on se réveille; on s'agite, on se donne du mouvement pour faire circuler le sang, pour ramener un peu de souplesse dans les membres engourdis. Cependant quelques soldats sont restés couchés par terre, sans faire un mouvement. On s'approche d'eux, on les secoue, mais ils ne remuent point. Ces malheureux sont morts de froid pendant la nuit. A chaque campement on en laisse ainsi quelques-uns.

Et ce qu'il y a de plus terrible, c'est qu'on bat en retraite. c'est qu'on n'est plus soutenu par l'espérance, c'est que chaque jour on s'éloigne un peu plus de ce grand Paris qu'on voulait délivrer. Qui sait combien de temps encore il pourra résister avant que la famine le force à capituler? Pourra-t-on revenir assez tôt, même si quelque victoire inespérée nous rouvre le chemin de la grande ville?

LXXIV (74). La bataille du Mans.

Le soir du 10 janvier 1871, dans la principale rue d'un village situé près du Mans (*fig.* 90), le régiment de Jean a fait halte. On s'est battu toute la journée dans ce village qui a été pris, perdu, repris par nos soldats; les maisons portent les traces de cette lutte acharnée; les toits se sont effondrés, les vitres ont volé en éclats, les murs sont criblés de balles. Le sol est jonché de plâtras, de tuiles cassées, de débris de toute sorte. En dix endroits les obus ont allumé des incendies qui ont consumé des maisons entières et qui fument encore entre des murs noircis. Au premier coup de fusil les habitants ont pris la fuite précipitamment, ainsi que l'attestent les meubles bousculés et les armoires ouvertes d'où ils ont retiré à la hâte ce qu'ils possédaient de plus précieux.

Au milieu de ces ruines les soldats se sont rangés sur deux files. On fait l'appel; on fait le compte des morts et des blessés. Que de vides dans les rangs! Le capitaine Lapeyre a été tué raide d'une balle en pleine poitrine, au moment où il s'élançait, le sabre en main, à la tête de ses hommes. C'est Jean maintenant qui commande la compagnie; ou plutôt ce qui reste de la compagnie, car elle est bien réduite après cette terrible journée.

Fig. 90. — **Le Mans.** — **Maison dite de la reine Bérengère**. — Le Mans (60 000 hab.), ch.-lieu de la Sarthe. Curieuses maisons dans les vieux quartiers; quartiers neufs bien bâtis, avec de grandes promenades et de belles avenues. — Deux batailles se sont livrées au Mans: celle de 1793, où les Vendéens furent complètement battus par les troupes républicaines, et celle de 1871, où les Allemands défirent l'armée de Chanzy.

On est content cependant, car cette fois on n'a pas reculé; on va coucher dans ce village où les Prussiens s'étaient un instant établis et d'où une vigoureuse attaque les a délogés. On a même, profitant du moment où ils battaient en retraite, lancé des cavaliers à leur poursuite et les voici qui reviennent, nos vaillants cavaliers. Leurs chevaux sont ruisselants de sueur, eux-mêmes sont accablés de fatigue, mais ils font bonne contenance et ils s'avancent fièrement, chaque homme

Fig. 91. — Les cavaliers s'avancent fièrement, chaque homme portant à la main, comme un trophée, un fusil, un sabre, une lance, conquis sur les Prussiens.

portant à la main, comme un trophée, un fusil, un sabre, une lance conquis sur les Prussiens. On les entoure, on les acclame ; est-ce donc une victoire enfin? Nul ne peut le dire. Quand deux armées sont aux prises, chaque soldat ne voit qu'un petit coin du combat et ce n'est souvent qu'au lendemain de la bataille qu'on peut vraiment savoir quel est le vainqueur.

LXXV (75). **La blessure de Jean.**

Les Prussiens n'avaient pas été battus; on le vit bien le jour suivant quand ils reprirent l'offensive avec plus d'acharnement. A leur feu plus nourri on devinait qu'ils avaient reçu du renfort. Et pour leur résister nous n'avions que des soldats exténués par une journée de lutte.

Jean fit partie de cette poignée de braves que le capitaine de vaisseau Gougeard entraîna à sa suite pour reprendre le plateau d'Auvours. Mais la chance qui l'avait protégé jusqu'à ce moment et qui lui avait permis d'échapper à tant de dangers, devait l'abandonner ce jour-là. Ses hommes étaient déployés en tirailleurs près d'une batterie d'artillerie. Devant un retour impétueux de l'ennemi, il fallut en toute hâte ramener nos canons en arrière. Une des pièces restait en retard dans un mauvais chemin plein d'ornières. Sur la neige glacée les chevaux glissaient, s'abattaient à chaque pas. Tous alors, les officiers comme leurs hommes, les soldats de la ligne comme les artil-

Fig. 92. — **Le capitaine de vaisseau Gougeard** se couvrit de gloire à la bataille du Mans, où il ramena plusieurs fois ses soldats à l'assaut des positions occupées par les Allemands. Il fut ministre de la marine dans le cabinet présidé par Gambetta (14 nov. 1881-26 janvier 1882). Il est mort en 1886.

leurs, unirent leurs efforts pour sauver ce canon, les uns tirant aux traits à côté des chevaux, les autres poussant aux roues. Un obus, qui vint éclater à quelques pas de là, fit dans ce groupe compacte d'effroyables ravages. Frappé violemment à l'épaule, Felber tomba tout de son long sur la neige.

Il y resta longtemps évanoui, affaibli par la perte du sang, envahi par un froid mortel, incapable de faire un mouvement. Heureusement des ambulanciers, qui ramassaient les blessés sur le champ de bataille, l'aperçurent et le relevèrent.

LXXVI (76). La famille Kergriden.

C'est à Rennes, chef-lieu du département d'Ille-et-Vilaine et ancienne capitale de la Bretagne, qu'il faut maintenant nous transporter. A l'extrémité d'un des faubourgs de la ville arrêtons-nous devant l'enseigne placée au-dessus de la porte d'un grand jardin : *Kergriden, jardinier fleuriste, fleurs de pleine terre et de fenêtres, bouquets à la main.*

Fig. 93. — **Rennes.** — **La porte Mordelaise.** — Rennes (70.000 hab.), ch.-l. d'Ille-et-Vilaine et ancienne capitale de la Bretagne. Commerce de denrées agricoles; beurre de la *Prévalage*, volailles, etc.

Par la porte à claire-voie on aperçoit les petites allées bien sablées, les longues lignes de châssis vitrés qui protègent contre le froid les plantes semées sur couches, et, tout au fond, l'humble maison où demeure la famille du jardinier. Famille nombreuse, même pour la Bretagne, pays de grandes familles : elle se compose du père, de la mère, de l'aïeule et de huit enfants. Onze à table, tous les jours, ayant tous bon appétit, ce n'est pas un mince souci pour le père Maïs enfin, avec du courage et du travail, il a pu s'en tirer jusqu'à présent et même, il y a quelques mois le métier n'allait pas mal. Par malheur, la guerre est v nue; elle a pris les deux fils aînés, deux vaillants travailleurs, pour en faire des soldats : Corentin, qui était à l'armée de Metz, est maintenant prisonnier en Allemagne; François, parti avec les mobiles, est enfermé dans Paris. Aux jours d'abondance ont succédé les jours mauvais, on ne gagne presque plus rien, et pour nourrir la famille il faut entamer les économies péniblement amassées jadis.

Fig. 94. — Par la porte à claire-voie, on aperçoit les petites allées bien sablées, les longues lignes de châssis vitrés.

Voici cependant qu'un jour on apprend que l'armée de la Loire a été battue près du Mans; les malades et les blessés arrivent à Rennes en si grand nombre que les hôpitaux ne suffisent plus à les contenir; on fait appel à la charité de tous, on demande à ceux qui le peuvent de recevoir chez eux quelques-uns de ces malheureux.

— Père, nous avons là-haut la chambre de nos garçons, dit alors Mme Kergriden; et deux bons lits qui ne sont pas occupés; veux-tu prendre chez nous deux soldats que nous soignerons?

— Fais comme tu voudras, dit le père; tu sais que le travail ne va guère et que les pièces de cent sous se font rares, mais ce n'est pas une raison pour se montrer inhumain. Il faut s'entr'aider : adoptons deux soldats à la place des deux fils qui sont éloignés de nous.

— Et je les soignerai comme je voudrais que mes enfants fussent soignés s'ils étaient malades, ajouta la mère; il me semble qu'en agissant ainsi ça portera bonheur à nos garçons et qu'ils nous reviendront bientôt en bonne santé tous les deux.

LXXVII (77). Jean est soigné par la famille Kergriden.

Le surlendemain, Jean Felber devenait l'hôte de la famille Kergriden. Sa blessure, sans mettre sa vie en danger, était grave ; l'éclat d'obus, labourant les chairs de l'épaule, avait brisé la clavicule (1).

Pendant plusieurs semaines Jean dut garder le lit ; malgré sa faiblesse il voulait être tenu au courant de ce qui se passait et il demandait avec avidité des nouvelles de la guerre. Hélas! Elles étaient toujours aussi mauvaises : c'était l'armée du Nord battue à Saint-Quentin malgré les efforts de son chef, le savant et intrépide Faidherbe, et rejetée vers les places fortes de la frontière belge ; c'était l'armée de l'Est, qui n'avait pu délivrer Belfort, et que les Prussiens poursuivaient, au milieu des rigueurs d'un hiver épouvantable, à travers les montagnes du Jura ; c'était Paris enfin, Paris qui avait courageusement supporté le bombardement mais qui, réduit par la famine, était forcé de capituler à la fin du mois de janvier.

Fig. 95. — **Léon Faidherbe.** — Né à Lille en 1818, mort à Paris en 1889. — Gouverneur du Sénégal, il montra de rares qualités d'administrateur et étendit notre influence sur le haut fleuve. — Pendant la guerre, il commanda l'armée du Nord : avec des conscrits à peine exercés, il réussit à tenir tête aux Prussiens à *Pont-Noyelles* et à les battre à *Bapaume*. A *St-Quentin*, il fut accablé sous le nombre. Après la guerre, il fut membre de l'Assemblée nationale, sénateur, grand chancelier de la Légion d'honneur.

(1) **Clavicule**, os qui sert d'arc-boutant à l'épaule.

Ce fut un grand bonheur pour Jean d'avoir été recueilli dans cette excellente famille. Il y était comme chez lui. Mme Kergriden et sa fille aînée, Guillemette, veillaient à tour de rôle sur leurs malades ; et elles les soignaient avec un affectueux dévouement. Souvent, dans ce demi-sommeil où sont plongés les malades, Jean se figurait qu'il était à Molsheim et que ces deux femmes qu'il voyait près de lui étaient sa propre mère et sa sœur Marie. Les cris des enfants et les éclats de rire qui montaient du jardin par la porte entre-bâillée, complétaient l'illusion et il s'imaginait entendre son jeune frère Louis jouant avec ses camarades.

DEVOIR DE RÉDACTION. — Dites quel est le rôle des femmes en temps de guerre et quels services elles peuvent rendre en soignant les malades et les blessés.

LXXVIII (78). **Fin de la guerre. Perte de l'Alsace-Lorraine.**

Vers le milieu du mois de février Jean reçut une lettre de Molsheim, une lettre de sa mère. Elle lui racontait, ce qu'il savait déjà par Gaspard, comment, par une nuit d'hiver, ils avaient été chassés de leur maison par les Prussiens et comment ils avaient été recueillis chez des bûcherons dans une forêt des Vosges. Elle lui apprenait que tout récemment ils s'étaient hasardés à revenir à Molsheim.

« Les Prussiens, disait-elle, ont enfin quitté notre pauvre petite maison, mais dans quel état ils nous l'ont laissée ! Tout a été mis au pillage : les meubles, ils les ont ou emportés ou brûlés ; ils ont bu notre vin, volé nos deux vaches ; même nos arbres fruitiers du jardin et les espaliers que ton père aimait tant à soigner et qui donnaient de si bons fruits, ils les ont arrachés, brisés. Enfin, c'est pour nous la ruine, c'est la misère pour plusieurs années.

« Mais ce qu'il y a de plus triste, ce qui nous rend

presque insensibles à tous ces malheurs, c'est qu'une calamité plus terrible nous menace. On dit que les Prussiens ne vont plus quitter l'Alsace et qu'ils veulent que nous cessions d'être Français pour devenir Allemands.

« Nous, devenir des Allemands! Nous qui les détestons, nous qui avons donné tous nos fils à l'armée française pour combattre l'Allemagne, est-ce donc possible? Est-ce qu'on a le droit de prendre les gens malgré eux? Hélas! faut-il que la France soit à bout de forces pour qu'elle laisse se commettre cette grande iniquité! Les malheureux habitants de l'Alsace lui crient: « *Nous sommes Français, nous voulons rester Français!* » Et la France ne pourrait rien faire pour eux, et elle serait forcée de se détourner de ceux qui l'invoquent et de rester sourde à leurs prières? Est-ce que nous serons encore condamnés à voir cela? J'ose à peine y penser; bien que depuis six mois tous nos souhaits aient été déçus, il faut espérer encore. »

LXXIX (79). **L'Assemblée de Bordeaux.**

Jean, lui aussi, espérait encore; il espéra jusqu'au dernier moment. Par toute la France des députés avaient été nommés; ils s'étaient réunis à Bordeaux et c'était à eux de décider s'il fallait continuer la guerre, malgré l'épuisement de nos forces, ou se résigner à la paix en sacrifiant l'Alsace. Cruelle alternative, qui troublait les cœurs les plus fermes et qui faisait hésiter les plus résolus.

C'est dans la séance du 1er mars que la fatale question fut tranchée. Quelques-uns voulaient continuer la lutte, prêts à tout risquer, à tout perdre, plutôt que d'accepter la mutilation de la Patrie. Mais comment résister encore? Cent cinquante mille morts ou blessés étaient tombés sur les champs de bataille, quatre cent mille soldats étaient prisonniers en Allemagne, trente départements étaient envahis et Paris avait capitulé.

Il fallut se résigner ; la France dut céder Strasbourg et Metz, abandonner à l'Allemagne trois de nos plus beaux départements.

Quand le sacrifice fut consommé, quand la majorité de l'Assemblée eut accepté les conditions de cette paix si dure, un des députés de l'Alsace, M. Grosjean, monta à la tribune et donna lecture de la protestation suivante, signée par les vingt-huit députés des départements cédés à l'Allemagne (*fig.* 96) :

Fig. 96. — **Küss.** — Dernier maire français de Strasbourg, élu député du Bas-Rhin après la guerre, il mourut à Bordeaux, le 1ᵉʳ mars 1871, le jour même où l'Assemblée se résignait à accepter le traité qui nous était imposé par l'Allemagne. Ses funérailles furent célébrées au milieu d'une affluence énorme et permirent à Gambetta d'adresser ce suprême adieu à l'Alsace : « La force nous sépare, mais pour un temps seulement, de l'Alsace, berceau traditionnel du patriotisme français. Nos frères de ces contrées malheureuses ont fait dignement leur devoir. Qu'ils se consolent en pensant que la France, désormais, ne saurait avoir d'autre politique que leur délivrance. »

LXXX (80). **Protestation des députés de l'Alsace et de la Lorraine.**

« *Les représentants de l'Alsace et de la Lorraine ont déposé, avant toute négociation de paix, sur le bureau de l'Assemblée, une déclaration affirmant de la manière la plus formelle leur droit de rester Français.*

« *Livrés, au mépris de toute justice et par un odieux abus de la force, à la domination de l'étranger, nous avons un dernier devoir à remplir.*

« *Nous déclarons encore une fois nul et non avenu*

un pacte qui dispose de nous sans notre consentement.

« La revendication de nos droits reste à jamais ouverte à tous et à chacun, dans la forme et dans la mesure que notre conscience nous dictera.

« Au moment de quitter cette enceinte, où notre dignité ne nous permet plus de siéger, et malgré l'amertume de notre douleur, la pensée suprême que nous trouvons au fond de nos cœurs est une pensée de reconnaissance pour ceux qui pendant six mois n'ont pas cessé de nous défendre, et d'inaltérable attachement à la patrie dont nous sommes violemment arrachés.

« Nous vous suivrons de nos vœux, et nous attendrons, avec une confiance entière dans l'avenir, que la France régénérée reprenne le cours de sa grande destinée.

« Vos frères d'Alsace et de Lorraine, séparés en ce moment de la famille commune, conserveront à la France, absente de leurs foyers, une affection filiale jusqu'au jour où elle viendra y reprendre sa place. »

LXXXI (81). Tristes réflexions.

Les premiers jours qui suivirent le vote de la paix, Jean fut comme accablé par son chagrin. Il ne pouvait se faire à cette idée que cette belle province d'Alsace où il était né, où il avait grandi, n'était plus terre française. Eh quoi! quand il retournerait là-bas, aurait-il donc la douleur de voir des soldats prussiens monter la garde sur les remparts de Strasbourg? D'ailleurs retournerait-il jamais en Alsace? La vie qu'il avait rêvée, vie tranquille de petit propriétaire cultivant son domaine de Molsheim, comme avaient fait avant lui son père et son grand-père, cette vie n'était plus possible. Il voulait rester Français et les habitants de l'Alsace étaient condamnés à être Allemands.

Qu'allaient devenir ses parents? Quel sort triste et misérable était le leur? Sa mère le lui avait écrit : ils étaient ruinés. Si du moins il avait pu leur venir en aide, lui l'aîné des enfants. Mais lui même quelle serait sa situation? Le médecin ne lui avait pas caché qu'il resterait toujours très faible du bras gauche et qu'il faudrait renoncer à la carrière militaire. De quel côté se tourner? Comment désormais gagnerait-il sa vie? Comment pourrait-il venir en aide à ses parents?

Pourtant, tandis qu'il était livré à ces tristes réflexions, Jean sentait ses forces renaître. Déjà il pouvait se lever

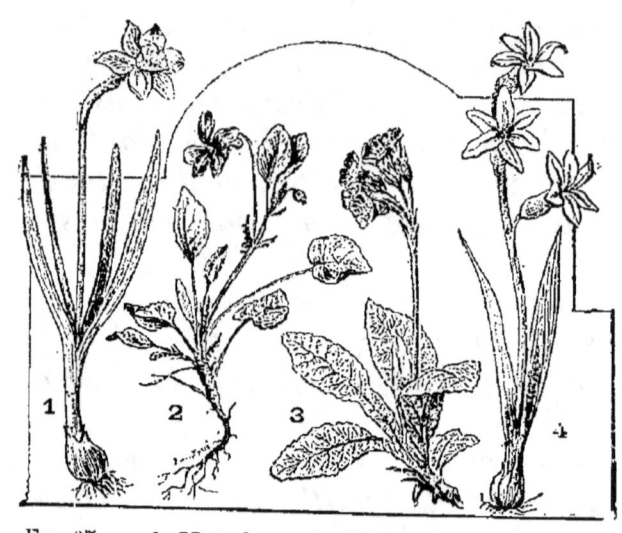

Fig. 97. — **1. Narcisse. 2. Violette. 3. Primevère. 4. Jacinthe.** — Les **narcisses** sont des plantes qui se plaisent dans les pâturages des montagnes, les prairies fraîches et les bois clairs et qui fleurissent en avril et mai. Il en existe plusieurs variétés cultivées dans les jardins. — La **violette** est très commune le long des haies et dans les bois, ses fleurs séchées sont employées en tisane, contre la toux. — Les **primevères** sont des plantes vivaces, abondantes dans les bois et les prairies; leurs fleurs jaunes s'épanouissent en mars et avril. Les jardiniers ont obtenu par la culture des variétés de plusieurs couleurs. — La **jacinthe** est une fleur de printemps, blanche, jaune, mauve, rose, rouge, dont il existe des variétés simples ou doubles, qui se reproduisent par des espèces d'oignons, appelés bulbes, que l'on plante en pleine terre ou que l'on fait pousser sur des carafes remplies d'eau.

une partie de la journée et faire de petites promenades dans le jardin. Le printemps, cette année-là, semblait venir plus vite que de coutume, comme si la nature, éternellement jeune, se fût hâtée de cacher sous une parure de fleurs et de verdure toutes les misères de cet hiver terrible. Le grand jardin changeait à vue d'œil; chaque jour c'était quelque fleur nouvelle qui s'ouvrait sous les tièdes rayons du soleil : les primevères (*fig.* 97) d'abord, puis les narcisses jaunes ou blancs, les jacinthes aux mille nuances, jaunes, roses, rouges, bleues; l'air était embaumé du parfum des violettes.

Bientôt notre malade put allonger ses courses. Par les rues étroites et tortueuses du faubourg, il marchait jusqu'au milieu de la ville. Toute cette partie centrale a été ravagée au siècle dernier par un incendie qui dura sept jours. Mais de ce désastre même la ville de Rennes est sortie plus belle, rebâtie sur un plan régulier, avec de grandes rues bien alignées, de vastes places et de charmantes promenades plantées d'arbres. Parfois, quand il ne se sentait point fatigué, Jean parcourait les prairies qui bordent la Vilaine.

LXXXII (82). Bonnes nouvelles.

Un soir, comme il rentrait, on lui remit une lettre dont l'adresse était d'une écriture qu'il ne connaissait pas. Étonné, Jean ouvrit l'enveloppe et alla tout d'abord à la signature : « Georges Cavelier, ancien soldat dans votre compagnie. » Puis il se mit à lire :

« Mon cher monsieur Felber,

« Peut-être ne vous souvenez-vous déjà plus du soldat Cavelier, un de ceux qui ont fait sous votre commandement cette terrible campagne de la Loire? Mais moi, je ne vous oublie pas et je tiens à vous remercier de toute la bonté que vous m'avez montrée. Quand parfois je sentais ma volonté faiblir, je n'avais qu'à vous regarder, et j'étais tout de suite raffermi.

« Voici ce que j'ai à vous proposer : mon père me confie la direction d'une fabrique qu'il a récemment fondée, près de Rouen. J'ai besoin, dans cette tâche si lourde, d'avoir auprès de moi un homme sûr, un ami, qui m'aide de son travail et de ses avis. Voulez-vous être cet ami qui me secondera dans mon entreprise? »

La réponse de Jean n'était pas douteuse. Tout à l'heure il ne savait s'il pourrait seulement gagner sa vie et voici qu'on lui offrait une position honorable, lucrative, qui lui permettrait d'aider les siens. Et ce qui lui plaisait le plus dans cette lettre c'était la façon aimable et vraiment charmante dont l'offre était faite.

DEVOIR DE RÉDACTION. — Réponse de Jean Felber à la lettre de Georges Cavelier.

LXXXIII (83). Le récit de Le Tallec.

— Grand'mère, conte-nous une histoire, disait Olivier.

— Un conte de fées, bonne-maman, demanda la petite Vincente.

— Non, pas un conte de fées, s'écria Alain, une histoire vraie.

— Une histoire de marin, dit René.

C'était le soir : toute la famille Kergriden était réunie; la mère et Guillemette, la fille aînée, tricotaient; le père, armé d'une serpe, préparait des tuteurs (1) pour les plantes du jardin. Les deux soldats, Jean et son camarade de chambre, le marin Le Tallec, l'aidaient dans son travail.

Pendant ce temps les plus jeunes entouraient l'aïeule en la suppliant de raconter une histoire. C'est qu'elle en savait tant la bonne grand'mère des histoires vraies et d'autres qui ne l'étaient pas, mais toutes bien curieuses et bien amusantes. La grand'mère se défendait comme elle pouvait:

— Mais je n'en sais plus d'histoires, je vous les ai

(1) **Tuteur**, bâton auquel on attache une plante qu'on veut soutenir ou redresser.

déjà toutes contées. Ne vous ai-je pas parlé plus de dix fois de Duguesclin, le vaillant soldat qui aida le roi Charles V à reprendre son royaume aux Anglais? Et Duguay-Trouin, le corsaire (1) de Saint-Malo, combien de fois vous ai-je conté ses courses contre les navires ennemis, les combats glorieux où il luttait contre des forces dix fois supérieures et la prise de Rio-Janeiro, la capitale du Brésil, où il captura d'un seul coup soixante vaisseaux marchands? Puisque vous voulez une histoire de marin, demandez-là à M. Le Tallec, qui, mieux que moi, pourra satisfaire votre curiosité

Fig. 98. — **Duguay-Trouin.** — Né à St-Malo, en 1673, fit d'abord la course contre les vaisseaux anglais et hollandais, puis entra dans la marine royale. Son plus bel exploit est la prise de Rio-Janeiro, capitale du Brésil, qui était alors une colonie portugaise (1711).

Le Tallec se fit un peu prier, pas trop longtemps cependant, et comme les enfants s'étaient groupés autour de lui, les yeux allumés par la curiosité, il commença son récit.

— Je vais, dit-il, vous raconter l'histoire du sauvetage de cinq malheureux marins du port de Nantes qui risquaient fort de boire un coup dans la grande tasse, comme nous disons nous autres matelots, si l'on n'était allé leur porter secours à temps.

---

(1) **Corsaire**, on donnait ce nom à des bateaux armés par des particuliers, mais avec l'autorisation du gouvernement, pour courir sus aux navires de commerce de l'ennemi et les capturer. On nommait aussi corsaires les capitaines de ces bateaux ou les hommes de l'équipage. — Au traité de Paris (1856), les principales nations européennes ont pris l'engagement de ne plus permettre l'armement de corsaires, en cas de guerre maritime.

LXXXIV (84). **Le raz de Sein.**

Il faut d'abord que je vous dise que je suis né dans un petit village, tout au bout du département du Finistère. Il n'y a pas d'endroit où la mer soit plus mauvaise que chez nous, près du petit port d'Audierne. Il y a surtout un passage, la pointe du raz, entre l'île de

Fig. 99. — **Pointe du raz.** — Entouré d'un grand nombre d'îlots et d'écueils, qui déterminent des courants et des remous très violents, le cap ou pointe du Raz est très redouté des marins.

Sein et la terre ferme, si redouté que les meilleurs pilotes ne s'y engagent pas volontiers, même quand le temps est beau. Il y a là des courants d'une violence extrême et tant d'écueils que c'est miracle si on ne brise pas son embarcation. Jamais homme, dit un proverbe, n'a passé le *Raz* (1) sans peur ou malheur.

C'est un jour de tempête qu'il faut voir le terrible

---

(1) **Raz**, mot breton, qui signifie remous.

passage du haut du cap élevé qui le domine et d'où l'on aperçoit sept lieues de côte. La mer furieuse bondit contre les rochers; à soixante, à quatre-vingts pieds de haut elle lance à l'assaut ses vagues monstrueuses; le promontoire tremble sous le choc et semble à chaque instant prêt à s'engloutir; l'écume salée vole à une hauteur prodigieuse; dans les cavernes qu'ils ont creusées au pied de la falaise, les flots s'engouffrent avec un bruit pareil à celui du canon.

Devant ces colères folles de la mer l'homme semble bien faible, bien petit, n'est-ce pas? Eh bien! si furieuse que soit la tempête, il est des moments où l'homme la brave et la dédaigne. Qu'on signale un navire en perdition, et de suite on trouvera quinze, vingt, trente marins jaloux d'exposer leur vie pour sauver celle de leurs semblables.

On les compte par douzaines chez nous ceux qui ont pris part à ces périlleux sauvetages. Mais le plus brave de tous, et cela sans conteste et de l'avis commun, c'est le père Heurtin. En voilà un qui peut se vanter d'en avoir sauvé des malheureux qui sans lui auraient été faire un tour à la *Baie des trépassés*, où les courants roulent les cadavres des noyés. Il n'est pas riche, le père Heurtin, car on ne s'enrichit guère dans notre métier de pêcheur, mais pour de l'honneur et de la considération, je n'en connais pas beaucoup qui en aient autant que lui. Quand il se promène le long du port, la poitrine toute couverte de croix et de médailles qu'il a si bien gagnées, il n'est personne qui ne lui tire son chapeau avec respect.

LXXXV (85). **Un navire en détresse.**

Un jour du printemps dernier il y avait fête dans la famille du père Heurtin. Ce jour-là il mariait son fils aîné, un de nos camarades que tout le monde aimait dans le village, un robuste gaillard bien digne de son père et toujours prêt à se dévouer comme lui.

Le temps était affreux, le vent soufflait en tempête, la pluie venait fouetter les vitres de la maison ; à deux heures de l'après-midi il faisait si noir qu'on y voyait à peine. Mais ni la pluie ni le vent ne nous dérangeaient guère. Au contraire cela nous faisait plaisir d'être bien à l'abri, attablés devant un bon repas, pendant qu'au dehors la bourrasque faisait rage. Nous étions très gais ; on riait, on chantait un vieux refrain :

Nous sommes de l'armée navale,
Avale, avale, avale, avale !

Et les pichets de cidre circulaient à la ronde.

Un douanier (1) tout essoufflé et tout mouillé de pluie, entrant soudain dans la salle où nous dinions, nous jette ce cri : « Un navire en détresse, là-bas dans la direction du raz de Sein ! »

Ce ne fut pas long : en un clin d'œil nous avions tous quitté la table. Même

FIG. 100. — **Canot de sauvetage**. — Les canots de sauvetage, pour être promptement mis à la mer, sont toujours garnis de leurs accessoires et placés sur un chariot. Ces embarcations ont 7 à 8 mètres de long, elles sont insubmersibles et ont la propriété de se redresser d'elles-mêmes lorsqu'elles ont chaviré. On les manœuvre surtout à l'aviron ; les marins qui les montent sont dignes des plus grands éloges, ils arrachent, chaque année, aux flots, de nombreuses victimes, bien souvent au péril de leur vie.

le marié prit à peine le temps de rassurer sa jeune

(1) Les **douaniers** sur les côtes, comme sur les frontières de terre, sont chargés de surveiller la contrebande et d'empêcher l'entrée en France de marchandises qui n'auraient pas payé les droits de douane.

femme. Elle avait bien envie de pleurer, car de ces expéditions-là on n'en revient pas toujours. Mais que voulez-vous? C'est le devoir, et quand il s'agit de porter secours à des hommes en danger de mort, bien lâche qui reculerait.

Nous voilà donc courant à toutes jambes, sous la pluie, jusqu'au hangar où est remisé le canot de sauvetage (*fig.* 100). Ce ne fut pas facile de le mettre à la mer; trois fois les vagues furieuses le repoussèrent; à chaque coup nous roulions par terre sur les galets et ce fut un grand bonheur qu'aucun de nous ne fût écrasé sous le canot.

LXXXVI (86). **Le sauvetage.**

Enfin nous réussissons à mettre le canot à flot; chacun est à son poste, le père Heurtin à la barre, les autres aux avirons. En avant, et ne ménageons pas nos bras

Fig. 101. — Au milieu du sifflement du vent et du bruit de la tempête, nous entendions la voix du père Heurtin, qui nous criait : « Hardi! mes enfants, hardi! nous approchons. »

Par instant, lorsqu'il se faisait une éclaircie, on pouvait apercevoir au loin, bien loin devant nous, le bateau nous voulions sauver. Il avait l'air d'aller à la dérive (nous sûmes depuis que son gouvernail s'était brisé), et les courants l'entraînaient vers des écueils dangereux.

Arriverons-nous à temps? Nos bras se raidissent sur les rames, nos mains s'écorchent et saignent. La mer est démontée, comme on dit; jamais, et j'ai déjà pourtant pas mal navigué, je n'ai été secoué comme ce jour-là; les vagues par gros paquets tombaient sur nos têtes et sur nos épaules; et toujours, au milieu du sifflement du vent et du bruit de la tempête, nous entendions la voix du père Heurtin qui nous criait : « Hardi! mes enfants, hardi! nous approchons. » (*fig.* 101).

Enfin nous voilà près du navire, mais nous ne pouvons l'accoster, car notre canot serait brisé. Nous lançons une corde que les naufragés fixent à leur bateau et par laquelle ils se laissent glisser jusqu'à nous. Ils étaient cinq, y compris le mousse, un enfant de treize ans. Ils étaient transis de froid et leurs vêtements ruisselaient.

Nous aurions bien voulu sauver aussi le navire, mais il ne fallait pas y songer; jamais nous n'aurions pu le remorquer. Il fallut l'abandonner et il alla se briser sur les écueils. C'était un beau bateau venant de Nantes avec un chargement de sucre, car il y a beaucoup de raffineries dans cette ville.

Le retour fut plus pénible encore que l'aller, car nous étions plus fatigués; mais nous étions soutenus par le plaisir d'avoir réussi et par la conscience du devoir accompli.

Tous les habitants du village étaient dehors, malgré le mauvais temps, pour nous suivre des yeux. Quand on nous vit revenir, on poussa des cris de joie. Nos cinq naufragés furent recueillis chez M. le maire qui les soigna de son mieux et leur fit donner des vêtements de rechange. Nous étions aussi mouillés qu'eux et il fallait voir comme nos beaux habits de fête, que nous n'avions pas eu le temps de quitter, étaient arrangés! Nous retournâmes dans la maison où se faisait la noce; tout le monde était content et surtout la mariée, qui avait eu joliment de l'émotion en nous voyant aller à la mer par un temps pareil. On fit une grande flambée de genêts et d'ajoncs dans la cheminée de la cuisine

FIG. 102. — Tout le monde était content de notre retour.
On fit une grande flambée dans la cheminée, puis on se remit à table et les chansons recommencèrent.

pour nous sécher un peu; puis on se remit à table, les pichets de cidre circulèrent de nouveau, les chansons recommencèrent :

> Nous sommes de l'armée navale,
> Avale, avale, avale, avale!

Et la journée s'acheva aussi gaiement qu'elle avait commencé.

DEVOIR DE RÉDACTION. — Lettre du capitaine du bateau naufragé à l'armateur, propriétaire du bateau : il expliquera comment, malgré le dévouement de ses matelots, il n'a pu réussir à sauver le bateau, assailli par la tempête; il racontera que tous les hommes de l'équipage se croyaient perdus, lorsque le canot de sauvetage est venu à leur secours.

LXXXVII (87). Départ de Jean. — Saint-Malo.

Ce n'est pas sans tristesse que Jean voyait approcher le moment où il faudrait quitter la maison des Ker-

Fig. 103. — **Saint-Malo, vu de Dinard.** — Saint-Malo, s.-p. du dép. d'Ille-et-Vilaine, à l'embouchure de la Rance, arme un grand nombre de navires pour la pêche de la morue. C'est la patrie de Jacques Cartier, explorateur du Canada, des marins Duguay-Trouin, La Bourdonnais, Surcouf et de deux écrivains célèbres de notre siècle, Châteaubriand et l'abbé de Lamennais. — **Dinard**, ville de bains de mer, en face de Saint-Malo, dont elle est séparée par la Rance.

griden. Jamais il n'oublierait les bonnes journées qu'il avait passées au milieu de cette famille si dévouée, pendant sa convalescence. On l'avait si bien soigné on avait pris tant d'intérêt à tout ce qui le touchait, à ses craintes pour l'avenir d'abord, puis à sa joie quand il avait reçu la lettre de Georges Cavelier. Et maintenant il fallait se séparer !

Heureusement pour Jean les distractions du voyage

chassèrent bientôt ces tristes pensées. Il se rendait à Caen, en Normandie, où il devait rencontrer Georges Cavelier, qui y était venu pour acheter des chevaux. Mais comme le service des chemins de fer se faisait encore très irrégulièrement dans les pays envahis, il n'avait pas pris la route habituelle. C'est par Saint-Malo qu'il comptait passer. Il aurait ainsi l'occasion de voir la mer, qu'il ne connaissait pas, et même de faire une courte traversée pour aller jusqu'à Granville.

La ville de Saint-Malo (*fig.* 103) est bâtie sur un rocher que la mer entoure presque complètement. Elle est comme emprisonnée par les flots; ses maisons se serrent et s'amoncellent autour de rues étroites et de toutes petites places. Par contraste, à quelques centaines de mètres, de l'autre côté d'une petite baie, une autre ville, Saint-Servan, s'étale à son aise sur un vaste espace, avec de larges rues et de grands jardins autour de ses maisons.

LXXXVIII (88). **Les marées.**

Quand Jean arriva à Saint-Malo c'était l'heure où la mer était pleine (1). Il resta comme saisi d'admiration devant cette immense nappe d'eau qui s'étendait au loin et qui semblait, à l'horizon, se confondre avec le ciel.

À l'entrée du port l'animation était à son comble : des groupes d'hommes et de femmes, tirant sur des câbles, amenaient péniblement jusqu'à l'avant-port des navires qui bientôt s'éloignaient, leurs voiles gonflées (*fig.* 104) par le vent; d'autres bateaux, venant du large (2) se rangeaient en attendant leur tour pour rentrer. Et tous ces mouvements s'exécutaient avec une sorte de hâte furieuse, comme si l'on eût craint de perdre quelques minutes.

(1) On dit que la **mer est pleine** vers la fin du *flux* ou marée montante, lorsque l'eau a atteint le niveau qu'elle ne dépassera point.
(2) **Le large**, la partie de la mer qui est éloignée des côtes.

— Pourquoi se pressent-ils tant? demanda Jean à un passant.

— C'est qu'ils n'ont pas trop de temps pour faire entrer ou sortir les navires. Voilà déjà la mer qui baisse; regardez là-bas ces rochers que les vagues recouvraient tout à l'heure, comme on les voit maintenant et comme ils semblent grandir!

Jean avait bien entendu parler de ce phénomène des *marées*, qui est produit par l'attraction de la lune, mais c'est la première fois qu'il le voyait s'accomplir sous ses yeux. Pendant six heures la mer s'était élevée le long des côtes, couvrant les plages, envahissant les rochers : c'est ce qu'on appelle le *flux*. Maintenant l'heure du *reflux* était venue et la mer allait de nouveau décroître pendant six heures.

Fig. 104. — Des groupes d'hommes et de femmes, tirant sur des câbles, amenaient péniblement jusqu'à l'avant-port des navires qui bientôt s'éloignaient, leurs voiles gonflées par le vent.

Presque à chaque minute on voyait surgir à quelque distance de la côte de nouveaux rochers, tout petits d'abord et sans cesse aspergés par l'écume des vagues; puis, à mesure que la mer baissait, ces rochers grandissaient, s'allongeaient, tandis qu'à d'autres endroits les flots qui reculaient laissaient à découvert de larges plages de sable.

Jean se rendit au port pour chercher un navire qui pût le conduire à Granville. Il en trouva précisément un, le *Jean-Marie*, qui devait faire le voyage le lendemain.

LXXXIX (89). Les phares.

La nuit était venue ; du côté de la ville on ne distinguait plus les maisons confondues dans l'ombre avec le rocher qui les porte. Tout à coup une énorme lanterne s'alluma au sommet d'une tour et projeta au loin de vives lueurs.

— C'est un *phare*? demanda Jean à un pêcheur qui passait à côté de lui.

— Oui, c'est un phare placé à l'entrée du port. Il indiquera leur route aux bateaux qui voudraient rentrer cette nuit quand la mer sera remontée. Tout à l'heure vous allez en voir d'autres là-bas, du côté de la pleine mer.

Les feux de trois ou quatre phares s'allumèrent bientôt dans la direction que le pêcheur avait indiquée. Au loin, à une très grande distance, on apercevait un autre phare, mais sa lumière ne brillait pas continuellement ; on la voyait, puis elle disparaissait pour luire de nouveau au bout d'un moment.

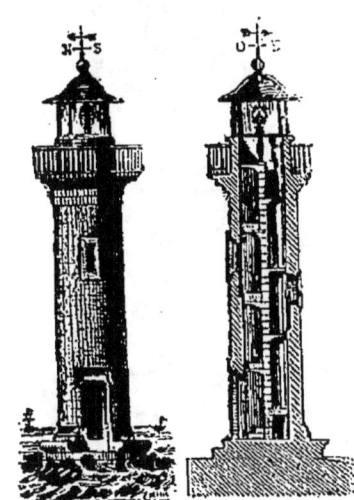

Fig. 105. — **Phare à feu fixe** (ÉLÉVATION ET COUPE MONTRANT LA DISPOSITION INTÉRIEURE). — Les phares sont des tours élevées au sommet desquelles sont placés des foyers lumineux ; ils sont destinés à guider les navires venant du large. La France possède une véritable ceinture de phares.

Il y a quatre sortes de phares de grandeurs et de portées différentes. Ceux de *première grandeur* servent à reconnaître les côtes ; ceux de *deuxième* et de *troisième grandeur* indiquent les écueils, les baies ; ceux de *quatrième grandeur* sont placés à l'embouchure des fleuves, à l'entrée des ports et des passes.

— Qu'a donc celui-là? dit Jean ; il n'éclaire pas comme les autres.

— En effet, reprit le pêcheur, nos phares de l'entrée du port sont à *feux fixes* et celui que vous voyez là-bas, est un phare à *feux tournants*. Sa lanterne tourne sur elle-même montrant tantôt la lumière, tantôt le noir. Il y a d'autres phares qui ont des feux de couleur, les uns rouges, les autres verts.

— Je comprends, s'ils se ressemblaient tous on pourrait les confondre et les bateaux qui naviguent la nuit ne pourraient plus trouver leur route.

— C'est bien cela : avec ces différences, il est impossible de se tromper. Aussitôt qu'un marin voit un phare, il peut dire : voilà le phare de tel endroit, il sait parfaitement où il est.

— Mais c'est fort bien imaginé. Jusqu'à quelle distance peut-on voir la lumière d'un phare?

— Cela dépend : celui que vous voyez là-bas éclaire une partie de la côte qui est entourée d'écueils dangereux ; il est bien à sept ou huit lieues ; il en est d'autres dont les feux peuvent se voir à soixante-quinze kilomètres de distance.

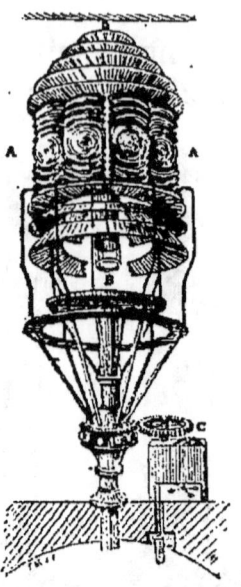

Fig. 106. — Phare à éclipse. — La figure ne représente que la *lanterne* de cette sorte de phare. La *lampe* allumée est placée au point *B*. Les rayons lumineux passent par les *lentilles A* et, comme la lanterne tourne sur elle-même au moyen du *mécanisme d'horlogerie C*, ils parcourent tous les points de l'horizon.

DEVOIR DE RÉDACTION. — Expliquez le sens des mots *marées*, *flux*, *reflux* ; dites ce que vous savez des *phares* et de leur utilité.

XC (90). Le navire le « Jean-Marie ».

Lorsque le lendemain Jean arriva près du bateau le *Jean-Marie* qui devait l'emporter à Granville, des matelots étaient occupés à en faire le chargement. Ils apportaient des sacs de blé, des paniers pleins d'œufs, de beurre, de légumes, des cages où étaient enfermés des poules et des canards.

— Tout ce que vous voyez là, dit le capitaine du bateau en s'approchant de Jean, c'est pour messieurs les Anglais. Leur île, quoique très bien cultivée, ne produit pas tout ce qu'il faut pour les nourrir et je ne sais comment ils feraient s'ils devaient se passer de toutes les denrées qu'ils tirent de Bretagne et de Normandie.

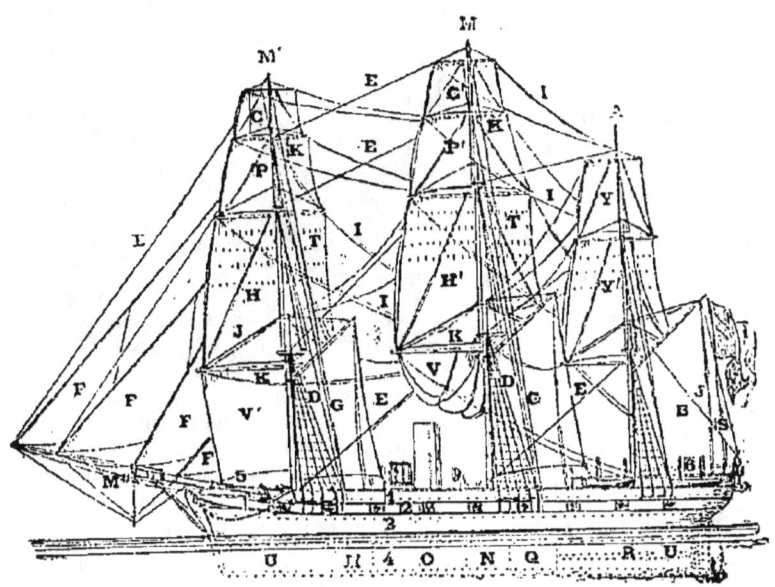

Fig. 107. — **Modèle d'un bâtiment mixte à voiles et à vapeur** (Corvette). — Principaux détails de la *mâture*, de la *voilure*, du *gréement* et de la *coque* — (**M'**) mât de misaine. — (**M**) grand mât. — (**A**) mât d'artimon. — (**M"**) beaupré et son bout dehors. — (**C**) petit cacatois. — (**C'**) grand cacatois. — (**P**) petit perroquet. — (**P'**) grand perroquet. — (**Y**) perruche. — (**Y'**) perroquet de fougue. — (**H**) petit hunier. — (**H'**) grand hunier. — (**F**) focs. — (**B**) brigantine. — (**V**) grand'voile. — (**V'**) misaine. — (**E**) étais. — (**D**) haubans. — (**G**) galhaubans. — (**I**) bras. — (**J**) balancines. — (**K**) vergues. — (**N**) soutes à charbon. — (**O**) chaudières. — (**Q**) machines. — (**R**) hélice. — (**U**) soute à vin, eau, etc. — (**S**) drisse de pavillon. — (**T**) ris. — (**1**) pont. — (**2**) batterie. — (**3**) entrepont. — (**4**) cale. — (**5**) gaillard d'avant. — (**6**) gaillard d'arrière, dunette.

Je ne fais que toucher à Granville pour compléter ma cargaison et de là je file droit sur l'Angleterre.

Les matelots avaient fini d'entasser les marchandises dans la *cale* du bateau. Un mousse grimpant aux *haubans* et le long des *mâts* avec une agilité de singe, déployait les *voiles* enroulées autour des *vergues*.

Quand il eut fini sa besogne il se laissa glisser sur le *pont* du navire. Un matelot se mit au *gouvernail* et le vaisseau sortit du port. La mer n'était pas encore très élevée et le capitaine, qui craignait de heurter contre les rochers la *quille* de son bateau suivait avec attention les manœuvres des matelots. Il se guidait d'après la position des *bouées* flottantes qui indiquaient les écueils à éviter.

— *Bâbord !... Tribord !* commandait-il, ce qui veut dire : A gauche !... A droite !

Et immédiatement l'homme du gouvernail ou ceux qui manœuvraient les voiles remettaient le bateau dans la bonne direction.

Fig. 108. — **Bouée.** — Les bouées sont des corps flottants, généralement en tôle peinte de diverses couleurs; elles sont fixées au fond de la mer par un câble attaché à une ancre. Les bouées servent à indiquer les passes, les écueils, etc.

XCI (91). La Bretagne. — Productions agricoles.

Dès que le *Jean-Marie* fut sorti de la rade son capitaine s'approcha de Jean.

— Cela va bien, dit-il, nous avons vent arrière (1) et notre voyage ne sera pas trop long.

Dans ses courses sur mer le capitaine avait rarement occasion de bavarder. Aussi, quand il rencontrait quelqu'un avec qui causer, il en profitait. Il sut bientôt qui

---

(1) **Avoir vent arrière** se dit lorsqu'un bâtiment reçoit le vent en arrière et par conséquent marche dans le même sens que le vent; on dit aussi avoir le vent en poupe, la poupe étant l'arrière du bâtiment.

était Jean, il connut l'histoire de sa blessure et de son séjour à Rennes.

— Ainsi, lui dit-il, vous n'avez fait que passer dans notre pays et encore dans de mauvaises conditions pour le bien voir.

Fig. 109. — **Bretagne.** — La Bretagne, baignée par la Manche au Nord, par l'océan Atlantique à l'ouest et au sud, a des côtes très découpées. On trouve en Bretagne beaucoup de *landes* incultes, couvertes d'ajoncs et de bruyères, mais il y a aussi des terres très fertiles et de belles prairies, surtout dans la région du littoral et dans la vallée de la Vilaine. Les habitants des côtes sont de hardis marins et fournissent à notre flotte d'excellents matelots. Les grandes villes sont : **Nantes** (130 000 h.), port de commerce et ville industrielle sur la Loire ; **Rennes** (70 000), ancienne capitale de la Bretagne, et les ports militaires de **Brest** (70 000) et de **Lorient** (40 000).

— La Bretagne me paraît un beau pays, où la terre est très fertile, dit Jean.

— Sans doute, sans doute : près de Rennes vous avez pu voir de belles prairies, avec de grands troupeaux de vaches. C'est de là que vient le fameux beurre de la Prévalaye. Mais la Bretagne est le pays des contrastes : elle a des terres très riches, de véritables jardins, comme dans les environs de Roscoff (1), où l'on récolte de si beaux légumes. Puis à côté de cela vous trouvez de vastes territoires tout en landes, couverts de

---

(1) **Roscoff** est une petite ville maritime du Finistère. La Sorbonne y a établi un laboratoire de zoologie expérimentale.

bruyères, d'ajoncs et de genêts (*fig.* 110); ailleurs dans des champs, où sans cesse la charrue heurte le rocher, on récolte un peu d'avoine et surtout du sarrasin (1), dont on fait un mauvais pain.
Tous les Bretons ne sont pas

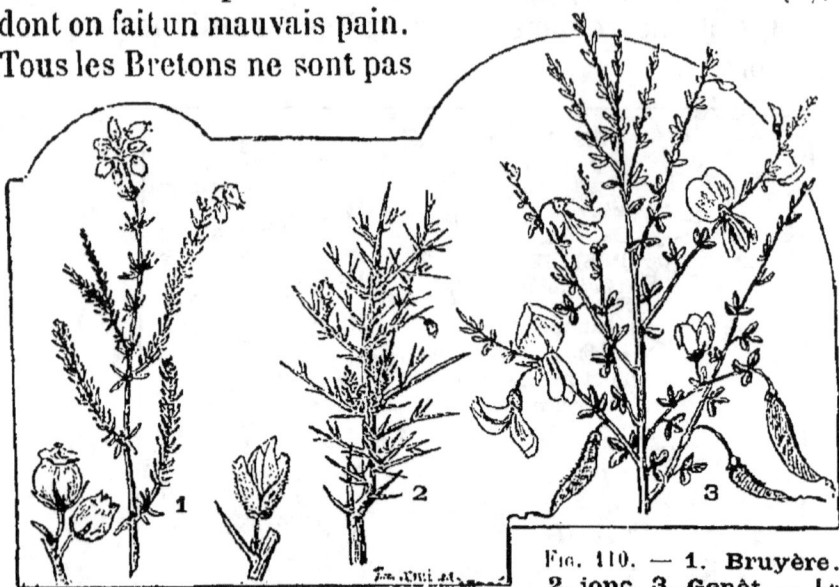

Fig. 110. — 1. Bruyère. 2. jonc. 3. Genêt. — La bruyère est commune dans toutes les plaines sablonneuses du nord de l'Europe et dans les bois. Sa fleur est rose, rouge ou blanche, suivant les espèces. On en fait des balais et on l'emploie au chauffage et comme litière pour les bestiaux. — L'ajonc est un arbrisseau épineux de 1 à 2 mètres à fleur jaune, très abondant dans les lieux secs et arides du nord et de l'ouest de la France. On l'utilise pour la nourriture des bestiaux et comme combustible. — Le genêt pousse aussi dans les bois, dans les lieux incultes, sablonneux, dans les landes, où il atteint 1 à 2 mètres de haut. Sa fleur est jaune. Les animaux le broutent volontiers; avec ses rameaux, on fabrique des balais et une filasse dont on fait des cordes. On l'utilise souvent pour le chauffage.

riches, croyez-le bien, et chez nous comme partout, il faut beaucoup peiner pour gagner sa vie.

GÉOGRAPHIE. — Tracez la carte de Bretagne.

XCII (92). **Pêche de la sardine et de la morue.**

— La mer est pour vous une grande ressource, dit Jean; beaucoup de vos compatriotes sont pêcheurs ou matelots.

(1) **Sarrasin** ou *blé noir*, plante dont la graine donne de la farine, avec laquelle on fait un pain indigeste et peu nourrissant; on cultive aussi le sarrasin comme plante fourragère pour la nourriture des bestiaux.

— Assurément, mais c'est un dur métier que celui-là, toujours pénible et quelquefois dangereux. Quand on part on n'est jamais sûr de rentrer, et dans nos villages il y a bien des veuves et des orphelins. Mais enfin on a parfois de bonnes chances ; du côté du Morbihan, quand les sardines donnent, on ne perd pas sa journée. C'est une grosse industrie sur toutes nos côtes, depuis Morlaix et Brest jusqu'à Nantes, que la pêche et la préparation de ces petits poissons.

Fig. 111. — **Pêche de la sardine.** — La sardine est un poisson du genre hareng ; elle est très commune sur les côtes de France, dans l'Océan, surtout en Bretagne. Elle voyage en troupes nombreuses nommées *bancs*. On la pêche au filet le jour ou la nuit aux lumières. On sale une grande quantité de sardines ; il existe aussi en Bretagne de nombreuses usines qui les préparent à l'huile.

— A Saint-Malo, n'avez vous pas beaucoup de marins qui vont à la pêche de la morue ?

— Oui, Saint-Malo, comme Dunkerque, en Flandre, Fécamp et Granville, en Normandie, est un des ports qui arment pour la *grande pêche*, c'est-à-dire pour la pêche qui se fait au loin, car la morue (*fig.* 112) ne vient pas jusque chez nous et il faut aller la cher-

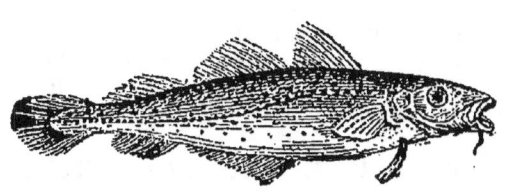

Fig. 112. — **Morue.** — La morue fraîche est souvent appelée *cabillaud* ou *cabéliau* ; c'est un poisson ressemblant au merlan, dont le corps est couvert de petites écailles verdâtres, mêlées de jaune argenté dans les parties inférieures. La morue est très vorace. On la sale au fur et à mesure qu'on la prend, après l'avoir fendue dans toute sa longueur ; quelquefois on la fait sécher.

cher. On la trouve sur les côtes de l'Islande (1) ou encore sur le grand banc de Terre-Neuve (2), près de l'Amérique du Nord. Les marins qui pêchent la morue restent toute une saison dehors; pendant des semaines et des semaines ils sont exposés au froid, au brouillard, à la tempête.

— Ces campagnes de grande pêche doivent former de fameux marins, dit Jean.

— Oui certes; c'est parmi les Bretons qu'on recrute

Fig. 113. — Brest. — **Port militaire et château.** — Brest (70 000 h.), un de nos cinq grands ports militaires, sur une magnifique rade naturelle. Les travaux du port, commencés sous Richelieu, furent continués sous Louis XIV. En rade de Brest est établie l'*école navale* où sont admis, après concours, les jeunes gens qui se destinent au corps des officiers de la marine de l'État.

une bonne partie des équipages de la flotte de guerre: et je vous assure que nos compatriotes ne sont pas les plus maladroits pour la manœuvre ni les plus timides devant le danger. Vous savez du reste qu'on a établi sur les côtes de Bretagne deux de nos cinq grands ports militaires, ceux de *Brest* et de *Lorient*.

(1) **Islande,** grande île située au nord-ouest de l'Europe; elle appartient au Danemark; elle est très peu peuplée; climat très froid; sur ses côtes on pêche la morue.

(2) **Banc de Terre-Neuve,** grand plateau sous-marin, au S.-E. de l'île du même nom; on y pêche la morue du mois d'avril au mois de eptembre.

XCIII (93) Le mont Saint-Michel.

Le bateau, poussé par un bon vent, avançait rapidement. La côte de Bretagne s'éloignait de plus en plus et l'on voyait devant soi la côte de Normandie qui de minute en minute se dessinait avec plus de netteté.

Fig. 114. — **Mont Saint-Michel**. — Le village et le château sont bâtis sur un rocher isolé, au fond de la baie qui s'ouvre entre Saint-Malo et Granville. Deux fois par jour le flux recouvre les grèves qui entourent le mont St-Michel.

— Voyez-vous là-bas le *mont Saint-Michel?* dit le capitaine. Deux fois par jour le rocher qui porte le village et son vieux château est entouré par la mer. Nulle part la marée n'avance aussi loin. La mer couvre et découvre tour à tour un espace large de quatre lieues. Ce sont les grèves du mont Saint-Michel : il ne fait pas bon s'y attarder quand le flot monte, tant il va vite.

— On risquerait d'être englouti? demanda Jean.

— Je le crois bien, et il arrive souvent des accidents. Et puis il y a des endroits où le sable est si humide et si peu ferme qu'il ne pourrait supporter le poids d'un homme. Celui qui passerait par là s'exposerait à *s'enlizer*, à s'enfoncer dans la boue. Mais nous voici presque à Granville. Voyez comme on distingue les maisons qui sont près du port; on pourrait presque compter leurs fenêtres.

Dix minutes après, Jean débarquait à Granville.

DEVOIR DE RÉDACTION. — Parlez de la Bretagne : état de l'agriculture, principales productions; la pêche sur les côtes, la grande pêche.

XCIV (94). La Normandie.

Quel joli pays que le *Bocage normand*, cette région de verdoyantes collines que Jean traversait en chemin de fer après son départ de Granville. Chaque prairie

Fig. 115. — **Ferme normande.** — La Normandie est une riche province agricole; on y élève des chevaux et des bœufs; on y récolte beaucoup de pommes qui servent à fabriquer le cidre.

dans le Bocage, chaque champ, est entouré d'un petit mur de terre surmonté d'une haie vive et de grands chênes, d'ormeaux, de hêtres. De loin, à voir les cimes de tous ces arbres, on croirait avoir devant soi une immense forêt. Mais à mesure que le train s'avance, la forêt s'entr'ouvre et laisse apercevoir, à chaque haie qu'on dépasse, les paysages les plus variés : ici des chevaux, effrayés par le passage des wagons, bondissent dans une prairie, là de grands bœufs paisibles ruminent couchés dans l'herbe, plus loin une ferme (*fig.* 115) apparaît à demi cachée derrière les pommiers. Quand on arrive dans la Basse-Normandie, sur les bords de l'Orne, l'horizon s'élargit et des prairies toutes plates se déroulent à perte de vue jusqu'à la ville de Caen, qu'on reconnaît de loin aux clochers élégants de ses églises.

XCV (95). **Les produits de la Normandie.**

Jean trouva Cavelier à la gare. — Allons vite déjeuner, lui dit celui-ci, après les premiers compliments échangés, vous devez avoir faim, car il est midi passé. Vous souvenez-vous de nos repas à l'armée de la Loire? Du riz, parfois des haricots et, comme viande, du cheval et encore du cheval! Aujourd'hui j'espère que nous ferons un meilleur déjeuner; ce n'est pas pour rien qu'on est en Normandie; si vous voulez nous ne mangerons que des produits du pays,

Fig. 116. — **Baratte normande.** — Le *beurre* s'obtient en battant la crème dans une baratte. Un litre de lait donne 30 à 33 grammes de beurre. Lorsqu'on retire le beurre de la baratte, on le lave à grande eau, jusqu'à ce qu'il ne la blanchisse plus, pour le séparer du lait de beurre.

— Mais certainement et nous ne serons pas, je pense, plus mal nourris pour cela.

— Certes non. Voyons : pour commencer, beurre (*fig.* 116) d'Isigny; vous pourrez le comparer avec le beurre de Bretagne. Puis, poulet sauté; les volailles de Crèvecœur (*fig.* 117), ainsi nommées d'un petit village du Calvados, ont bonne réputation. Pour le rôti nous

LES PRODUITS DE LA NORMANDIE

avons le choix : messieurs les Anglais, grands amateurs de biftecks, n'ont pas de plus belles bêtes de boucherie que nos bœufs de la vallée d'Auge, mais peut-être aimerez-vous mieux un morceau de pré-salé? Vous savez qu'on nomme ainsi les moutons engraissés dans des prairies dont l'herbe est salée par le vent de la mer. Leur chair est délicieuse. Quant aux

Fig. 117. — **Coq et poule Crèvecœur.** — La race Crèvecœur est huppée, le plumage noir et blanc, la crête forme deux cornes. Les poules sont excellentes pondeuses. Les Crèvecœur sont faciles à engraisser et leur chair a une grande finesse.

fromages, ce n'est pas ce qui manque en Normandie : Livarot, Pont-l'Évêque, Camembert, Neufchâtel; il y en a pour tous les goûts. Aimez-vous le cidre?

— Beaucoup, dit Jean.

— C'est à merveille. A table et dépêchons-nous. Après déjeuner nous irons voir la

Fig. 118. — **Normandie.** — Riche province agricole, qui exporte ses produits à Paris et en Angleterre. Industrie très active dans la Seine-Inférieure. — Villes principales : **Rouen** (110 000 h.), **Le Havre** (115 000), **Caen** (44 000 h.), **Cherbourg**, port militaire (38 000 h.).

foire aux chevaux et je vous montrerai les deux jolies bêtes dont j'ai fait emplette.

XCVI (96). Caen : La foire aux chevaux.

Les foires de Caen sont très fréquentées. Il y vient des chevaux de tous les départements voisins. La Manche et le Calvados y vendent leurs beaux *chevaux de luxe*, chevaux de selle ou de carrosse, remarquables par leur haute taille et la vitesse de leur allure ; l'Orne y envoie ses *percherons* (*fig.* 120), plus lourds de formes, mais aussi plus vigoureux que les précédents. C'est du département de l'Orne, ancien pays du Perche, que viennent presque tous les chevaux qui traînent les omnibus à Paris. Les belles prairies des environs de Valognes et de Saint-Lô, la plaine d'Alençon, celle de Caen contribuent pour une bonne part à fournir à notre armée

Fig. 119. — Caen. — **Hôtel de la Bourse**. — Caen, ch.-l. du Calvados, remarquable par ses monuments et surtout par ses églises. Belles promenades plantées d'arbres le long du cours de l'Orne. Port uni à la mer par un canal de 12 kilomètres. Foires de chevaux très importantes.

les chevaux dont elle a besoin pour monter ses cuirassiers et ses dragons, pour traîner son artillerie et ses fourgons de munitions.

Jean admira les deux chevaux achetés par Cavelier, deux grands chevaux noirs, si bien appareillés (1) qu'on pouvait à peine distinguer l'un de l'autre.

— Ce sont de bonnes bêtes, disait le marchand qui les avait vendus, voyez comme leurs jambes sont fines. Et quels trotteurs ! Il faut voir ça : ils vont comme le vent. Vous pouvez les essayer encore et, s'ils ne vous conviennent pas, je les reprends ; je ne serai pas embarrassé pour les placer ailleurs.

Fig. 120. — **Cheval percheron.** — Les chevaux percherons sont très appréciés pour le commerce, les omnibus, les tramways, etc.

Et il tapait amicalement sur le cou et le poitrail des deux superbes bêtes qui redressaient la tête comme si elles eussent compris qu'on faisait leur éloge.

DEVOIR DE RÉDACTION. — Dites quelles sont les richesses agricoles de la Normandie : élevage des chevaux et du bétail pour la boucherie, beurre, fromages, volailles, cidre.

GÉOGRAPHIE. — Tracez la carte de la Normandie.

XCVII (97). Le port du Havre.

Felber et Cavelier ne se rendirent pas directement à Rouen ; ils passèrent par le Havre où ils devaient

(1) **Appareillés**, pareils, semblables l'un à l'autre.

prendre livraison d'un chargement de coton destiné à la filature de M. Cavelier père.

— Voilà un port autrement considérable que celui de Saint-Malo, disait Jean en parcourant les quais du Havre.

— En effet, répondit Cavelier ; savez-vous bien que le port du Havre reçoit sept à huit mille navires par an ? Et quelques-uns sont de belle dimension, comme vous pouvez voir.

Fig. 121. — **Le Havre.** — **Bassin du commerce.** — Le Havre (115 000 h.), s.-p. de la Seine-Inférieure. C'est le second port de France, en relation avec tous les ports du nord de l'Europe et avec ceux des deux Amériques (du Havre à New-York par la compagnie transatlantique, 8 jours de traversée). Importation de coton, céréales, café, sucre. Exportation de machines et d'objets fabriqués.

Autour d'eux, à perte de vue, s'étendait la forêt des mâts, des cordages, des cheminées de bateaux à vapeur. Des milliers d'hommes affairés allaient et venaient, matelots de tous pays, portefaix, voituriers ; des camions pesamment chargés ébranlaient le pavé dans leur course ; des wagons traînés par des chevaux, glissaient sur des rails et s'arrêtaient à côté des bateaux amarrés le long des quais ; dans les entrepôts, dans les grands magasins on pouvait voir par les portes ouvertes des entassements de marchandises, balles de coton, sacs et caisses de toute forme et de toute grandeur, tonneaux, piles de planches et de madriers. Et les oreilles étaient assourdies par un brouhaha continu fait de mille bruits, cris et appels en vingt langues diverses, grincement des machines, et dominant tout le tumulte, les coups de sifflets des bateaux à vapeur, les uns aigus et déchirants, d'autres graves, rauques, semblables aux grognements de quelque bête monstrueuse.

Fig. 122. — **François I****er**. — Roi de France (1515-1547), célèbre par ses luttes avec Charles-Quint contre lequel il défendit l'indépendance de la France et de l'Europe fut le protecteur des savant et des artistes; il fonda en 1535 la ville du Havre.

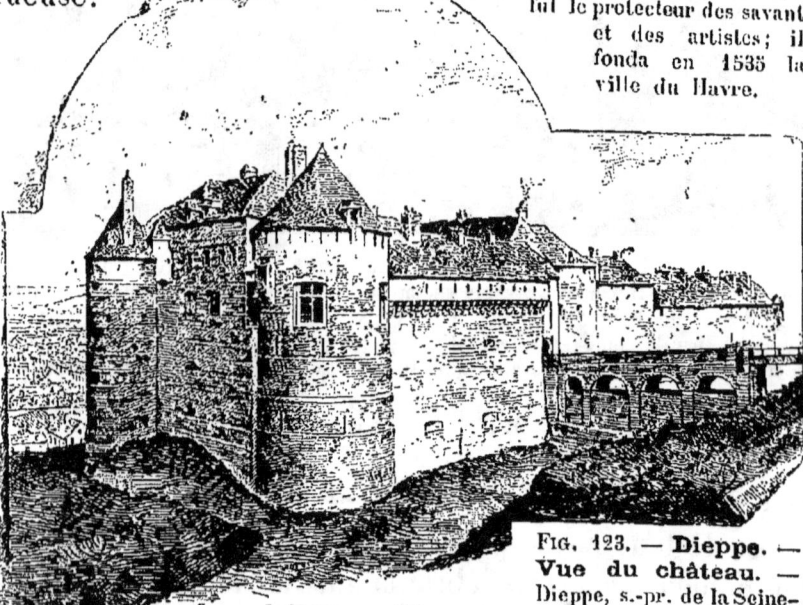

Fig. 123. — **Dieppe. — Vue du château**. — Dieppe, s.-pr. de la Seine-Inférieure, célèbre au moyen âge par les voyages de ses marins. Aujourd'hui Dieppe arme des bateaux pour la pêche des harengs et de la morue. C'est une station de bains de mer très fréquentée. Services de bateaux à vapeur pour l'Angleterre; fabrication d'ouvrages en ivoire.

— Voyez, disait Cavelier, il y a ici des navires de tous pays : c'est par le Havre que se font presque tous les échanges de la France avec l'Amérique. C'est au Havre qu'abordent les grands paquebots à vapeur qui font la traversée de l'océan Atlantique. Ceux qui viennent des États-Unis sont chargés de blé, de maïs, de riz, de coton, ceux des Antilles apportent du sucre, ceux d'Haïti et du Brésil, du café ; de Buenos-Ayres, de Montevideo, arrivent des laines et des cuirs. En échange le Havre envoie à l'Amérique les produits de l'industrie française : tissus, vêtements, ouvrages en peau ou en cuir, bijouterie, machines. C'est notre second port de commerce, le plus important après celui de Marseille, sur la mer Méditerranée.

On dit que nous autres, habitants de Rouen, nous sommes un peu jaloux du Havre. C'est qu'il y a vraiment lieu d'envier son étonnante prospérité. Parmi les villes de Normandie, c'est la dernière venue. Le Havre n'a guère que trois cents ans d'existence, ce qui est la jeunesse, presque l'enfance, pour une ville. Le Havre a été fondé par François I*er* (*fig.* 122) en 1535, tandis que notre ville de Rouen était déjà célèbre et peuplée il y a dix-huit cents ans, au temps où les Romains étaient maîtres de la Gaule. Et voilà qu'aujourd'hui le Havre atteint son aînée et qu'il a, comme Rouen, plus de cent mille habitants.

Et que d'autres villes ont été dépassées par le Havre ! Dieppe (*fig.* 123), par exemple, qui fut autrefois le premier port de la Normandie : ses marins, avant les Portugais, avaient exploré la côte d'Afrique et peut-être même avaient-ils vu l'Amérique avant Christophe Colomb ; ses armateurs étaient les plus riches de France, comme ce Jean Ango qui reçut magnifiquement chez lui le roi François I*er*. Aujourd'hui Dieppe a beaucoup de bateaux de pêche, mais le grand commerce, le commerce avec les pays lointains, s'est porté ailleurs.

DEVOIR DE RÉDACTION. — Parlez du commerce du Havre.

XCVIII (98). Rouen. — Ses industries; ses monuments. — Elbeuf et Louviers.

Quelques jours après son arrivée à Rouen, Jean écrivit à Molsheim :

« Me voici à Rouen, mes chers parents, et j'ai hâte

Fig. 124. — **Rouen.** — **Le pont de pierre** relie Rouen au faubourg St-Sever situé sur la rive gauche de la Seine. — La statue est celle de Pierre Corneille, célèbre poète tragique né à Rouen en 1606. Du pont on aperçoit les tours et la flèche (150 mètres) de la cathédrale. — Rouen (110 000 h.), ch.-l. de la Seine-Inférieure; son port peut recevoir de gros bâtiments; manufactures importantes de tissus de coton dits *rouennerie*

de vous dire que j'ai été très bien reçu dans la famille de M. Cavelier. On ne m'y traite pas comme un étranger, mais comme un ami. Je suis confus de tant de bonté.

« Vous savez que je dois diriger avec le fils aîné de M. Cavelier une filature de coton. La fabrication des fils et des tissus de coton est la principale industrie de Rouen; on donne même le nom de *rouenneries* à certaines étoffes de coton dont on fait ici de grandes quantités.

« Il y a beaucoup d'usines dans ce pays-ci ; elles ne sont pas toutes dans la ville de Rouen, mais disséminées dans de gros bourgs des environs, comme Sotteville, Darnétal, Fréville. De cette manière ces grandes fabriques ne sont pas, comme ailleurs, entassées dans de vilains quartiers tout noirs de fumée ; nulle part l'air, ni la lumière ne font défaut. Notre fabrique à nous, dont on

Fig. 125. — **Rouen.** — **Le palais de justice.** — Magnifique monument de la Renaissance, fut commencé dans les dernières années du xv⁰ siècle sous la direction de l'architecte *Roger Ango*.

vient de terminer la construction, est tout à fait bien située, près de la petite ville de Barentin et presque à la campagne. A côté est la maison que je dois habiter, une maison pour moi tout seul ! Si jamais mes chers parents étaient forcés de quitter l'Alsace, je n'aurais pas de peine à les loger.

« La ville de Rouen a de très belles églises ; on admire surtout la cathédrale et l'église Saint-Ouen ; elles sont ornées, comme la cathédrale de Strasbourg, d'une foule de statues, de sculptures et de beaux vitraux aux fenêtres. On dit que les Normands aiment la chicane. Je ne sais pas si c'est exact mais le plus beau monument de la capitale de la Normandie, c'est le palais de justice (*fig.* 125), où l'on juge les procès.

« La Normandie est un pays très fertile; mais le département de la Seine-Inférieure l'emporte sur les autres parce qu'il joint aux richesses que donne l'agriculture celles du commerce et de l'industrie. Rouen n'est pas la seule ville où il y ait des usines; à Elbeuf et aussi à Louviers, dans l'Eure, à Vire, dans le Calvados, on travaille la laine et on fabrique des draps renommés.

« Enfin, mes chers parents, il me semble que je m'habituerai facilement à vivre ici. Si c'était seulement moins loin de l'Alsace, comme j'aurais plaisir à aller vous voir de temps à autre! Que cette séparation est chose cruelle! Combien je me sens isolé! Je vous le disais en commençant, tout le monde est très bien pour moi ici, mais tous les égards qu'on me témoigne, toute la bonté affectueuse de M. Cavelier et des siens, tout cela ne peut me faire oublier que je suis à deux cents lieues de Molsheim, privé, Dieu sait pour combien de temps, de la société de mes chers parents, ne pouvant les voir, leur parler, leur communiquer à tout instant mes joies ou mes peines. »

DEVOIR DE RÉDACTION. — I. Dites quelle est la principale industrie de Rouen et de ses environs. — II. Développez cette idée qu'il n'y a pas de plus grand bonheur que celui de vivre au milieu des siens, ni de plus grande peine que celle d'être séparé d'eux.

XCIX (99). Nouvelles d'Alsace.

La réponse ne se fit pas attendre; elle était de la mère de Jean :

« Mon cher enfant, nous sommes bien heureux de

savoir que tu es arrivé à Rouen et que tu t'y trouves bien. Mais nous regrettons autant que toi que Rouen soit aussi loin de l'Alsace. Hélas! Comme nous allons être dispersés! Ta sœur Marie a fait une demande pour être nommée institutrice dans un département français. Qui sait où on va l'envoyer? Si loin que ce soit, il faudra bien qu'elle accepte ; c'est la dure nécessité.

« Après Marie, c'est Gaspard qui nous quittera. Il s'était engagé pour la durée de la guerre et il est revenu ici depuis que la paix est faite, mais il aura bientôt vingt ans et, s'il restait en Alsace, il serait pris pour être soldat dans l'armée allemande. Oui, les Allemands veulent incorporer dans leur armée les jeunes gens de l'Alsace. Il est vrai qu'ils n'y réussissent guère. Tous ceux qui devaient être conscrits cette année ont passé la frontière pour s'engager dans l'armée française. Quand les officiers allemands, chargés du recrutement, sont arrivés, ils n'ont plus trouvé personne. Cela les a rendus furieux. Il n'est sorte de méchancetés qu'ils ne fassent aux parents dont les fils ont ainsi quitté le pays.

« Ce qu'il y a de curieux, c'est que beaucoup de ces Allemands sont surpris de voir que nous ne les aimons pas davantage. Nous avons vraiment motif de les aimer! Ils nous ont si bien traités pendant la guerre, ils ont montré tant de douceur et d'humanité ceux qui ont pillé nos campagnes et bombardé Strasbourg!

« N'importe! les Allemands disent que nous sommes leurs frères. Ne parlons-nous pas la même langue? C'est là leur grande raison. Aussi, pour les vexer, on parle français le plus qu'on peut. Il est vrai que dans la campagne beaucoup de paysans ne savent pas parler d'autre langue que l'allemand. Mais ceux-là ne se résignent pas plus que les autres; on voit des vieillards qui retournent à l'école et qui, leur journée finie, demandent à quelque camarade plus instruit de leur donner une leçon de français. Cela inquiète beaucoup es Allemands ; on dit qu'ils vont interdire l'étude du français dans les écoles. Ils auront beau faire, ils n'arriveront pas à nous faire oublier la France. Comment l'oublierions-nous, ton père et moi, cette France à qui nous sacrifions ce que nous avons de plus cher, cette France à qui nous donnons tous nos enfants et pour laquelle nous nous condamnons à vieillir dans l'isolement. Tu te plains, mon pauvre enfant, d'être si loin de nous et je sais que tu es à plaindre car ta douleur se mesure à l'affection que tu as pour nous. Mais crois-tu donc que notre lot soit meilleur, à nous qui allons bientôt

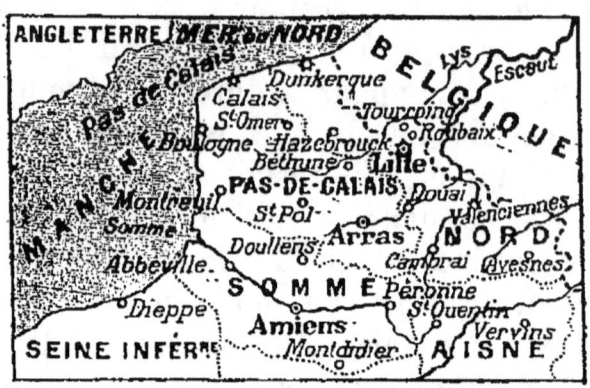

Fig. 126. — **Région du Nord (Flandre, Artois, Picardie**. — C'est avec la région parisienne, la partie *la plus peuplée* de la France. Pays de plaines très fertiles. Cultures : blé, colza, lin, betterave, houblon, pâturages, plantes fourragères. Mines de houille du Nord et du Pas-de-Calais. Filatures et tissage du lin, du coton, de la laine ; velours d'Amiens, tulle (Calais), industrie métallurgique et machines (Lille); fabrication du sucre de betteraves et de la bière. Nombreux canaux et chemins de fer ; commerce avec l'Angleterre. — Villes principales : **Lille** (180 000 h.), **Roubaix** (100 000 h.), **Tourcoing** (60 000 h.), **Dunkerque** (39 000 h.), **Douai** (31 000 h.), dans le Nord. — **Calais** (60 000 h.), **Boulogne, Arras** (27 000 h.), dans le Pas-de-Calais. — **Amiens** (80 000 h.), dans la Somme. — **Saint-Quentin** (50 000 h.), dans l'Aisne.

nous trouver seuls dans cette maison si gaie jadis et où nous serions tous réunis sans cette maudite guerre? »

C (100). **Le nord de la France.**

Avant de s'installer à Barentin, Georges Cavelier et Jean devaient se rendre dans le nord de la France, aux mines d'Anzin, près de Valenciennes, pour l'achat du charbon nécessaire à leur fabrique. Comme c'était l'époque des vacances de Pâques, Georges Cavelier proposa à son frère, le jeune collégien Léon, de l'emmener. Mais alors leur sœur, la petite Jeanne, demanda à être aussi du voyage et fit tant et si bien qu'on lui permit d'accompagner ses deux frères.

Le jour du départ, Léon prit sous son bras un beau livre à couverture rouge et doré sur tranches.

— Que portes-tu là? lui dit Georges.

— C'est un de ses prix, répondit Jeanne.

— Oui, ajouta Léon, et c'est un livre très intéressant; il a pour titre : *Promenades à travers notre pays;* je veux y lire un chapitre où il est question du nord de la France.

— C'est une bonne idée que tu as là, dit Georges; et si tu veux lire à haute voix tu nous feras plaisir à tous.

Aussitôt en wagon, Léon commença sa lecture :

Fig. 127. — **Houblon.** — FEUILLES ET FLEURS. — Le houblon est une plante herbacée et grimpante dont les fleurs en forme de cône sont employées à la fabrication de la bière à laquelle elles donnent son goût amer. On cultive le houblon surtout en Angleterre, en Alsace, en Allemagne, en Belgique, dans le nord et dans l'est de la France. Un hectare produit de 1 000 à 2 000 kilog.

« La région du Nord est la partie la plus riche de toute la France; le sol, presque entièrement plat, est très bien cultivé; la récolte du blé est très abondante et, si les prairies ne valent pas celles de la Normandie, on peut cependant, grâce aux plantes *fourragères* (1), nourrir beaucoup de chevaux et de bœufs. Les chevaux des environs de Boulogne sont très vigoureux et peuvent être employés aux travaux les plus pénibles. Quant aux vaches de race flamande, elles peuvent être comptées parmi les meilleures laitières que l'on ait en France.

(1) **Plantes fourragères**, plantes qu'on cultive comme fourrage, telles que la luzerne, le trèfle, le sainfoin, etc.

« Les terres de labour se prêtent aux cultures les plus variées, celle du *houblon* (*fig.* 127), qu'on a appelé la *vigne du Nord* parce que sa fleur sert à la fabrication de la bière, celle des plantes *oléagineuses*, dont on retire de l'huile, comme le colza et le pavot, celle des

Fig. 128. — **Colza.** Fig. 129. — **Pavot.** Fig. 130. — **Betterave.**

Le **colza** est une espèce de chou vert ou rougeâtre, à fleurs jaunes, qui devient très branchu et donne beaucoup de graines. En pressant ces graines, on en retire une huile employée pour l'éclairage. Le colza est surtout cultivé dans le département du Nord. — Le **pavot** est une belle plante cultivée dans les départements du nord de la France, ses graines donnent *l'huile d'œillette* qui est comestible et remplace l'huile d'olive. — La **betterave** est une plante à racine pivotante et charnue qui atteint souvent un volume considérable et présente des couleurs variées : blanc-jaune, blanc-rosé, rouge-cramoisi. La *betterave à sucre* est blanche ; on la sème de mars à avril pour la récolter fin octobre. Un hectare donne de 20 000 à 80 000 kilogr. de racines.

plantes *textiles* (1), comme le lin, dont la tige fournit des filaments avec lesquels on fait de la toile, ou le chanvre, qu'on emploie surtout pour faire des cordages. Une récolte dont l'importance s'accroît rapidement est celle des *betteraves à sucre*....

— A sucre? interrompit Jeanne étonnée, je croyais que le sucre venait des pays chauds où on peut cultiver la *canne à sucre* (*fig.* 131).

(1) **Plantes textiles,** plantes dont les fibres peuvent être filées et servir à la fabrication des tissus.

— Tu ne te trompais pas complètement, dit Georges, une bonne partie du sucre que l'on consomme en France est du sucre de canne. Autrefois même on n'en connaissait pas d'autre et la culture de la canne à sucre enrichissait plusieurs de nos colonies. Mais tout cela a bien changé depuis qu'on cultive chez nous la betterave à sucre.

— « La grande richesse des pays du Nord, continua Léon, vient surtout de l'industrie qui a pu se développer rapidement grâce à l'abondance et au bon marché du charbon. Le charbon est indispensable aux grandes usines, où tant de machines sont mises en mouvement par la vapeur. Sans charbon on ne pourrait chauffer les chaudières où l'eau se transforme en vapeur. Or, les mines de la région du Nord donnent à elles seules autant de houille que toutes les autres mines de France. Les principales de ces mines sont celles d'Anzin, dans le département du Nord, et de Lens, dans le Pas-de-Calais. »

Fig. 131. — **Canne à sucre.** — Cette plante qui ressemble à un grand roseau est originaire de l'Inde ; elle atteint 3 à 4 mètres de hauteur. Pour faire le sucre, on écrase la canne, en évaporant le jus qui s'en écoule on obtient de la *cassonade* formée de cristaux de sucre mélangés à un sirop qui est la *mélasse*. Cette mélasse fermentée et distillée donne le *rhum*. On cultive la canne à sucre dans les pays tropicaux : les Antilles, le Brésil, l'Inde, etc., etc.

DEVOIR DE RÉDACTION. — Dites quelles sont les ressources agricoles, minières, industrielles de la région du Nord

GÉOGRAPHIE. — Tracez la carte de la région du Nord.

CI (101). Amiens et sa cathédrale.

— La belle église ! s'écria Jeanne qui s'était penchée sur l'épaule de son frère pour regarder une gravure dans le livre.

— C'est la cathédrale d'Amiens, petite sœur, mais laisse-moi continuer.

— Moi, reprit Jeanne, ce que j'aime le mieux dans les livres, ce sont les images.

— Hé bien, dit Léon, je te laisserai voir les images, mais à condition que tu n'interrompras pas à chaque instant. Tu regarderas la cathédrale d'Amiens, mais seulement quand il en sera question dans la lecture. Un peu de patience en attendant, mademoiselle !

Fig. 132. — **Amiens. — La cathédrale.** — Magnifique église *gothique*. L'art gothique est caractérisé par l'*ogive* : la partie supérieure des portes et fenêtres est en forme d'*arc de cercle brisé*, au lieu de former un *plein-cintre* comme dans les églises *romanes*. (Pour les églises romanes voir l'église Saint-Paul à Issoire, *fig.* 170.)

Amiens (80 000 h.) est le chef-lieu du département de la Somme. Nombreuses fabriques de velours pour meubles, satins, tissus de laine, de soie, de coton, mousseline, tapis, toiles peintes. Les pâtés de canards d'Amiens jouissent d'une grande renommée.

Et il continua gravement :

« Que de villes dans ces riches départements situés entre Paris et la frontière de Belgique! Saint-Quentin, dans le département de l'Aisne, Amiens, dans la Somme, Calais et Boulogne, dans le Pas-de-Calais, Lille, Roubaix, Tourcoing, Dunkerque, Douai, Valenciennes, dans le Nord.

« Amiens est une grande ville industrielle ; la Somme, qui s'y divise en plusieurs canaux, forme un grand nombre de chutes d'eau qui font mouvoir des usines. Peu de villes possèdent d'aussi vastes promenades. La cathédrale (*fig.* 132) est considérée à juste titre comme un des plus beaux monuments de la France entière. »

— Nous y voici, dit Jeanne, j'ai le droit de regarder maintenant.

Et elle usa largement de ce droit. Mais voici que tandis qu'elle s'efforçait de fixer ses regards sur la cathédrale ses yeux étaient comme attirés par une autre gravure placée à la page d'en face. L'image représentait un personnage qui, le sabre en main, s'élançait sur le pont d'un vaisseau. Jeanne allait lire l'explication placée au bas du dessin, quand la main de Léon s'abattit vivement dessus.

— Je t'en prie, laisse-moi voir, supplia la fillette désappointée.

— Non, non! tu manques à nos conventions, nous n'en sommes pas encore là.

— Dis-moi au moins le nom de ce marin.

— C'est Jean Bart, le célèbre corsaire de Dunkerque. Maintenant tais-toi et écoute.

CII (102.) Boulogne, Calais, Lille, Tourcoing et Roubaix.

« Presque tous les voyageurs qui vont en Angleterre ou qui en viennent passent par Boulogne ou par Calais.

Ces deux ports sont en effet très proches des côtes d'Angleterre qu'on peut atteindre en une heure et demie.

« Lille, chef-lieu du département du Nord, a près de deux cent mille habitants. C'est une place très forte qui a été souvent assiégée : en 1708, à la fin du règne de Louis XIV, elle fut attaquée par une armée d'Anglais et d'Autrichiens ; vaillamment défendue par le maréchal

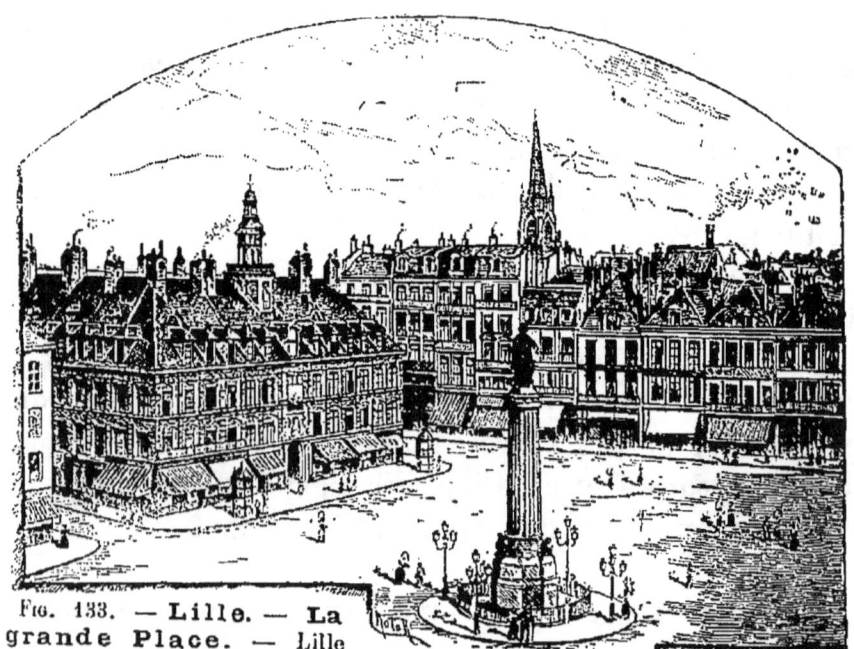

Fig. 133. — Lille. — La grande Place. — Lille (190 000 h.), ch. l. du Nord, grande ville industrielle et place forte de premier ordre. Nombreuses filatures et fabriques de tissus ; ateliers de construction de machines à Fives-Lille. Conquise par Louis XIV en 1667, Lille a subi deux sièges célèbres en 1708 et en 1792. C'est en souvenir de la belle résistance des Lillois en 1792 qu'a été élevée la colonne que l'on voit au milieu de la place.

de Boufflers, la ville ne capitula que lorsque les vivres et les munitions furent épuisés. En 1792, au commencement des guerres de la Révolution, elle fut investie par une armée autrichienne qui la bombarda pendant neuf jours. La garnison était peu nombreuse, mais Lille fut si bien défendue par ses habitants et en particulier par ses canonniers sédentaires que les Autrichiens durent se retirer après avoir subi des pertes considérables. Une colonne, élevée sur une des places de la ville, rappelle la belle conduite des habitants pendant ce siège mémorable. (*fig.* 133).

« Lille a de nombreuses filatures de lin et de coton; on y fabrique du fil à coudre, des toiles, des tissus de laine; on y construit des machines. Et quand on sort de cette grande cité on trouve, à moins de deux lieues de distance, deux autres villes considérables enrichies par l'industrie : Roubaix et Tourcoing. Ces deux villes étaient autrefois séparées, mais aujourd'hui leurs maisons se touchent; à elles deux elles égalent presque Lille en population; leur principale industrie est la fabrication des tissus de laine.

CIII (103). **Dunkerque. — Jean Bart.**

« Dunkerque, le seul port français sur la mer du Nord, eut autrefois des corsaires redoutés : c'est la patrie de Jean Bart... »

— Enfin! dit Jeanne, pour le coup tu ne me cacheras plus le portrait de ce fameux Jean Bart (*fig.* 134). Mais qu'est-ce qu'il fait donc sur le pont de ce navire avec son sabre qu'il brandit d'un air menaçant?

— Écoute et tu vas le savoir :

« Jean Bart, célèbre marin qui vivait au temps de Louis XIV, s'acquit une grande réputation par ses courses intrépides contre les vaisseaux de la Hollande et de l'Angleterre. Sa vie n'est qu'une longue série d'actions héroïques; c'est par centaines qu'il faut compter les combats où il figura toujours au premier rang, payant de sa personne et donnant à tous l'exemple du courage. En 1614 on le charge d'aller au-devant d'un convoi de 100 bateaux qui apportaient du blé nécessaire au ravitaillement des provinces françaises. Mais avant l'arrivée de Jean Bart ce convoi avait été pris par les Anglais et les Hollandais. Notre héros n'avait avec lui que huit petits vaisseaux trop faibles et trop mal armés pour soutenir la lutte contre la puissante artillerie de l'ennemi. Cependant il n'hésite pas : il ordonne de se lancer immédiatement à l'abordage ; lui même il saute le premier sur le vaisseau amiral de l'ennemi, il s'en rend maître après un combat acharné et il ramène triomphalement dans nos ports le convoi qui devait sauver la France de la famine. Jean Bart et les autres corsaires de Dunkerque firent tant de mal à la marine anglaise qu'à la conclusion de la paix d'Utrecht, en 1713, les Anglais exigèrent que le port de Dunkerque fût comblé et les fortifications de la ville démolies.

Fig. 134. — **Jean Bart.** — Célèbre marin né à Dunkerque en 1651, fit la guerre de *course* pendant le règne de Louis XIV, brûla plus de 80 navires anglais dans la Manche, ravitailla Dunkerque assiégé, après un combat où il tua de sa main l'amiral ennemi.

CIV (104). **Au pays du charbon.**

C'est une curieuse excursion à faire qu'un voyage sur le chemin de fer qui se détache de la ligne de Douai à Valenciennes pour aller jusqu'à Anzin (*fig.* 135) à travers le pays du charbon. Du milieu des champs de blé ou de betteraves surgissent de grandes cheminées en briques qui signalent de loin l'emplacement des puits d'extraction ; au pied de ces cheminées les maisons basses des *corons*, villages où logent les mineurs, s'alignent en longues rangées monotones ; une poussière noire couvre les routes, tache les murs, donne à tout le paysage une teinte de suie.

— Voici un pays qui ne ressemble guère à la Normandie, dit Felber.

— J'aime mieux la Normandie, répliqua Georges

Fig. 135. — **Anzin**. — **La fosse Thiers**. — C'est autour des villes d'Anzin et de Denain que se trouvent les principales mines de houille du département du Nord.

Cavelier, mais on ne peut pas tout avoir à la fois, la richesse que donnent les mines de houille et la verdure de nos campagnes.

— Alors, dit la fillette, les mines de charbon sont de grands trous creusés dans la terre.

— Oui, ma petite Jeanne, le charbon ne se trouve presque jamais à la surface du sol. On creuse un puits, et, quand on a atteint une couche de charbon, on l'extrait en y perçant des galeries en tous sens.

— De sorte que tout le pays est creusé sous nos pieds ? demanda Léon.

— Tu as bien vu quelquefois, reprit Georges, les galeries que les fourmis font dans la terre. Hé bien, on pourrait comparer les pays de mines à de grandes fourmilières...

— Peuplées de bien grosses fourmis, ajouta Léon en riant, puisque les fourmis, ici, ce sont les mineurs qui percent des galeries pour extraire le charbon.

CV (105). Ce que c'est que la houille. — Le grisou.

— Comme c'est drôle pourtant, dit Jeanne, qu'on puisse faire du feu avec de grosses pierres noires.

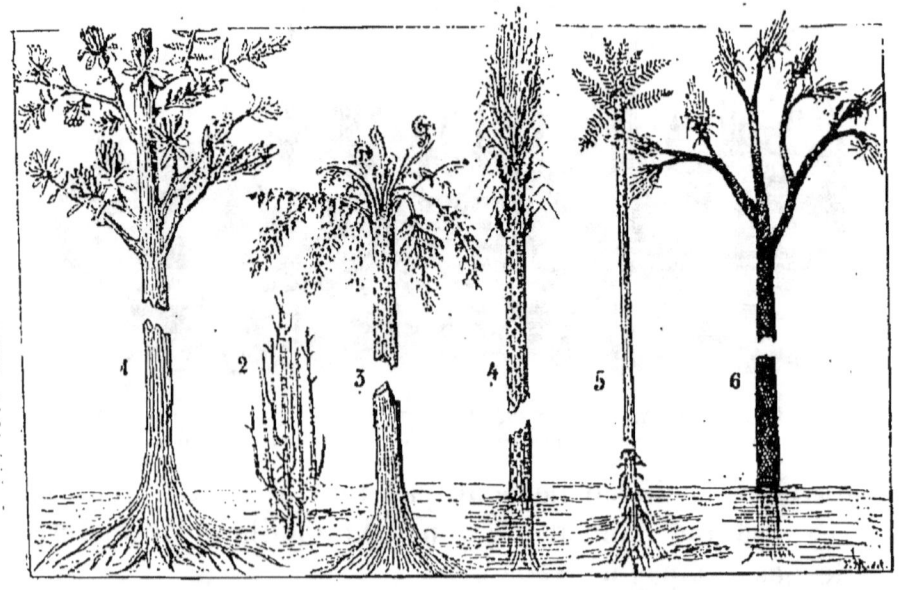

Fig. 136. — **Plantes de l'époque houillère.** — 1. CORDAITES, 2. CALAMITES, 3. FOUGÈRE ARBORESCENTE, 4. SIGILARIA, 5. CALAMOPHYLLITES, 6. LÉPIDODENDRON. — Toutes ces plantes qui couvraient des vallées marécageuses de leur végétation formaient des forêts inextricables; leurs débris s'accumulaient sur le sol humide et souvent inondé et s'y carbonisaient lentement à l'abri du contact de l'air.

— Ces grosses pierres noires, dit Georges, qu'on nomme *houille* ou charbon de terre, ne sont autre chose que des plantes (*fig.* 136). Tu ne te doutais pas de cela, je suis sûr?

— Oh! bien non, par exemple; voilà qui est trop

fort ; de gros morceaux de charbon si noirs et si sales ! Mais qu'est-ce qui le dit que ce sont des plantes?

— On le sait par les restes de plantes qu'on y rencontre. Sur certains morceaux on voit très bien des empreintes de feuilles. On a trouvé également dans les mines de houille des troncs d'arbre et même des branches avec des fruits et des graines.

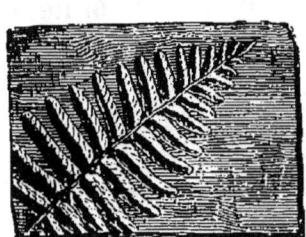

Fig. 136 bis. — Empreinte de feuille dans la houille.

Arrivés à Anzin nos voyageurs, qui voulaient visiter un puits, prirent pour guide un ouvrier mineur. Il les mena dans la lampisterie où étaient alignées des centaines de lampes, toutes luisantes de propreté.

— Ces lampes, leur dit l'ouvrier, sont celles des mineurs qui ont travaillé toute la matinée et qui viennent de remonter. Ce sont des lampes de sûreté ; avec elles les explosions de *grisou* ne sont pas à craindre.

— Le *grisou*, demanda Jeanne, qu'est-ce que cela ?

— C'est un gaz qui se dégage de la houille, il s'accumule dans les galeries des mines et il produit en s'enflammant des explosions terribles. C'est pour éviter ce danger, que l'on emploie les lampes de sûreté qui sont construites de façon à ne pas enflammer le grisou.

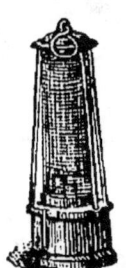

Fig. 137. — **Lampe de mineur.** — Dans beaucoup de charbonnages, les lampes sont soudées pour que les mineurs ne puissent pas les ouvrir au fond de la mine.

— Et c'est pour cela, ajouta le mineur qu'on les visite tous les jours pour voir si elles sont en bon état et chaque fois qu'un ouvrier descend dans la mine, un surveillant s'assure que sa lampe est bien fermée.

— On a raison de prendre toutes ces précautions, dit Georges, puisque la moindre imprudence pourrait entraîner la mort de plusieurs centaines d'hommes.

CVI (106). Le puits.

On se dirigea vers le puits; en chemin le mineur montra une petite tour dans laquelle était installée une machine qui soufflait à grand bruit.

— C'est la pompe d'épuisement, dit-il; elle fonctionne nuit et jour pour empêcher l'eau d'envahir les galeries; si elle s'arrêtait la mine se remplirait d'eau.

On était arrivé près de la fosse. Sous l'action de la puissante machine mue par la vapeur, les longs câbles d'acier se déroulaient rapidement et les grandes cages en tôle (fig. 138) suspendues à ces câbles plongeaient dans le puits, ou remontaient. Les unes ramenaient des mineurs qui avaient fini leur tâche; leurs figures et leurs mains étaient toutes noires, ils marchaient pesamment les membres raidis par la fatigue. D'autres fois, c'était un chargement de charbon qui arrivait dans de petits wagons remplis au fond de la mine. En redescendant les cages emportaient des mineurs qui allaient remplacer leurs camarades ou des wagonnets vides. Léon fut étonné de voir qu'on y mettait aussi de grosses pièces de bois.

— Pourquoi descend-on ces morceaux de bois dans la mine? demanda-t-il.

Fig. 138 — Les cages ramenaient des mineurs qui avaient fini leur tâche.

Fig. 139. — **Galerie de mine boisée.** — Les parois et le plafond de la galerie sont soutenus par des pièces de bois qui ont pour but d'empêcher les éboulements.

— Pour soutenir les parois et le plafond des galeries (*fig.* 139), dit l'ouvrier. Si on ne les étayait (1) pas, les galeries seraient souvent bouchées par les éboulements.

Que de dangers dans une mine : le grisou, l'inondation, les éboulements ! Au moment de s'installer à leur tour dans la cage qui devait les emporter sous terre, Jeanne et Léon ne purent réprimer un léger frisson, un petit mouvement de crainte.

CVII (107). A cinq cents mètres sous terre.

— Nous voilà partis, dit le mineur.

La cage s'enfonça et plongea brusquement dans l'obscurité ; à la lueur vacillante des lampes on distinguait les grosses poutres qui soutenaient les parois du puits ; elles semblaient filer rapidement comme les objets qu'on aperçoit d'un train lancé à toute vitesse.

Fig. 140. — Dans les galeries on emploie des chevaux pour tirer les wagonnets pleins de houille et les amener aux puits où on les place dans des cages qui les transportent à la surface du sol.

— Le puits est bien profond ? demanda Léon

— Cinq cent dix-sept mètres, dit le mineur.

— Plus de trois fois la hauteur du clocher de Strasbourg, observa Felber, cela commence à compter.

— Que le trajet est long ! dit Jeanne.

(1) **Étayer.** — Soutenir par des étais ou grosses pièces de bois.

— Comment donc? Il y a une minute à peine que nous sommes partis, dit Georges en approchant sa montre d'une des lampes.

— Et nous allons d'une jolie vitesse, dit le mineur. C'est parce que tout est noir autour de nous et que vous n'avez rien sous les yeux pour vous distraire que le temps vous paraît long, ma jeune demoiselle. Mais, patience, nous arrivons.

La cage, en effet, venait de toucher terre et nos voyageurs purent en sortir.

— Comment? Un cheval, ici? dit Jeanne, en entendant un hennissement.

— Et un chemin de fer? dit Léon dont le pied venait de butter contre un rail.

L'ouvrier expliqua que les galeries étaient très longues et que pour amener le charbon de l'endroit où travaillaient les mineurs, endroit éloigné souvent de sept à huit cents mètres, du puits d'extraction on le chargeait sur de petits wagons; ces wagonnets, formés en trains auxquels on attelle un cheval (*fig.* 140), roulent ensuite sur des rails jusqu'au puits où on les place dans la cage qui les transporte à la surface du sol.

— Et ce cheval est descendu par le puits comme nous? demanda Jeanne.

— Certainement, mademoiselle, lui comme ses camarades, car nous avons une douzaine de chevaux dans la mine.

— Ça ne doit pas être bien commode de faire descendre des chevaux dans la mine? dit Léon.

— C'est assez difficile, en effet. On les lie dans un grand filet de façon à ce qu'ils ne puissent faire aucun mouvement et on attache le filet au-dessous de la cage. Et puis vous pensez bien qu'on ne les remonte pas tous les jours.

— On laisse les chevaux dans la mine?

— Ils y ont leur écurie. Une fois descendues ici les

pauvres bêtes peuvent bien dire adieu au soleil et à l'herbe verte des prairies; elles sont condamnées à mourir dans la mine.

CVIII (108). Les mineurs.

Tout en causant, ils marchaient dans une grande galerie; puis ils arrivèrent à un carrefour où se joignaient plusieurs galeries moins vastes; bientôt celle où cheminaient nos voyageurs devint si étroite et si basse qu'il fallait avancer avec précaution pour ne pas se heurter le front; enfin ils arrivèrent à un endroit où les mineurs creusaient la couche de charbon. Quatre hommes vigoureux s'attaquaient à la muraille de houille et s'efforçaient de la démolir; des blocs se détachaient et roulaient à leurs pieds, une poussière noire les aveuglait et les prenait à la gorge; et ils tapaient sans relâche, acharnés à leur besogne et si occupés qu'ils se détournèrent à peine pour regarder les visiteurs.

Fig. 141. — De vigoureux mineurs travaillaient à abattre la houille.

— Quel pénible métier! dit Georges.

— A choisir, dit Felber, j'aimerais mieux être laboureur que de travailler ainsi au fond d'une mine; au moins on vit au grand air, on voit le ciel et les arbres.

— On se fait à tous les métiers, dit l'ouvrier; dans ce pays-ci il y a des familles où depuis des années et des années tout le monde est mineur. Tous descendent à la fosse, même les femmes et les enfants qu'on emploie à remplir et à rouler les wagonnets. Tel que vous me voyez je n'avais pas dix ans quand je suis venu travailler ici pour la première fois avec mes parents, et depuis je n'ai jamais eu d'autre métier. D'ailleurs, ajouta-t-il en manière de conclusion, il faut bien qu'il y en ait, des mineurs.

— Certes, dit Georges, et ils rendent de grands services. Que deviendrions-nous si le charbon venait à manquer?

— Qu'arriverait-il donc s'il n'y avait plus de charbon? demanda Jeanne.

— Ce qui arriverait? petite sœur, d'abord la moitié

Fig. 142. — **Fabrication du gaz d'éclairage.** — La *houille* est mise dans des cylindres de terre réfractaire appelés *cornues*, placés dans le *four* (**F**). Sous l'action de la chaleur le **gaz** se dégage, sort de la cornue et monte par le tuyau au *barillet* (**B**) où il se débarrasse du goudron qu'il contient ; il passe ensuite dans le *condenseur* (**C**) constamment rafraîchi par un courant d'eau froide, puis dans l'*épurateur* (**E**) qui contient de la chaux éteinte. il achève de s'y purifier et pénètre dans le *gazomètre* (**G**), vaste réservoir en tôle plongeant dans l'eau, d'où il se répand enfin par des tuyaux souterrains, dans les rues et dans les maisons pour les éclairer ou pour les chauffer.

au moins des habitants de France, qui se chauffent l'hiver avec du charbon, n'auraient plus de feu dans leur cheminée; ensuite plus de combustible pour alimenter les locomotives, les machines des bateaux à vapeur ou celles des grandes usines, plus de réverbères allumés le soir dans les rues des villes, car c'est de la houille qu'on tire le gaz d'éclairage (*fig.* 142).

— Ce serait un désastre, dit Léon.

— Et il y aura toujours du charbon dans les mines? demanda Jeanne.

— Ceci, on ne le sait pas bien exactement, dit

Georges ; il est probable qu'il y en a encore une bonne provision au fond de la terre ; depuis cinquante ans l'extraction de la houille a beaucoup augmenté en France sans que les mines semblent près de s'épuiser.

— Y a-t-il beaucoup d'autres mines de houille en France? dit Jeanne.

— Oui, dit Léon, j'ai lu dans ma géographie que les principaux *bassins houillers*, outre celui du Nord et du Pas-de-Calais, sont ceux de la Loire, près de Saint-Étienne, de Saône-et-Loire, près du Creusot, et du Gard, près d'Alais.

— Cependant, ajouta Georges, la France produit seulement les deux tiers de la houille qu'elle consomme ; l'autre tiers vient de la Belgique, de l'Allemagne et surtout de l'Angleterre, dont les mines donnent autant de charbon que celles de tous les autres pays d'Europe.

DEVOIR DE RÉDACTION. — A quels usages sert le charbon? De quels *bassins houillers* français et de quels pays d'Europe fait-on venir le charbon qui est consommé en France?

CIX (109). **Inauguration de la filature.**

C'est vers la fin de juillet qu'eut lieu l'inauguration de la nouvelle filature de Barentin. Jean Felber avait dirigé les préparatifs de cette journée de fête. Une semaine entière avait été employée à faire la toilette du grand bâtiment de la fabrique, à le balayer, à le nettoyer des combles jusqu'à la cave. Des guirlandes de fleurs et de feuillage ornaient la façade ; des drapeaux placés aux fenêtres se balançaient joyeusement au vent.

Quand M. et Mme Cavelier arrivèrent de Rouen avec leurs enfants, Jean les reçut et les guida à travers les vastes salles où étaient installées les machines encore immobiles et silencieuses. Ouvriers et ouvrières étaient à leur poste, n'attendant qu'un signal. Un coup de cloche retentit et soudain tout se mit en mouvement : les

LE COTON

courroies de transmission (1) se tendirent, les arbres (2) et les poulies de fer tournèrent à toute vitesse, et les centaines de bobines, où les fils viennent s'enrouler, commencèrent leur course folle ; elles voyageaient dans tous les sens, se croisaient, se heurtaient et semblaient se poursuivre.

Fig. 143. — Des guirlandes de fleurs et de feuillage ornaient la façade de la filature. Des drapeaux placés aux fenêtres se balançaient joyeusement au vent.

— Regarde : ne dirait-on pas qu'elles jouent à cache-cache? dit Jeanne à Léon.

— Elles vont si vite, répondit celui-ci, que l'œil a peine à les suivre.

— Eh bien! leur dit M. Cavelier, je crois que vous ne comprenez pas grand'chose à tout ceci. Ce n'est pas étonnant et il n'y a pas là de quoi rougir; je vais vous donner quelques explications.

CX (110). Le coton.

M. Cavelier les mena d'abord dans un vaste hangar où étaient empilés de grands sacs faits d'une toile grossière; des ouvriers avaient ouvert quelques-uns de ces sacs et en retiraient une sorte de duvet blanchâtre.

— Voilà, dit-il, des balles de coton telles qu'elles

(1) **Courroies de transmission**, courroies qui transmettent le mouvement d'une pièce de la machine à une autre.
(2) **Arbre**, axe ou principale pièce d'une roue ou d'une machine.

arrivent à la fabrique. Voyez comme le coton est pressé et serré dans ces sacs; c'est pour qu'il tienne moins de place à bord des navires qui nous l'apportent. Vous savez, je pense, que le coton vient de très loin.

— C'est un produit des pays chauds, dit Léon.

— En effet, le coton vient de la partie méridionale des États-Unis, celle qui avoisine le golfe du Mexique. L'Inde, l'Egypte en produisent aussi, mais en moindre quantité. Dans tous ces pays on cultive l'arbre à coton ou cotonnier. Mais qu'est-ce au juste que ce coton que vous voyez là et qui est si précieux ?... Je vois que vous vous taisez et que je vais être obligé de faire la réponse comme la demande : les graines du cotonnier sont enfermées dans une enveloppe ou *gousse*...

Fig. 144. — **Le coton**. — Le cotonnier est une plante cultivée aux États-Unis (partie méridionale), au Mexique, dans l'Amérique centrale, le Brésil, l'Afrique, l'Egypte et l'Inde. Certaines espèces atteignent 6 mètres de hauteur. Le fruit consiste en une capsule appelée *coque* ou *gousse* contenant des graines enveloppées dans un duvet fin et soyeux qui est le *coton*.

— Comme chez nous les pois ou les haricots, dit Jeanne.

— A peu près, seulement les graines du cotonnier sont bien mieux logées : chaque gousse contient une vingtaine de petites graines douillettement enveloppées dans une jolie ouate blanche qui n'est autre chose que le coton.

— Alors on cueille ces gousses et on les ouvre pour avoir le duvet, s'écria Léon.

— Non, mon enfant, quand elles sont mûres, elles s'ouvrent toutes seules et laissent voir une belle touffe blanche. C'est alors qu'on les cueille, puis on épluche les graines pour les séparer du duvet qui seul a de la valeur.

— Comme il est sale, ce coton, s'écria Jeanne, qui venait d'en ramasser une poignée dans sa petite main.

— Aussi, mon enfant, notre premier soin sera de le nettoyer.

DEVOIR DE RÉDACTION. — Dites de quels pays on fait venir le coton ; décrivez la plante et dites à quel moment se fait la récolte?

CXI (111). Les machines à battre, à carder, à filer.

M. Cavelier emmena les jeunes gens dans une autre pièce où se trouvaient les *batteurs* ou machines qui battent le coton. Le *battage* a pour but, non seulement de débarrasser le coton des graines et des poussières qu'il contient, mais de lui rendre la souplesse qu'il a perdue, à force d'avoir été serré pendant si longtemps dans les balles (1). M. Cavelier fit arrêter une des machines pour permettre aux enfants de bien l'examiner, puis il donna l'ordre de la faire marcher de nouveau.

— Autrefois, ajouta-t-il, on battait le coton avec des baguettes, comme on fait encore aujourd'hui pour la laine des matelas. Avec les machines le travail se fait plus vite et occupe moins d'ouvriers. Voyez comme notre coton est déjà changé et comme il sort de là tout étalé, ainsi qu'une grande nappe. Mais ce n'est pas fini : il faut encore le desserrer et le détordre davantage ; ce sera l'œuvre de la *machine à carder (fig.* 145).

— On carde aussi la laine des matelas, dit Jeanne.

— Parfaitement, et les ouvrières qui cardent les

(1) **Balle**, gros paquet de marchandises.

matelas se servent de deux raquettes hérissées de petites pointes entre lesquelles elles font passer et repasser la laine. Regardez bien tous ces cylindres qui composent la machine à carder ; ils sont hérissés de pointes comme les raquettes des cardeuses, seulement ils vont bien plus vite en besogne. Voilà maintenant notre coton, non plus en nappe, mais en longs rubans. Encore une autre machine pour *étirer* ces rubans et le coton arrivera enfin au *métier à filer* (*fig.* 146).

Fig. 145. — **Machine à carder**. — Après avoir passé sous les *batteurs étaleurs* le coton en nappe est amené sous la *machine à carder* qui est composée de plusieurs cylindres munis de pointes et de rouleaux cannelés qui pressent sur le coton et l'amènent à la machine d'une façon continue ; il en sort sous la forme d'un ruban sans fin qui passe encore aux *machines à étirer* avant d'arriver au *métier à filer*.

Fig. 146. — **Métier à filer Mull-Jenny**. — Ce métier inventé en 1775 par *Samuel Crampton*, a reçu depuis de nombreux perfectionnements.

— Il a l'air joliment compliqué ce métier à filer, objecta Léon.

— Il suffit cependant d'un homme et d'un enfant pour le faire marcher. Et il fabrique un millier de fils à la fois. En faudrait-il des ouvrières pour faire le même travail, si l'on n'avait pas inventé cette machine pour remplacer les quenouilles et les rouets dont on se servait autrefois?

DEVOIR DE RÉDACTION. — Comment transforme-t-on le coton brut en fil?

CXII (112). Utilité des machines.

— Vous voyez, continua M. Cavelier, quels services nous rendent toutes ces machines. Sans elles, nous aurions beau doubler et tripler le nombre des ouvriers, nous n'arriverions pas aux mêmes résultats. N'est-ce pas une chose admirable que toutes ces belles inventions?

Léon, depuis un moment, paraissait réfléchir profondément.

— A quoi penses-tu? lui dit son père.

— Je pense que les machines, c'est très commode; mais si, à mesure qu'on les perfectionne, il faut moins d'ouvriers pour les manœuvrer, restera-t-il du travail pour tout le monde? Et beaucoup d'ouvriers ne seront-ils pas exposés à mourir de faim, faute de trouver à s'employer?

— Ce serait une chose bien triste, mon enfant, si les plus belles inventions du génie de l'homme avaient pour résultat d'ôter à un grand nombre de travailleurs les moyens de gagner leur vie. Heureusement il n'en est pas ainsi. Le nombre des ouvriers, loin de diminuer depuis qu'on emploie les machines, s'est, au contraire, accru. Seulement, avec le même nombre de travailleurs, on peut fabriquer beaucoup plus d'objets et, par conséquent, les vendre beaucoup moins cher, ce dont tout le monde profite. Sais-tu ce qui arriverait si on n'employait plus les machines que nous venons de voir? Pendant le temps que nous mettons à transformer en fils cent cinquante ou deux cents balles de coton, nous en transformerions dix seulement et, comme il faudrait toujours payer autant d'ouvriers, nous serions forcés de vendre notre fil plus cher. A son tour le fabricant de tissus qui nous achète du fil, l'ayant payé plus cher, augmenterait le prix de ses tissus. Il faudrait plus d'argent à l'ouvrière pour faire emplette d'une robe d'indienne ou d'un tablier, à l'ouvrier ou au paysan pour se payer une blouse. Ainsi tout le monde y perdrait. Au reste, il y a encore au centre de l'Afrique des sauvages qui n'ont ni industrie, ni machines, et nous savons, par les récits des voyageurs, qu'ils mènent une vie des plus misérables. Nous pouvons donc admirer sans regret les machines et ceux qui les ont inventées ou perfectionnées.

DEVOIR DE RÉDACTION. — Parlez de l'utilité des machines et montrez que leur emploi ne diminue pas le nombre des ouvriers, mais augmente la quantité des produits fabriqués qui peuvent être ainsi livrés à meilleur marché.

CXIII (113). Ouvriers et patrons. — La Légion d'honneur.

Avant de partir, M. Cavelier fit rassembler tous les ouvriers de la fabrique pour leur adresser une allocution :

— Nous commençons aujourd'hui, mes amis, une œuvre importante : pour la mener à bien nous allons apporter, vous, votre travail, moi, le capital, l'argent nécessaire à l'entreprise ; tous nous emploierons pour la faire réussir, notre intelligence et notre bonne volonté.

L'intérêt des ouvriers n'est pas contraire à celui du patron, comme on le croit trop facilement. J'ai besoin de vous, comme vous avez besoin de moi. Que cette fabrique soit prospère et votre gain de tous les jours, votre bien-être à tous est assuré ; si le malheur voulait qu'elle ne réussît point, vous y perdriez comme moi. Unissons donc nos efforts.

Vous aurez pour vous diriger, à côté de mon fils, un ancien officier qui a fait vaillamment son devoir, un homme que nous devons tous aimer puisqu'il est Alsacien, et qu'il représente pour nous cette malheureuse province qu'aucun Français ne saurait oublier.

Comme M. Cavelier achevait de parler, un facteur arriva tenant à la main une lettre qu'il remit à Jean Felber. Celui-ci fut surpris de voir au coin de l'enveloppe ces mots imprimés : *Ministère de la guerre*. Ses mains tremblaient un peu en décachetant la lettre,

Fig. 147. — Je suis heureux pour vous, mon cher Felber, qu'on ait rendu justice à votre belle conduite. J'en suis heureux aussi pour vos parents que cette nouvelle ira trouver au fond de l'Alsace.

mais, dès qu'il l'eût parcourue, sa figure prit une expression de joie.

Très ému, il tendit la lettre à M. Cavelier.

— Bravo! bravo! cria celui-ci après avoir lu; voici une nouvelle qui terminera dignement cette journée de fête. J'ai le plaisir de vous annoncer à tous, mes chers amis, que M. Jean Felber vient d'être nommé chevalier de la Légion d'honneur. C'est la plus haute récompense à laquelle puisse prétendre un soldat. Je suis heureux pour vous, mon cher Felber, qu'on ait rendu justice à votre belle conduite; j'en suis heureux aussi pour vos parents que cette bonne nouvelle ira trouver au fond de l'Alsace pour adoucir un peu l'amertume de leurs souffrances.

Et s'avançant vers Jean, M. Cavelier le serra affectueusement dans ses bras aux applaudissements de toute l'assistance.

DEVOIR DE RÉDACTION. — Montrez que les ouvriers employés dans une fabrique sont intéressés à la réussite de l'entreprise aussi bien que le patron qui fournit les capitaux.

CXIV (114). Le voyage de Marie Felber.

Au commencement du mois de décembre, Marie

Fig. 148. — **Mulhouse.** — **L'Hôtel de ville.** — Mulhouse (70 000 h.) ancienne sous-préfecture du Haut-Rhin ; grande ville industrielle (filatures de laine et de coton, toiles de coton, étoffes imprimées); les industriels de Mulhouse se sont toujours préoccupés du bien-être de leurs ouvriers; la *Société des cités ouvrières*, fondée en 1853 par Jean Dolfus, a servi de modèle aux œuvres du même genre établies depuis en France et à l'étranger.

Felber reçut avis de sa nomination d'institutrice. Elle était envoyée bien loin de l'Alsace, à Bayonne, dans les Basses-Pyrénées. Et cette circonstance rendait la séparation plus pénible encore, car il était probable qu'on serait bien longtemps sans se revoir.

Avant de quitter Molsheim, Marie avait promis à ses parents de les tenir, jour par jour, au courant de ce qui lui arriverait pendant le long voyage qu'elle allait entreprendre. Deux jours après son départ, le facteur apportait une première lettre datée de Besançon.

Mes chers parents,

Voici ma première journée de voyage accomplie, et me voici déjà, hélas! bien loin de vous. Je suis un peu fatiguée, n'ayant pas l'habitude de faire d'aussi longs trajets en chemin de fer, mais je sais combien vous devez être impatients d'avoir de mes nouvelles et je ne veux pas attendre jusqu'à demain pour vous écrire. D'ailleurs, en vous écrivant, il me semblera que je suis encore dans notre pauvre petite maison de Molsheim, en train de causer avec vous bien tranquillement.

C'est à Mulhouse (*fig.* 148) que j'ai rejoint Mathilde Mosser, cette institutrice, alsacienne comme moi et forcée comme moi de quitter son pays et sa famille. Mais Mathilde a du moins la chance d'avoir trouvé un poste pas trop éloigné, dans le département du Jura, à Lons-le-Saunier, tandis que moi... M'en aller si loin, à l'autre bout de la France, dans un pays inconnu. Pourrai-je jamais revenir dans notre chère Alsace? Quand je pense à tout cela, j'ai envie de pleurer.

Allons! Il faut avoir du courage. Nous ne sommes pas les seuls à qui cette horrible guerre ait apporté la tristesse et le malheur. Si nous sommes forcés de nous séparer, nous avons du moins cette consolation qu'aucun des nôtres ne manque à l'appel. Non, nous ne sommes pas les plus malheureux : autour de nous que de pertes irréparables! Que de familles en deuil!

CXV (115). Belfort.

Nous nous sommes arrêtées quelques heures seulement à Belfort. La ville est admirablement située entre les Vosges et le Jura. Ses fortifications commandent la trouée qui sépare ces deux chaînes de montagnes. Qui est maître de la place de Belfort est maître d'aller à

Fig. 149. — **Belfort. — La citadelle.** — Belfort, ancienne s.-pr. du Haut-Rhin, aujourd'hui ch.-l. du *Territoire de Belfort*, seule ville d'Alsace qui soit restée à la France. En 1870 elle fut vaillamment défendue par Denfert-Rochereau. En souvenir de ce siège l'alsacien Bartholdi a sculpté un lion gigantesque dans le rocher qui supporte la citadelle.

son gré d'Alsace en Franche-Comté, de la vallée du Rhin dans celle du Doubs et de la Saône.

Belfort est la seule ville d'Alsace qui soit restée à la France ; son territoire est le dernier débris du département du Haut-Rhin. Si la ville de Belfort, plus heureuse que Strasbourg, Colmar, Mulhouse et Metz, n'a pas été annexée à l'Allemagne, elle le doit à l'énergie de son défenseur, le colonel Denfert (*fig.* 150), et au patriotisme de sa garnison et de ses habitants.

De Belfort nous sommes venues à Besançon, d'où je vous écris ces quelques mots. Demain, Mathilde partira pour sa nouvelle résidence. Quoique cela m'écarte un peu de mon chemin, je me déciderai peut-être à l'accompagner.

CXVI (116). Besançon.

Mes chers parents,

Avant de partir pour Lons le-Saunier nous avons eu le temps, Mathilde et moi, de visiter rapidement la ville de Besançon (*fig.* 151). Elle est bâtie dans une position très pittoresque, sur une presqu'île formée par le cours du Doubs. De quelque côté qu'on se tourne on ne marche pas bien longtemps sans arriver à la rivière. Tout autour de soi on aperçoit des montagnes, sur lesquelles sont construits les forts qui défendent la ville.

Fig. 150. — **Denfert-Rocheau**. — Né à Saint-Maixent (Deux-Sèvres) en 1823, mort en 1878. Il dirigea la résistance de Belfort en 1870-1871, et, avec une garnison presque entièrement composée de gardes mobiles et de jeunes soldats qui n'avaient jamais été au feu, il réussi à empêcher les Prussiens de prendre la ville.

La grande industrie de Besançon et du pays voisin c'est l'horlogerie. On dit qu'il s'y fabrique tous les ans plus de trois cent mille montres. C'est moins qu'à Genève, en Suisse, mais cela suffit à donner du travail à quinze mille personnes.

Comme Mathilde avait été chargée d'un achat par une de ses amies de Mulhouse, nous sommes entrées dans un atelier d'horlogerie, où nous avons vu travailler plusieurs ouvriers. Que de choses il y a dans une montre, depuis le ressort en acier, enroulé en spirale, qui fait mouvoir les petites roues dentelées, jusqu'aux fines aiguilles qui marquent l'heure sur le cadran émaillé, jusqu'au boîtier d'or ou d'argent qui renferme et protège tout le mécanisme !

Ces diverses pièces sont fabriquées par les paysans de la montagne pendant les longues veillées d'hiver. A Besançon on les ajuste ensemble. Ce travail ne demande pas beaucoup de force, mais combien d'atten-

Fig. 151. — **Besançon.** — **Le palais de Justice.** — Besançon (60 000 h.) ch.-l. du Doubs, grande place forte. La principale industrie est l'horlogerie. Patrie de Victor Hugo.

tion et de dextérité ! Pensez qu'il suffit d'un rien pour tout fausser, d'un grain de poussière à peine visible, d'un tout petit défaut de fabrication dans ces pièces si délicates.

CXVII (117). La Franche-Comté.

Je comptais passer la soirée à Lons-le-Saunier, seule avec Mathilde, mais en arrivant à la gare nous avons trouvé Mme Detot, la directrice de l'école où Mathilde va être institutrice adjointe ; M. Detot, qui est instituteur, l'accompagnait. Tous deux ont voulu absolument nous avoir à dîner le soir même et ils ont insisté d'une façon si aimable que nous nous sommes décidées à accepter. Je ne le regrette pas car j'ai passé là une fort agréable soirée. Impossible d'imaginer un accueil plus

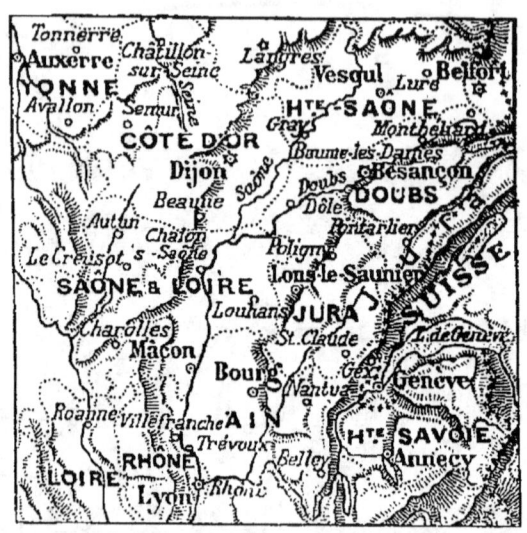

Fig. 152. — **Région de la Saône et du Jura** (Bourgogne et Franche-Comté). — C'est sur la rive droite de la Saône, entre Dijon et Mâcon, que se trouvent les fameux vignobles de la Bourgogne. — La vallée de la Saône est riche en produits agricoles ; la région du Jura est montagneuse et pauvre.

Principales villes : **Dijon** (65 000 h.), **Besançon** (60 000 h.), **Belfort**, le **Creusot**, importantes usines métallurgiques.

cordial que celui que j'ai reçu dans cette excellente famille.

— Quel dommage, me disait M. Detot, qu'on n'ait pas pu vous trouver un poste près d'ici. Vous auriez été moins éloignée de votre famille, et je suis sûr que vous vous seriez bien vite acclimatée ; c'est un si beau pays que notre Franche-Comté !

— Si mon mari, interrompit Mme Detot, se met à faire l'éloge de la Franche-Comté, il en a pour un bon moment.

— Ma femme, reprit en souriant l'instituteur, est de

Dijon. Aussi préfère-t-elle la Bourgogne à la Franche-Comté. Chacun tient pour le pays où il est né, ce qui est bien naturel.

— Je ne connais pas la Bourgogne, dis-je à mon tour, mais par ce que j'ai pu voir de la Franche-Comté, en venant de Besançon ici, je comprends qu'on se plaise en ce pays.

— Oh! la partie que vous avez traversée est la plus belle, dit Mme Delot.

— La plus riche tout au moins, reprit l'instituteur. Il y a dans notre pays deux régions bien différentes. L'une, toute en plaines ou en coteaux, est fertile, riche, peuplée : on y voit de belles prairies, comme autour de Vesoul et de Gray, dans la Haute-Saône, de Dôle, sur les bords du Doubs; on y récolte des vins estimés, ceux d'Arbois et de Château-Chalon; on y exploite des salines, comme à Lons-le-Saunier et à Salins. L'autre partie, située sur les plateaux du Jura, est montagneuse et pauvre.

— Et c'est celle-là que mon mari préfère, dit Mme Delot.

CXVIII (118). Les montagnes du Jura.

— Je l'avoue ; mon excuse, si j'ai besoin d'en avoir une, c'est que c'est dans cette partie de la Franche-Comté que je suis né et que j'ai passé mon enfance. Oh! je conviens que l'aspect de nos montagnes du Jura n'est pas toujours bien gai; l'hiver y dure une moitié de l'année, le sol est quelquefois couvert de neige pendant des mois entiers. Et pourtant j'aime ce pays si rude ; j'aime surtout et j'admire ceux qui l'habitent, ces paysans que la difficulté de vivre sur une terre ingrate a rendus patients, tenaces, durs à la peine, ingénieux à trouver des travaux pour occuper les loisirs forcés que l'hiver leur laisse et pour accroître un peu le bien-être de leurs familles.

Nous l'écoutions, charmées par la chaleur qu'il mettait à faire l'éloge de son pays.

— Nos montagnes du Jura, continua-t-il, n'ont pas beaucoup de terres fertiles, mais les beaux pâturages y abondent. C'est de chez nous que viennent ces fromages appelés *fromages de gruyère* (1), que vous connaissez certainement, car on en vend un peu partout. Vous savez que ces fromages pèsent jusqu'à vingt-cinq ou

Fig. 153. — **Fabrication du fromage de Gruyère**. — Pour fabriquer un fromage de 30 kilos, il faut 300 à 350 litres de lait ; on met ce lait dans de grandes chaudières et on le fait coaguler à une température de 30°. La masse est ensuite divisée, réchauffée à 55°, versée sur une toile et mise en presse pendant 48 heures. Le fromage qui a la forme d'une meule est mis en cave et salé à 5 °/₀ de son poids de sel. Les caves doivent être fraîches et saines.

trente kilos ; on les fabrique dans des chaudières qui peuvent contenir quatre cents litres de lait.

— Quatre cents litres, m'écriai-je, il faut pour cela que vos paysans aient de bien grands troupeaux de vaches ?

— Au contraire, mademoiselle ; la propriété de la terre est très divisée chez nous ; beaucoup de paysans n'ont qu'une vache ou deux ; les plus riches même ne pourraient avoir assez de lait, s'ils restaient isolés. Mais

(1) Le **fromage de Gruyère** tire son nom de *Gruyère*, petite ville du canton de Fribourg, en Suisse.

ce qu'ils ne peuvent faire seuls, ils le font en s'associant. Tous les habitants du village portent le lait de leurs vaches à un *fruitier*. On nomme ainsi celui qui se charge de la fabrication et de la vente des fromages. A la fin de la saison on fait les comptes, et on partage les bénéfices. Chacun reçoit du fruitier une somme proportionnée à la quantité de litres de lait qu'il a fournis.

— Voilà une heureuse idée, dit Mathilde, et qui prouve qu'on peut gagner beaucoup à savoir s'entendre et s'associer.

CXIX (119). Les Francs-Comtois.

— Les paysans du Jura l'ont compris, dit M. Detot, et je crois que dans beaucoup de campagnes en France on ferait bien d'imiter leur exemple. Au reste, je le dis avec orgueil, on peut les citer en modèle pour bien des choses. Ils sont intelligents et portés à s'instruire : chez nous, un père de famille croirait manquer au premier de ses devoirs s'il n'envoyait pas ses enfants à l'école; aussi les illettrés, trop nombreux encore dans d'autres provinces, sont-ils rares dans nos départements. Les Francs-Comtois sont laborieux; presque tous savent compléter par des travaux d'industrie les profits trop faibles que leur donne l'agriculture. Autour de Besançon, dans les moindres villages, on fabrique des pièces d'horlogerie; ailleurs, la fabrication du fil de fer, des clous, la quincaillerie, aident à vivre des milliers de familles. Dans ma ville natale, à Saint-Claude,

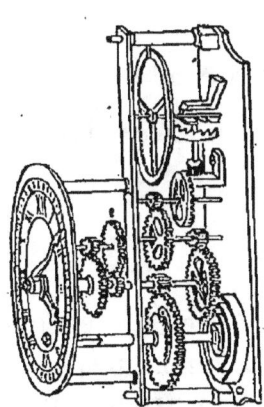

Fig. 154. — **Horloge.** — Le mouvement est communiqué aux roues qui font tourner les aiguilles par un moteur qui est tantôt un poids qui tombe, tantôt un ressort enroulé en spirale qui se détend. Le mouvement est régularisé au moyen d'un *pendule* ou balancier.

petite sous-préfecture située tout à fait dans la montagne, près de la frontière suisse, on travaille le bois, la corne, l'os, l'écaille, on fabrique des peignes, des tabatières, des jouets pour les enfants. Les *articles de Saint-Claude* s'exportent dans l'Europe entière. Près de là, à Morez, on fabrique des horloges (*fig.* 154), des cadrans en émail pour les montres et des verres de lunette. Les paysans du village de Septmoncel et des communes voisines ont pour industrie la taille des pierres précieuses qu'emploient les bijoutiers.

N'ai-je pas raison d'admirer l'activité des Jurassiens? Nous avons en France beaucoup de provinces auxquelles la nature a prodigué ses richesses; mais en est-il une autre qui doive autant à la patience, à l'énergie, au travail opiniâtre de ses habitants?

DEVOIR DE RÉDACTION. — Faites l'éloge de la Franche-Comté et de ses habitants.
GÉOGRAPHIE. — Tracez la carte de la Bourgogne et de la Franche-Comté.

CXX (120). La Bourgogne.

— A mon tour, dit vivement Mme Detot, dès que son mari eut terminé. La Bourgogne, mon pays, est parmi ceux que la nature a vraiment bien traités. Je ne pense pas qu'il y ait en France beaucoup de terres comparables à cette chaîne de collines plantées de vignes, qui va de Dijon (*fig.* 156) à Beaune et qui est si riche qu'on l'a nommée la *Côte-d'Or*. Quelques morceaux de terrain dans ces vignobles célèbres ont plus de prix qu'un grand domaine en tout autre pays. Est-ce tout? Non pas : allez au sud, vers Chalon-sur-Saône et Mâcon, allez au nord vers Chablis, vers Auxerre et les rives de l'Yonne, partout vous verrez des coteaux couverts de vignes. Qu'avons nous donc encore? De belles prairies bordées de peupliers sur les bords de la Saône et, dans les montagnes du Charolais, des pâturages où l'on engraisse des milliers de bœufs pour la boucherie.

Fig. 155. — **Lazare Carnot**. Né à Nolay (Côte-d'Or), en 1753, mort à Magdebourg (Prusse), en 1823. Membre du Comité de Salut public, il forma et dirigea les armées qui sauvèrent la France de l'invasion en 1793. Il blâma l'ambition de Napoléon qui voulait devenir empereur, mais lorsque la France fut de nouveau envahie en 1814, il vint offrir ses services et défendit la place d'Anvers. Après le retour de l'Ile d'Elbe, il fut ministre de l'intérieur. Proscrit par les Bourbons, il mourut à l'étranger. Son corps a été ramené en France et placé au Panthéon en 1889. — Son fils, Hippolyte Carnot, a été ministre de l'instruction publique en 1848; il est mort en 1888. — Son petit-fils, Sadi-Carnot, a été élu Président de la République, le 3 décembre 1887.

Nous en envoyons à Paris presque autant que la plantureuse Normandie.

Ajoutez nos mines de charbon d'Epinac, de Blanzy, de Montceau. Ajoutez surtout la capitale du royaume du fer, le Creusot, avec son immense usine aux cent cheminées, la première de l'Europe pour le travail du fer et de l'acier.

La riche Bourgogne a tenu une grande place dans l'histoire de notre pays; ses ducs vaillants, magnifiques, ambitieux, ont été pour les rois de France de redoutables adversaires. Ces luttes sont bien loin de nous maintenant et les Bourguignons, réconciliés avec la France, ont donné plus d'une fois des preuves de leur patriotisme. En 1636, Saint-Jean de Losne, avec cent cinquante hommes seulement de garnison, arrête une invasion d'Allemands. Lors des grandes guerres de la Révolution, c'est un Bourguignon, Lazare Carnot, né à Nolay, dans la Côte-d'Or, qui dirige la défense nationale. En 1814, Chalon-sur-Saône et Tournus, villes non fortifiées, ne se rendent pourtant pas sans combat et elles méritent par leur belle défense d'être autorisées à joindre à leurs armes la croix de la Légion d'honneur. En 1815, Auxerre résiste jusqu'à la dernière

Fig. 156. — Dijon. —
Le panorama de Saint-Michel. — Dijon (60 000 h.) ch.-l. de la Côte-d'Or ancienne capitale de la Bourgogne. — On y remarque de beaux monuments : cathédrale, églises Notre-Dame et Saint-Michel, hospice des Chartreux, Palais de Justice. Belles promenades de l'*Arquebuse* et du *Parc*. Dijon, point de croisement de plusieurs chemins de fer, est protégé par des forts détachés.

extrémité et n'ouvre ses portes aux Autrichiens que deux mois après la chute de Napoléon. En 1870 enfin, les habitants de Dijon et ceux d'Autun se joignent aux soldats pour arrêter l'armée prussienne et beaucoup sont tués dans les combats livrés autour de ces deux villes.

Ce sont là de beaux souvenirs, mais nous avons d'autres titres de gloire. Un des grands orateurs du moyen âge, dont l'éloquence soulevait les peuples pour les faire partir pour la croisade, saint Bernard, est né près de Dijon. A Dijon même est né Bossuet, le grand prédicateur du siècle de Louis XIV. Montbard est la patrie de Buffon, illustre savant et écrivain du siècle dernier, qui a si bien décrit les animaux dans ses œuvres. Enfin à Mâcon est né Lamartine, le plus grand poète de notre temps...

— Je t'arrête ici, dit son mari ; Lamartine est un grand poète, mais ne lui sacrifions pas Victor Hugo. Celui-ci, c'est moi qui le revendique, puisqu'il est né en Franche-Comté, à Besançon. Beaucoup trouvent qu'il occupe sans conteste la première place, et, à coup sûr, on ne peut le mettre au second rang.

— Admirons Lamartine, dis-je pour les mettre d'accord, admirons aussi Victor Hugo et convenons que la Bourgogne et la Franche-Comté sont deux grandes et belles provinces de notre France.

Fig. 157. — **Victor Hugo**. — Né à Besançon (1802), mort à Paris (1885). Illustre poète et écrivain. Ses principaux recueils de poésies sont les *Feuilles d'automne*, les *Chants du Crépuscule*, les *Contemplations*, la *Légende des siècles*, les *Châtiments*, qu'il écrivit à Guernesey alors qu'il était proscrit par Napoléon III, l'*Année Terrible*. — A fait aussi des pièces de théâtre, *Cromwell*, *Ruy-Blas*, *Hernani*, et des romans *Notre-Dame de Paris*, les *Misérables*. — Pair de France sous Louis-Philippe, membre des Assemblées Constituante et Législative (1848-51) de l'Assemblée Nationale de 1871, du Sénat (1876-85). A sa mort on lui fit des funérailles nationales et son corps fut transporté au Panthéon.

Je vous envoie, mes chers parents, cette conversation presque sans y rien changer. Je pense que vous la trouverez, comme moi, curieuse et intéressante. Que j'aurais voulu pouvoir prolonger mon séjour ici ! Mais il faut partir, et partir seule, puisque Mathilde ne va pas plus loin. Vous me croirez sans peine si je vous dis que je ne suis pas bien gaie.

DEVOIR DE RÉDACTION. — La Bourgogne : agriculture, mines et industrie ; — preuves de patriotisme données par ses habitants ; — citez quelques hommes illustres nés en Bourgogne.

CXXI (121). Bourg. — Moulins.

Mes chers parents,

En accompagnant Mathilde à Lons-le-Saunier je me suis un peu écartée de ma route et j'ai pris, comme on dit, le chemin des écoliers, qui n'est pas le plus direct. Si j'y ai perdu un peu de temps, j'y ai gagné de m'arrêter dans plusieurs villes que je n'aurais probablement jamais vues sans cela.

J'ai passé quelques heures à Bourg-en-Bresse, chef-lieu du département de l'Ain. C'était un dimanche et l'on rencontrait dans les rues et sur les promenades beaucoup d'habitants de la campagne revêtus de leurs plus beaux habits. Le costume des paysannes riches est assez curieux : elles portent sur la tête un chapeau rond et plat

Fig. 158. — Paysannes de la Bresse.

surmonté d'une sorte de pointe en forme de clocher et garni à profusion de dentelles du plus grand prix.

De Bourg je suis allée tout d'une traite (1) à Moulins, où je suis arrivée très tard dans la soirée. La ville, que j'ai pu parcourir le lendemain, est entourée de jolies promenades. Il y a un beau pont en pierre sur l'*Allier*, la rivière qui donne son nom au département

Fig. 159. — **Royat**. — Village du Puy-de-Dôme, près de Clermont, à l'entrée d'une vallée charmante, ombragée par de gros châtaigniers. Eaux thermales très fréquentées.

dont Moulins est le chef-lieu. Il paraît que ce pont a été très difficile à construire, car l'Allier, assez paisible d'ordinaire, a, lors des crues, un courant d'une violence extrême.

Aujourd'hui me voici à Clermont-Ferrand, capitale de l'Auvergne. Je commence à savoir voyager, je ne suis plus aussi timide qu'au premier jour ; je m'informe. je questionne. Ainsi, j'ai demandé à la propriétaire de

(1) **Traite**, ce mot signifie ici l'étendue de chemin qu'un voyageur fait sans se reposer.

l'hôtel où je suis descendue, ce que je pourrais bien voir d'intéressant, pendant les quelques heures que j'avais à passer ici.

— Si vous aviez un peu plus de temps, m'a-t-elle répondu, et si nous étions en été, je vous conseillerais d'aller à Royat. Il y a là des eaux thermales(1) qui attirent chaque année un grand nombre de malades. La vallée de Royat est fort belle et on y voit de gros châtaigniers qui n'ont pas leurs pareils dans toute l'Auvergne. Mais ce n'est pas l'hiver qu'il faut visiter Royat (*fig.* 159). Avec le temps dont vous disposez, vous ne pouvez guère faire qu'un tour en ville.

CXXII (122). **Clermont-Ferrand et l'Auvergne.**

— Albert, demanda la maîtresse de l'hôtel, en s'adressant à son fils, veux-tu conduire madame et lui faire voir les curiosités de Clermont?

Le jeune Albert, un enfant d'une douzaine d'années, qui était très gravement occupé à faire le portrait d'un gros chat couché sur le rebord de la fenêtre, parut très flatté de la proposition et il s'empressa d'abandonner son dessin.

— Voulez-vous, me dit-il, voir la fontaine pétrifiante de Sainte-Allyre?

— Qu'est-ce que cela, la fontaine pétrifiante?

— Une fontaine dont les eaux changent en pierres tous les objets qu'elles touchent.

— Vraiment, ce doit être curieux; allons-y.

Il n'est pas tout à fait exact de dire que les objets plongés dans cette source se transforment en pierres; ils sont seulement recouverts d'une couche de matières pierreuses que l'eau tient en suspension. Qu'on place

---

(1) **Thermales** (d'un mot grec qui veut dire chaleur), on nomme ainsi certaines sources médicinales dont l'eau est naturellement d'une température élevée.

sous la fontaine une grappe de raisins, un œuf, une écrevisse, et quelques jours après on retrouvera ces objets enveloppés d'une mince croûte de pierre.

De la colline sur laquelle la ville de Clermont est bâtie on voit d'un côté la plaine de la Limagne, riche en moissons, riche aussi en arbres fruitiers, en abricotiers (*fig.* 160) surtout, avec le fruit desquels on fait de la pâte et des confitures renommées ; de l'autre côté on n'aperçoit que des montagnes, dominées par la cime arrondie du Puy-de-Dôme (*fig.* 161).

— Êtes-vous déjà monté là-haut? dis-je à mon jeune guide.

— Oui, madame, et si la course est fatigante, on en est bien récompensé, car on a une belle vue quand on est arrivé ! A ses pieds on découvre toute la plaine de la Limagne, avec l'Allier qui la traverse et qui, de là-haut, semble un mince filet d'argent. Tout autour du Puy-de-Dôme se dressent vingt autres sommets à peine

Fig. 160. — **Abricotier**. — FEUILLES, FLEUR, FRUITS. — L'abricotier est un arbre originaire de l'Arménie qui a été introduit en France au xvi⁶ siècle. Son fruit est velu. La chair sucrée savoureuse est jaune ou rouge suivant les espèces. Les pâtes d'abricots d'Auvergne sont renommées.

moins élevés. Ce sont d'anciens volcans tout couverts de pierres calcinées d'une teinte rouge ou brun foncé. Tenez, voyez-vous là cette montagne un peu à droite du Puy-de-Dôme? On l'appelle le *puy de Pariou ;* quand on se croit arrivé en haut, tout d'un coup on aperçoit un grand creux; c'est ce qui reste de l'ancien cratère (1) par lequel le volcan a vomi autrefois les flammes, la cendre, la lave (2). Un autre cratère assez bien conservé se trouve, non pas au sommet, mais sur le flanc du Puy-de-Dôme, à mi-côte; on l'appelle le *Nid de la Poule*.

Fig. 161. — **Le Puy-de-Dôme.** — Le Puy-de-Dôme s'élève à l'ouest de Clermont-Ferrand, au milieu des anciens volcans de l'Auvergne. Du sommet (1 462 mètres) on a une vue très étendue sur la plaine de la Limagne. — On a établi au Puy-de-Dôme un *observatoire* pour l'étude des phénomènes météorologiques (vent, pluies, orages, etc.).

— Et vous faites souvent de grandes courses dans ces montagnes.

— Très souvent, madame, avec mes camarades d'école. Notre instituteur nous a dit qu'il fallait nous

(1) **Cratère**, ouverture par lequel un volcan rejette des matières enflammées.

(2) **Lave**, toute matière en fusion rejetée par un volcan.

fortifier et nous exercer à la marche pour faire un jour de bons soldats. Or, nous voulons tous être soldats pour reprendre l'Alsace aux Prussiens.

— Je suis heureuse, mon ami, de vous voir parler ainsi, moi qui suis Alsacienne. Votre instituteur a bien raison de vous faire aimer l'Alsace car là-bas aussi on aime bien la France.

CXXIII (123). L'étude de l'histoire nous apprend à aimer notre patrie.

Nous arrivions sur la *place de Jaude*, qui est la plus belle de Clermont.

— Voyez-vous cette statue? me dit le jeune Albert, c'est celle de Desaix, un général de la première République, qui est né dans un petit village d'Auvergne. Si vous voulez, quand nous serons rentrés, je vous montrerai un devoir que j'ai fait sur les grands hommes de l'Auvergne. Il y est question de Desaix et aussi de Vercingétorix, et de Michel de L'Hospital.

Quand nous fûmes de retour, après deux heures de promenade, nous étions devenus une paire d'amis. Albert s'empressa d'aller me chercher son devoir; je l'ai trouvé si gentiment tourné que je lui ai demandé d'en faire une copie pour l'envoyer à mes parents, en Alsace. Vous pensez si cela l'a rendu fier. Vous verrez, en lisant ce devoir, qu'on ne se contente plus, comme autrefois, d'enseigner aux petits Français la lecture, l'écriture et les quatre règles. On leur apprend aussi à connaître et à aimer leur pays.

N'est-ce point là une chose excellente? Il ne suffit pas d'avoir de bons canons et des fusils à tir rapide, il faut aussi que les hommes qui les manient aient conscience de leurs devoirs. Comment seraient-ils prêts à tout sacrifier pour la Patrie si ce mot était pour eux vide de sens, s'ils ne connaissaient pas l'histoire de notre

France, s'ils n'avaient souffert de ses douleurs passées et applaudi à ses triomphes? L'heure présente est mauvaise et triste. Mais patience, que nos petits écoliers grandissent et l'on verra bien ce dont ils sont capables!

Ci-joint le devoir de mon jeune ami.

DEVOIR DE RÉDACTION. — Montrez que c'est en étudiant l'histoire de France qu'on apprend à aimer sa Patrie. La lecture des pages glorieuses de notre histoire nous donne, avec une juste fierté, le désir de ne pas être indignes de nos aïeux; les épreuves que la France a supportées et auxquelles elle a survécu nous prouvent qu'il ne faut jamais désespérer.

CXXIV (124). Les grands hommes de l'Auvergne. — Vercingétorix.

Notre pays, la France, s'appelait autrefois la Gaule. Les Gaulois étaient braves, aventureux, toujours prêts à partir en guerre. Ils se plaisaient dans les batailles et ils méprisaient la mort. Dans tous les pays où ils portèrent leurs armes, en Italie, en Grèce, ils étonnèrent leurs ennemis par leur intrépidité.

Unis, les Gaulois eussent été invincibles. Malheureu-

Fig. 162. — **Gaulois**. — Les Gaulois, nos ancêtres, habitaient la France actuelle qui portait alors le nom de *Gaule* et qui s'étendait à l'est jusqu'aux Alpes et au Rhin. — La Gaule fut conquise par Jules César de 58 à 52 ans avant J.-C.

Fig. 163. — **Le plateau de Gergovie.** — A 4 kilomètres au sud de Clermont-Ferrand. Lors de l'invasion romaine, les Gaulois s'y étaient fortifiés et Vercingétorix y fit subir un échec à César

sement ils étaient divisés en petits peuples jaloux les uns des autres et trop disposés à invoquer l'appui de l'étranger dans leurs querelles.

Il y a près de deux mille ans, un général romain, Jules César, entreprit la conquête de la Gaule. Il fut d'abord victorieux, grâce aux divisions des Gaulois et aussi à la valeur de ses troupes, car les Romains étaient des soldats courageux, endurcis à la fatigue et très disciplinés.

Comme il se croyait déjà maître de la Gaule, un jeune homme se leva dans le pays des Arvernes, appelant tous ses compatriotes à s'unir pour repousser l'étranger. On le nommait Vercingétorix.

Fig. 164. — **Vercingétorix.** — Chef arverne, se mit à la tête du soulèvement des Gaulois contre les Romains, battit César à Gergovie, mais fut bientôt assiégé dans Alésia. Une armée de secours ayant été dispersée et les vivres étant épuisés, Vercingétorix se rendit à César, qui l'envoya à Rome, le montra derrière son char de triomphe et le fit mettre à mort.

César vint l'attaquer dans la place forte de Gergovi (*fig.* 163) située sur une colline, à une lieue au sud d l'endroit où est aujourd'hui Clermont. Mais le généra romain fut battu et forcé de se retirer.

Cette victoire des Gaulois fut la dernière. Vercinge torix fut bientôt assiégé dans une autre place nommé Alésia. Une armée de secours essaya vainement de fo cer les Romains à lever le siège. Elle fut battue et dispersée. Quand la famine menaça de décimer ses compagnons, Vercingétorix se rendit au camp de César et se déclara son prisonnier. Le vainqueur fut impitoyable. Il fit jeter le chef gaulois dans un cachot et, quelques années après, il le fit mettre à mort.

Nous admirons Vercingétorix et nous l'aimons parce que nous trouvons en lui des sentiments qui sont les nôtres, parce qu'il a bien aimé sa patrie, qu'il a voulu l'affranchir du joug de l'étranger, parce qu'il a combattu et qu'il est mort pour l'indépendance de cette terre de Gaule, qui est aujourd'hui la France.

DEVOIR DE RÉDACTION. — Racontez l'histoire de Vercingétorix.

CXXV (125). Desaix.

Desaix est bien plus rapproché de nous. C'est un des plus glorieux soldats des guerres de la Révolution, où la France eut à combattre l'Europe entière et finit cependant par être victorieuse.

FIG. 165. — **Desaix**. — Né à Saint-Hilaire d'Ayat, près de Riom (Puy-de-Dôme), en 1768. De famille noble, il n'en adopta pas moins avec enthousiasme les idées de la Révolution. Général de division à 26 ans, il combattit sous les ordres de Jourdan et de Moreau. Il suivit Bonaparte en Égypte et revint en France avec lui. Son arrivée sur le champ de bataille de Marengo décida la victoire, mais il périt, frappé d'une balle, le jour même où son ami et ancien compagnon d'armes Kléber était assassiné en Égypte (14 juin 1800).

Général à vingt-six ans, il servit à l'armée du Rhin et se distingua dans plusieurs batailles. Puis il accompagna le général Bonaparte en Égypte et battit plusieurs fois les cavaliers de Mourad-Bey. En 1800, il était à l'armée d'Italie lorsque se livra la bataille de Marengo (*fig*. 166). Après une lutte acharnée l'avantage restait aux Autrichiens; une seule chance restait aux Français, l'arrivée de Desaix qui le matin même avait été envoyé assez loin de là, dans une direction où l'on pensait qu'il rencontrerait l'ennemi. Au bruit du canon Desaix se hâte d'accourir ; il arrive à temps pour changer le résultat de la bataille, mais il périt frappé d'une balle dans la charge qui décida de la victoire.

Desaix était adoré de ses soldats ; il avait su se faire

Fig. 166. — **Bataille de Marengo** (14 juin 1800) gagné, par le premier consul Bonaparte sur l'armée autrichienne de Mélas.

aimer même des ennemis : en Allemagne, les paysans l'appelaient le *bon général*, et en Égypte il fut surnommé le *Sultan juste*. Combien peu d'hommes de guerre ont mérité de pareils éloges !

DEVOIR DE RÉDACTION. — Faites l'éloge de Desaix qui avait su se faire aimer même des ennemis. Un général et des soldats victorieux ne doivent pas abuser de leur force. Une partie de la France a été cruellement dévastée en 1870, mais il serait indigne d'user de représailles si nous avions un retour de fortune.

CXXVI (126). Michel de L'Hospital.

Michel de L'Hospital (*fig.* 167) n'était pas un soldat comme Desaix, mais sa vie contient de beaux enseignements. Ce n'est pas seulement sur le champ de bataille qu'on a besoin de courage pour faire son devoir. A l'époque où L'Hospital devint ministre et conseiller du roi Charles IX, la France était déchirée par les querelles de religion. Catholiques et protestants semblaient deux nations ennemies prêtes à se ruer l'une sur l'autre.

Au milieu des cris de guerre, L'Hospital fit entendre des paroles de modération et de tolérance. Il conjurait les Français d'oublier ces noms de luthériens, de huguenots, de papistes (1), « mots diaboliques, noms de partis, factions et séditions ». Catholique, il eût voulu ramener les protestants, mais par la douceur et non par la persécution : « Leur conscience, disait-il, ne doit être domptée, ni violée, mais persuadée par vraies et suffisantes raisons. »

Fig. 167. — **Michel de l'Hospital** (1507-1573). — Né à Aigueperse (Puy-de-Dôme). Ministre du roi Charles IX, il fit de vains efforts pour calmer les haines religieuses et faire vivre en paix catholiques et protestants.

Si on l'avait écouté, de grands malheurs eussent été évités, et le sang français n'eût point coulé dans les guerres civiles.

Les ennemis de L'Hospital se lassèrent de voir auprès du roi cet homme intègre qui préférait la *rude vérité* à la *douce flatterie*. Ils le firent disgracier. Leur haine le poursuivit jusque dans sa retraite ; quand Charles IX ordonna le massacre de la Saint-Barthélemy, ils en-

---

(1) **Luthériens**, nom donné aux protestants de la doctrine de *Luther*. — **Huguenots**, surnom donné aux protestants par les catholiques au xvie siècle. — **Papistes**, ou partisans du pape, surnom donné aux catholiques par les protestants.

voyèrent des assassins pour tuer L'Hospital. Celui-ci, impassible au milieu du danger, ne cherchait même pas à défendre sa vie; il avait fait ouvrir la grande porte de sa maison, lorsque arriva un message qui déclarait que le roi lui faisait grâce : « J'ignorais, répondit-il, que j'eusse jamais mérité la mort ni le pardon. » Néanmoins, le spectacle des malheurs de la France abrégea sa vie et il mourut six mois après la Saint-Barthélemy.

DEVOIR DE RÉDACTION. — Faites l'éloge du caractère de Michel de l'Hospital. Expliquez ce que c'est que la tolérance. Il ne faut pas détester quelqu'un parce qu'il n'a pas la même religion que nous, ou les mêmes idées sur la façon de gouverner la France ; il ne faut jamais oublier que nous sommes tous enfants de la même patrie.

Fig. 168. — **Charles IX** (d'après le tableau de Clouet, au musée du Louvre), roi de France (1560-1574). — C'est pendant son règne que commencèrent les guerres de religion et qu'eut lieu le massacre de la *Saint-Barthélemy*.

CXXVII (127). **Les montagnes d'Auvergne.**

Mes chers parents,

Vous ne devineriez jamais, quand je vous le donnerais en cent ou en mille, de quel endroit je vous écris cette lettre. C'est d'une salle d'auberge d'un petit village du Cantal, au coin d'une fenêtre où on a poussé ma table pour que je puisse y voir clair.

Il fait cependant grand jour au dehors, car il est environ onze heures du matin. Aussi loin que ma vue peut s'étendre j'aperçois un blanc tapis de neige. Et sous les rayons du soleil, qui s'est enfin décidé à se montrer, cette neige est si éblouissante qu'on ne peut

LES MONTAGNES D'AUVERGNE

la regarder sans fatigue. Pourtant le paysage est curieux : des montagnes, des rochers, des murs gris qui soutiennent les champs accrochés aux flancs des coteaux, de grands arbres qui dressent vers le ciel leurs branches dénudées(1), de-ci de-là, dans le lointain, quelque ferme isolée, qu'on voit à peine, qu'on devine seulement aux

Fig. 169. — « Vous ne devineriez jamais, mes chers parents, d'où je vous écris cette lettre. C'est d'une salle d'auberge d'un petit village du Cantal, au coin d'une fenêtre où on a poussé ma table pour que je puisse y voir clair... »

flocons (2) de fumée bleuâtre qui flottent au-dessus de son toit.

Si maintenant je me retourne pour jeter un regard vers la salle où l'étroite fenêtre laisse à peine pénétrer un peu de jour, je vois d'abord un bon feu allumé dans une de ces vastes cheminées sous lesquelles un homme de haute taille pourrait se tenir debout. D'énormes marmites sont suspendues à la crémaillère noircie par la fumée. Une servante attise le feu et l'alimente en y

(1) **Dénudées**, privées de feuilles.
(2) **Flocon**, petite touffe de laine ou de soie et, par extension, tout ce qui ressemble à un flocon de laine.

jetant par brassées des branches de pin qui se tordent en pétillant. A la lueur de ces flambées (1) subites on voit clair dans tous les coins de la salle ; on aperçoit soudain les buveurs attablés, paysans que l'hiver, ennemi des labours, a chassés de leurs champs, rouliers (2) enveloppés dans ces grands manteaux qu'on appelle *limousines* ; dans le fond, des éclairs s'allument aux vitres du buffet où sont rangés les ustensiles de ménage et les assiettes de faïence aux couleurs variées.

Fig. 170. — **Issoire**. — **Église Saint-Paul**. — Église romane. Ce genre d'architecture est caractérisé par le *plein-cintre :* la partie supérieure des portes et fenêtres est en forme de *demi-cercle parfait*, au lieu d'être formée par un *arc de cercle brisé* comme dans les églises *gothiques* ou *ogivales*. (Pour les églises ogivales voir la cathédrale d'Amiens, *fig*. 132). — Issoire sous-préfecture du départ. du Puy-de-Dôme. Fabrique de chaudronnerie et d'instruments aratoires. Commerce de bestiaux.

Mais comment suis-je venue dans cette auberge de campagne ? Voici l'histoire : hier, quand je suis partie de Clermont, le temps était affreux ; la neige tombait, si épaisse qu'on ne voyait rien à cinquante pas devant soi. Quoi de plus monotone et de plus triste qu'un voyage par un temps pareil ? C'est à peine si j'ai pu distinguer, au milieu des tourbillons de neige, la ville d'Issoire célèbre autrefois par la fabrication des chaudrons. Dès qu'on l'a dépassée on quitte la plaine de la Limagne pour entrer dans la partie la plus abrupte des montagnes d'Auvergne. Notre train avance péniblement, tantôt s'enfonçant dans les tunnels (*fig*. 171)

(1) **Flambée**, feu très clair de menues branches ou de sarments.
(2) **Roulier** (vient du verbe rouler), voiturier qui transporte les marchandises sur des chariots.

creusés sous la montagne, tantôt franchissant les viaducs jetés sur les vallées profondes.

CXXVIII (128). Le train en détresse.

La nuit vient et la neige tombe toujours. Le vent souffle avec rage; le froid augmente. Tout d'un coup nous nous arrêtons. On se penche aux portières, on interroge les employés : « Que se passe-t-il ? Pourquoi cet arrêt en pleine campagne, loin de toute station ? » On ne tarde

Fig. 171. — **Tunnel**.

Fig. 172. — **Viaduc**

Un **tunnel** est un souterrain creusé à travers une colline ou une montagne pour le passage d'un chemin de fer, d'un canal ou d'une route. Les deux plus longs tunnels sont ceux du Saint-Gothard (Suisse) et du mont Cenis (entre la France et l'Italie). Le premier a 14 000 mètres de long, le second 12 500 mètres. — Un **viaduc** est un pont, presque toujours très long et très élevé, construit au-dessus d'une vallée ou d'une rivière pour le passage d'un chemin de fer ou d'une route.

point à en savoir la cause : la neige, amoncelée dans une tranchée, barre complètement la voie. C'est en vain que la locomotive se lance à plusieurs reprises à toute vapeur contre l'obstacle qui nous arrête. Le train reste en détresse (**1**). Impossible d'avancer.

Que faire? On ne peut pourtant pas rester jusqu'au lendemain dans ces wagons où l'on mourrait de froid. A l'horizon, brillent quelques lumières. C'est un village; il faut aller jusque-là.

Nous étions une vingtaine de voyageurs. Nous nous

---

(1) **Détresse**, danger pressant; par extension on dira qu'un train, qu'un bateau est en détresse lorsqu'il a besoin de secours.

mettons en route courageusement. Le mot n'est pas trop fort, car le trajet fut pénible; la neige se collant aux chaussures nous faisait trébucher tous les dix pas.

Fig. 173. — **Le massif central.** — Les montagnes du massif central sont froides et pauvres. L'élevage des bœufs et des moutons est la principale ressource de cette région. De riches mines de houille sont situées au nord du plateau : bassin de la Loire (*Saint-Étienne*), de l'Allier et du Puy-de-Dôme, — ou au sud : bassin du Gard (*Alais*), de l'Hérault, du Tarn, de l'Aveyron. On trouve aussi beaucoup de sources minérales. — Les villes sont rares et placées dans les vallées : **Saint-Étienne** (120 000 h.), **Clermont** (50 000 h.) dans la plaine de la Limagne, *Tulle*, *Albi*, *Cahors*, *Aurillac*, *Rodez*, *Le Puy*.

un vent glacial nous cinglait la figure. Enfin nous arrivons!

Voici une enseigne en fer qui se balance et grince au-dessus d'une porte. C'est l'auberge du village. Nous frappons, mais qu'on est long à venir nous ouvrir! Sans doute l'aubergiste, n'attendant plus personne à cette heure tardive, s'est déjà mis au lit.

Enfin, on entend à l'intérieur un bruit de sabots. La porte s'ouvre et la servante, qui vient au-devant de nous, pousse un cri de stupéfaction. Pensez donc : vingt voyageurs qui vous arrivent comme ça, sans crier gare! Vingt voyageurs à nourrir et à loger dans cette petite auberge!

Le plus pressé est de nous réchauffer et de sécher nos vêtements mouillés par la neige. On allume du feu dans la grande cheminée dont je vous parlais tout à l'heure. Pendant que nous nous pressons autour de la flamme, on prépare notre repas. Après toutes les émotions de cette soirée fatigante, je mangeai de fort bon cœur et je dormis de même. Aujourd'hui je suis tout à fait reposée et, tandis qu'on travaille à rendre la voie praticable pour notre train, je vous écris le récit de mes aventures.

Fig. 174. **Blé**. Fig. 175. **Seigle**.

Le **blé** est la principale culture de tous les pays civilisés ; la Russie, l'Australie, l'Inde, les États-Unis, en produisent beaucoup ; la France ensemence en blé près de 8 000 000 d'hectares. Le blé de semence doit être choisi avec le plus grand soin et n'avoir pas été récolté sur le champ que l'on veut ensemencer. — Le **seigle** est cultivé sur les terrains pauvres ; sa farine sert à faire un pain rafraîchissant, mais plus lourd et moins nourrissant que le pain de froment.

CXXIX (129). Le massif central.

Ces montagnes du massif central, où je me trouve arrêtée par la neige, ne ressemblent pas à notre chaîne des Vosges. Elles sont plus élevées, mais ce qui fait surtout la différence c'est que le massif central est beaucoup plus étendu : il couvre dix à douze départements. Des Cévennes, qui se dressent comme un mur au-dessus de la vallée du Rhône, aux montagnes du Limousin, d'où l'on domine les plaines du Poitou et de la Charente, il y a plus de quatre-vingts lieues. Du nord au sud, depuis les collines qui séparent les affluents de la Loire jusqu'aux plateaux des Causses, creusés de gorges profondes, où coulent les rivières qui vont à la Garonne, la distance n'est pas moindre.

Tout ce pays est rude et froid; le raisin n'y mûrit point et la culture du seigle (*fig.* 175) y remplace celle du blé (*fig.* 174), qui est trop délicat. C'est le pays des grands châtaigniers qui couvrent les pentes des vallées, c'est le pays des pâturages parcourus par les troupeaux de bœufs ou de moutons. Comme la terre est pauvre et ne suffirait point à nourrir les habitants, beaucoup émigrent au loin et vont chercher du travail dans les villes. Mais quand ils s'éloignent, ce n'est jamais sans espoir de retour. Il en est même qui ne s'en vont jamais que pour quelques mois et qui tous les ans reviennent au village natal : tels sont les maçons de la Creuse qui ne passent à Paris ou dans les grandes villes que la belle saison, celle où ils sont employés aux travaux du

Fig. 176. — **Châtaignier.** — Feuilles, fleurs, fruits. — Le châtaignier était déjà cultivé en France avant la conquête romaine. Il se plaît sur les sols granitiques, aussi est-il très répandu dans les pays du centre de la France qui forment le plateau central où il acquiert des dimensions colossales; il ne dépasse guère au nord les limites de la vigne. Le bois de châtaignier est employé en charpente, en ébénisterie, par les tonneliers et pour le tannage des peaux. Les fruits ou *châtaignes* se trouvent au nombre de deux ou trois, dans une coque hérissée d'épines qui s'ouvre en quatre à la maturité. Les châtaignes servent à la nourriture des paysans du Limousin, de la Marche, de l'Auvergne, des Cévennes et de presque tout le plateau central.

bâtiment (1), et qui, l'hiver venu, retournent à leurs montagnes.

GÉOGRAPHIE. — Tracez la carte du massif central.

CXXX (130). **La dentelle.**

Ce matin la femme de l'aubergiste est venue s'asseoir près de moi pour causer. Elle était occupée à faire de la dentelle. C'est un travail qui demande beaucoup d'attention et qui doit être bien fatigant pour les yeux.

Elle tenait sur ses genoux un coussin; des centaines d'épingles qui y étaient plantées indiquaient le dessin de la dentelle, et c'était merveille de voir comme les doigts agiles de l'ouvrière allaient et venaient, sans jamais se tromper, pour prendre les petites bobines sur lesquelles les fils sont enroulés et entortiller ces fils autour des épingles.

FIG. 177. — **Dentellière.** — Le métier à dentelle se nomme *carreau;* il est formé d'une carcasse en bois recouverte de feutre sur lequel un morceau de drap est tendu. Le dessin de la dentelle est décalqué sur une bande de parchemin ou de papier de couleur. Le nombre des fuseaux varie suivant la largeur de la dentelle. Voici comment s'y prend l'ouvrière : elle plante une rangée d'épingles en tête de son calque, enroule autour de chaque épingle deux ou trois tours de chaque fil, fait un nœud et entremêle les fils pour former le tissu et ainsi de suite pour toutes les épingles.

— Voyez, me dit-elle, on parle beaucoup des dentelles qu'on fait au

(1) **Travaux du bâtiment,** tous les travaux de construction.

Puy, dans la Haute-Loire, mais ce n'est pas seulement dans cette ville qu'on sait bien travailler. Dans toute l'Auvergne des milliers de femmes passent leurs journées à faire de la dentelle.

— C'est une occupation pour les temps de neige ou de pluie.

— Sans doute, et puis cela rapporte toujours un peu d'argent; oh! pas beaucoup, mais chez nous on n'est pas bien exigeant.

— Les hivers sont très rigoureux dans votre pays, lui dis-je.

— Nous avons bien plus froid que les gens de la plaine, c'est vrai, mais nous ne sommes pas les plus malheureux. Ici, nous avons encore quelques arbres fruitiers, des noyers, dont les fruits nous donnent de l'huile, des châtaigniers, des pommiers, des poiriers; plus haut, tout cela disparaît.

— Il y a donc des villages encore plus froids que le vôtre?

Fig. 178. — **Noyer**. Feuilles, fleur, fruit. — Le noyer est originaire de la Perse; son bois est employé par la carrosserie et surtout l'ébénisterie; on en fait aussi des crosses de fusils. Son fruit, dont la partie charnue et amère porte le nom de brou, contient un noyau qui est la noix. On retire des noix une huile employée pour l'alimentation dans le centre et dans le midi de la France.

— Ah! certes oui. Tenez, si vous alliez maintenant tout à fait dans la montagne, du côté du Cantal ou du Mont-Dore, vous trouveriez des paysans qui sont enfermés dans les étables, avec leurs bêtes. Ils y restent pendant toute la mauvaise saison, c'est-à-dire près de six mois, et c'est le seul moyen qu'ils aient de ne pas trop souffrir du froid. Mais vous ne passerez pas par là, je pense, vous allez sans doute dans les pays chauds? Peut-être à Toulouse?

Je lui dis d'où je venais et jusqu'où j'allais.

— Hé! ma pauvre enfant, s'écria-t-elle, quel grand voyage vous faites! Dire que moi, qui ai bien deux fois votre âge, je ne suis jamais allée plus loin qu'Aurillac, le chef-lieu de notre département. C'est une jolie ville, avec des rues bien propres, arrosées par des ruisseaux d'eau courante. Nous y allons souvent les jours de

Fig. 179. — **Aurillac.** — **Vue du canal.** — Aurillac, chef-lieu du Cantal, fabrique de chaudronnerie, commerce de chevaux, de bestiaux, de fromage du Cantal. — Patrie de Gerbert, qui fut pape sous le nom de Sylvestre II.

foire pour vendre des bestiaux ou des fromages. La dernière fois, j'en ai rapporté ce grand chaudron, que vous voyez là. Vous savez que l'Auvergne c'est le pays des chaudronniers... Dites-moi, dans les autres pays on se moque quelquefois des Auvergnats, n'est-ce pas? Eh bien! on a tort : nous sommes de braves gens, laborieux, économes; c'est vrai que nous ne sommes pas bien riches, mais nous valons bien ceux des autres provinces, n'est-il pas vrai?

— Vous avez raison, lui dis-je; on ne devrait se moquer que des désœuvrés et des paresseux.

A ce moment on vint nous annoncer que la voie était déblayée et que notre train allait pouvoir repartir.

DEVOIR DE RÉDACTION. — Parlez du massif central, de son climat, de ses productions, de ses habitants.

CXXXI (131). Des voisins qui parlent volontiers.

Mes chers parents,

Les jours se suivent et ne se ressemblent pas, comme dit un proverbe. Hier j'étais dans un pauvre village d'Auvergne, au milieu de montagnes couvertes de neige. Aujourd'hui me voici dans la grande et riche cité de Toulouse, sur les bords de la Garonne; le soleil brille, le ciel est sans nuages et, quoique nous soyons en plein hiver, il fait presque chaud. Quel changement en moins de vingt-quatre heures. Ce n'est plus le même pays, ni le même climat. Ce ne sont pas non plus les mêmes hommes : voici bien autour de moi des Méridionaux tels que je me les figurais, gais, bruyants, aimant à parler et à faire de grands gestes. J'en ai vu beaucoup hier dans le train qui m'amenait; le hasard m'avait donné pour compagnons de voyage des habitants de tous les départements voisins de Toulouse, des gens de Cahors, des gens d'Albi ou de Castres, de Montauban ou d'Agen. Les uns parlaient patois et je ne comprenais que quelques mots de leur conversation; mais l'usage du patois commence

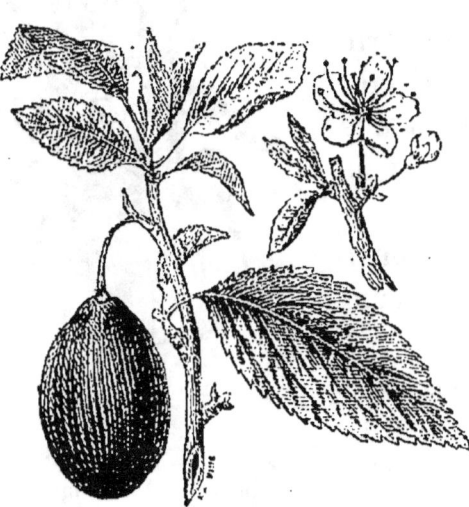

Fig. 180. — **Prunier.** — Feuilles, fleur, fruit. — Cet arbre est originaire du Caucase. Il existe de nombreuses variétés de pruniers : Reine-Claude, Monsieur, Mirabelle, Agen, Damas, etc. Les pruneaux sont des prunes desséchées que l'on prépare surtout à Tours et à Agen.

à se perdre et presque tous mes voisins causaient en français. Ceux-là je n'avais qu'à les écouter pour savoir bien des choses : on apprend sa géographie en voyageant.

— Voyez-vous, disait un cultivateur des environs d'Agen, chez nous, quand les prunes et les raisins sont abondants, on n'est pas malheureux. Les prunes (*fig.* 180) d'Agen sont renommées; on les fait sécher et on en exporte de grandes quantités. Quant à nos raisins de table, à nos chasselas, ils sont exquis, je ne vous dis que ça.

Et en signe d'admiration il faisait claquer sa langue contre son palais.

— Oui, oui, lui disait son interlocuteur, l'Agénois est un bon pays; nous autres, dans le Gers, nous ne sommes pas si bien partagés; pourtant nos eaux-de-vie de l'Armagnac sont presque aussi bonnes que celles de Cognac. Nous cultivons aussi le blé et le maïs; l'agriculture a fait de grands progrès dans notre département, qui était bien pauvre autrefois; mais nous aurons beau faire, nos champs ne vaudront jamais ceux de la vallée de la Garonne aux environs de Toulouse et de Montauban. En voilà des terres à blé comme il y en a peu !

Fig. 181. — **Maïs.** — Belle plante originaire de l'Amérique du Sud, n'épuise pas le sol et donne un grain très nourrissant. Le maïs sert à la nourriture de l'homme, à l'engraissement des bestiaux, à la fabrication de l'alcool et de l'amidon.

CXXXII (132). La ville de Toulouse.

Vers le soir, à la station d'où se détache l'embranchement d'Albi, le quai de la gare était rempli de monde. Il paraît que c'était jour de foire à Albi et une foule de paysans en revenaient. Notre compartiment fut bientôt complet : dix personnes et pas des plus minces, et avec cela des paniers, des paquets, des sacs! Il fallut se serrer un peu.

Fig. 182. — **Région du sud-ouest.** — Pays arrosé par l'Adour, la Garonne et ses affluents : terre à blé, vignobles (surtout dans la Gironde). — Villes principales : **Bordeaux** (240 000 h.), grand port de commerce, **Toulouse** (150 000 h.), **Périgueux** (29 000 h.), **Cahors** (16 000 h.), **Agen** (22 500 h.), **Montauban** (30 000 h.), **Auch, Foix, Tarbes** (26 000 h.), **Pau** (31 000 h.), **Bayonne** (30 000 h.), **Mont-de-Marsan** (12 000 h.).

Puis la conversation recommença :

— Et les bestiaux se sont bien vendus à la foire?

— Pas trop mal, répondait un des nouveaux arrivés, mais les laines surtout ont atteint un bon prix. Il était venu beaucoup de fabricants de draps de Castres et de Mazamet et même quelques-uns de Carcassonne, dans l'Aude. Il paraît qu'il y a des commandes et que les fabriques ne vont pas chômer (1).

Arrivée assez tard à Toulouse, je n'ai pu voir la ville qu'aujourd'hui. Elle est située sur la Garonne à l'endroit où le fleuve fait un coude et se met à couler dans la direction du nord-ouest. C'est par Toulouse que se fait tout le commerce entre la vallée de la

Fig. 183. — **Toulouse.** — **Le Musée.** — Toulouse (150 000 h.), ch.-l. de la Haute-Garonne, grande et riche ville, admirablement placée au centre de la France méridionale. Industrie et commerce très actifs. Beaux monuments : le Capitole, la cathédrale de Saint-Étienne, l'église Saint-Sernin. Patrie du jurisconsulte Cujas et du mathématicien Fermat.

Garonne et les départements baignés par la Méditerranée. C'est à Toulouse que vient aboutir le célèbre canal du Midi ou du Languedoc, construit pendant le règne de Louis XIV sous la direction de Riquet (*fig.* 184). C'est par Toulouse que passe la principale ligne des chemins de fer du Midi, qui va de Bordeaux à Cette.

En revanche, les montagnes du massif central que je

(1) **Chômer**, cesser de travailler

viens de traverser, forment au nord de la Garonne une barrière qui fut longtemps très difficile à franchir. Toulouse dut à cette situation d'être comme la capitale de la France du midi. Au moyen âge ses comtes furent aussi riches et puissants que des rois jusqu'à l'épouvantable *guerre des Albigeois* (1) qui ruina tout le pays.

GÉOGRAPHIE. — Tracez la carte de la France du sud-ouest.

CXXXIII (133). **De Toulouse à Bayonne.**

Mes chers parents,

Me voici dans ma nouvelle résidence : depuis deux jours je suis à Bayonne et si je ne vous ai pas écrit plus tôt, c'est que je voulais pouvoir vous donner quelques détails sur mon école, sur mes occupations, sur mon installation.

Fig. 184. — **Riquet** (1604-1680), né à Béziers; dressa le plan du *canal du Languedoc*, fit approuver son projet par Colbert et en dirigea l'exécution.

Je suis venue de Toulouse par le chemin de fer qui longe la chaîne des Pyrénées dont on aperçoit presque continuellement les hauts sommets. On passe à Saint-Gaudens, qui est situé sur le cours supérieur de la Garonne, puis à Tarbes, au milieu d'une belle plaine arrosée par l'Adour, enfin à Pau, où je me suis arrêtée pendant quelques heures.

Il n'y avait pas beaucoup de monde dans le train. On

(1) **Albigeois**, hérétiques qui tirèrent leur nom de la ville d'Albi. Ils furent exterminés, au commencement du XIIIe siècle, dans une croisade que dirigeait Simon de Montfort.

ne voyage guère pendant l'hiver. Mais il paraît que l'été les étrangers arrivent ici de fort loin. Les uns viennent pour se soigner et les sources de Bagnères-de-Luchon, de Barèges, de Cauterets, des Eaux-Bonnes, des Eaux-Chaudes, ont rendu la santé à bien des malades. D'autres sont des touristes qu'attire la beauté du pays, le désir d'escalader les pics et de parcourir les vallées profondes où de rocher en rocher bondissent les torrents qu'ici on appelle des *gaves*.

De la principale place de Pau (*fig.* 186), celle où s'élève la statue d'Henri IV, la vue est admirable. On domine la vallée du Gave, où

Fig. 185. — **Barèges**. — Village des Pyrénées très fréquenté pendant l'été à cause de ses *eaux thermales*.

la rivière, divisée en plusieurs bras par de petites îles, scintille sous les rayons du soleil. Sur l'autre rive, des collines s'allongent et montent d'étage en étage jusqu'à la chaîne dentelée des Pyrénées, au-dessus de laquelle le pic du midi d'Ossau dresse son cône couvert de neige. Aux avantages de sa belle position, Pau joint ceux d'un climat délicieux qui attire pendant l'hiver beaucoup d'étrangers et surtout d'Anglais qui fuient les brouillards de leur pays.

CXXXIV (134). Bayonne.

La ville de Bayonne est située près de l'embouchure de l'Adour, à quelque distance de la mer. L'école, où je vais occuper un poste d'institutrice-adjointe, est toute neuve et fort bien aménagée. C'est vraiment plaisir d'enseigner dans une grande classe bien propre et bien aérée. Sur les murs il y a de belles cartes de géographie et des tableaux pour l'étude du système métrique; dans un coin une armoire-bibliothèque, dont

Fig. 186. — **Pau. — Vue du château.** — Pau, sur une colline qui domine le Gave et d'où l'on a une vue superbe sur les Pyrénées. Patrie de Henri IV, qui naquit dans le château, du maréchal Gassion (xviie siècle), de Bernadotte, maréchal du premier empire, puis roi de Suède sous le nom de Charles XIV.

les rayons sont garnis de livres. Enfin rien ne manque et j'en suis bien contente.

La ville de Bayonne (*fig.* 187) me paraît gaie; ses rues sont très animées : on y rencontre des Béarnais, des Gascons, des Espagnols, des Basques. Ces derniers forment un peuple à part; ils habitent des deux côtés de la frontière, les uns en France, les autres en Espagne, mais la langue qu'ils parlent diffère beaucoup du fran-

Fig. 187. — **Bayonne** (30 000 h.), s.-pr. du dép. des Basses-Pyrénées, près de embouchure de l'Adour ; port de commerce ; chocolat et jambons renommés.

çais et de l'espagnol. Il y a des villages pas bien loin d'ici où l'on ne pourrait pas se faire comprendre, car

Fig. 188. — Paysans basques et chariot à bœufs.

pas un habitant ne connaît le français. Les Basques ont une démarche élégante et fière ; ils ont presque toujours à la main un bâton à bout plombé appelé *makila* qu'ils brandissent d'un air héroïque. Ils portent des vestes de velours, avec de larges ceintures de soie, et, comme coiffure, des bérets rouges ou bleus posés sur leurs longs cheveux flottants. Les femmes ont des vêtements de couleur sombre, ce qui est un peu triste. J'aime mieux les Béarnaises, si coquettement coiffées d'un mouchoir de couleur noué autour de leurs cheveux.

Voilà, mes chers parents, tout ce que j'avais à vous dire sur ma nouvelle patrie. J'y serais bien heureuse si je ne me sentais pas si éloignée des miens.

DEVOIR DE RÉDACTION. — Supposez qu'une des élèves de Marie Felber lui souhaite la bienvenue au nom de ses camarades. Elle dira qu'elle sait que son institutrice vient de très loin : ses élèves par leur docilité et leur affection chercheront à lui faire oublier qu'elle est séparée de sa famille. — Bayonne est bien loin de l'Alsace, mais, comme dans toute la France, on y a cruellement ressenti nos désastres. C'est en travaillant, c'est en étudiant qu'on préparera le relèvement de la Patrie.

CXXXV (135). Gaspard et Louis quittent Molsheim.

C'était une grande joie dans la maison des Felber, à Molsheim, quand on recevait une lettre de Marie. Chaque jour on épiait l'arrivée du facteur ; quand on le voyait apparaître, au bout de la rue, on ne le quittait plus des yeux. Si par bonheur il remettait une lettre, toute la famille se rassemblait pour la lire ; le père Felber tirait ses lunettes, soufflait dessus, les essuyait avec le coin de son mouchoir, les ajustait soigneusement sur son nez, puis il commençait lentement la lecture ; autour de lui la mère et les deux frères, Gaspard et Louis, ne perdaient pas une de ses paroles.

Cependant une nouvelle épreuve menaçait cette malheureuse famille. Dans quelques semaines les jeunes gens de l'âge de Gaspard devaient être incorporés dans l'armée allemande. Pour échapper à cette douleur et à cette humiliation, il n'était qu'un moyen, c'était de partir, de s'exiler. Cruelle alternative où la conquête prussienne a placé nos compatriotes, les jeunes gens d'Alsace. S'ils restent, ils deviennent soldats allemands et sont exposés, en cas de guerre, à être conduits au combat contre des Français. S'ils se décident à partir, c'est la vie loin de leur pays, loin de leur famille et de leurs amis d'enfance, et cela pour toujours, car celui qui reviendrait en Alsace serait traité comme un déserteur et puni de plusieurs années de prison. Eh bien ! les jeunes Alsaciens n'hésitent pas : tous les ans des milliers d'entre eux s'expatrient; ils passent la frontière et s'engagent dans l'armée française.

Depuis longtemps Gaspard était décidé à partir; au dernier moment il fut convenu que son frère Louis l'accompagnerait. Celui-ci était d'âge à com-

Fig. 189. — C'était une grande joie dans la maison des Felber, à Molsheim, quand on recevait une lettre de Marie.

mencer à travailler pour gagner sa vie; mais quelle que fût sa bonne volonté, il n'avait pu trouver du travail en Alsace; presque tous les riches propriétaires d'usines, voulant rester Français, avaient quitté le pays, beaucoup de fabriques se fermaient, beaucoup d'ouvriers ne trouvaient plus à s'employer. Une lettre de Ridell qui promettait à son jeune beau-frère de l'aider à se placer à Paris, détermina Louis à partir. Les parents firent bien quelque résistance : ils allaient se trouver si isolés, si tous leurs enfants les quittaient. Mais la décision de Louis était prise; on n'avait pu lui cacher que depuis la guerre la gêne était dans la famille et qu'on avait de la peine à payer les dettes contractées pour réparer la maison à demi détruite par les Prussiens; Louis ne voulait plus être à charge aux siens.

CXXXVI (136). La séparation.

Ce fut un triste jour que celui du départ des deux

Fig. 190. — Ils partirent à la tombée de la nuit, à pied, ayant chacun sur le dos un sac qui contenait des vêtements de rechange et quelques provisions.

frères. Ils furent obligés de se cacher, à cause de Gaspard que les gendarmes prussiens auraient pu arrêter à la frontière. C'est à la dérobée, comme des fugitifs qui se sauvent de leur prison, qu'ils quittèrent cette petite ville de Molsheim, où ils avaient été élevés, où étaient tous leurs souvenirs, où ils avaient longtemps placé toutes leurs espérances. Ils n'eurent même pas la consolation de dire adieu à tant d'amis qu'ils ne devaient plus revoir. Ils partirent à la tombée de la nuit, à pied, ayant chacun sur le dos un sac qui contenait des vêtements de rechange et quelques provisions. Leurs parents les accompagnèrent au loin sur la route et ils ne pouvaient se décider à reprendre le chemin de Molsheim.

Enfin il fallut se séparer : les deux vieillards, pliés sous le poids de la fatalité qui leur enlevait l'un après l'autre tous leurs enfants, regagnèrent leur demeure sans se dire un mot, en pleurant silencieusement. Comme elle leur parut triste et vide, et surtout trop grande, cette maison autrefois si gaie ! Comme ils s'y sentirent seuls ! A chaque pas qu'ils faisaient, à chaque objet sur lequel tombaient leurs regards, c'était quelque souvenir des joies passées qui revenait à leur mémoire et qui rendait plus amers encore leur isolement et leur douleur.

Pendant ce temps nos deux voyageurs continuaient à marcher. Lorsque le jour commença à poindre ils étaient déjà loin ; ils avaient franchi la nouvelle frontière de l'Alsace-Lorraine et ils se trouvaient sur la terre française. Le chemin qu'ils suivaient maintenant descendait sur l'autre revers des Vosges ; bientôt ils aperçurent devant eux, au fond d'une vallée, la ville de Saint-Dié avec ses maisons et ses fabriques pittoresquement groupées au bord de la Meurthe.

Comme ils n'avaient pas beaucoup d'argent, ils avaient décidé qu'ils feraient route à pied ; chemin faisant ils chercheraient du travail, offrant leurs services dans les usines ou dans les fermes ; puis, quand ils auraient amassé de quoi vivre pendant deux ou trois jours, ils reprendraient leurs sacs et leurs bâtons de voyage. C'est à Paris qu'ils se rendaient : là Gaspard, après avoir conduit son jeune frère chez Ridell, devait s'engager dans un régiment d'artillerie.

DEVOIR DE RÉDACTION. — Un jeune Alsacien qui arrive à l'âge de la conscription, écrit à un de ses amis qui habite la France pour lui dire qu'il va s'engager dans l'armée française. C'est chose pénible que de quitter sa famille et son pays natal, mais il ne peut se faire à l'idée de servir dans l'armée allemande et d'être exposé un jour à se battre contre des Français.

CXXXVII (137). Le département des Vosges. — Épinal.

Ils traversèrent d'abord le département des Vosges, qui est un des plus beaux de notre belle France. Ses

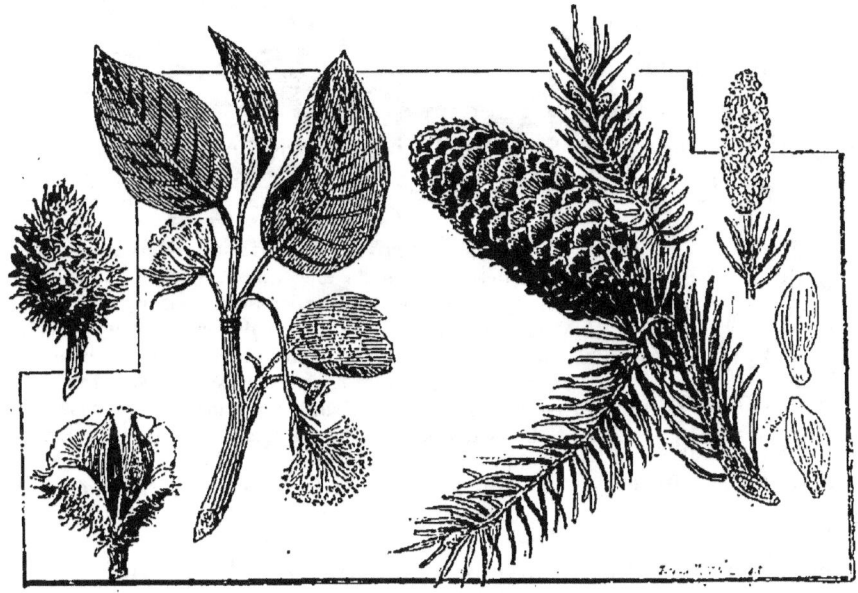

Fig. 191. — **Hêtre.** Feuilles et fruit. — Fig. 192. — **Sapin.** Feuilles et fruit.

Le hêtre est un arbre très commun dans nos forêts où il atteint jusqu'à quarante mètres de hauteur. Son fruit est renfermé dans une coque épineuse qui s'ouvre en quatre à la maturité. On retire de l'amande une huile comestible qui s'améliore en vieillissant. Le bois de hêtre est très employé pour le chauffage: on en fait aussi toute sorte d'ustensiles et des sabots. — Le **sapin** se plaît dans les contrées montagneuses; les Alpes, les Vosges en sont couvertes. Son bois est recherché pour la menuiserie, pour la charpente et les constructions navales, il est léger et dure plus longtemps que le bois blanc. Le sapin atteint facilement quarante mètres de hauteur.

montagnes n'ont pas l'aspect sauvage des Alpes ni des Pyrénées; elles sont beaucoup moins élevées et leurs sommets, arrondis en forme de ballons, sont partout couverts de forêts de hêtres ou de sapins; à la verdure un peu sombre de ces sommets, se marie harmonieusement le vert plus tendre des prairies; dans les vallées, près des rivières aux eaux claires où l'on pêche (1) l'écrevisse et la truite, des usines sont installées, papeteries, filatures de coton, fabriques de tissus.

C'était le temps de la moisson et les deux frères n'eurent pas de peine à se louer dans les fermes ; le jour, sous le brûlant soleil de juillet, ils maniaient la faucille, liaient les gerbes et les rangeaient en tas ; la nuit ils couchaient sur le foin dans les granges.

Quand ils arrivèrent à Épinal (*fig.* 194), chef-lieu du département, ils avaient déjà fait quelques économies.

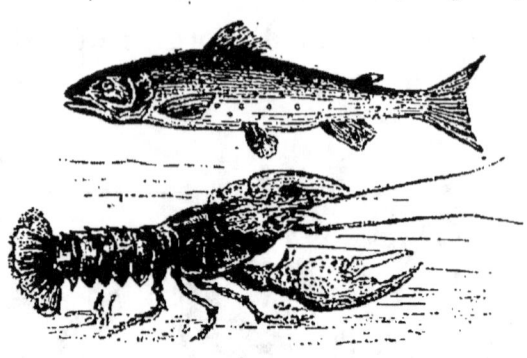

Fig. 193. — **Truite. Écrevisse.** — Les **truites** sont des poissons de mer qui remontent dans les rivières et même dans les ruisseaux. Leur dos a des taches brunes et leurs flancs des taches rouges sur fond blanc, gris, jaune ou fauve. Leur chair est excellente. La truite *saumonée* est très recherchée. — Les **écrevisses** sont des crustacés qui vivent dans l'eau douce et courante, cachés sous les pierres et dans les trous des berges. Elles se nourrissent de petits poissons, de larves et de petits mollusques. Leur chair est très estimée.

— Puisque nos affaires ne vont pas trop mal, dit Louis, je puis bien consacrer une quinzaine de sous à acheter quelques-unes de ces images que l'on fabrique ici pour les enfants. Je les donnerai à notre petite nièce Pauline ; ce ne sera pas un bien beau cadeau, mais nous ne sommes pas assez riches, en ce moment, pour faire davantage. D'ailleurs la bonne intention, plus que la valeur même du cadeau, en fait le prix.

Gaspard ayant donné son approbation, Louis fit emplette de plusieurs feuilles où étaient narrées sous de belles gravures, aux teintes rouges, bleues

---

(1) **Pêcher**, avec un accent *circonflexe*, veut dire prendre du poisson **pécher** avec un accent *aigu*, commettre une faute. **Pêcher** avec un accent *circonflexe* indique encore l'arbre qui porte la *pêche*.

ou jaunes, les aventures du *Petit Poucet*, du *Chat botté*, du *Chaperon rouge* et autres contes aussi merveilleux qu'intéressants.

— Voilà, dit Gaspard, de quoi faire la joie de notre petite Pauline; ces images ne sont vraiment pas chères, et elles ne sont pas bien lourdes non plus, ce qui est à

Fig. 194. — **Épinal.** — **Quai de la Moselle.** — Épinal, ch.-l. du département des Vosges, fabriques d'images coloriées. Depuis 1870 la ville est protégée par plusieurs forts bâtis sur les hauteurs environnantes.

considérer puisque nous portons tout notre bagage sur nos épaules. Et maintenant en route et ne perdons pas de temps : d'ici à Paris il ne nous reste plus à faire qu'une centaine de lieues.

DEVOIR DE RÉDACTION. — Développez cette idée que, quand on fait un cadeau, c'est la bonne intention, encore plus que la valeur de l'objet donné, qui fait plaisir à celui qui reçoit.

CXXXVIII (138). Chaumont.

— Cent lieues, dit Louis, comme c'est long ! Qu'il me tarde d'être seulement à moitié route ! Les gens qui peuvent prendre le chemin de fer sont bien heureux.

— C'est un plaisir que nous pourrons peut-être nous payer, petit frère ; encore quelques bonnes journées de travail et je te proposerai de faire quelques étapes en wagon.

— Ce n'est pas moi qui refuserai, si nous pouvons faire ainsi une partie du trajet, nous nous fatiguerons moins et nous économiserons nos souliers.

Quelques jours plus tard les deux frères arrivaient au

Fig. 195. — Chaumont. — **Le viaduc du chemin de fer.** — Ce viaduc a 600 mètres de long et 50 de hauteur. — Chaumont est le chef-lieu du département de la Haute-Marne. On y fabrique des gants de peau. Commerce de fer et de coutellerie. C'est la patrie du général Damrémont et du sculpteur Bouchardon.

bas de la colline où est bâtie la ville de Chaumont, chef-lieu de la Haute-Marne. La chaleur était accablante ; épuisés par une longue marche en plein soleil, nos voyageurs s'assirent sous les grands arbres de la promenade qui mène à la gare.

— Si nous faisions nos comptes, dit Gaspard.

Et, ce disant, il étala devant lui quatre grosses pièces de cinq francs, quelques pièces d'argent plus petites et une poignée de sous.

— Mais nous sommes riches, très riches, disait joyeusement Louis, pendant que son frère comptait.

— Vingt-six ! vingt-sept ! vingt-huit francs soixante-cinq centimes! disait celui-ci; peut-être cette somme suffira-t-elle à nous mener jusqu'à Paris.

— Quelle chance, allons vite à la gare !

Mais quand ils eurent demandé le prix de deux billets pour Paris et qu'un employé leur eut répondu : 35 fr. 50, leur joie se changea en désappointement.

— Allons au moins aussi près que possible de Paris, dit Louis.

— Et manger? imprudent. Comptes-tu donc te passer de déjeuner? Ne dépensons pas toute notre fortune d'un seul coup; prenons seulement nos billets jusqu'à Troyes, c'est une ville importante et nous aurions bien du malheur si nous ne trouvions pas là à compléter ce qui nous manque pour aller jusqu'à Paris.

CXXXIX (139). Troyes.

Gaspard se trompait en pensant qu'il serait facile de trouver de l'ouvrage à Troyes. Cette ville a de nombreuses fabriques de bonneterie, bas, mitaines, gants tricotés, des filatures de laine ou de coton, mais on n'y donne du travail qu'à des ouvriers expérimentés (1). D'ailleurs, qui se fût soucié de prendre des étrangers qui ne faisaient que passer dans la ville?

Découragés après avoir sonné à plus de vingt portes et obtenu toujours même réponse, les deux frères finissaient leur journée assez tristement. Cette longue et inutile promenade à travers les rues de la ville les avait fatigués plus qu'une marche en pleine campagne. Gaspard surtout se laissait abattre, déclarant que la chance les abandonnait et il parlait de partir tout de suite par la route de Paris et de marcher jusqu'au moment où ils tomberaient de fatigue. Louis, au contraire, voulait faire

---

(1) **Ouvriers expérimentés**, ouvriers qui ont les connaissances voulues pour bien exercer leur métier.

encore quelques tentatives, dût-on éprouver de nouveaux refus.

— Entrons encore ici, je te prie, dit-il à son frère, en désignant une porte cochère qui s'ouvrait sur une grande cour pleine de voitures.

— Je veux bien, pour te faire plaisir, mais tu verras que nous ne serons pas plus heureux là qu'ailleurs.

— Essayons toujours.

Ils entrèrent et contèrent leur histoire à un homme vêtu d'une blouse bleue et armé d'un grand fouet de charretier, qui se promenait dans la cour (*fig.* 197).

— Mes bons amis, dit celui-ci, je voudrais bien vous être agréable, mais comment faire ? Sauriez-vous conduire un cheval ? dit-il en s'adressant à Gaspard.

— Si je sais conduire ? J'ai servi dans l'artillerie.

— A la bonne heure, cela se trouve bien ; j'ai justement besoin de quelqu'un pour m'aider à mener jusqu'à Auxerre ces deux voitures que vous voyez là.

Fig. 196. — **Troyes.** — **La rue et la tourelle des Orfèvres.** — Troyes (50 000 h.), ch.-l. de l'Aube ; on y remarque beaucoup de vieilles maisons en bois. Fabriques de bonneterie de coton, tricots, toiles, etc.

Elles sont chargées depuis hier et je serais déjà parti si le camarade qui m'accompagne d'habitude, n'était pas tombé malade ; vous pourriez bien le remplacer ; seulement, si vous allez à Paris, ce n'est guère votre chemin de passer par Auxerre ; mais peut-être une fois là-bas, trouverez-vous une occasion pour vous rapprocher de la capitale.

Il était évident que le voiturier tenait surtout à avoir quelqu'un qui l'aidât à conduire ses charrettes. Mais quand on est las de chercher sans trouver, on n'est pas bien difficile et Gaspard se hâta d'accepter.

— Nous étions moissonneurs, nous voilà devenus charretiers, dit Louis, c'est amusant de faire un peu tous les métiers.

CXL (140). **Auxerre.**

Le voyage dura deux jours, car le voiturier ne voulait pas fatiguer ses chevaux. En arrivant à Auxerre,

Fig. 197. — Ils entrèrent et contèrent leur histoire à un homme vêtu d'une blouse bleue et armé d'un grand fouet de charretier, qui se promenait dans la cour.

(*fig.* 198) il dit à ses compagnons : « Allez au port, vous y trouverez sans doute quelque bateau en partance pour Paris.

— Au port, dit Louis surpris ; il y a donc un port à Auxerre ?

— Certainement, dit le voiturier, non pas un port de

mer, la mer est bien loin d'ici, mais un port sur la rivière de l'Yonne ; en descendant l'Yonne, puis la Seine, les bateaux vont jusqu'à Paris.

Il y avait en effet beaucoup de bateaux sur l'Yonne : les uns étaient chargés de futailles pleines de vin, car on en récolte beaucoup autour d'Auxerre et dans tout le département de l'Yonne, d'autres portaient du foin, d'autres encore des piles de planches. Il y avait aussi des radeaux (1) de bois formés de grosses poutres liées ensemble ; tous ces bois viennent des forêts qui couvrent les montagnes du Morvan.

Plusieurs bateaux devaient partir

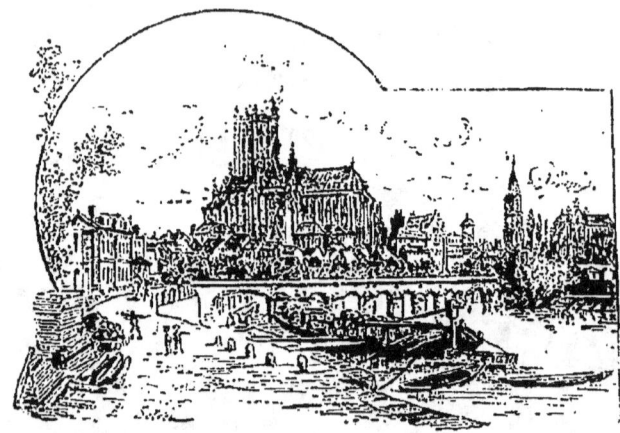

Fig. 198. — **Auxerre** sur l'Yonne (18 000 h.), ch.-l. du dép. de l'Yonne ; commerce de vins et de bois ; patrie de Paul Bert.

bientôt pour Paris, mais partout le personnel était au complet et on ne se souciait pas d'avoir deux bouches de plus à nourrir. Ah ! si les deux frères avaient pu payer le prix de leur voyage, c'eût été différent ; mais leur pauvre bourse était bien trop plate pour cela.

— Voilà bien notre chance, disait Gaspard tout à fait découragé, nous avons perdu deux jours et nous sommes aujourd'hui un peu plus loin de Paris qu'en arrivant à Troyes.

— Quel dommage, disait Louis, j'aurais tant aimé à faire un voyage sur ces grandes barques ; ça doit être

---

(1) **Radeau**, assemblage de pièces de bois qui forment une espèce de plancher sur l'eau.

bien commode de se laisser aller au courant de l'eau et d'arriver à destination sans se fatiguer.

— Je pourrais bien vous prendre sur mon bateau et vous mener tout près de Paris, dit un des mariniers, mais pas par le plus court chemin.

— Et qu'entendez-vous dire (1) par *tout près de Paris?* dit Gaspard.

— Je dois aller jusqu'à Corbeil ; de là, en une journée, si vous êtes bons marcheurs, vous serez dans la capitale de la France. L'étape est un peu longue : mais ça peut se faire tout de même. Le malheur est que je ne vais pas tout droit là-bas et qu'il faut que je passe d'abord par Nevers et par Bourges.

— Troyes, Auxerre, Nevers, Bourges, c'est tourner autour de Paris en s'éloignant toujours un peu, dit Gaspard. Quand nous arriverons, nous aurons vu quasi toute la France. Enfin, vous nous offrez un moyen d'arriver près de Paris et comme nous n'avons pas le choix, nous ne pouvons pas refuser.

CXLI (141). Le canal du Nivernais.

— Alors, c'est entendu, dit le père Gilbert (c'était le nom du batelier), je vous prends avec moi et je vous conduis jusqu'à Corbeil. Vous m'aiderez dans mon travail et en retour je m'engage à vous nourrir ; il ne faut pas me demander davantage, je ne suis pas assez riche pour vous payer.

— Et où logerons-nous? dit Louis, un peu inquiet.

— Mais dans le bateau : il y a une jolie cabine, c'est comme une vraie petite maison ; c'est là que nous demeurons, ma femme et moi, avec un de nos garçons qui nous accompagne dans nos voyages. Vous, jeune homme, vous aurez charge de nous aider à balayer et à

---

(1) Que voulez-vous dire?

nettoyer la cabine, car vous ne seriez pas assez fort pour tirer le bateau.

— On est donc obligé de tirer le bateau pour le faire avancer?

— Sans doute; un canal n'est pas comme une

Fig. 199. — **Péniche tirée à la corde.** — Les péniches sont de grands bateaux à fond plat qui servent au transport des marchandises sur les rivières et les canaux. Sur les rivières, à la descente, le courant les entraîne et les bateliers n'ont qu'à se laisser aller au fil de l'eau; mais pour remonter le courant ou pour naviguer sur les canaux, qui sont à eau dormante, il faut tirer le bateau avec une corde. On emploie à cet usage, tantôt des remorqueurs à vapeur, tantôt des bœufs, des chevaux ou des ânes, ou enfin des hommes.

rivière, où le bateau est porté par le courant. Il faut qu'un homme marche sur le bord du canal et s'attelle à une corde dont l'autre bout est fixé à l'embarcation.

— Oh! je pourrais peut-être bien vous aider à tirer la corde, dit Louis.

— Vous ne savez pas comme c'est pénible, même pour ceux qui en ont l'habitude, de se tenir pendant des heures, le corps penché en avant et les jambes tendues. On a beau tirer de toutes ses forces, on n'avance qu'à petits pas, surtout si le bateau est très chargé et s'il plonge profondément dans l'eau.

— Pourquoi ne pas avoir un cheval ou un âne? dit Gaspard.

— Parce qu'un cheval ou un âne, ça coûte cher à acheter et que ça mange du foin, tous les jours. Je vous ai déjà dit que nous n'étions pas bien riches ; c'est si peu payé les transports par bateau! C'est même là ce qui fait que nous avons encore du travail ; le chemin de fer va si vite et nous si lentement ! Mais comme nous transportons les marchandises à très bas prix, on nous donne celles qui sont lourdes et encombrantes, comme le charbon, le bois, les pierres et autres matériaux de construction.

— Et quand partez-vous? demanda Gaspard.

— Demain, au point du jour.

CXLII (142). Le canal latéral à la Loire.

Le lendemain les deux frères s'embarquaient sur le bateau du père Gilbert, qui avait pour nom *la Ville de Nevers*.

— Notre chargement n'est pas bien lourd, leur dit le batelier, mais nous le compléterons en route, à Clamecy, où nous prendrons des planches et du bois de chauffage. C'est par Clamecy que l'on exporte une bonne partie des bois du Morvan.

Fig. 200. — **Écluse**. — Les écluses sont des barrages mobiles destinés à réunir les canaux de niveaux différents et à rendre navigables les rivières au courant trop rapide.

On avançait lentement sur le canal; ce qui ralentissait encore la marche c'est que plusieurs fois par jou il fallait s'arrêter à une *écluse* (*fig.* 200) pour passer d'un niveau à l'autre. Le soir on amarrait (1) le bateau à quelque arbre planté sur le bord, puis tout le monde rentrait dans la cabine et on dormait bien tranquillement.

Ce n'est qu'au bout de huit jours qu'on atteignit la Loire, près de la petite ville de Decize.

— Enfin, dit Louis, nous voilà à la Loire ; vous n'aurez plus à tirer le bateau maintenant.

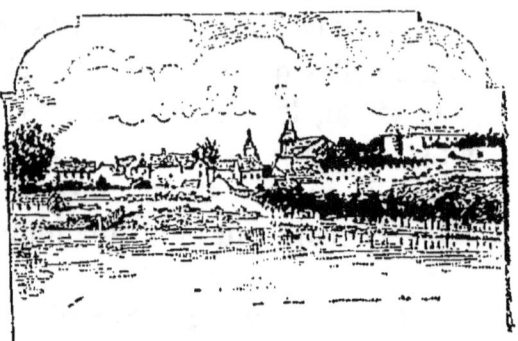

Fig. 201. — Decize. — Ch.-l. de canton (Nièvre), à l'endroit où le canal du Nivernais rejoint la Loire.

— Erreur, mon ami, lui dit le père Gilbert, nous n'allons pas suivre la Loire, mais le *canal latéral*, qui est à côté de la Loire.

— Quelle drôle d'idée! dit Louis ; je comprends bien qu'on fasse un canal pour unir deux fleuves, comme la Seine et la Loire, par exemple. Mais à quoi bon un canal qui suit le cours d'un fleuve?

— C'est que la Loire n'est pas navigable, dit le père Gilbert.

— Pas navigable! Et moi qui croyais que c'était un des plus grands fleuves de France.

— C'est, en effet, un très grand fleuve, mais il est navigable seulement sur une petite partie de son cours, au-dessous d'Angers et du confluent de la Maine. C'est que la Loire est un fleuve capricieux : tantôt elle a des inondations terribles, tantôt, à l'époque des grandes chaleurs, elle n'a même pas assez d'eau pour porter bateau. Si nous voulions nous y engager maintenant,

---

(1) **Amarrer**, attacher avec une corde ou amarre.

nous ne ferions pas cinq cents mètres sans échouer sur quelque banc de sable.

DEVOIR DE RÉDACTION. — A quoi servent les canaux? Qu'est-ce qu'une écluse? Qu'un canal latéral? Quelles sortes de marchandises sont transportées par eau?

CXLIII (143). **Les produits du département de la Nièvre. — Bourges.**

A Nevers le chargement du bateau fut renouvelé : à la place des planches et des bois pris à Clamecy, on

Fig. 202. — **Nevers.— Le pont de la Loire.**— Nevers, ch.-l. de la Nièvre, au confluent de la Loire et de la Nièvre; faïenceries célèbres. Aux environs, usines métallurgiques de Fourchambault, Imphy, Guérigny (forges de la Marine).

embarqua les produits des grandes usines métallurgiques du département de la Nièvre, Fourchambault, Imphy, Guérigny. On prit de grosses pièces de fer ou de fonte, des machines à vapeur, des enclumes(1), des marteaux de forge, de la tôle(2); on prit aussi des limes et des clous,

---

(1) **Enclume,** masse de fer aciérée sur laquelle on bat le fer et les autres métaux.
(2) **Tôle,** fer battu, réduit en plaques minces.

qu'on fabrique à Cosne, et plusieurs tonneaux de vin de Pouilly, qui est un vin blanc très estimé. On partit pour Bourges en suivant le canal du Berry, qui joint la Loire au cours supérieur d'un de ses affluents, le Cher.

Fig. 203. — **Bourges.** — **La maison de Jacques Cœur.** — Jacques Cœur, marchand qui vivait au xve siècle, était entreprenant et habile. Il fit le commerce avec les pays lointains, devint très riche et put prêter de l'argent au roi Charles VII, qui le chargea de diriger ses finances. Plus tard, il fut disgracié et banni. La somptueuse demeure qu'il s'était fait construire à Bourges sert aujourd'hui d'hôtel de ville.

— Nous voici presque au centre de la France, dit le père Gilbert.

— Les Prussiens sont-ils venus jusqu'ici pendant la guerre? demanda Gaspard.

— Non, ils n'y sont pas venus, heureusement. Le Berry est assez loin des frontières pour n'être pas trop exposé à une invasion. Je pense que c'est pour cette raison qu'on a décidé de placer à Bourges de grands établissements militaires qu'on ne voudrait pas voir tomber aux mains de l'ennemi. On vient d'y installer un arsenal, une fonderie de canons et un polygone, où les artilleurs feront des exercices de tir.

Nos voyageurs purent visiter à loisir la ville de Bourges, sa magnifique cathédrale et la maison de Jacques Cœur, qui est aujourd'hui l'hôtel de ville.

CXLIV (144). Le temps des diligences.

Pour revenir à la Loire ils suivirent de nouveau le canal du Berry. Partout les blés étaient coupés ; dans les champs moissonnés on apercevait ces grands troupeaux de moutons qui sont une des richesses du Berry. On s'arrêtait près des villages et on chargeait sur le bateau des sacs de blé que l'on devait transporter jusqu'aux moulins de Corbeil, où se fabrique une bonne partie des farines que l'on consomme à Paris.

Fig. 204. — Dans les champs on apercevait ces troupeaux de moutons qui sont une des richesses du Berry.

Cependant Louis commençait à se fatiguer de la monotonie de ce long voyage.

— Que nous allons lentement, disait-il, quelle ennuyeuse façon de voyager !

— Voilà bien les jeunes gens d'aujourd'hui, répondit le père Gilbert. Sitôt partis, ils voudraient déjà être arrivés. Est-ce que je m'impatiente, moi ?

— C'est que vous avez l'habitude de voyager ainsi. On apprend la patience dans votre métier et vous avez toujours été batelier.

— Et qui vous dit que j'ai toujours été batelier? Il y a longtemps que je le suis, c'est vrai, mais dans ma jeunesse j'ai fait un autre métier, un métier qui ne va plus guère aujourd'hui, celui de conducteur de diligence.

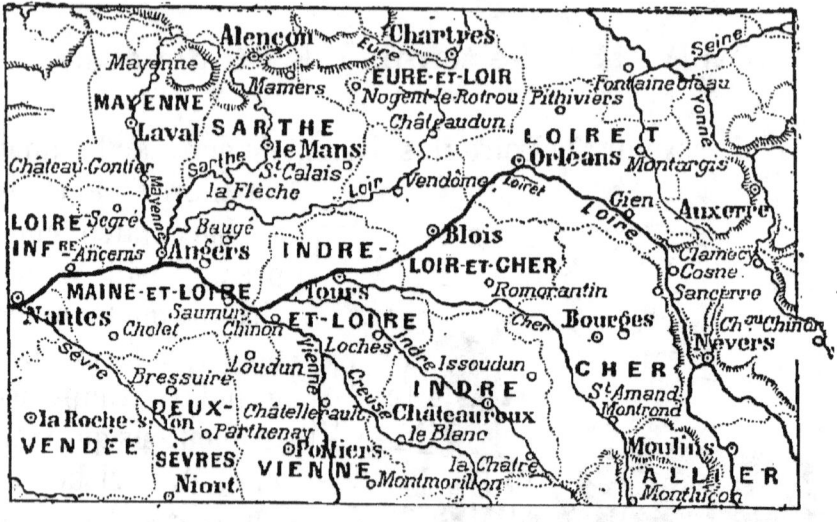

Fig. 205. — **Région de la Loire moyenne** (de Nevers a Nantes). — Pays de plaines et de coteaux fertiles : terres à blé, vignobles, arbres fruitiers, chanvre (près d'Angers). Villes principales : **Laval** (30 000 h.), **Le Mans** (60 000 h.), **Chartres**, sur l'Eure, au milieu des plaines de la Beauce (22 000 h.), **Orléans** (60 000 h.), **Blois** (22 500 h.) et **Tours** (60 000 h.) sur la Loire, **Angers** (75 000 h.), carrières d'ardoises, **Bourges** (45 000 h.).

— C'était avant la construction des chemins de fer?

— Oui, avant la construction des chemins de fer, un temps qui vous paraît bien éloigné, à vous autres jeunes gens, et qui pourtant date à peine d'un demi-siècle.

— C'était le bon temps, celui-là, n'est-ce pas? dit Gaspard en riant.

— Ne vous moquez pas : ce temps-là valait bien le nôtre et je me souviendrai toujours avec plaisir de l'époque où je conduisais les grandes diligences qui faisaient le service entre Nantes et Paris. Quel beau pays que cette vallée de la Loire de Nantes jusqu'à Orléans ! Et quand on voyageait en diligence on avait le temps de voir le pays. Tandis que maintenant que peut-on voir, je vous le demande, du haut de vos trains qui vont comme le vent? Aussi on ne prend même pas la peine de regarder, on s'endort dans un coin et on ne se réveille qu'à l'arrivée. Et vous appelez ça voyager? Non,

Fig. 206. — **Diligence.** — Je me souviendrai toujours avec plaisir de l'époque où je conduisais les grandes diligences qui faisaient le service entre Nantes et Paris.

voyez-vous, maintenant, avec les chemins de fer, on court, on vole, mais on ne voyage plus.

— Eh bien! père Gilbert, contez-nous donc un de vos voyages, du temps que vous conduisiez les diligences.

— Je veux bien, ça me rajeunira de penser à ce temps-là, et puis ça vous aidera peut-être à trouver la route moins longue.

DEVOIR DE RÉDACTION. — Que pensez-vous de l'opinion du père Gilbert sur les diligences et le chemin de fer? Avantages du chemin de fer: commodité, économie de temps et d'argent. Si l'on voit moins bien le pays pendant le voyage, on voyage bien plus souvent et non plus seulement pour ses affaires, mais aussi pour son plaisir.

GÉOGRAPHIE. — Tracez la carte de la région de la Loire moyenne.

CXLV (145). **Les villes des bords de la Loire. — Nantes et Saint-Nazaire. — Angers. — Saumur.**

— Je n'étais pas alors vieux et cassé comme aujourd'hui, dit le père Gilbert ; ces cheveux blancs que vous voyez sur ma tête, étaient de beaux cheveux noirs et je

Fig. 207. — Nantes. — Le château, ancienne résidence des ducs de Bretagne, s'élève sur la rive droite de la Loire. — Nantes (130 000 h.) a des raffineries de sucre et des fabriques de conserves alimentaires. Les navires de fort tonnage ne peuvent pas remonter la Loire jusqu'à Nantes et ils s'arrêtent à Saint-Nazaire.

vous réponds que je ne faisais pas trop mauvais effet, dans mon habit de conducteur. Comme j'étais fier quand j'étais perché sur mon siège. Comme je jouais joyeusement de mon cornet (1) à l'entrée des villages, tandis que la voiture roulait sur les pavés avec un bruit de tonnerre !

(1) **Cornet**, petit cor dont se servaient les conducteurs de diligence, pour annoncer leur passage à travers une ville ou un village.

C'est de Nantes que nous partions. Vous savez que c'est une grande et belle ville, située près de l'embouchure de la Loire. En ce temps-là son port était toujours plein de vaisseaux. Avec ses raffineries de sucre, ses chantiers de construction, ses fabriques de conserves alimentaires, Nantes est une des plus riches cités de l'ouest. On dit qu'aujourd'hui les plus gros bateaux, ceux qui font la traversée de l'Atlantique, ne peuvent pas remonter jusqu'à Nantes parce que le fleuve n'est

Fig. 208. — **Saint-Nazaire.** — **Place de la Marine.** — Saint-Nazaire (26 000 h.), s.-pr. de la Loire-Inférieure, au nord de l'embouchure de la Loire. Saint-Nazaire, qui n'était qu'un petit village il y a cent ans, doit sa prospérité à son port, qui peut recevoir les plus gros navires. Commerce avec les Antilles, le Mexique, l'Amérique du sud. Point de départ de plusieurs lignes de paquebots *transatlantiques*. Vastes chantiers de construction pour navires de guerre et de commerce.

pas assez profond. Ils s'arrêtent plus près de l'embouchure, à Saint-Nazaire, une ville toute nouvelle et déjà florissante, mais qui n'était autrefois qu'un petit village. N'importe ! Nantes sera toujours une grande ville, la plus riche de toute la Bretagne.

Au bout de quelques heures on arrivait à Angers, qui n'est pas tout à fait sur la Loire, mais sur un de ses affluents, la Maine, formée elle-même par la réunion des trois rivières, la Mayenne, la Sarthe et le Loir. Près d'Angers se trouvent les plus grandes carrières d'ardoises de France ; toutes les maisons de la ville sont couvertes d'ardoises, au lieu de tuiles, aussi l'a-t-on justement nommée la *ville noire.*

Puis on traversait Saumur, et je vous jure qu'on a

Fig. 209. — **Angers.** — **Le château vu du pont de la Basse-Chaîne**
Angers (75 000 h.), ch.-l. de Maine-et-Loire, un peu au nord de la Loire, sur la *Maine*, formée par la réunion de trois rivières : *Mayenne, Sarthe* et *Loir.* — Château du XIIIᵉ siècle. École des arts et métiers. — Aux environs, célèbres carrières d'ardoises de Trélazé.

plaisir à regarder cette jolie ville bâtie sur le bord du fleuve et dominée par les murailles grises de son vieux château. C'est à Saumur qu'est l'école où l'on forme des officiers pour la cavalerie. Il y a là de fameux écuyers (1) : entre leurs mains le cheval le plus rebelle devient bientôt doux comme un agneau.

CXLVI (146). **Tours. — Orléans.**

C'est au printemps, quand tous les arbres fruitiers sont en fleurs, qu'il faut voir la Touraine, le *jardin de*

(1) **Écuyer,** anciennement celui qui portait l'*écu* ou bouclier d'un chevalier aujourd'hui, celui qui dresse les chevaux ou qui monte bien à cheval.

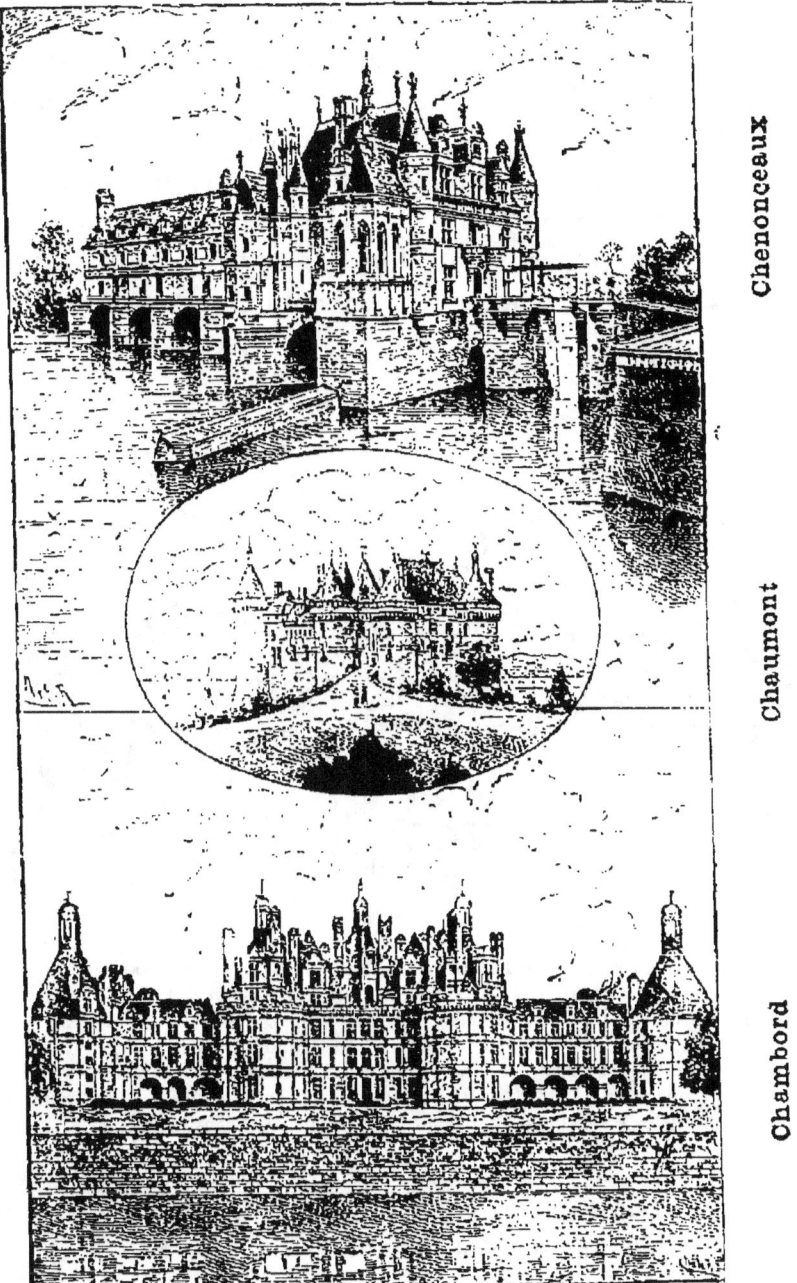

Fig. 210. — **Les châteaux de Chenonceaux, de Chaumont-sur-Loire et de Chambord.** — Au xvie siècle, les rois et les principaux seigneurs habitaient fréquemment la région de la Loire. Parmi les châteaux qui datent de cette époque, on admire ceux de *Chenonceaux* (sur le Cher), qui fut acheté par Henri II, de *Chaumont-sur-Loire*, de *Chambord*, construit sur l'ordre de François Ier.

la France. Quel riche pays avec ses coteaux couverts de vignes, ses prairies, ses vergers et au milieu de tout cela, la Loire parsemée d'îles verdoyantes où poussent les hauts peupliers et les saules au tronc noueux !

Vous parlerai-je de Blois et de son château fameux ? Ils sont nombreux dans cette belle région de la Loire les châteaux qu'habitèrent autrefois les rois de France ou les plus grands seigneurs du royaume, le château de

Fig. 211. — **Orléans. — La place du Martroi.** — Orléans (60 000 h.), ch.-l. du Loiret, au coude que la Loire fait vers le nord et à 120 kil. seulement de Paris. En 1429, Jeanne d'Arc délivra la ville assiégée par les Anglais. En 1870, les Prussiens occupèrent Orléans le 11 octobre (incendie du faubourg des Aydes), en sortirent le 9 novembre, après la victoire des Français à *Coulmiers*, et y rentrèrent le 4 décembre. La statue qui occupe le milieu de la place est celle de Jeanne d'Arc ; les bas-reliefs qui ornent le piédestal sont très beaux.

Blois, celui d'Amboise, ceux de Chaumont, de Chambord, de Chenonceaux, de Montbazon, d'Azay-le-Rideau.

C'est à Orléans, ville placée au coude que la Loire fait au nord, que nous quittions les bords du fleuve pour nous diriger sur Paris. Alors le paysage changeait : nous traversions de vastes plaines bien cultivées où chaque village a pour principal monument, à côté de son église, la vaste halle où s'empilent les sacs de blé. Les plaines de l'Orléanais se confondent avec celles de la Beauce et il n'y a pas en France de plus belles terres de labour que celles qu'on traverse en allant d'Orléans à Chartres.

— Irons-nous jusqu'à Orléans? demanda Louis.

— Non, répondit le batelier, nous quitterons la Loire à Briare, et nous irons rejoindre, à Montargis, le canal du Loing, qui nous mènera jusqu'à la Seine.

— Quel dommage! j'aurais tant voulu voir au moins

Fig. 212. — **Fontainebleau. — La cour du Cheval blanc.** — Fontainebleau, s.-pr. de Seine-et-Marne, près d'une forêt magnifique. Le château fut presque entièrement reconstruit à l'époque de François Ier, qui confia la décoration intérieure aux artistes les plus illustres de l'Italie. — C'est dans la cour du Cheval blanc que Napoléon Ier, après son abdication en 1814, fit ses adieux à sa garde impériale.

une de ces villes dont vous avez conservé si bon souvenir.

— Orléans n'est pas sur notre chemin, reprit le père Gilbert, mais dans la vallée de la Seine il y a aussi de belles villes. Nous ne passerons pas bien loin de Fontainebleau et, si vous aviez du temps de reste, vous pourriez visiter le château et vous promener dans la grande forêt qui est autour de la ville. Nous passerons aussi devant Melun, le chef-lieu du département de Seine-et-Marne, mais sans nous y arrêter. Nous aurons du bon temps à ce moment, car nous serons sur la Seine et il ne sera plus nécessaire de tirer le bateau. Nous n'aurons qu'à nous laisser aller au fil de l'eau (1) jusqu'à Corbeil.

DEVOIR DE RÉDACTION. — Allez d'Orléans à Nantes en suivant la Loire ; nommez les départements que vous traverserez, avec leurs villes principales ; dites tout ce que vous savez sur ces départements et ces villes.

CXLVII (147). Un cheval emporté.

Fig. 213. — **Corbeil.** — **Cloître et Église Saint-Spire.** — Corbeil, s.-pr. de Seine-et-Oise. Nombreux moulins à farine. A côté de Corbeil, la petite ville industrielle d'Essonnes (papeteries).

Gaspard et Louis venaient de quitter le père Gilbert à Corbeil. Ils marchaient gaiement et d'un bon pas, joyeux d'être enfin près du terme de leur voyage.

— J'espère, dit Gaspard, que nous pourrons coucher ce soir à Villeneuve-Saint-Georges. De là à Paris il n'y a guère que quatre lieues.

— Une promenade pour des marcheurs comme nous, dit Louis.

Comme ils parlaient, un grand bruit qu'ils entendirent derrière eux leur fit tourner la tête. Une voiture attelée d'un cheval descendait la côte à toute vitesse.

— Voilà quelqu'un qui ne ménage guère son attelage, dit Louis.

— Il n'aura pas de peine à arriver avant nous, répondit Gaspard.

— Mais, vois donc, on dirait qu'au lieu d'ex-

---

(1) **Fil de l'eau**, courant de l'eau.

citer son cheval, le conducteur cherche à le retenir.

— Oui, il tire sur les guides de toutes ses forces, mais le cheval a sans doute pris le mors aux dents.

— Ah! le malheureux, s'il ne parvient pas à s'arrêter avant le tournant, il sera culbuté dans le fossé.

Le cheval courait toujours au triple galop; celui qui conduisait faisait de vains efforts pour l'arrêter; il y avait dans la voiture une femme et deux enfants qui criaient.

Gaspard n'hésita point: au moment où la voiture arrivait près de lui, il s'élança rapidement, saisit la bride de la main gauche, pendant que de la droite, il serrait fortement les naseaux du cheval. L'animal, ne pouvant plus respirer, s'abattit; Gaspard roula par terre avec lui; le conducteur, projeté violemment en avant de son siège, tomba aussi sur la route.

Fig. 214. — Gaspard n'hésita point: au moment où la voiture arrivait près de lui, il s'élança rapidement à la tête du cheval.

Il y eut un moment d'inexprimable angoisse. Quelques secondes s'écoulèrent et semblèrent interminables. Enfin les deux hommes se relevèrent; ils étaient couverts de poussière, leurs vêtements étaient salis et déchirés, mais tous deux se tenaient debout et ils semblaient n'avoir aucune blessure grave.

— Nous l'avons échappé belle, fit l'inconnu. Vous n'êtes pas blessé? dit-il en s'avançant vers Gaspard.

— Non, dit celui-ci, quelques égratignures seulement; dans une heure il n'y paraîtra plus.

— Vous m'avez sauvé la vie ainsi qu'à ma femme et à mes enfants; je ne sais vraiment comment m'acquitter envers vous.

— J'ai fait mon devoir, dit simplement Gaspard, je n'ai besoin de rien; je suis assez payé de mon action si j'ai pu empêcher un malheur.

CXLVIII (148). **A la belle étoile!**

— Vous êtes un brave, dit le voyageur, et nous avons de la chance de vous avoir rencontré : tant d'autres, à votre place, auraient eu peur d'exposer leur vie. Voyons, je craindrais de vous offenser en vous offrant de l'argent, mais vous ne refuserez pas au moins de venir dîner avec nous, ainsi que votre compagnon.

— J'accepte bien volontiers, dit Gaspard, pour moi et pour mon jeune frère.

Et il se mit à aider le voyageur à relever le cheval et à l'atteler tant bien que mal, car les deux brancards de la voiture étaient brisés.

On s'arrêta pour dîner à l'auberge du village le plus proche et, comme il arrive souvent après les grandes émotions, tout le monde fut très gai. Le repas à peine fini, Gaspard et Louis se levèrent pour partir.

— Nous avons encore un bout de route à faire, dit Gaspard, la nuit est belle et il doit faire bon marcher.

— Pourquoi n'attendez-vous pas à demain? leur dit leur hôte; ma voiture serait réparée et je me ferais un plaisir de vous conduire où vous voudriez, jusqu'à Paris, puisque c'est là que vous allez.

— Je vous remercie, mais nous sommes bons marcheurs et la petite course qui nous reste à faire ne nous fatiguera pas beaucoup.

Dès les premiers pas qu'il fit sur la route, Gaspard ressentit une douleur assez vive à la jambe. Il avait été secoué plus qu'il ne pensait dans sa chute. Pendant le repas, tant qu'il était resté immobile, il ne s'était aperçu de rien. Mais maintenant une de ses jambes était tout engourdie et il n'avançait qu'en boitant.

— Heureusement, disait-il, Villeneuve-Saint-Georges n'est plus bien loin. S'il fallait marcher longtemps, je crois que je resterais en chemin.

Au bout de vingt minutes il dut s'asseoir au bord du fossé; quand il voulut se relever, le mal avait empiré au point qu'il pouvait à peine se traîner. On était en pleine campagne : pas une ferme aux alentours, pas un passant sur la route.

Fig. 215. — Au bout de vingt minutes, Gaspard dut s'asseoir au bord du fossé.

— Bah! dit-il, la nuit n'est pas trop fraîche. Pour une fois nous pouvons bien dormir à la belle étoile. Demain je serai guéri et nous repartirons au petit jour.

Ils s'étendirent au bord de la route, au pied d'un ormeau, et quoique la couche fût un peu dure, ils ne tardèrent pas à s'endormir.

CXLIX (149). Arrivée à Paris.

Ils furent réveillés en sursaut par les aboiements d'un chien. Tout d'abord, ils ne comprirent pas pourquoi ils étaient ainsi couchés le long de la route, au beau milieu de la nuit, et il leur fallut un moment pour se rappeler les évènements de la veille.

Le chien aboyait toujours. Devant eux était arrêtée une grande voiture de maraîcher (1) dont les lanternes brillaient dans l'obscurité.

(1) **Maraîcher**, jardinier qui cultive les légumes, — du mot *marais* qui, à Paris et aux environs, désigne certains terrains bas qui ont été transformés en jardins.

— Qui va là? leur dit-on de la voiture.

— Descends donc, cria une voix de femme. On dirait que tu as peur; tu vois bien que ce ne sont pas des malfaiteurs.

Le jeune homme, — presque un enfant, — auquel s'adressaient ces paroles sauta à bas de la voiture et vint à eux. Nos voyageurs lui expliquèrent qui ils étaient et comment, Gaspard ayant mal à la jambe, ils avaient

Fig. 216. — C'était une robuste paysanne de la Brie, de celles qui font toutes les nuits le voyage de Paris, pour porter aux Halles les produits de leur ferme.

été forcés de s'arrêter et de passer la nuit en plein air.

— C'est donc vous, dit la femme, qui avez arrêté le cheval emporté, là-bas, sur la route de Corbeil. On m'a conté cette histoire au village. Et vous êtes blessé, mon ami; mais aussi c'est bien imprudent de partir comme ça, sans savoir si on pourra marcher. Enfin, je ne puis pas vous laisser ici; je vais vous mener à Paris, quoique ma voiture soit déjà bien chargée. Il faut bien s'entr'aider, n'est-ce pas? Heureusement mon cheval est assez solide pour nous traîner tous ; pour le récompenser, je lui donnerai double ration d'avoine à l'arrivée. Mais tais-toi donc, Pandour, on ne s'entend pas parler, dit-elle au chien qui grognait toujours.

C'était une robuste paysanne de la Brie de celles qui font toutes les nuits le voyage de Paris pour porter aux Halles (1) les produits de leur ferme. Il y avait un peu de tout dans sa voiture, des paniers pleins d'œufs, des mottes de beurre, des cages basses et à claire-voie remplies de poules et de canards, si serrés qu'ils pouvaient à peine remuer, enfin et surtout des légumes, choux, poireaux, carottes, navets, pommes de terre. Louis prit place sur le siège, entre la fermière et le jeune conducteur; quant à Gaspard, qui souffrait toujours de sa jambe, on l'étendit dans l'intérieur de la voiture, le dos contre un sac de pommes de terre, le côté droit appuyé sur un tas de choux, et le gauche sur des bottes de navets.

Le cheval repartit au grand trot. On traversa plusieurs villages silencieux et endormis. Louis, très fatigué, se mit à sommeiller. Quand il rouvrit les yeux, la voiture était arrêtée au milieu de plusieurs autres véhicules qui attendaient également. A travers l'ombre à demi transparente, Louis aperçut un fossé très large et très profond, et derrière le fossé un mur de pierre surmonté d'un talus de terre gazonnée.

CL (150). L'octroi. — Ce que Paris consomme en une année.

— Nous sommes à Paris? demanda-t-il.
— Oui, répondit la paysanne, voilà les fortifications.
— Et qu'attendons-nous pour entrer?

---

(1) **Les Halles centrales,** vastes constructions au centre de la ville de Paris, pour l'entrepôt et la vente des denrées alimentaires.

— Nous attendons que les employés de l'octroi aient fini leur visite; le vin, la bière, les viandes et une foule d'autres denrées payent des droits à leur entrée dans Paris; les employés d'octroi regardent partout pour s'assurer qu'on ne cache pas ces denrées pour les faire entrer sans payer. Voyez comme ils fouillent cette voiture de foin avec de longues tiges de fer : si le voiturier avait dissimulé sous son foin quelque tonnelet de vin ou d'eau-de-vie, on lui ferait vite un procès-verbal. Et ce serait bien fait, car on ne doit pas tromper l'octroi ; l'argent qu'on recueille ici est employé à des choses utiles à tout le monde : à paver les rues, à les éclairer, que sais-je encore? C'est un véritable vol que de ne pas payer ce qu'on doit, et quand on a des objets soumis aux droits, il faut toujours les

Fig. 217. — Aux portes de Paris, les employés de l'octroi visitent toutes les voitures afin de voir si elles ne contiennent pas des objets soumis aux droits.

Fig. 218. — Paris. — Abattoir de la Villette.

déclarer en entrant à Paris ou dans les autres villes qui ont un octroi.

— Voyez donc ces moutons, dit Louis, on les fait défiler un à un par une petite porte.

— Oui, les employés de l'octroi les comptent pour savoir ce que le propriétaire du troupeau doit payer.

— Comme ils sont pressés ces pauvres moutons ; ils se bousculent pour passer plus vite ; ils ne se doutent pas qu'on les conduit à la boucherie.

— Ils sont au bout de leur voyage, en effet, on les mène aux abattoirs de la Villette ; il en entre comme ça à Paris deux millions dans une année.

— Deux millions de moutons dans une seule année !

— Oui deux millions de moutons, 300,000 bœufs ou vaches et 250,000 veaux, sans compter la volaille, le gibier, le poisson, le beurre, les œufs, les légumes. C'est qu'il a un appétit formidable ce grand Paris ; pensez donc, une ville qui a plus de deux millions d'habitants !

— C'est la plus grande ville du monde après Londres, la capitale de l'Angleterre, dit Louis.

DEVOIR DE RÉDACTION. — Montrez que les impôts sont établis dans l'intérêt général pour l'entretien des services publics : armée, marine, instruction, justice, gendarmerie, construction des routes. Ne pas payer l'impôt, ou ne pas payer tout ce qu'on doit, est un acte répréhensible, un véritable *vol* accompli au détriment de la communauté des citoyens.

CLI (151). L'entrepôt des vins de Bercy.

— Puisque nous voilà à Paris, continua Louis, je vais réveiller mon frère. Je vous remercie bien de nous avoir amenés jusqu'ici ; vous nous avez rendu un grand service.

— Dans quel quartier allez-vous donc ? demanda Mme Frédéric, la paysanne.

— A Vaugirard.

— A Vaugirard ! Mais c'est à l'autre bout de Paris.

Quand même votre frère pourrait marcher, il vous faudrait au moins une heure et demie pour vous y rendre. Vous ne vous figurez pas comme Paris est grand.

— C'est la première fois que nous y venons.

— Raison de plus pour ne pas me quitter tout de suite. Comment trouveriez-vous votre chemin, à travers toutes ces rues que vous ne connaissez pas? Venez avec moi jusqu'aux Halles ; là vous monterez dans un omnibus (1) qui vous conduira à Vaugirard... Hop ! Biquet, dit-elle en secouant les guides du cheval pour le faire avancer.

La voiture entra dans Paris. Louis, tout à fait éveillé maintenant, ouvrait de grands yeux. Il allait donc la voir enfin cette capitale immense, cette ville superbe entre toutes, dont on contait tant de merveilles.

Fig. 219. — **Omnibus à trois chevaux.** — Les omnibus qui sillonnent tous les quartiers de Paris rendent de grands services. Ce sont d'énormes voitures, traînées par deux ou trois chevaux qui moyennant 0 fr. 15 sur l'impériale et 0 fr. 30 à l'intérieur transportent des voyageurs. Le trajet de chaque ligne est effectué en 45 ou 50 minutes.

Mais tout d'abord il fut déçu dans son attente : au lieu des palais dorés entrevus dans ses rêves, il n'apercevait autour de lui que de misérables échoppes (2), d'immenses terrains vagues (3), entourés de clôtures en

(1) **Omnibus**, substantif masculin ; voiture publique desservant les différents quartiers d'une ville et où chacun peut monter pour une somme modique.

(2) **Echoppe**, petite boutique en planches.

(3) **Terrains vagues**, terrains où il n'y a ni cultures, ni constructions.

planches, et, de loin en loin, quelque haute maison à cinq étages isolée et comme perdue dans ce désert.

— Nous sommes à Paris? demanda-t-il de nouveau.

— Mais oui, mon ami, nous sommes à Paris ; pas dans un joli quartier, par exemple. Mais prenez patience, dans un moment vous verrez que Paris est encore plus beau qu'on ne dit.

La voiture s'engagea sur un quai : à gauche on avait la Seine, à droite une multitude de petites maisons, de cours, de hangars ; partout, autour de ces maisons, dans ces cours, sous ces hangars, d'interminables rangées de

Fig. 220. — **Paris. Le palais des gros animaux au Jardin des Plantes.** — C'est dans ce bâtiment que sont logés les rhinocéros, les éléphants, les hippopotames, etc.

futailles. C'était à croire que tous les tonneaux de France avaient été apportés à cet endroit.

— C'est Bercy, le *grand entrepôt des vins,* dit Mme Frédéric. Chaque année il faut à Paris, pour étancher sa soif, des millions de tonneaux de vin. Bercy est comme une vraie ville avec ses quartiers et ses rues qui portent les noms des principaux vignobles de France.

CLII (152). Le Jardin des plantes.

— Voyez-vous là bas, continua-t-elle, ce grand bâtiment de l'autre côté de la Seine? C'est la gare d'Orléans : par là arrivent les voyageurs qui viennent de Bordeaux, du sud-ouest de la France, de l'Espagne. A main droite, nous avons une autre gare, celle de Lyon : c'est celle qu'on prend pour aller dans les villes de la vallée du Rhône, à Marseille, en Italie. Il y a à Paris six grandes gares par où débarquent tous les ans plusieurs centaines de milliers de voyageurs.

Elle étendit de nouveau la main vers la rive gauche de la Seine.

Fig. 221. — Paris. — **Le palais des singes au Jardin des Plantes.** — 1. Guenon Ludio. — 2. Macaque. — 3. Mandrill.

— Ce grand terrain planté d'arbres, c'est le Jardin des Plantes. Ne manquez pas d'y aller faire un tour si vous restez quelques jours à Paris. On l'appelle *Jardin des Plantes* parce qu'on y a rassemblé les plantes curieuses de tous les pays, mais on pourrait aussi l'appeler le jardin des animaux. On y voit dans de grandes cages des lions, des tigres et d'autres bêtes féroces; dans des prairies, derrière des grillages, on voit des gazelles, des cerfs, des bisons; il y a aussi plusieurs grandes fosses où l'on a mis des ours et un palais des gros animaux, où sont logés les éléphants, les hippopotames et les rhinocéros; puis une cage grillée, grande comme une maison, qui est toute pleine de singes qui gambadent, se poursuivent, se disputent, font mille grimaces et mille tours. Enfin ce serait trop long de vous dire tout ce qu'on peut voir et apprendre au jardin des Plantes ; vous pouvez y passer toute une après-midi sans vous ennuyer.

— Quel est ce monument qu'on aperçoit là-bas, plus loin que le Jardin des Plantes ? demanda Louis.

— C'est le *Panthéon* : son dôme (1) s'élève à 80 mètres au-dessus du sol et, on le voit de très loin. S'il avait fait jour, nous l'aurions aperçu bien avant d'entrer dans Paris. Regardez aussi, dans le fond, près de la Seine, les deux tours de Notre-Dame. Cette flèche dorée, qui est à côté, c'est le clocher de la Sainte-Chapelle. Plus loin, à travers la brume, on aperçoit le palais du Louvre. Vous ferez bien d'aller visiter tous ces monuments.

Fig. 222. — Paris. — Le Panthéon. — Construit à la fin du XVIIIe siècle, sur les plans de l'architecte Soufflot, le Panthéon a été longtemps une église. Il est aujourd'hui consacré à la sépulture des hommes illustres.

— Que de choses à voir à Paris ! dit Louis.

— Ah ! oui, que de choses à voir, et de belles choses ! Moi qui vous parle, je viens souvent à Paris, et

---

(1) **Dôme**, construction de forme arrondie qui surmonte un grand édifice.

pourtant je n'ai pas tout vu. A chaque voyage je me dis : il faut que je trouve le temps d'aller voir ceci ou cela. Et puis je suis si occupée, si pressée, que souvent je m'en retourne sans avoir rien vu.

La voiture quitta le quai, traversa la place de l'Hôtel-

Fig. 223. — **Paris.** — **L'Hôtel de Ville.** — Le nouvel Hôtel de Ville a été construit sur l'emplacement de l'ancien, incendié en 1871. — C'est un magnifique édifice orné d'une foule de statues représentant les personnages illustres nés à Paris ou qui ont joué un rôle important dans l'histoire de la ville. — C'est à l'Hôtel de Ville que siège le Conseil municipal de Paris.

de-Ville et roula bientôt dans une interminable rue toute droite.

— La rue de Rivoli, dit la paysanne, une des plus belles de Paris ; elle a 3 kilomètres de long et il faut bien près d'une heure pour la parcourir à pied d'un bout à l'autre. Regardez maintenant, au bout de cette autre rue, ces grands pavillons en fer : ce sont les *Halles centrales*, où nous allons nous arrêter.

CLIII (153). **Les Halles centrales.**

— Nous sommes arrivés ? demanda Gaspard, qui s'éveillait enfin.

— Oui, nous sommes à Paris, voilà les Halles centrales (*fig.* 225), dit Louis.

— Et votre jambe? Comment va-t-elle? dit Mᵐᵉ Frédéric.

— Beaucoup mieux, je vous remercie, madame ; nous allons vous aider, mon frère et moi, à décharger votre voiture.

— Ce n'est pas de refus, je suis un peu en retard aujourd'hui. Voyez donc que de voitures sont arrivées avant la mienne !

En effet, le long des trottoirs, des centaines de voitures étaient déjà alignées. Sous les vastes arceaux des Halles, les denrées de tous genres s'amoncelaient ; ici des fruits et des montagnes de légumes, plus loin la boucherie, la volaille, le poisson. Une foule de gens affairés circulaient dans les étroits passages restés libres et c'était, d'un bout à l'autre du vaste marché, un grand tumulte de cris, d'appels, de disputes entre vendeurs et acheteurs. La besogne fut vite terminée ; quand la voiture fut vide,

Fig. 224. — **Paris.
— La rue de Rivoli.**
— Une des plus longues et la plus centrale des grandes rues parisiennes. On voit à droite la grille du *jardin des Tuileries* et l'aile nord du *palais des Tuileries* (reconstruite après l'incendie de 1871). A gauche la rue est bordée d'arcades, où les promeneurs peuvent s'abriter quand il pleut.

les deux frères prirent congé de Mme Frédéric en la remerciant bien de son obligeance. Ils montèrent sur un omnibus qui les déposa bientôt devant le magasin de leur beau-frère.

Justement Ridell était sur sa porte.

— Ah! vous voilà enfin! leur dit-il. On commençait

Fig. 225. — Paris. — **Les Halles centrales**. — On donne ce nom à un vaste marché couvert, construit au centre de Paris pour la vente en gros et en détail des denrées alimentaires : viande, gibier, volaille, poisson de mer et d'eau douce, beurre, œufs, fromages, légumes, fruits. La gravure représente la rue, large de 30 mètres, qui sépare les halles en deux parties; dans le fond on aperçoit l'église Saint-Eustache et le coin de la rue Montmartre.

à ne plus compter sur vous ; vous en mettez du temps pour venir de Molsheim à Paris !

— C'est que nous n'avons pas pris le plus court chemin, dit Gaspard.

Et il raconta rapidement leurs aventures.

— Enfin, cela vous aura fait voir du pays; à votre âge, on aime bien à voyager. Mais entrez donc embrasser votre sœur et les enfants. Nous allons avancer 'heure du déjeuner.

CLIV (154). L'industrie parisienne.

Le repas fut très gai ; Pierre et la petite Pauline firent mille grâces à leurs deux oncles et surtout à Louis qui était pour eux presque un camarade.

— Te voilà devenu Parisien, lui dit Ridell, citoyen

Fig. 226. — **Paris. — La cour de la Sorbonne**. — La Sorbonne, construite par Richelieu au XVIIe siècle, a été récemment agrandie. C'est à la Sorbonne que se font les cours de la Faculté des lettres et de la Faculté des sciences.

d'une grande et belle ville qui n'a pas sa pareille au monde. Et par là, je n'entends pas dire que Paris est un séjour agréable, où l'on peut passer gaîment son temps. Les étrangers peuvent croire que Paris n'est qu'une ville de luxe et de plaisirs. Mais ceux qui, comme moi, l'habitent depuis de longues années, savent que Paris est surtout la ville du travail et de l'activité.

C'est à Paris que sont toutes les grandes écoles où se forment et se perfectionnent les hommes les plus distingués dans toutes les professions, l'École polytechnique, d'où sortent des ingénieurs et des officiers, l'École normale, d'où sortent des professeurs, l'École de droit (1), où étudient les futurs avo-

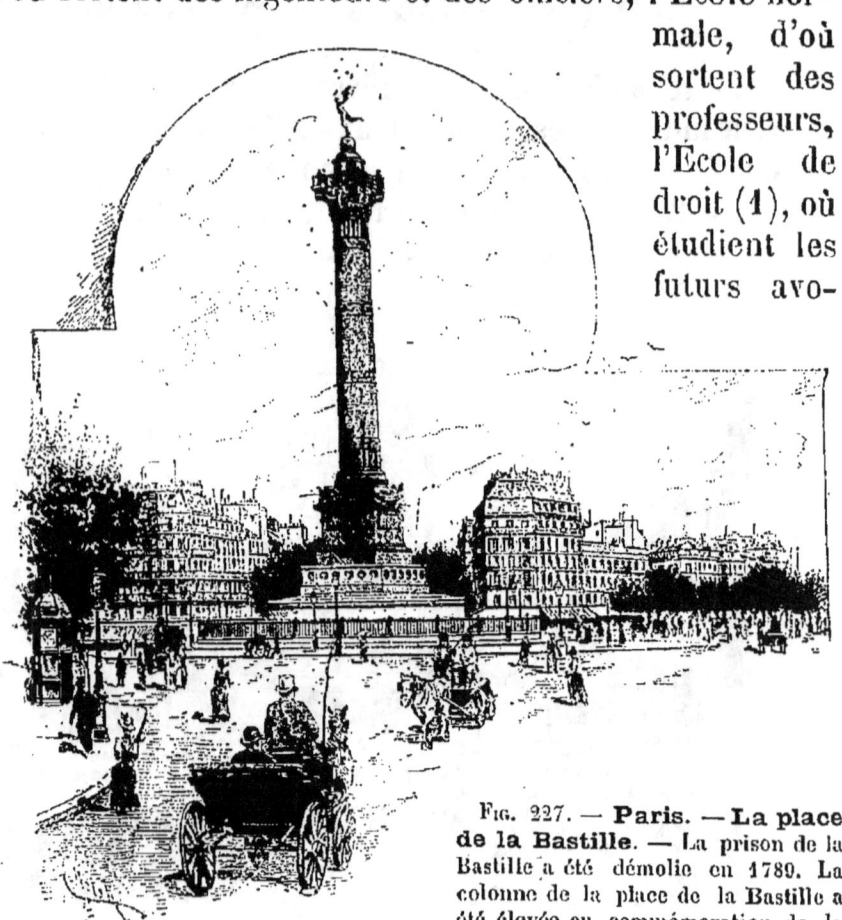

Fig. 227. — **Paris. — La place de la Bastille.** — La prison de la Bastille a été démolie en 1789. La colonne de la place de la Bastille a été élevée en commémoration de la révolution de juillet 1830. C'est sur cette place que commence le faubourg Saint-Antoine, où sont la plupart des fabricants de meubles.

cats, l'École de médecine. C'est à Paris que se trouvent les grands établissements scientifiques, comme la Sorbonne et le Collège de France, où enseignent les maîtres les plus illustres. Paris est comme le cerveau de la

(1) **Droit**, ensemble des lois qui régissent un peuple.

France; tous y viennent, le savant qui a une découverte à faire connaître, l'écrivain qui veut publier un livre ou faire applaudir une pièce de théâtre, l'artiste qui veut faire admirer ses tableaux ou ses statues.

Et le Paris de l'industrie, le Paris des ouvriers, n'est pas moins admirable que celui des savants et des artistes. Paris tient le premier rang parmi les grandes villes industrielles de France. Ses meubles, qu'on fabrique dans le faubourg Saint-Antoine, ses bronzes d'art, sa bijouterie, sont justement renommés. Ce qui caractérise tous les produits de l'industrie parisienne, c'est leur élégance ; en vain s'efforcerait-on de les imiter ailleurs. Où trouverait-on des ouvriers joignant, comme les nôtres, le bon goût et l'esprit d'invention, à l'habileté manuelle? Et ce qui fait plaisir à voir, c'est qu'à l'heure même où nos ennemis, jaloux de notre gloire et de nos richesses, pensaient avoir accablé Paris pour longtemps, voici Paris qui se réveille et qui se remet à l'œuvre. Croyez-moi, mes amis, le rôle de Paris et de la France n'est point fini dans le monde et si grands qu'aient été nos malheurs, il ne faut pas désespérer de l'avenir.

DEVOIR DE RÉDACTION. — 1° Lettre d'un écolier de province à un camarade habitant Paris : il dira qu'il voudrait bien voir cette grande ville, capitale de la France, dont on conte tant de merveilles, qui a de si beaux monuments, etc., etc. — 2° Lettre d'un écolier parisien à un camarade qui ne connaît point Paris : il fera l'éloge de Paris et tâchera de donner une idée des merveilles qu'on y voit.

CLV (155). Le mariage de Jean Felber.

Au bout de trois semaines, Louis Felber, qui avait une belle écriture, entra chez un négociant pour apprendre à tenir les livres où l'on enregistre ce qui est vendu et acheté. Ce travail, qui le tenait toute la journée assis devant un bureau, ne lui convenait guère, car il était remuant, actif de corps et d'esprit. Il eût préféré voyager et voir du pays; mais on ne fait pas toujours ce qu'on veut. Gaspard s'était engagé dans un régiment d'artillerie et avait été envoyé en garnison à Grenoble (*fig.* 228). Quant à Jean, dont nous n'avons pas parlé depuis longtemps, si nous retournons à Barentin nous ne le trouverons plus seul. Il vient de se marier et pour compagne de sa vie il a choisi... vous l'avez deviné, n'est-ce pas ? Il a songé à cette excellente famille où il a été si bien reçu et soigné aux heures douloureuses où

Fig. 228. — **Grenoble.** — Grenoble (50 000 h.), chef-lieu de l'Isère, grande place forte qui commande la vallée supérieure de l'Isère et de ses affluents. Principale industrie : fabrication des gants de peau.

sa blessure le clouait au lit, et il a fait choix de Guillemette Kergriden. Jean serait tout à fait heureux s'il n'était pas si loin des siens et déjà il pense à réunir un jour toute sa famille, à la rassembler auprès de lui, à Barentin.

En attendant que ce souhait puisse se réaliser, on s'écrit longuement et le plus souvent possible ; tantôt ce sont les parents qui donnent de leurs nouvelles, tantôt c'est Marie l'institutrice ; aujourd'hui c'est Gaspard qui raconte ce qui se passe au régiment.

CLVI (156). **Les grandes manœuvres.**

Mon cher frère,

Voilà près de deux mois que je ne t'ai pas donné de mes nouvelles. C'est que nous avons été très occupés. Nous venons de faire une véritable petite guerre contre une partie de la garnison de Lyon. Ce n'était qu'une guerre pour rire bien entendu : les canons et les fusils n'étaient chargés qu'à poudre et il n'y a eu ni morts ni blessés. C'est un exercice que l'on fait pour voir comment on est préparé et si tout marcherait bien au cas où il faudrait partir en guerre pour tout de bon. On appelle ça les *grandes manœuvres.*

FIG. 229. — **Les grandes manœuvres.** — On nomme ainsi une série de marches, d'exercices et de combats simulés qui ont lieu tous les ans pour compléter l'instruction militaire des officiers et des soldats.

Le métier que nous avons fait pendant trois semaines était fatigant : de longues marches sac au dos, avec le fusil et tout le fourniment, des nuits passées en plein air par tous les temps, beaucoup d'heures de faction ou de grand'garde, enfin toutes les fatigues d'une vraie campagne.

Pour terminer, une bataille, toute une journée passée à brûler de la poudre. Naturellement, dans ces batailles des grandes manœuvres, le résultat est décidé d'avance : telle armée doit remporter la victoire, telle autre doit être battue. C'est fort intéressant tout de même parce qu'on peut juger des bonnes dispositions prises par les officiers et voir si les soldats connaissent bien leur métier.

En 1870 nous avons été battus par les Allemands parce que nous n'avions pas assez de soldats exercés. Il n'en sera plus de même une autre fois. Et si messieurs les Prussiens, qui nous ont pris notre Alsace, veulent recommencer, ils ne seront pas toujours à quatre contre un, comme dans la dernière guerre.

Ce qui fait plaisir aussi et ce qui donne confiance, c'est de voir le soin qu'on apporte à munir les soldats des meilleures armes. Il ne servirait de rien d'avoir beaucoup d'hommes si nos canons et nos fusils ne valaient rien. Si nous repartons en guerre, nous aurons d'excellents fusils et nos canons ne seront pas, comme la dernière fois, inférieurs à ceux de l'ennemi.

Sans doute il est triste de voir les hommes employer les forces de leur intelligence à perfectionner l'art de s'entre-tuer. Mais ne sommes-nous pas forcés de faire comme nos adversaires et de nous mettre à l'abri de leurs attaques? Nous avons trop cruellement souffert de nos défaites pour rien négliger de ce qui peut prévenir le retour de pareils malheurs.

CLVII (157). **La carte de l'état-major.**

Tu sais qu'on a beaucoup admiré pendant la guerre la façon dont les Allemands avaient organisé leur service d'*éclaireurs*. Ils envoyaient de tous côtés et fort loin des cavaliers par petits groupes de trois ou quatre. Ces cavaliers observaient le pays, tâchaient de faire parler les habitants, de se renseigner de toute façon. Ce qui semblait le plus étonnant c'est qu'ils connaissaient bien la contrée et qu'ils ne demandaient jamais leur route.

Fig. 230. — **La carte de l'état-major.** — Pour apprendre à lire la carte de l'état-major il faut emporter une feuille de cette carte quand on fait une promenade et tâcher de se diriger d'après les indications qu'on y trouvera.

Tous ces éclaireurs avaient de bonnes cartes et ils savaient s'en servir.

Il faut espérer qu'à l'avenir les soldats français ne seront pas inférieurs sur ce point pas plus que sur les autres. On nous a distribué un assez grand nombre de feuilles de la *carte de l'état-major*. Cette carte est si complète qu'elle indique non seulement les villages, mais les maisons et les fermes isolées. Si on réunissait toutes les feuilles qui la composent on aurait une carte de France ayant douze mètres de haut sur même largeur. Les chemins de fer, les routes et les principaux chemins y sont marqués; des signes spéciaux qu'il faut connaître désignent les bois, les vignes, les prairies, les marécages; de petits traits noirs, appelés *hachures*, indiquent la pente du terrain. Quand on sait *lire la carte* de l'état-major, c'est-à-dire quand on connaît les signes qui y sont employés, on peut très bien se diriger, même dans un pays qu'on parcourt pour la première fois.

Je m'aperçois que j'arrive à la fin de ma lettre sans t'avoir rien dit de la ville de Grenoble (*fig.* 228). Elle est située sur l'Isère et entourée de hautes montagnes. Il y a de bien belles promenades à faire dans les environs. C'est une ville riche, dont la principale industrie est la fabrication des gants de peau. C'est aussi une grande place forte qui garde notre frontière du sud-est. Cette frontière est du reste bien défendue par la barrière naturelle des Alpes, qui nous séparent de l'Italie. Elle n'est pas ouverte comme notre frontière du nord-est, qu'aucun fleuve important, aucune chaîne de montagnes ne protègent contre une attaque des Allemands.

DEVOIR DE RÉDACTION. — 1° Montrez, en prenant des exemples dans la lettre de Gaspard, qu'un soldat qui n'aurait aucune instruction ne pourrait pas être un bon soldat. — 2° Quelle est la partie de nos frontières qui est surtout exposée à une invasion ? Dites pourquoi. Comment a-t-on essayé de protéger cette frontière. (Voir la carte de la page 25.)

CLVIII (158). La famille Felber dix ans après la guerre.

Dix années se sont écoulées, depuis la fin de la guerre. Une lettre de Jean à ses parents va nous apprendre ce que la famille Felber est devenue depuis cette époque.

Barentin, 20 mars 1881.

Mes chers parents,

Je n'ai que de bonnes nouvelles à vous donner

Fig. 231. — **Barentin. — Le viaduc du chemin de fer.** — Ce viaduc, qui sert à la ligne de Paris et Rouen au Havre, est un des premiers ouvrages de ce genre construit en France.

aujourd'hui de tout mon petit monde(1). Paul, mon fils aîné, réussit bien au lycée de Rouen: quoiqu'il soit un des plus jeunes de sa classe, il y occupe un très bon rang. A huit ans il a déjà une vocation ; il dit qu'il veut entrer à l'école de Saint-Cyr pour devenir officier,

(1) **De mon petit monde,** de ma petite famille.

faire la guerre aux Prussiens et être décoré, comme son papa. Mes deux filles, Gabrielle et Louise, vont bientôt être d'âge à aller en classe. On vient justement de construire à Barentin une belle école pour remplacer l'ancienne qui tombait en ruines. Quant au petit Henri, il commence à marcher, il est assez solide sur ses jambes et il sait déjà faire une vingtaine de pas sans se jeter par terre.

Guillemette vous envoie ses meilleurs souhaits. Ses parents, ses frères, ses sœurs (vous savez combien la famille de ma femme est nombreuse), sont tous en bonne santé. En voilà une famille heureuse! Ils sont tous réunis dans la même ville, tous établis à Rennes, et ils peuvent se voir tous les jours. Dire que nous aussi, sans cette guerre fatale, nous aurions pu vivre les uns près des autres, à Molsheim!

Serons-nous donc toujours dispersés? L'autre jour je faisais pour nous des rêves d'avenir et de bonheur. Je me disais que la jolie maison que j'habite ici avec les miens est réellement trop vaste pour nous seuls et qu'il serait facile d'y faire place à mes bons parents. Comme ils y seraient bien reçus et de quels soins affectueux ils seraient entourés! Quelle joie pour eux de ne plus vivre isolés, loin des leurs, et de voir grandir autour d'eux leurs petits enfants! Oh! je sais que ce serait bien dur pour vous de quitter l'Alsace. Et pourtant laissez-moi continuer mon rêve : Gaspard est aujourd'hui dans une usine à Saint-Étienne, mais il ne manque pas de fabriques près d'ici où un bon ouvrier comme lui serait bien accueilli. Louis, qui est embarqué comme marin à bord d'un vaisseau de l'État, qui l'empêcherait, lorsqu'il aura terminé son service, d'accepter dans une maison de commerce de Rouen, un emploi, que M. Cavelier, toujours si bon pour moi, l'aiderait volontiers à trouver?

Le plus difficile, au premier abord, semblait de rapprocher de nous ma sœur Marie. Tant qu'elle était seule, j'espérais bien quelque jour lui faire obtenir un poste d'institutrice dans un pays moins éloigné. Quand elle a épousé mon ancien camarade de régiment, mon compagnon de captivité et d'évasion Durand, j'ai été bien heureux de lui voir prendre pour mari un homme honnête et laborieux; mais en même temps j'avais perdu tout espoir de la voir jamais venir près d'ici. Comment trouver, au même moment et dans le même pays, pour elle une école et pour son mari un emploi? Eh bien! j'avais tort de désespérer; ce que je croyais très difficile et presque impossible est aujourd'hui chose faite : Marie va quitter Bayonne; elle est nommée institutrice, devinez où?... Ici même, à Barentin; nous allons l'avoir avec nous; Durand, son mari, sera placé auprès de moi pour me seconder dans la direction de la fabrique. C'est M. Cavelier qui a arrangé tout cela sans me prévenir; il voulait me faire une surprise. Vous pensez bien que ma joie a été grande. Marie et Durand arriveront dans une quinzaine. Voilà une partie de mon rêve déjà réalisée.

DEVOIR DE RÉDACTION. — Lettre de Marie Felber à son frère Jean pour lui annoncer qu'elle vient d'être nommée institutrice à Barentin et que M. Cavelier offre une place à son mari.

CLIX (159). Le port militaire de Cherbourg.

Je ne sais si mon frère Louis a le temps de vous écrire souvent. J'ai eu occasion d'aller le voir, le mois dernier, à Cherbourg. Vous savez que Cherbourg est un de nos cinq grands *ports militaires*. Il y a là des arsenaux et des magasins où l'on a rassemblé tout ce qu'il faut pour construire, réparer et armer les vaisseaux de guerre.

Pour abriter la rade contre les tempêtes on a dû élever, assez loin de la côte, une digue en pierres. Cette

LE PORT MILITAIRE DE CHERBOURG

digue a près d'une lieue de longueur. On y a travaillé pendant bien des années. On a commencé par jeter dans la mer d'énormes blocs de pierre à l'endroit où on voulait construire la digue ; mais les vagues et les marées ont une telle force qu'elles roulaient et dispersaient au loin les rochers les plus lourds. Bien des fois il fallut recommencer le travail. Enfin l'homme triompha dans cette lutte contre les éléments : sur les blocs de rochers

Fig. 232. — **Cherbourg**. — Sous-pr. de la Manche, un de nos cinq grands ports militaires. La rade est protégée par une digue qui a 4 kilomètres de long. Les travaux de la digue commencés en 1783, sous le règne de Louis XVI, ont été terminés seulement en 1853.

qu'on avait amoncelés, on put bâtir une muraille épaisse de dix mètres qui défie tous les efforts de la tempête.

La digue est armée de canons, de ces gros canons qu'on emploie pour la défense des côtes. Quelques-uns ont jusqu'à douze mètres de long et ils lancent à une distance prodigieuse d'énormes projectiles. A côté des canons et des obus de la marine ceux de l'armée de terre semblent des joujoux d'enfants (*fig.* 233).

Louis est toujours très content d'être marin ; il a le caractère aventureux et il ne regrette pas d'avoir abandonné la tenue des livres, qui lui convenait peu, pour un métier qui pourra lui donner l'occasion de voir du pays et peut-être de faire le tour du monde.

Voilà, mes chers parents, les nouvelles que j'ai à

Fig. 233. — **Canon de Bange.** — Ces canons, qui sont employés sur les navires de guerre et pour la défense des côtes, lancent à 18 kilomètres des obus de 1^m25 de haut qui pèsent 550 k^{os}; ces obus ont une vitesse de 650^m par seconde. Le poids du canon et de son affût est de 91 000 k^{os}.

vous donner, mais combien j'aimerais mieux, au lieu de vous écrire, pouvoir vous les communiquer de vive voix.

CLX (160). Les porcelaines de Limoges. Bordeaux et ses vignobles.

Chaque année, Jean Felber faisait un petit voyage; il parcourait quelques villes pour rendre visite aux commerçants qui étaient en relations avec la filature de Barentin et qui achetaient ses produits. Ces voyages d'affaires étaient en même temps des voyages d'agrément; chemin faisant, Jean ne manquait pas d'aller voir les monuments, de pénétrer dans les fabriques, de s'enquérir enfin de tout ce qu'on pouvait trouver de curieux et d'intéressant dans les pays qu'il traversait.

LES PORCELAINES DE LIMOGES

Cette année-là, en 1881, il devait aller jusqu'à Bordeaux, en passant par plusieurs villes du centre et de l'ouest. Il s'arrêta d'abord à Limoges (*fig.* 235), la ville de la porcelaine. On y fabrique des millions d'assiettes et de plats qui sont expédiés dans le monde entier.

La porcelaine est faite d'une sorte d'argile blanche,

Fig. 234. — **Région de l'ouest, entre Loire et Gironde.** — Les vignobles des Charentes d'où l'on tirait par la distillation les *eaux-de-vie de Cognac* ont été presque anéantis par le phylloxera. Principales villes : **Poitiers** (37 000 h.), **Niort** (24 000 h.), **Limoges** (70 000 h.), porcelaines, **Angoulême** (35 000 h.) fabriques de papier, **Rochefort** (32 000 h.), port militaire, **La Rochelle** avec le nouveau port de la Palice qui peut recevoir les plus grands navires.

appelée *kaolin*, qu'on trouve en abondance à Saint-Yrieix, près de Limoges. On réduit le kaolin en pâte qu'on pétrit et qu'on façonne ensuite, soit au tour (1), soit en la faisant couler et en la pressant dans des moules. Les pièces de porcelaine sont alors placées dans des fours (*fig.* 236) chauffés à une température élevée. On les y laisse plus de trente heures et on leur fait généralement subir deux cuissons.

De Limoges, Jean se rendit à Tulle, dont la manufac-

---

(1) **Tour**, machine pour façonner en rond le bois, l'argile, les métaux.

ture d'armes fabrique des fusils pour notre armée, puis à Périgueux, dont il admira les places et les promenades ornées des statues des grands hommes qui sont nés dans le pays : écrivains célèbres, comme Montaigne (*fig.* 237) et Fénelon ; soldats illustres, comme le maréchal Bugeaud (1) et Daumesnil connu sous le nom de *la Jambe-de-Bois*.

Bordeaux est placé sur la Garonne, à peu de distance de

Fig. 235. — **Limoges.** — **Rue du Pont-Saint-Étienne.** — Limoges (70 000 habitants). Ch.-l. de la Haute-Vienne. Importantes fabriques d'émaux et de porcelaines. Patrie de Jourdan (vainqueur à Fleurus), de Vergniaud, un des chefs des *Girondins*, du maréchal Bugeaud, de Sadi Carnot, élu président de la République en 1887. Dans les environs sont nés le savant Gay-Lussac et le célèbre médecin Dupuytren.

l'endroit où ce fleuve, confondant ses eaux avec celles de la Dordogne, s'élargit et prend le nom de *Gironde*. A Bordeaux (*fig.* 238), la Garonne est déjà large et profonde : les plus gros vaisseaux peuvent y naviguer et le beau pont de pierre qui joint les deux

---

(1) Le maréchal **Bugeaud,** qui s'illustra dans les guerres d'Algérie, est né à Limoges, mais sa famille était du Périgord.

rives a près de cinq cents mètres de long. En relations fréquentes avec les ports des Antilles et de l'Amérique du sud, Bordeaux est devenu un grand entrepôt de denrées coloniales : sucres, cafés, cacao, poivre, épices, vanille.

Les vignobles du Bordelais, surtout ceux du Médoc, ont une réputation universelle. Les vignes font la richesse de toute la région du sud-ouest, et pourtant quel sort incertain, à la fois triste et enviable, que celui du vigneron! Nul, parmi les cultivateurs, n'est mieux récompensé de ses peines lorsque l'année est bonne, mais nul, par contre, n'est exposé à de plus cruelles déceptions. Sa vie se passe dans une continuelle alternative de craintes et d'espérances. La gelée, les pluies, la grêle sont autant d'ennemis redoutables, mais aussi quelle joie quand le soleil de septembre vient dorer les grappes vermeilles et doubler en quelques jours la valeur de la récolte!

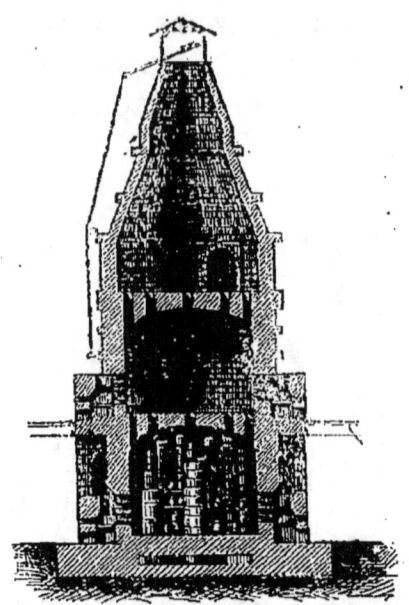

Fig. 236. — **Four à cuire la porcelaine.** — Une fois façonnées, les pièces de porcelaine sont placées dans la partie supérieure du four pour y être dégourdies; on les recouvre alors d'une couverte ou glaçure et on vitrifie au grand feu dans la partie inférieure du four. Les pièces à cuire, pour ne pas être abîmées par les flammes et la fumée, sont renfermées dans des vases d'argile appelés *cazettes*.

CLXI (161). **Le phylloxera.**

Ce n'est pas seulement l'inclémence du ciel qui peut réduire à néant la fortune du vigneron. Que de fléaux à combattre! Un jour c'est l'*oïdium* (*fig.* 239), sorte de champignon, qui s'attaque aux feuilles de la vigne et aux grains à peine formés. Vite, il faut s'armer de soufflets et à plusieurs reprises saupoudrer (1) de fleur de soufre les vignes qu'on veut préserver. C'est une dépense et une grosse perte de temps, mais le succès est à ce prix. Hélas! l'oïdium, qui avait presque détruit nos vignobles et causé par toute la France des pertes qui se chiffraient par centaines de millions, l'oïdium était à peine vaincu, qu'il fallait recommencer la lutte contre un autre ennemi encore plus terrible, le *phylloxera* (*fig.* 240).

Fig. 237. — **Michel de Montaigne** célèbre écrivain du xvie siècle, né au château de Montaigne en Périgord, doit sa célébrité à un ouvrage intitulé *Essais*, où il traite des sujets très variés : morale, histoire, philosophie, littérature, etc.

Le phylloxera est un tout petit insecte, si humble, qu'une mouche, à côté de lui, semblerait un éléphant. L'imperceptible bestiole, que l'œil humain ne saurait discerner sans le secours d'un microscope (2), n'en a pas moins causé des ravages inouïs. Le phylloxera ronge les racines de la vigne, il les perce avec le dard aigu dont il est armé; il suce la sève, épuise la plante, qui bientôt se dessèche et dépérit. Le passage de cette armée de rongeurs invisibles est marqué encore sur bien des coteaux jadis couverts de pampres, maintenant nus et dépouillés de leur parure.

Au commencement la terrible invasion gagnait chaque année du terrain; des cantons populeux et ri-

---

(1) **Saupoudrer**, poudrer de sel et, par extension, couvrir légèrement de toute autre poudre.
(2) **Microscope**, instrument construit de manière à montrer les petits objets plus gros qu'ils ne paraissent à l'œil nu.

ches étaient tout d'un coup ruinés. Aujourd'hui heureusement, le phylloxera ne progresse plus guère et

Fig. 238. — **Bordeaux.** — **Vue des quais.** — Bordeaux (240 000 h.), ch.-l. de la Gironde, 4ᵐᵉ ville de France par sa population. Le port est en relations avec la côte d'Afrique, les Antilles et l'Amérique du Sud. Importation de denrées coloniales. Grand commerce de vins.

en maint endroit les vignobles sont reconstitués. Tantôt on submerge les vignes, on les inonde pendant plu-

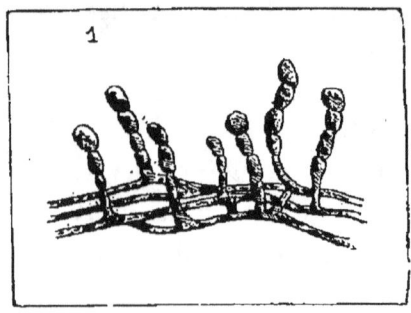 

Fig. 239. — **L'oïdium de la vigne.** — 1. Oïdium très grossi; 2. **Vigneron soufrant une vigne atteinte d'oïdium.** — L'*oïdium* est un champignon qui se manifeste sous la forme de petites végétations blanchâtres à la surface inférieure des feuilles et sur les fruits. On le combat au moyen de la fleur de soufre.

sieurs semaines pour noyer les insectes avec leurs œufs. Tantôt on arrache les plants infestés pour les remplacer par les *cépages américains* (1) qui sont plus vigoureux et plus résistants. Et pour conserver les mêmes qualités à nos vins, on greffe ces vignes d'origine étrangère, comme on fait pour les arbres fruitiers de nos vergers.

Mais que de temps et d'efforts seront encore nécessaires pour que les pays envahis par le phylloxera aient retrouvé leur ancienne prospérité !

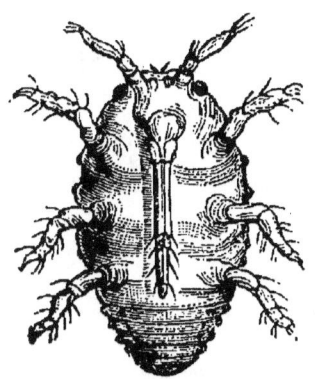

Fig. 240. — **Phylloxera**, vu en dessous avec sa trompe repliée sur la poitrine (très grossi).

DEVOIR DE RÉDACTION. — Parlez du phylloxera, des ravages qu'il a causés, des moyens qu'on emploie pour le combattre.
GÉOGRAPHIE. — Carte de la région entre Loire et Garonne.

CLXII (162). Les papeteries d'Angoulême.

Que d'objets dont nous nous servons journellement sans nous demander d'où ils viennent et sans savoir comment on les fabrique ! Ce papier, sur lequel nous écrivons, de quelle matière est-il fait ? Quels sont les procédés qui permettent de livrer à bas prix ces feuilles blanches, dont aucun écolier ne saurait se passer ? Sans doute presque tout le monde sait que le papier est fait d'une pâte liquide que l'on étend en couches très minces. Mais connaît-on les détails de l'opération ? Et sait-on surtout comment on transforme cette pâte liquide en feuilles parfaitement sèches et assez résistantes, malgré leur peu d'épaisseur ?

Jean Felber, passant par Angoulême, se souvint que cette ville avait de célèbres fabriques de papier et demanda l'autorisation d'en visiter une.

(1) **Cépages américains.** Plants de vigne originaires d'Amérique.

LES PAPETERIES D'ANGOULÊME

Tout d'abord il fut étonné de voir plusieurs hommes occupés à découper du bois en tout petits morceaux.

— Qu'est-ce donc qu'ils font là ? demanda-t-il à l'ouvrier qui l'accompagnait.

— Ils préparent les matériaux de la pâte à papier,

Fig. 241. — **Angoulême. — L'hôtel de ville.** — Angoulême, sur la rive gauche de la Charente et sur un plateau qui domine toute la contrée. La Touvre, qui se jette dans la Charente à Angoulême, n'a que 10 kil. de cours, elle est partout bordée d'usines : fonderie de canons de Ruelle, nombreuses papeteries.

ces petits morceaux de bois, qu'on écrasera ensuite pour les réduire en bouillie.

— Comment, c'est avec du bois qu'on fait le papier ? Je croyais que c'était avec de vieux chiffons.

— En effet, on emploie aussi les vieux chiffons. Mais il faut tant de papier aujourd'hui, avec l'instruction qui se répand partout ! Il faut tant de cahiers et de livres pour les écoliers, tant de journaux pour les grandes personnes ! Les vieux chiffons ne suffiraient plus. On a dû trouver autre chose. Voyez-vous là-bas, sous ce hangar, ces herbes entassées qui ressemblent à des joncs ? Ce sont des tiges d'alfa, une plante qui vient sans culture et en grande abondance sur les montagnes et les plateaux d'Algérie. On ne savait guère en tirer parti autrefois, mais, depuis quelques années, on récolte l'alfa pour faire du papier. On se sert aussi de diverses sortes de bois.

— Mais le papier de bois, dit Jean, doit toujours être plus dur et plus grossier que l'autre.

— Sans doute, il est plus grossier que le papier de chiffons, mais aussi il coûte bien moins cher. Nous voici devant les grandes cuves où la pâte à papier est broyée. On mêle à la pâte du chlore (1) ou d'autres substances destinées à la blanchir. Quand elle a été bien battue, bien mêlée, elle sort par des ouvertures placées au bas de la cuve.

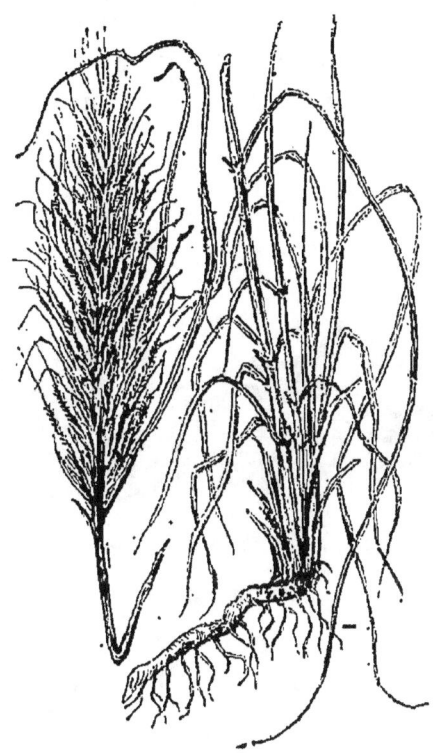

Fig. 242. — **Alfa**. — L'alfa pousse surtout sur les hauts plateaux de l'Algérie, principalement dans le sud de la province d'Oran où on en récolte de grandes quantités. Avec ses fibres on fait des cordes, des nattes, des paniers. On fabrique avec l'alfa un papier de très bonne qualité et très résistant.

(1) **Chlore**, substance d'une couleur jaune-verdâtre ; dissous dans l'eau, le chlore détruit les matières colorantes ; cette propriété est utilisée dans l'industrie pour le blanchiment des tissus, de la pâte à papier, etc,

Et l'ouvrier montrait à Jean un réservoir où la pâte tombait en cascades blanchâtres.

— Il s'agit maintenant, ajouta-t-il, de la faire égoutter. Voyez : la pâte, en sortant du réservoir, s'étale sur un treillis métallique (1) à mailles très fines. Voici déjà notre feuille de papier, mais elle est encore à l'état demi-liquide. Peu à peu, une partie de l'eau contenue dans la pâte s'écoule par les petites ouvertures du treillis.

Fig. 243. — **Machine à fabriquer le papier.**

Au bout du treillis la feuille de papier est déjà bien plus épaisse.

— Et tous ces grands rouleaux entourés de couvertures de laine, à quoi servent-ils? dit Jean.

— Ils sont là pour sécher complètement la pâte, pour absorber peu à peu l'humidité qu'elle contient. Après qu'il a passé entre ces rouleaux et qu'il a été pressé entre les couvertures, le papier est arrivé à son état définitif; il est tel qu'on le livrera aux acheteurs.

DEVOIR DE RÉDACTION. — Supposez que vous avez visité, comme Jean Felber, une fabrique de papier et racontez ce que vous avez vu.

(1). **Treillis**, ouvrage de bois ou de fil de fer qui imite les mailles un filet.

CLXIII (163). Nouvelle imprévue.

D'Angoulême, Jean Felber continua sa route par Cognac, dont le nom rappelle les eaux-de-vie renommées qu'on fabrique dans la région des Charentes; puis il visita les villes de la côte : Rochefort et son port militaire, La Rochelle, qui fut autrefois, pendant les guerres de religion, la principale place forte des protestants.

À Poitiers il alla voir les vieilles églises et la promenade de Blossac, d'où l'on a une très belle vue sur la vallée du Clain.

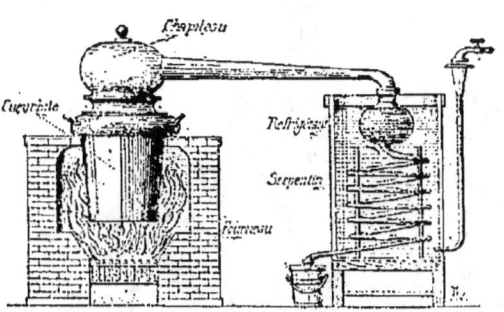

Fig. 244. — **Alambic à distiller l'eau-de-vie.** — Le liquide à distiller est placé dans la *cucurbite*; sous l'action de la chaleur du *fourneau*, ces vapeurs alcooliques se dégagent, montent dans le *chapiteau* et par le tuyau horizontal pénètrent dans le *serpentin*; la fraîcheur de l'eau qui se renouvelle constamment dans le *réfrigérant*, au moyen d'un robinet, condense ces vapeurs qui se liquéfient et s'écoulent dans un récipient placé à l'extrémité du serpentin, pour les recueillir.

Comme il allait repartir pour Rouen, on lui remit la lettre suivante de son frère Louis, le marin :

« Nous venons de recevoir tout d'un coup, écrivait-il, l'ordre de partir. Les colons français de l'Algérie ont eu à se plaindre de leurs voisins de Tunisie. Des fermes ont été dévastées, des bestiaux enlevés, quelques cultivateurs même ont été tués. On va faire une expédition pour châtier les pillards, et il paraît qu'on a besoin de nous là-bas. Nous quittons Cherbourg après-demain ; le bateau qui nous emporte, l'*Audacieux*, s'arrêtera à Toulon pour compléter son armement, et de là en route pour la Tunisie. J'aurais voulu pouvoir t'embrasser avant mon départ; cela est impossible, mais tu peux compter, mon cher frère, que je t'écrirai souvent pour te donner de mes nouvelles et qu'en toute occasion je saurai faire mon devoir de bon Français. »

Jean regarda la date de la lettre, qui avait passé par Barentin avant de venir à Poitiers ; elle était écrite

Fig. 245. — **Poitiers.** — **Notre-Dame la Grande.** — Poitiers, ch.-l. de la Vienne, a plusieurs églises très anciennes. — Trois batailles ont été livrées près de Poitiers : 1° Victoire de Clovis sur les Visigoths à Vouillé (507) ; 2° Victoire de Charles Martel sur les Arabes (732) ; 3° Bataille de 1356, où Jean le Bon fut pris par les Anglais.

depuis trois jours et Louis, en ce moment même, devait déjà être loin de Cherbourg. Mais il était possible d'arriver encore à temps pour le voir à Toulon, et, sans plus tarder, Jean écrivit à M. Cavelier pour lui demander la permission de prolonger un peu son absence.

CLXIV (164). **La seconde ville de France. La vallée en flammes.** — **Saint-Étienne.**

Jean partit pour Lyon où il arriva par une belle matinée de printemps. Le soleil, qui n'est pas toujours aussi gracieux pour les habitants de la seconde ville de France et qui se cache trop souvent derrière les brouillards, était ce jour-là resplendissant. Notre voyageur put donc profiter à merveille des quelques heures qu'il passa dans la ville. Il vit les principaux monuments : l'hôtel de ville, la cathédrale, l'église Saint-Nizier. Il admira les deux grands cours d'eau, si différents d'aspect, qui se rencontrent à Lyon : la Saône, aux eaux tranquilles, semble calmée et comme assagie (1) par sa lente promenade à travers les plaines de Bourgogne; le Rhône, aux flots tumultueux et bouillonnants, conserve,

Fig. 246. — **Lyon.** — **La place des Jacobins.** — Lyon (400 000 h.), seconde ville de France, au confluent du Rhône et de la Saône. Industrie des soieries. — Patrie du célèbre architecte Philibert Delorme, des sculpteurs Coustou et Coysevox, du maréchal Suchet, de Jacquard, inventeur du métier à tisser, du savant Ampère, de Jules Favre, qui fut membre du gouvernement de la Défense nationale en 1870.

alors même qu'il est devenu un grand fleuve, quelque chose de la colère et de l'impétuosité de sa course première à travers les sauvages vallées des Alpes. Jean fit l'ascension du coteau de Fourvières, du haut duquel, par les temps clairs, on aperçoit, dans le lointain, les glaciers du Mont-Blanc.

En face, de l'autre côté de la Saône, il parcourut le

---

(1) **Assagie**, rendue sage.

coteau de la Croix-Rousse, la ville du travail et de l'industrie. Là, du matin au soir, dans presque toutes les maisons, retentit le bruit des métiers à tisser. Là se fabriquent ces soieries qui font la richesse de Lyon et dont la France exporte chaque année pour plus de deux cents millions.

Jean avait formé le projet de rejoindre à Saint-Étienne son frère Gaspard pour lui proposer de venir avec lui jusqu'à Toulon.

Fig. 247. — **Métier Jacquard**. — On emploie ce métier pour le tissage des étoffes de soie unies et brochées. La figure représente un métier à rubans qui peut tisser de 4 à 36 rubans à la fois.

Si jamais vous avez à faire le voyage de Lyon à Saint-Étienne, tâchez de partir une fois la nuit tombée. La vallée de la petite rivière du Gier, que suit la voie ferrée, prend alors un aspect étrange et fantastique. Au ras de terre brillent par centaine les feux des fours à coke (1), tandis que du sommet des hautes cheminées d'usines, invisibles au milieu de l'obscurité, des jets de flamme s'élancent vers le ciel. A voir ces brasiers toujours flambants et ces lueurs rougeâtres qui percent les ténèbres, on devine qu'on traverse une riche région industrielle.

Les villes en effet y succèdent aux villes, Givors, Rive-de-Gier, Saint-Chamond, jusqu'à la grande et populeuse Saint-Étienne, toujours salie par la poussière

---

(1) **Coke**, charbon que l'on obtient en faisant calciner de la houille dans des fours. Le coke est un excellent combustible qui produit une forte chaleur ; aussi l'emploie-t-on pour la fusion des métaux.

noire de ses houillères. Des mines de charbon presque aussi abondantes que celles du département du Nord, des eaux excellentes pour tremper les armes et l'acier, la fabrication des rubans de soie et de velours, telles sont les causes de la prospérité de Saint-Étienne. Aucune

Fig. 248. — **Saint-Étienne.** — **L'hôtel de ville.** — Saint-Étienne (125 000 habitants) doit sa prospérité aux mines de houille et à ses fabriques d'armes de guerre et de chasse. — Le premier chemin de fer français fut celui de Saint-Étienne à Andrézieux, inauguré en 1828 ; il était destiné au transport de la houille et les wagons étaient traînés par des chevaux.

autre ville en France n'a fait des progrès plus rapides : en cinquante ans la population a décuplé.

CLXV (165). Voyage à pied à travers les Cévennes.

— J'accepte et bien volontiers, dit Gaspard à son frère qui lui proposait de l'accompagner ; voici un an que je n'ai pris de congé et je ne serais pas fâché de me reposer un peu. Il n'y a pas de travaux bien pressés en ce moment, et je pense qu'à mon usine on m'accordera facilement huit jours de liberté.

— Si nous allions à pied rejoindre la vallée du Rhône? dit Jean, quand Gaspard eut obtenu la permission de s'absenter.

— Adopté, répondit son frère; j'ai besoin de me dégourdir un peu les jambes et de respirer un autre air

Fig. 249. — C'est donc ici le pays des chèvres? — Oui, monsieur, il y en a beaucoup dans nos montagnes.

que celui de l'usine. D'ailleurs, les environs de Saint-Étienne sont charmants.

— Et puis c'est si agréable de faire route à pied, dit Jean, on fait ce qu'on veut, on va vite ou lentement, on est complètement maître de soi et on n'est pas obligé de s'inquiéter sans cesse de l'heure des trains.

Après deux jours de marche à travers les Cévennes, les deux frères arrivèrent près d'Annonay, dans l'Ardèche. C'était jour de foire et la route était pleine de paysans qui se rendaient à la ville. Des femmes portaient de grands paniers remplis d'œufs, de beurre, de fromages. Des hommes venus de la montagne poussaient devant eux des troupeaux de bœufs et de moutons. Des porcs, entassés dans de grandes charrettes, témoignaient par leurs cris assourdissants qu'ils n'aimaient guère à voyager ainsi et qu'ils avaient quelque inquiétude sur le sort qui les attendait. Plus résignés semblaient les petits chevreaux, dont la tête fine et éveillée sortait par l'ouverture des sacs où ils étaient disposés deux par deux, et de manière à se faire équilibre sur l'épaule de ceux qui les portaient (*fig.* 249).

Jean fut étonné d'en voir un si grand nombre.

— C'est donc ici le pays des chèvres? dit-il à un paysan.

— Oui, monsieur, il y en a beaucoup dans nos contrées.

— Mais alors votre pays n'est pas bien riche, car on dit que la chèvre est la vache du pauvre.

— C'est vrai, nous ne sommes pas bien riches dans la montagne. Ceux de la plaine, sur les bords du Rhône, ont de bonnes terres à blé, des mûriers pour nourrir leurs vers à soie et ils récoltent du vin. Nous autres montagnards, dans nos pays froids, nous cultivons le seigle et la pomme de terre, nous avons des bois de châtaigniers et des pâturages. Ceux qui n'ont pas assez de foin pour avoir des vaches, ont une chèvre ou deux.

— Elles ne sont pas bien difficiles à nourrir, n'est-ce pas?

— Oh! que non, les pauvres bêtes; elles trouvent leur vie le long des chemins et quelquefois sur des rochers escarpés où les vaches ne pourraient pas grimper.

— Vous faites du fromage avec leur lait? continua Jean.

— Oui, et les petits chevreaux, comme ceux que je porte là, se vendent encore bien. Leur chair est bonne à manger et leur peau, après avoir été préparée par les mégissiers, sert à faire des gants. Annonay fournit beaucoup de ces peaux aux fabricants de gants de Grenoble. Le travail de la mégisserie et la fabrication du papier occupent beaucoup d'ouvriers à Annonay.

CLXVI (166). Les vers à soie. Visite à une magnanerie.

Nos deux voyageurs continuant leur route arrivèrent à Tournon, jolie petite ville située sur le Rhône, et de là repartirent pour Valence, où ils devaient prendre le bateau à vapeur. Chemin faisant, ils aperçurent dans un champ des paysans qui ramassaient des feuilles de mûrier.

— C'est pour nourrir vos vers à soie? demanda Gaspard.

— Oui, répondit un des paysans, c'est pour nos vers à soie, nos *magnans*, comme nous disons ici. Et nous nous dépêchons, car ils ont joliment faim dans ce moment. Ils vont bientôt faire leurs *cocons* (*fig.* 252); nous en avons même quelques-uns, plus avancés que les

Fig. 250. — **Mûrier**. — Feuilles et fruit. — Le mûrier est un arbre originaire de la Chine, qui atteint 8 à 10 mètres de hauteur. On le cultive surtout pour ses feuilles qui servent à nourrir les vers à soie. Le bois, très dur, est employé par les tourneurs et les ébénistes. L'écorce donne un papier magnifique. La culture de cet arbre s'est propagée en France grâce à Henri IV qui fit venir d'Italie 15 000 pieds de mûrier qu'on distribua aux cultivateurs.

autres, qui ont déjà commencé. Mais voulez-vous venir avec moi? Je vous montrerai la magnanerie.

Et nouant les quatre bouts du grand drap de toile où il avait entassé sa récolte de feuilles, le paysan chargea le paquet sur son dos et se mit à marcher, précédant nos deux voyageurs.

— Ils ont une maison pour eux tout seuls, nos

vers à soie, la *magnanerie*, cette grande construction que vous voyez là devant vous.

— Une maison pour eux tout seuls! Ils ne sont guère à plaindre, dit Jean.

— Et nous les soignons bien, je vous l'assure, nous n'épargnons pas notre peine, depuis le moment où les vers éclosent, jusqu'à celui où ils s'enferment dans leurs cocons. Mais nous voici arrivés, dit-il en ouvrant la porte.

— Ouf! Qu'il fait chaud ici! s'écria Jean, dès le premier pas qu'il fit dans la magnanerie.

— Ce n'est pas étonnant, dit Gaspard, regarde : il y a du feu dans les cheminées.

— Du feu, au mois de juin!

— C'est que les *magnans* sont frileux, il ne faut pas qu'ils soient exposés aux brusques changements de température; s'ils prenaient froid, nous en perdrions des cent et des mille. Mais voyez comme ceux-ci sont bien portants et comme ils ont bon appétit!

Fig. 251. — **Ver à soie** sur une feuille de mûrier.

Et en disant cela le paysan répandait ses feuilles sur les grandes tables de planches où les vers étaient placés. Ceux-ci se hâtaient d'abandonner les feuilles demi-sèches et déjà rongées, reste de leur repas de la veille, et se précipitaient avidement sur les feuilles nouvelles.

CLXVII (167). Les métamorphoses du ver à soie.

— Qu'est-ce donc que toutes ces broussailles que vous avez placées là? demanda Gaspard en s'avançant vers une autre table.

— Ce sont des bruyères sur lesquelles les vers monteront pour accrocher leurs cocons. Ceux que vous voyez là sont un peu plus âgés que les premiers, de quarante-huit heures environ, ce qui est beaucoup pour des vers qui commencent à filer leurs cocons vers le trente-cinquième jour après leur naissance.

— Voici déjà deux cocons sur cette petite branche, dit Jean.

— Et celui-ci, dit Gaspard, regarde, il est encore

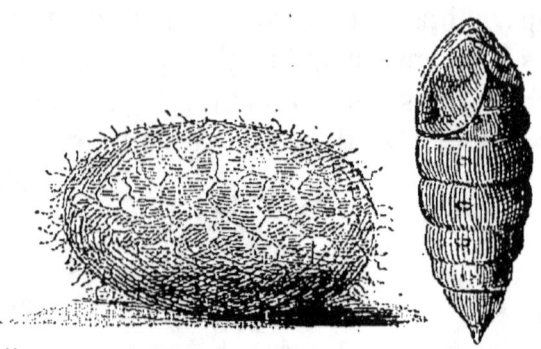

Fig. 252. — **Cocon et chrysalide de ver à soie.**

si peu épais qu'on peut voir au dedans le ver qui le file. Comme il se dépêche! Il construit lui-même sa prison.

— En voici d'autres qui commencent à grimper; ils tournent la tête de tous côtés et ils ne semblent pas avoir décidé encore quelle place ils choisiront.

— Que deviennent les vers une fois leurs cocons terminés? dit Gaspard.

— Ils se transforment alors en chrysalides répondit Jean.

Fig. 253. — **Papillon du ver à soie.**

— Oui, dit le paysan, ils forment à l'intérieur du cocon une sorte de petite boule et ils semblent tout à fait morts; ils ne mangent ni ne remuent. Mais quand la saison est venue, un papillon sort de la chrysalide et perce l'enveloppe du cocon.

— Un joli papillon? demanda Gaspard.

— Non, le papillon du ver à soie n'a pas les couleurs éclatantes d'une foule d'autres papillons. Il est de couleur grise, assez terne, et on ne se douterait pas à le voir, que les œufs qu'il va pondre donneront naissance à de petites bêtes aussi précieuses que les vers à soie.

— Ce qui prouve une fois de plus, ajouta Jean, qu'il ne faut pas se fier aux apparences. Mais quand vous voulez filer la soie dont le cocon est composé, vous n'attendez pas que le papillon soit sorti ?

— Non certes, car en sortant à travers l'enveloppe du cocon le papillon coupe en tout petits morceaux le fil de soie, qui alors ne serait plus bon à rien. Avant de les porter à la filature, on a soin de passer les cocons au four pour étouffer la chrysalide.

Fig. 254. — **Pasteur.** — Célèbre savant, né à Arbois (Jura) en 1822. Il a fait de belles découvertes sur la *fermentation du vin et de la bière, la maladie des vers à soie*, le *charbon* (maladie de l'homme et des animaux). Enfin il est parvenu à guérir la *rage*, jusque-là réputée incurable, et un grand nombre de malades venus des pays les plus lointains lui doivent leur guérison.

— Vos pays de la vallée du Rhône sont bien heureux, dit Jean, ils ont le ver à soie, ils ont la vigne, ils semblent plus favorisés que bien d'autres provinces françaises.

— Ah ! monsieur, ne croyez pas cela, nous ne sommes pas si riches que vous le pensez, malheureusement. Nos vignes, le phylloxera en a ravagé les trois quarts ; on dit bien qu'on peut le détruire, mais cela coûte cher, et ici comme partout le cultivateur n'a pas beaucoup d'argent. Quant aux vers à soie et aux cocons, le temps des belles récoltes est passé. Nous ne reverrons peut-être jamais des années comme celles d'autrefois, avant que la maladie du ver à soie fût connue. Cette maladie, qui a ruiné tant de pauvres gens, on sait maintenant comment la combattre grâce aux nombreuses recherches et aux découvertes d'un grand savant, M. Pasteur, dont le nom est bien connu et vénéré dans nos campagnes. Mais les cocons et la soie ne se vendent plus comme auparavant; il en vient d'Italie, du Levant (1), de la Chine, que sais-je encore? Les fabricants de soieries lyonnaises trouvant ailleurs des soies à meilleur marché, nous sommes obligés de baisser nos prix.

DEVOIR DE RÉDACTION. — Dites ce que vous savez du ver à soie et de ses transformations.

CLXVIII (168). **Rencontre inattendue. La vallée du Rhône.**

Jean et Gaspard passèrent quelques heures à Valence. En attendant le départ du bateau à vapeur, ils se promenaient sur la belle place qui domine la vallée du Rhône et d'où l'on aperçoit en face, sur une des premières cimes des montagnes de l'Ardèche, les ruines du château de Crussol.

Depuis un moment un homme les suivait, les observant avec attention. Tout à coup il s'avança vers Jean en lui tendant la main :

— Je ne me trompe pas, dit-il, vous êtes bien monsieur Felber ?

Et comme Jean, étonné, hésitait.

— Voyons, vous ne me reconnaissez donc pas? Il faut que j'aie bien changé depuis dix ans. Rappelez vos souvenirs : la guerre, notre captivité dans la ville d'Ulm, en Allemagne, notre évasion...

— Le Marseillais! s'écria Jean, en serrant la main qui lui était tendue. Je me souviens maintenant; c'est vous qui nous avez fait des vêtements pour remplacer nos uniformes quand nous fûmes décidés à nous sauver.

(1) On nomme **Levant** la partie de l'horizon où le soleil se lève, et **peuples du Levant**, ceux qui habitent la côte occidentale d'Asie, sur la Méditerranée.

— Comme je suis heureux de vous rencontrer, reprit le Marseillais, et de vous voir en bonne santé. Et comme je regrette de ne pas pouvoir rester une demi-journée avec vous ; nous parlerions du temps passé. Malheureusement je ne suis que de passage ici, je retourne à Marseille et je vais tout à l'heure prendre le bateau.

— Mais nous aussi, nous allons prendre le bateau à vapeur.

— Alors cela se trouve bien, nous ferons route ensemble.

— Et j'espère, dit Jean, que notre voyage d'aujourd'hui sera plus gai et moins difficile que celui que nous avons fait autrefois, d'Ulm à la frontière suisse.

Fig. 255. — **Région du sud-est.** — La région du sud-est comprend deux parties : les montagnes des Alpes, froides, pauvres, peu peuplées et la vallée du Rhône, très resserrée au nord, beaucoup plus large au sud : on y cultive la vigne, le mûrier, et, au sud de Montélimar, l'olivier. — Principales villes : **Lyon** (400 000 h.), soieries ; **Marseille** (380 000 h.), grand port de commerce ; **Toulon** (70 000 h.), port militaire ; **Nice** (80 000 h.) reçoit beaucoup d'étrangers pendant l'hiver ; **Grenoble** (50 000 h.), place forte ; **Valence** (25 000 h.) ; **Avignon** (38 000 h.).

Si le chemin de fer convient aux voyageurs pressés, à ceux qui sitôt partis voudraient déjà être arrivés, combien le bateau à vapeur est préférable pour ceux qui aiment le voyage pour lui-même et qui veulent voir un peu les pays qu'ils traversent. Jean et Gaspard ne se lassaient point de regarder le spectacle qu'ils avaient sous les yeux : à gauche une plaine fertile avec des mûriers, des vignes, puis des collines arrondies couvertes de bois taillis (1), et, tout à fait dans le lointain, de grandes montagnes pelées, dernières ramifications de la chaîne des Alpes ; à droite, du côté des Cévennes, de hautes falaises de rochers, parfois si rapprochées que le fleuve vient battre leur base.

— Ce ne sont pas les pierres qui manquent dans ce pays-ci, disait le Marseillais, et il en faut de la patience et du travail pour arriver à faire pousser des récoltes au milieu de ces rochers, comme font les montagnards de l'Ardèche. Voyez comme ils ont soin de construire des quantités de petits murs pour retenir la terre qui sans cela serait entraînée par les pluies.

Fig. 256. — **Melon**. — Plante annuelle à tige rampante que l'on cultive pour son fruit délicieux. Il en existe de nombreuses variétés : *Melons lisses* de forme allongée, sans côtes, à écorce vert clair ou blanchâtre, très cultivés dans le Midi. *Melons cantaloups* (voir la figure) à côtes profondes, chair sucrée et juteuse ; ces melons sont les plus estimés. *Melons brodés ou communs* à côtes peu saillantes, à chair rouge ; ce sont les plus faciles à cultiver.

— Est-ce que la vallée du Rhône est partout aussi resserrée ? demanda Jean.

— Vous allez bientôt la voir s'élargir, près d'Avignon. Il y a là des terres admirablement cultivées ; on dirait un vrai jardin ; on y trouve tous les arbres fruitiers du Midi : pêchers, figuiers, amandiers ; on y récolte des melons très renommés et toute sorte de légumes qu'on expédie à Paris par le chemin de

---

(1) **Bois taillis**, bois crû sur souche et par rejetons qu'on taille de temps en temps.

18.

fer ; il y a des jours où l'on en charge des trains entiers. Ah! ce sont de jolies plaines que celles qui s'étendent autour d'Orange et d'Avignon.

GÉOGRAPHIE. — Tracez la carte de la région du sud-est.

CLXIX (169). Au pays du soleil.

— Et la Provence, votre pays, est encore plus riche, dit Gaspard.

— La Provence est le pays du soleil, des vignes, des olives dont on fait de l'huile. Ce qui nous manque, c'est l'eau ; car notre soleil, quand on ne peut pas arroser les plantes, a vite fait de tout dessécher. Mais c'est un beau pays tout de même que notre Provence et surtout la partie maritime, toute cette côte qui se déroule le long de la Méditerranée, depuis Marseille jusqu'à Nice. Vous irez bien voir Nice (*fig.* 258), n'est-ce pas ?

FIG. 257. — **Olivier**. — FEUILLES ET FRUITS. — L'olivier est un arbre à feuilles toujours vertes cultivé dans le midi de la France, surtout en Provence. On retire de son fruit une huile comestible très estimée. Les huiles de qualité inférieure sont employées à la fabrication des savons.

— Non, dit Jean, nous n'allons que jusqu'à Toulon.

— Quel dommage ! Vous auriez vu là ce qu'on ne peut voir ailleurs dans toute la France, des orangers cultivés en pleine terre (1), et puis, ce qui vous aurait à la

(1) **En pleine terre**, c'est-à-dire qu'ils ne sont pas plantés dans des caisses, comme on fait dans les pays plus froids où l'hiver on rentre les orangers dans les serres.

fois amusés et étonnés, des quantités de fleurs, des fleurs partout, des champs de rosiers, de jasmins, de violettes de Parme, des champs de géraniums qu'on fauche, ainsi qu'on fait ailleurs pour le trèfle ou la luzerne.

— Des champs de rosiers et de géraniums? dit Jean tout surpris.

— Oui, des champs entiers, je n'exagère pas, tout

Fig. 258. — **Nice** (80 000 h.), ch.-l. des Alpes-Maritimes. La douceur du climat y attire un grand nombre d'étrangers pendant la saison d'hiver. — Commerce d'huiles d'olive et de fruits confits. — Réunie à la France en 1792, perdue en 1814, après la chute de Napoléon, Nice est redevenue française en 1860.

Marseillais que je suis. On cultive en grand toutes ces fleurs pour la fabrication des essences employées en parfumerie. Mais c'est l'hiver qu'il faut voir ces pays-là; maintenant, au mois de juin, il y a des fleurs et du soleil partout, tandis qu'en décembre ou en janvier, quand on quitte la neige et les brouillards du Nord pour arriver tout d'un coup dans nos contrées, c'est un vrai changement. Aussi je vous assure qu'il en vient des étrangers, à Nice, à Cannes, à Menton et dans toutes les villes de la côte. On y amène surtout des malades, ceux qui souffrent de la poitrine et auxquels le froid pourrait faire du mal.

A Avignon on quitta le bateau à vapeur pour prendre le chemin de fer jusqu'à Marseille.

— Nous n'allons pas nous quitter comme ça, dit le Marseillais, quand on fut arrivé. Vous allez venir jusque chez moi, je vous présenterai ma femme et mes enfants.

Et comme ses deux compagnons de route refusaient par discrétion :

— Venez, venez, ajouta-t-il, vous me ferez

Fig. 259. — **Avignon.** — **Le palais des papes.** — Les papes ont résidé à Avignon de 1309 à 1377. Ils ont possédé le *Comtat d'Avignon* jusqu'en 1791, époque de sa réunion à la France.

plaisir, je veux vous montrer ma petite famille, mon aîné surtout, Marius, un garçon qui me fera honneur un jour. Il faut voir comme il travaille et comme il est déjà savant : toujours premier à son école et tous les prix à la fin de l'année !

CLXX (170). Le devoir du jeune Marius.

Quand ils arrivèrent à la maison, le jeune Marius venait justement de terminer un devoir que lui avait donné l'instituteur.

— Qu'est-ce que je vous disais? s'écria le père avec orgueil, toujours au travail! Et voyez comme c'est soigné, comme c'est bien écrit, dit-il en prenant la copie pour la montrer aux nouveaux arrivants. Ah! ah! un devoir de français, une rédaction; nous ne rédigeons pas trop mal, à ce qu'on dit.

— Vous allez nous lire ce devoir, n'est-ce pas? dit Jean à l'enfant.

— Vous êtes un flatteur, dit le Marseillais, vous voulez me prendre par mon faible : il ne vous intéresserait guère, ce devoir?

— Mais si, mais si, dit Jean, je sais ce que c'est; j'ai un fils, moi aussi, qui a à peu près l'âge du vôtre, et je suis content quand il travaille et qu'il fait de bons devoirs. Voyons le sujet : *Supposez que vous vous rendez de Marseille à Perpignan en chemin de fer; racontez votre voyage en indiquant tout ce que vous avez vu de remarquable.* A merveille! Faites-nous vite la lecture, mon petit ami.

— Allons, Marius, puisque ces messieurs le veulent, dit le père, enchanté de montrer les talents de son fils.

CLXXI (171). Marseille. — Le département des Bouches-du-Rhône.

L'enfant se fit un peu prier, puis il se décida et commença à lire :

« Marseille, qui est le point de départ de notre voyage, est la plus grande ville du midi de la France. Elle a près de quatre cent mille habitants et sa prospérité s'accroît tous les jours. Son port reçoit des vaisseaux de tous les pays : ici c'est un bateau qui vient de la Russie avec un chargement de blé; plus loin c'est un navire arrivant de l'Amérique du Sud qui apporte des balles de laine et des peaux de bœuf; l'Algérie envoie des vins, des fruits, des oranges; la côte d'Afrique diverses graines comme celles des arachides, dont on extrait de l'huile pour la fabrication des savons ; par les grands paquebots qui font le service de l'Inde et de la Chine arrivent les soies qui seront vendues à Lyon. Sur les quais, du matin au soir, s'agite la foule des marins de toute nation et de tout costume, des portefaix qui déchargent les

Fig. 260. — **Marseille. — Le palais de Longchamp.** — Par sa population de 380 000 habitants, Marseille est la troisième ville de France. Son port peut contenir plus de 2 400 navires ; c'est notre premier port de commerce. Il est en relation avec tous les pays du monde, surtout avec le Levant, l'Inde, la Chine, l'Australie. Marseille est le centre d'un grand commerce de blés ; l'industrie y est très active (savons, huiles, produits chimiques). La *Canebière*, la rue la plus fréquentée, domine le port. Marseille est le chef-lieu du département des Bouches-du-Rhône.

marchandises, des voyageurs qui pressent le pas à l'appel des coups de sifflet du bateau qui doit les emporter.

« Pour nous, c'est par le chemin de fer que nous allons quitter la grande ville. Nous laissons à notre droite la ville d'Aix, ancienne capitale de la Provence. Nous traversons un pays aride, sans arbres, presque sans végétation, c'est la *plaine de la Crau*. L'hiver elle se peuple d'innombrables troupeaux de moutons, mais le printemps venu, dès que les neiges commencent à fondre sur les montagnes, bergers et moutons émigrent vers les hautes prairies des Alpes. Le troupeau se met en marche conduit par les béliers dont les clochettes annoncent au loin sa venue ; sur les flancs et à l'arrière courent les chiens fidèles et jamais fatigués, qui pressent les traînards et ramènent au droit chemin les vagabonds qui seraient tentés de s'écarter. Puis viennent les bergers, poussant devant eux quelques ânes chargés de sacs et de gros paniers. Sur le dos des patientes et robustes bêtes on a entassé les bagages, le pauvre mobilier, les ustensiles de cuisine, les vêtements de rechange, parfois aussi les mignons petits agneaux encore trop jeunes pour supporter de longues marches.

Fig. 201. — **Bas-Languedoc et Roussillon.** — Les départements situés entre le Rhône et la frontière d'Espagne sont riches en vignobles. L'Hérault est le premier département français pour la récolte du vin. — Principales villes : **Nîmes** (70 000 h.), monuments de l'époque romaine ; — **Montpellier** (60 000 h.) école de médecine très ancienne ; **Béziers** (43 000 h.) ; **Cette** (38 000 h.) ; port de commerce ; **Narbonne** (30 000 h.) ; **Carcassonne** (30 000) ; **Perpignan** (35 000 h.).

GÉOGRAPHIE. — Tracez la carte du Rhône aux Pyrénées.

CLXXII (172). Du Rhône aux Pyrénées.

« Nous atteignons le Rhône près d'Arles, non loin du

delta (1) marécageux de la Camargue où l'on élève des bœufs et des chevaux à demi-sauvages. Le fleuve une fois franchi, nous voici dans les plaines fertiles du Bas-Languedoc, couvertes de vignes et de mûriers. Nous nous arrêtons à Nîmes et nous visitons cette ville, si curieuse par ses monuments bâtis du temps où les Romains étaient maîtres de la Gaule et si bien conservés depuis quinze cents ans. Nous admirons surtout les arènes (2), aux gradins immenses, où trente mille spectateurs peuvent tenir à l'aise.

Fig. 202. — Costume des femmes d'Arles.

« A travers de beaux vignobles nous nous dirigeons sur Montpellier. Quelle riche contrée que celle-ci ! De tous les départements français c'est celui de l'Hérault qui produit le plus de vin. On raconte qu'en certaines années d'une abondance exceptionnelle, les tonneaux vinrent à manquer et que celui qui possédait deux futailles pouvait en faire remplir une sans payer, en cédant l'autre pour prix du vin qu'il emportait. Le phylloxera a causé de grands ravages dans ces vignobles, mais aujourd'hui, à force de patience et de travail, les cultivateurs sont parvenus à lutter contre le terrible fléau.

« Montpellier n'est qu'à peu de distance de la mer,

(1) **Delta**, lettre grecque en forme de triangle dont le nom a été donné aux terres de configuration triangulaire qui se forment à l'embouchure de certains fleuves; par exemple : le delta du Nil, du Rhône, etc.

(2) **Arènes**, nom donné aux anciens amphithéâtres romains, vastes édifices de forme ovale ou ronde ayant plusieurs rangs de gradins pour les spectateurs et un espace central pour les luttes et les combats.

nous arrivons bientôt à Cette, dont le port doit son importance au commerce des vins. Les côtes, autour de Cette, sont basses et marécageuses, mais les marais même, qui sont remplis d'eau salée, sont une source de richesse. L'eau de mer, s'évaporant sous l'action de la chaleur du soleil, laisse en dépôt le sel qu'elle contenait. Les marais salants du Languedoc sont plus productifs encore que ceux de l'Océan.

« Que de villes sur notre route! Agde, Béziers, Narbonne! Nous voudrions bien aller jusqu'à Carcassonne, visiter la vieille ville qui s'est conservée jusqu'à nous depuis le moyen âge avec ses rues étroites, ses maisons basses et ses vieux remparts, mais c'est vers le Midi que le train nous emmène; le pays change rapidement d'aspect, on aperçoit des collines, puis de hautes montagnes. Nous avons devant nous la chaîne des Pyrénées, qui se dresse comme un mur entre la France et l'Espagne : au centre on ne peut la franchir

Fig. 263. — **Montpellier. — La cathédrale.** — Montpellier (60 000 h.), ch.-l. de l'Hérault, grande et belle ville, bâtie sur une colline, à 8 kilomètres de la Méditerranée. Promenade du *Peyrou*, d'où la vue est magnifique. Célèbre école de médecine fondée au XIIIe siècle. Grand commerce de vins.

qu'avec de grandes difficultés tant ses pentes sont rudes et escarpées ; aux deux extrémités seulement elle s'abaisse, et pour garder ces deux portes naturelles on a construit deux places fortes : Bayonne, du côté de l'Océan, et, du côté de la Méditerranée, Perpignan, terme de notre course. »

— Voilà qui est fort bien, mon ami, dit Jean. On

Fig. 264. — **Narbonne. — La Mairie et la cathédrale Saint-Just.** — Narbonne, ville très ancienne, fondée par les Romains qui en firent le chef-lieu de leur province de Narbonnaise. — Commerce de vins ; miel renommé.

croirait voir les pays dont vous parlez, tant vous les décrivez bien.

— N'est-ce pas? dit le Marseillais tout rayonnant de joie.

— Vous avez bien raison, mon cher camarade, d'être fier de ce garçon-là. Quel dommage que Rouen soit si loin de Marseille! Votre petit Marius et mon fils aîné feraient une bonne paire d'amis. Allons! Il faut nous séparer ; je suis bien content de vous avoir revu et j'espère que si jamais vous voyagez du côté de la Normandie, vous n'oublierez pas de venir me voir à Barentin.

DEVOIR DE RÉDACTION. — Allez de Lyon à Toulon en suivant le cours du Rhône et en passant par Marseille : quelles villes traverserez-vous et que verrez-vous de remarquable ?

CLXXIII (173). La rade de Toulon et la flotte française.

A peine arrivés à Toulon, Jean et Gaspard se sont rendus sur le port pour avoir tout de suite des nouvelles de leur frère. Ils viennent d'apprendre que l'*Audacieux* est là depuis la veille, et sans perdre de temps, ils ont loué une barque pour se faire conduire jusqu'au grand navire qu'on aperçoit là-bas, à l'ancre au milieu de la rade.

Fig. 265. — **Perpignan. — Entrée de la citadelle.** — Perpignan, ch.-l. du département des Pyrénées-Orientales, à 8 kilomètres de la mer. Place forte. Commerce de drap, de liège, de vins, de manches de fouets. Tanneries renommées (35 000 hab.).

Leur embarcation, enlevée par deux vigoureux rameurs, avance rapidement parmi des bateaux de toutes formes et de toutes dimensions. Les uns sont amarrés dans le port, le long des quais; d'autres, plus éloignés du rivage, semblent prêts à prendre le large ; comme l'*Audacieux*, ils font partie de la flotte qui va être envoyée sur les côtes de Tunisie.

— Toi qui as été à Cherbourg, dit Gaspard à Jean, tu sais ce que c'est qu'un port militaire, mais moi, je n'ai jamais mis le pied sur un vaisseau de guerre et je ne connais rien aux choses de la marine ; aussi je compte sur toi pour me donner quelques explications.

— Je serais peut-être embarrassé pour le faire, dit Jean ; j'ai vu Cherbourg, c'est vrai, mais j'y suis resté

Fig. 266. — **Toulon**. — (70 000 h.) s.-pr. du Var, un de nos cinq grands ports militaires, très important pour les communications avec l'Algérie-Tunisie, nos possessions d'Indo-Chine et de l'océan Indien.

très peu de temps et il y a bien des choses que je ne saurais pas expliquer. Demande plutôt aux matelots qui nous conduisent ; il y a longtemps qu'ils naviguent et tout ce qui touche à la marine leur est familier.

— Certes oui, il y a longtemps que nous naviguons, dit le plus âgé des deux rameurs, homme d'une cinquantaine d'années. Il y a plus de trente ans que j'ai fait ma première campagne sur un vaisseau de l'État. Et tenez, le voilà justement ce vaisseau, celui que vous voyez là-bas, au fond du port. C'est un vaisseau de bois, comme on n'en fait plus maintenant. Il ne prendra plus la mer, bien sûr ; il a fini son service ; l'artillerie d'aujourd'hui est si puissante qu'un seul coup de canon les mettrait en miettes, ces pauvres vaisseaux de l'ancien temps. La flotte française ne comprend plus guère maintenant que des vaisseaux de fer ou d'acier.

— En voici un dont la forme est vraiment élégante, dit Jean désignant un bâtiment devant lequel ils pas-

Fig. 267. — L'Épervier, croiseur torpilleur de la marine française.

saient ; voyez comme il est effilé et comme il a l'air léger !

— C'est un *croiseur*, dit le matelot. Les croiseurs doivent donner la chasse aux navires de commerce des ennemis, inquiéter les côtes, bombarder les ports. Leur première qualité est la vitesse ; ils ne sont pas suffisamment armés pour lutter contre de grands *cuirassés*, comme l'*Audacieux*, mais ils ont cet avantage de pouvoir filer plus vite et par conséquent de pouvoir se mettre facilement à l'abri.

CLXXIV (174). Les torpilleurs.

— Voilà deux *torpilleurs,* dit tout à coup le plus jeune des marins, qui depuis un moment regardait au loin en mettant sa main au-dessus de ses yeux pour mieux y voir. Jean et Gaspard tournèrent la tête du côté qu'il indiquait, mais ils n'aperçurent que quelques flocons de fumée, une sorte de brouillard au-dessus des flots.

— Il faut avoir l'œil exercé pour deviner qu'il y a là deux bateaux, dit Gaspard.

Fig. 268. — **Torpille.** — Les torpilles sont lancées par les tubes lance-torpille des torpilleurs ou des cuirassés. Lorsqu'elles viennent frapper la coque d'un navire, au-dessous du niveau de l'eau, le choc les fait éclater, le navire saute avec elles. La figure représente une torpille Whitehead en usage en France. Leur poids est de 200 kilos, leur longueur de près de 6 mètres, elles coûtent 6 000 fr. la pièce.

— Il y en a bien deux, reprit le marin, ils viennent de notre côté et, comme ils vont très vite, ils passeront bientôt près de nous.

En effet, au bout de quelques minutes les deux torpilleurs passaient à toute vitesse à une centaine de mètres de la barque qui, fortement secouée par le remous (1), se mit à danser à la pointe des vagues.

— Comme ils sont petits à côté de l'*Audacieux,* dit Jean, c'est à peine si on les voit et ils s'enfoncent tellement dans l'eau qu'ils disparaissent presque sous les flots.

— Cette couleur grise qu'on leur a donnée fait que de loin on peut les confondre avec la mer, dit Gaspard.

(1) **Remous,** tournoiement de l'eau à l'arrière d'un navire en marche.

— Et avez-vous remarqué, ajouta l'un des marins, comme leur machine à vapeur fait peu de bruit? On ne les entend pas mieux qu'on ne les voit.

— C'est qu'il faut qu'ils ne soient ni vus ni entendus, continua l'autre marin, pour accomplir leur œuvre et lancer sûrement la torpille, dont l'explosion est si terrible. Dire qu'un de ces petits bateaux, qui n'a que quinze matelots à bord, peut en quelques secondes anéantir un colosse comme l'*Audacieux* et faire périr cinq cents hommes d'équipage! Seulement gare au torpilleur s'il est aperçu. Avant qu'il ait pu s'approcher pour lancer sa torpille, les canons du cuirassé l'enverront au fond de l'eau.

CLXXV (175). **A bord de l'** « **Audacieux** ».

On approchait de l'*Audacieux* et à mesure qu'on avançait la masse énorme du cuirassé semblait grandir encore. C'était une véritable forteresse flottante, longue de plus de cent mètres et si imposante d'aspect qu'on se demandait avec stupeur s'il était vraiment possible qu'une torpille pût faire brèche dans l'épaisse muraille de fer qui le protégeait.

Louis fut bien étonné de voir arriver ses deux frères. Il avait pensé d'abord que Jean pourrait venir lui dire adieu à Toulon, mais ne le trouvant pas au premier jour de son arrivée, il ne l'attendait plus. Inutile de dire qu'on visita en détail toutes les parties du cuirassé, les chaudières (*fig.* 270) puissantes de sa machine à vapeur, les plaques de blindage (1) larges de soixante centimètres, les quatre gros canons, deux à l'avant, deux à l'arrière, qui envoient leurs projectiles à 20 kilomètres, les

---

(1) **Plaques de blindage**, plaques de fer ou d'acier qui forment la cuirasse d'un navire de guerre.

pièces plus petites placées au sommet des tourelles comme des sentinelles en vigie (1), pour surveiller au loin l'Océan. On causa aussi des torpilleurs et des moyens de repousser leurs attaques.

Fig. 269. — Cuirassé de 1ᵉʳ rang.

— Le jour, disait Louis, on peut toujours les apercevoir, si le temps est clair; la nuit on éclaire la mer avec

---

(1) **Vigie**, terme de marine : *être en vigie*, être en sentinelle au haut d'un mât.

de puissantes lampes électriques dont les rayons sont projetés au loin par de grands miroirs appelés réflecteurs. Les torpilleurs ne sont vraiment dangereux qu'en temps de brouillard ; mais alors les cuirassés s'entourent de filets à maille d'acier qui arrêtent les torpilles et celles-ci éclatent dans l'eau sans faire de mal à personne. Nous n'aurons pas besoin de tant de précautions dans notre expédition contre les Arabes de Tunis ; ils n'ont ni torpilleurs, ni cuirassés. Quelques obus sur les villes de la côte, si elles font mine de nous résister, et ce sera tout. Je crois bien que dans mes lettres je n'aurai pas à vous raconter beaucoup de grandes batailles.

Fig. 270. — **Chambre de chauffe d'un navire.** — C'est dans cette chambre que s'ouvrent les foyers de toutes les chaudières du navire et les soutes à charbon.

DEVOIR DE RÉDACTION. — Parlez des différents bateaux qui composent notre flotte : *navires cuirassés, croiseurs, torpilleurs*.

CLXXVI (176). La Corse. — La France africaine. Alger.

Quelques jours après son retour à Barentin, Jean Felber reçut une lettre de Louis.

Mon cher frère,

De Toulon, où je t'ai quitté, nous n'avons pas fait route directement pour Alger, mais nous avons passé par Ajaccio, chef-lieu de la Corse. Un de nos camarades, qui est de ce pays-là, nous avait beaucoup vanté la beauté de son île, mais nous pensions qu'il exagérait et qu'il se laissait emporter par l'amour du pays natal. Après un séjour de quelques heures à Ajaccio, il a bien fallu reconnaître qu'il avait dit la vérité. La ville, bâtie en amphithéâtre (1) sur le penchant d'une colline, est entourée de belles maisons de campagne qui disparaissent presque sous la verdure. La région des côtes, la seule que nous ayons eu le temps de voir, est riche et fertile : il y a des vignobles, des mûriers, des orangers, des citronniers. Notre camarade vante beaucoup aussi l'intérieur de l'île : c'est un pays montagneux et pittoresque, avec de grands bois de pins et de châtaigniers.

Fig. 271. — Corse. — L'île de Corse est située au sud-est de la France, dans la mer Méditerranée. Elle est séparée par le détroit de Bonifacio de la Sardaigne qui appartient à l'Italie. Elle forme un département qui a pour chef-lieu **Ajaccio** (18 000 h.), patrie de Napoléon Ier; pour s.-préf. **Bastia** (21 000 h.), *Calvi, Corte, Sartène*.

La Corse n'est pas très peuplée : il n'y a que deux villes importantes, Ajaccio, patrie de Napoléon Ier, et, de l'autre côté de l'île, Bastia, sur le littoral qui fait face à l'Italie. Les habitants parlent une langue qui se rapproche plus de l'italien que du français, mais cela ne les empêche pas d'être de bons patriotes. Il y en a beaucoup qui servent dans notre armée ; les Corses sont un peu comme les Alsaciens, qui parlent allemand et qui cependant sont de très bons Français.

(1) **Bâtie en amphithéâtre**, bâtie sur un terrain en pente, de sorte que les maisons sont disposées les unes au-dessus des autres, comme les gradins d'un amphithéâtre.

Une belle traversée d'une trentaine d'heures sur les flots bleus de la Méditerranée et nous arrivons en face d'Alger. Nous sommes tous sur le pont du navire pour apercevoir plus tôt cette ville dont on nous a dit tant de merveilles. Devant nous, près du port, sont les quartiers neufs, avec de longues files de maisons, des rues bien droites, de larges boulevards; on se croirait presque dans une ville française. Mais plus loin, escaladant la montagne, on aperçoit les petites maisons blanches de l'ancienne ville, de la ville arabe. Dès que j'ai un moment de liberté, je me hâte de m'y rendre; je gravis les rues étroites et tortueuses, je marche au milieu de la foule des Arabes enveloppés dans leurs burnous (1) blancs, des conducteurs de chameaux, des nègres en haillons, des marchands ambulants, qui crient à tue-tête (2) des phrases dans une langue que je ne comprends pas; je me sens transporté dans un monde étrange et tout nouveau pour moi.

Fig. 272. — **Ajaccio.** — La maison où est né Napoléon 1er.

Quel n'est donc pas mon étonnement de m'entendre tout d'un coup appeler par mon nom! Je me retourne, croyant à une méprise. Qui donc pourrait me connaître et m'appeler dans cette ville africaine? Mais non, je ne me suis point trompé et c'est bien moi qu'on appelle. Je me trouve en face d'un de mes amis d'enfance, du fils Lipp, de Molsheim; tu sais bien? Lipp, dont le père

---

(1) **Burnous**, grand manteau de laine à capuchon employé par les Arabes.

(2) **A tue-tête**, locution adverbiale qui signifie très fort.

tenait l'auberge au coin de la place, à l'enseigne de la *Charrue d'or*. Il y a dix ans que nous ne nous étions vus. Tu penses si nous nous sommes embrassés avec plaisir. C'est si bon de trouver un camarade, un ami, quand on est loin de son pays !

— Mais comment es-tu ici, lui dis-je ; es-tu donc citoyen de l'Algérie ?

— Sans doute, répond-il, et le père et la mère également, ainsi que mes frères et mes sœurs.

Fig. 273. — **Bastia**. — (21 000 h.), s.-pr. de la Corse, un peu plus peuplée qu'Ajaccio. Ancien ch.-l. du dép. du *Golo*, à l'époque où la Corse était divisée en 2 départements. Commerce assez important avec l'Italie.

— Je savais, en effet, que vous aviez quitté Molsheim depuis quelques années.

— Mais tu vas venir nous voir, continua-t-il, nous ne demeurons pas à Alger, mais un peu plus loin, à la campagne, je t'emmène dans ma voiture.

Et voilà comment, ayant obtenu une permission de vingt-quatre heures, j'ai fait une excursion dans la Mitidja : c'est ainsi qu'on nomme la plaine d'Alger.

CLXXVII (177). La Mitidja.

Quel beau pays ! Et que de riches cultures des deux côtés de la route ! Des champs de blé, des jardins où l'on récolte des légumes, qui mûrissent ici plus tôt qu'en France, grâce à la chaleur du climat, des arbres fruitiers, des bois d'orangers, d'oliviers, et puis, un peu partout, des vignes. Le sol de l'Algérie est très favo-

Fig. 274. — **Alger.** — (80 000 h.), capitale de l'Algérie et résidence du gouverneur général, à 800 kil. de Marseille (trajet en 30 heures environ). — Avant d'appartenir à la France, Alger était un repaire de pirates très redoutés. — Les Français ont pris Alger le 4 juillet 1830.

rable à la vigne, mais, avant la conquête française, les Arabes, qui sont musulmans (1), comme tu sais, ne la cultivaient point, parce que leur prophète Mahomet leur a défendu de boire du vin. Les colons européens, en ce

(1) **Musulmans**, ce qui veut dire *résignés à la volonté de Dieu*, sectateurs de la religion fondée par Mahomet (570-632). — Les Turcs, les Persans, les Arabes, les Égyptiens sont musulmans. En Algérie, il y a près de 3 millions 1/2 de musulmans, sur une population d'environ 4 millions.

moment, ne songent qu'à planter des vignes, et il est probable que dans quelques années les vignobles seront la principale richesse de l'Algérie.

La maison de nos amis est située dans un petit village, sur une belle place ombragée de platanes. J'y ai été fort bien reçu. Nos amis sont très heureux ici. Les premiers temps, ils ne s'habituaient guère; ils regrettaient le pays natal; ils avaient aussi de la peine à se

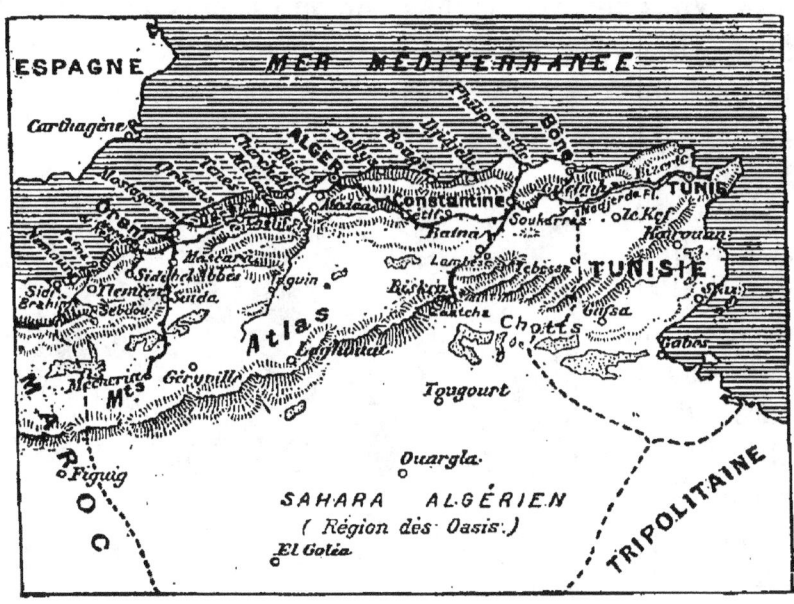

Fig. 275. — **Algérie et Tunisie**. — **Alger**, repaire de pirates qui infestaient la Méditerranée, fut prise par les Français en juillet 1830. L'Algérie fut conquise après de longues guerres où s'illustrèrent le *maréchal Bugeaud* et le chef arabe *Abd-el-Kader*. — La **Tunisie** est sous notre protectorat depuis 1881.

L'Algérie a près de quatre millions d'habitants (3 millions 1/2 d'indigènes *musulmans*, 500 000 Européens, dont 250 000 Français). — La Tunisie a 1 million 1/2 d'habitants. Les Européens y sont encore peu nombreux.

Principales villes d'Algérie : **Alger** (80 000 h.), **Oran** (70 000), **Constantine**, (45 000 h.); **Bône** (30 000 h.); **Philippeville** (22 500 h.); **Bougie** (12 500 h.); **Blidah** (9 000 h.); **Mascara** (14 500 h.); **Tlemcen** (28 000 h.); — de Tunisie: **Tunis** (150 000 h.); **Kairouan** (20 000 h.); **Bizerte** (6 000 h.).

Produits d'exportation : blé, orge, vins, moutons, laine, alfa, liège, minerai de fer.

faire au climat et aux chaleurs excessives de l'été. Mais par compensation, les hivers sont très doux ; la neige et la glace sont presque inconnues. Et puis quand on a défriché et ensemencé des champs, planté des arbres, et qu'on commence à récolter, on s'attache au sol qu'on a mis en valeur, on ne se sent plus étranger dans sa nouvelle patrie.

CLXXVIII (178). **Les lions en Algérie.**

Le père Lipp me proposa de faire un tour dans ses terres.

— Vous verrez, me dit-il, qu'on est plus au large ici qu'en Alsace ; la terre ne s'y vend pas aussi cher ; j'ai des champs de blé, j'ai des vignes et là-haut, sur la colline, dans l'endroit qui n'est pas encore défriché, j'ai de vastes terrains de pâture pour mes moutons.

Fig. 276. — La maison de la famille Lipp est située dans un petit village, sur une belle place.

— Et les lions ne font pas trop de mal à votre troupeau ? lui demandai-je.

— Les lions! Vous êtes encore de ceux qui croient qu'en Algérie on trouve un lion derrière chaque buisson. Les lions sont devenus rares heureusement. On en tue bien quelques-uns tous les ans dans la région des hauts plateaux. Mais ici, dans le Tell, nous n'avons guère à craindre ni les lions, ni les panthères.

— Qu'appelez-vous donc le *Tell* ? lui dis-je.

— Le Tell, c'est la partie la plus fertile de l'Algérie,

celle où sont établis presque tous les colons européens. Le Tell s'étend tout le long du littoral de la Méditerranée, aussi bien dans les provinces d'Oran et de Constantine, que dans celle d'Alger. Il est abrité par les hautes montagnes de l'Atlas contre les vents du sud, qui viennent du désert du Sahara(1) et qui dessèchent tout. Comme vous avez pu le voir en venant ici, les cultures les plus variées y réussissent.

— Et cette région du Tell est bien vaste ?

— Aussi vaste qu'une vingtaine de départements français. Le Tell pourrait facilement nourrir dix millions d'habitants, or l'Algérie tout entière n'en a pas

Fig. 277. — **Lion.**   Fig. 278. — **Panthère.**

Le **lion** est un animal carnassier du genre chat, qui habite l'Afrique, l'Arabie, la Perse, la Syrie, l'Inde. Il se nourrit de proie vivante. — La **panthère** est plus petite que le lion et que le tigre, elle atteint à peine la longueur d'un mètre; elle appartient aussi au genre chat. La panthère est répandue dans toute l'Afrique, dans les parties chaudes de l'Asie et dans l'archipel indien; elle est d'une grande férocité.

quatre millions. Vous voyez qu'il y a de la place pour les nouveaux arrivants.

DEVOIR DE RÉDACTION. — Parlez de l'Algérie. Aspect de la ville d'Alger. Quelles sont les principales cultures? Comment se nomme la partie la plus fertile?

GÉOGRAPHIE. — Tracez la carte de l'Algérie et de la Tunisie.

CLXXIX (179). **La conquête de l'Algérie.**

Dans le chemin où nous marchions venait en sens

(1) **Sahara**, vaste contrée de l'Afrique qui s'étend de l'Égypte à l'océan Atlantique. Le Sahara n'est habité que dans les *oasis*, endroits qui, grâce à la présence de l'eau, offrent une belle végétation.

inverse un vieillard de haute taille, quoiqu'un peu courbé par l'âge. A la coupe de ses moustaches on pouvait reconnaître un ancien militaire.

— Voilà, me dit Lipp, un des conquérants de l'Algérie et un des plus anciens colons. Nous allons le faire bavarder un peu.

Et s'avançant vers lui :

Fig. 270. — **Épisode de la conquête de l'Algérie.** — La conquête de l'Algérie a été difficile. Très braves, très belliqueux, les Arabes nous ont opposé une vive résistance. Leur principal chef fut *Abd-el-Kader*, qui fit sa soumission au mois de décembre 1847.

— Bonjour, père Dunière, comment va la santé aujourd'hui?

— Pas trop mal, monsieur Lipp, merci, pas trop mal, sauf ces maudits rhumatismes qui me tracassent toujours.

— Bah! vous êtes robuste comme un chêne ; on ne vous donnerait pas plus de cinquante ans.

— J'en ai pourtant soixante-cinq bien sonnés, et dans ces soixante-cinq années il y en a qui peuvent compter double, car je n'ai pas toujours été heureux comme aujourd'hui et j'ai eu de la misère dans mon jeune temps.

— C'était un dur métier, n'est-ce pas? dit Lipp, que celui des soldats qui faisaient la guerre en Algérie pendant les premiers temps, après la prise d'Alger.

— Nous avons bien souffert, dit le père Dunière, et la France doit vraiment de la reconnaissance à ceux qui lui ont assuré la possession de ce beau pays. Je suis arrivé ici en 1840, dix ans après la prise d'Alger par les Français, mais on n'avait pas gagné beaucoup de terrain pendant ces dix années et dès qu'on s'éloignait un peu de la côte, il fallait échanger des coups de fusil avec les Arabes. Oui, ici même, aux environs d'Alger, dans ces champs que nous cultivons maintenant si tranquillement, c'était une guerre de tous les jours. Pas de grandes batailles, mais une foule de petits combats, d'escarmouches (1) qui nous coûtaient du monde. Et puis c'étaient des courses interminables à la poursuite des Arabes, à travers les marais, à travers les montagnes, hiver comme été, par le froid comme par les grosses chaleurs. A chaque étape, il manquait quelques hommes : ceux-ci étaient tombés morts frappés d'insolation (2), ceux-là, exténués de fatigue, n'avaient pu suivre le régiment. Il était bien rare qu'on les revît; ils mouraient de faim ou tombaient sous le poignard des Arabes. Ah! oui, nous avons bien souffert, on peut le dire.

CLXXX (180). Les premiers colons.

— Vous avez cependant fini par vaincre les Arabes,

---

(1) **Escarmouche**, combat de peu d'importance entre des corps de troupe détachés.
(2) **Insolation**, maladie causée par la trop grande ardeur du soleil; elle est souvent mortelle dans les pays chauds.

dit Lipp, et alors vous avez été récompensés, car on vous a donné des terres.

— C'est vrai, dit le père Dunière, moi qui étais fils de pauvres paysans de la Lozère (1) qui ne possédaient qu'une masure et quelques petites pièces de terre, on m'a donné ici un domaine de trente hectares. Il faut dire que les premiers temps on n'était guère à l'aise pour cultiver ; il fallait sans cesse se tenir en garde contre les Arabes ; quand on piochait ou qu'on labourait on devait toujours avoir un fusil chargé au coin de son champ. Et puis, que de travaux pour assainir le pays, pour dessécher les marécages ! Au commencement, dans cette Mitidja si belle et si salubre aujourd'hui, les colons mouraient par centaines. Les fièvres ont fait périr presque autant de monde que les balles des Arabes. D'année en année, cependant, tout s'est modifié. On a creusé des canaux d'écoulement pour emmener les eaux stagnantes (2) qui causaient la fièvre, on a planté des arbres, défriché des terres, enfin le pays est devenu ce qu'il est aujourd'hui. Quand on voit tous ces beaux résultats, ces champs enlevés à des barbares qui ne savaient pas les cultiver et aujourd'hui couverts de récoltes, on se sent tout fier d'avoir été pour quelque chose dans cette grande œuvre de la conquête et de la colonisation de l'Algérie. On oublie les fatigues qu'on a endurées et les dangers qu'on a courus.

Et moi aussi, pensais-je en le quittant, je vais être pour quelque chose dans une œuvre importante, je vais contribuer pour ma faible part à l'accroissement de cette France nouvelle qui grandit au delà de la Méditerranée. Si nous réussissons, comme cela paraît

---

(1) **Lozère**, département français, tire son nom d'un massif de la chaîne des Cévennes ; il a pour chef-lieu Mende.

(2) **Eaux stagnantes**, eaux qui n'ont pas d'écoulement, comme celles des marécages et qui ne tardent pas à se corrompre et à engendrer des maladies.

probable, la Tunisie sera comme une nouvelle Algérie, aussi riche et presque aussi vaste que l'autre.

Après que nous eûmes fait le tour du domaine, Lipp me ramena à la maison. Sa femme et ses filles avaient préparé le déjeuner, un déjeuner à la mode alsacienne avec des plats du pays. Je ne puis dire combien j'ai été touché de l'accueil que m'a fait cette excellente famille. On ne se lassait pas de me demander de vos nouvelles à tous et surtout de celles de nos parents. Que devenaient-ils? Allaient-ils toujours rester à Molsheim, ou bien, maintenant qu'ils se faisaient vieux, n'iraient-ils pas habiter auprès de leurs enfants? Quand tu leur écriras, à ces chers parents, tu peux leur dire qu'ils ont en Algérie des amis qui ne les oublient pas et qui m'ont chargé de leur transmettre leurs meilleurs souhaits.

DEVOIR DE RÉDACTION. — Parlez des souffrances qu'ont endurées les soldats qui ont fait la conquête de l'Algérie et des difficultés qu'ont dû surmonter les premiers colons.

CLXXXI (181). Les Allemands en Alsace.

Le temps passe : voici dix-huit ans déjà que l'Alsace a été arrachée à la France, dix-huit ans de tristesse et de deuil. Depuis que les enfants sont partis, la gaieté semble avoir fui pour jamais de la petite maison des Felber à Molsheim, où le père et la mère vieillissent dans le silence et la solitude. Les jours succèdent aux jours sans apporter nulle joie pour le présent, nul espoir pour l'avenir. Ce beau rêve fait jadis, rêve d'une famille unie, vivant sous le même toit, les grands-parents égayés et rajeunis par les rires et les caresses de leurs petits-enfants, comment le réaliser maintenant? Sans doute Jean Felber serait bien heureux d'avoir ses parents auprès de lui, à Barentin; il leur a écrit plusieurs fois de venir, il les appelle, il les attend. Mais alors il faudrait donc qu'ils se résignent à quitter l'Alsace, à briser les mille liens invisibles qui les attachent au pays natal.

Elle est pourtant bien changée, depuis l'occupation prussienne, la pauvre ville de Molsheim. Que de visages inconnus maintenant, et aussi que de visages amis qu'on ne voit plus! Hélas! Les uns sont partis, les autres sont morts.

Parti, le maître d'école, ce brave M. Mathis, qui

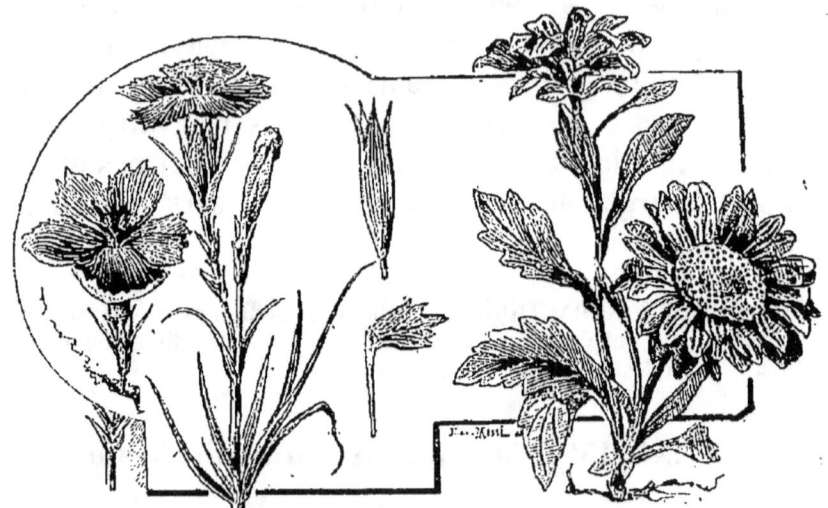

Fig. 280. — **Œillet.** Fig. 281. — **Reine-marguerite.**

L'œillet des jardins est une plante herbacée, vivace, à fleurs de couleurs variées, tantôt unies, tantôt panachées. Il en existe de nombreuses variétés. — La reine-marguerite est très commune dans les jardins dont elle orne les parterres; c'est une herbe annuelle dont les fleurs présentent des colorations variées : bleue, rose, violette, blanche, etc.

avait pasés quarante ans de sa vie à Molsheim et appris à lire à plusieurs générations d'écoliers. Autrefois quand on passait devant sa porte, on ne manquait pas d'entrer lui dire un bonjour. On le trouvait toujours gai, toujours affable; on faisait un brin de causette avec lui, et, s'il avait le temps, il vous menait dans son jardin et vous montrait avec orgueil ses rosiers, ses œillets et ses reines-marguerites. Mais il était trop bon Français, ce pauvre M. Mathis, et les nouveaux maîtres de l'Alsace l'ont chassé de son poste. Pour tenir l'école à sa place, ils ont fait venir d'Allemagne un jeune homme à mine déplaisante, à l'air orgueilleux et satisfait de lui-même, au regard faux derrière ses grosses lunettes; personne n'a envie de s'arrêter pour causer avec lui.

Parti également, Lipp, l'aubergiste de la *Charrue d'or;* et lui aussi, c'est un homme venu des pays

FIG. 282. — L'auberge de la *Charrue d'or* où venaient s'attabler, à l'heure des repas, les ouvriers des fabriques voisines, n'est plus fréquentée que par des soldats prussiens qui boivent, qui crient, qui s'injurient.

d'outre-Rhin, c'est un Allemand qui l'a remplacé. L'auberge, où venaient s'attabler, à l'heure des repas, les ouvriers des fabriques voisines, n'est plus fréquentée que par des soldats prussiens qui boivent, qui crient, qui s'injurient. Passons vite et éloignons-nous. Quel est ce grand monument neuf là-bas, dans le faubourg? C'est une caserne qu'on vient de construire pour la garnison allemande. Nous voici sur la place et voici encore devant nous des soldats allemands qui font la manœuvre, car on les rencontre partout ces soldats étrangers, vivante image de la conquête et de l'oppression. Ils font sonner leurs grosses bottes sur le pavé des rues ; ils passent raides, orgueilleux, sans parler à personne. Oh ! oui certes, ils sont bien des étrangers pour l'Alsace et ce n'est pas eux qui chasseront jamais du cœur de nos compatriotes annexés le souvenir du troupier français, si vif, si gai, si bon enfant.

CLXXXII (182). **Persécutions des patriotes alsaciens.**

Mais silence ! Il faut savoir se taire et refouler ses sentiments au fond de son cœur, car sans cesse, dans ce malheureux pays d'Alsace, on risque d'être espionné et dénoncé. Chaque jour apporte la nouvelle de condamnations aussi ridicules qu'odieuses : ce sont des parents frappés d'amendes ruineuses parce que leurs fils ont passé la frontière pour éviter d'être enrôlés dans l'armée allemande ; ce sont des jeunes gens traînés en prison pour avoir chanté la *Marseillaise*, ou bien parce qu'ils ont mal parlé de l'Allemagne, ou manifesté leur regret de n'être plus Français.

Mais voici le pire : désespérés par l'insuccès de leurs efforts, comprenant qu'ils seront toujours des ennemis pour l'Alsace, les Allemands ont imaginé un nouveau mode de persécution. Ils ont entrepris de rompre toutes relations entre les Alsaciens et la France. Nul n'est plus admis à franchir la frontière sans une permission de l'autorité allemande, permission qui est souvent refusée. Des frères ne peuvent obtenir d'aller embrasser leurs frères, des fils n'ont pu accourir auprès de leurs vieux parents en danger de mort. C'est ce qui est arrivé tout récemment, lors de la dernière maladie du tanneur Ammel, un des meilleurs et des plus anciens amis du père Felber. Des trois fils qu'avait eus le pauvre homme, la guerre lui en avait enlevé deux, l'un tombé sur le champ de bataille de Sedan, l'autre emmené en captivité et mort de misère dans les prisons allemandes. Le dernier s'était fixé à Nancy pour n'être pas trop loin de l'Alsace; de là il espérait de temps à autre pouvoir rendre visite au vieillard qui restait seul à Molsheim. A la première nouvelle de sa maladie il demanda l'autorisation de venir auprès de lui; elle lui fut durement refusée.

Fig. 283. — **Les passeports à la frontière allemande.** — Nul n'est plus admis à franchir la frontière sans une permission de l'autorité allemande, permission qui est souvent refusée.

Cependant, sur son lit de douleur, le pauvre père qui se sentait frappé à mort, comptait les heures avec angoisse. Il tressaillait au moindre bruit; il interrogeait ceux qui l'entouraient :

— Il sera là bientôt, n'est-ce pas? Comme il tarde à venir! Pourquoi ne s'est-il pas pressé davantage? Arrivera-t-il à temps pour m'embrasser une dernière fois?

Personne n'osait lui apprendre l'affreuse vérité, personne n'osait lui dire qu'il était condamné à mourir sans avoir revu son fils.

Voilà comment, dix-huit ans après la conquête, les Allemands traitaient l'Alsace. Et par un cruel contraste, c'est en 1889, pendant que la France célébrait le centenaire de la Révolution, de l'affranchissement, et de la liberté pour tous, que nos malheureux compatriotes étaient ainsi persécutés.

CLXXXIII (183). **La famille Felber quitte l'Alsace.**

Depuis la mort de son ami Ammel, le père Felber

Fig. 284. — Les parents de Jean Felber se sont décidés à quitter l'Alsace, à dire adieu pour toujours à la ville de Molsheim, à leur petite maison, à leurs champs, à la vigne, à tout ce pays enfin peuplé des souvenirs de leur vie passée.

était bien triste. Sans cesse il avait devant les yeux le spectacle de cette agonie (1); il croyait entendre les cris et les appels désespérés du pauvre homme. N'était-ce

(1) **Agonie**, état d'un malade qui lutte contre la mort.

point là l'image du sort qui l'attendait? Et lui aussi n'avait-il pas à craindre, à son heure dernière, de ne pas voir ses fils autour de son chevet?

Plutôt que de s'exposer à mourir ainsi loin des leurs, les parents de Jean se sont décidés à quitter l'Alsace, à dire adieu pour toujours à la ville de Molsheim, à leur petite maison, à leurs champs, à la vigne, à tout ce pays enfin peuplé des souvenirs de leur vie passée. Cruelle séparation : ce n'est pas aux personnes seulement qu'on s'attache, c'est aux choses inanimées, aux endroits où l'on a longtemps vécu, et plus on avance en âge, plus il est dur d'abandonner la terre natale et de partir à la recherche d'une patrie nouvelle.

Mais si le départ a été triste pour les deux vieillards, combien joyeuse aussi a été leur arrivée ! Et quel plaisir ils ont eu à se retrouver au milieu des leurs, à embrasser et leurs enfants qu'ils n'avaient pas vus depuis bien des années et leurs petits-enfants (1) qu'ils ne connaissaient pas encore !

DEVOIR DE RÉDACTION. — Mme Felber écrit à son fils Jean pour lui raconter combien le séjour de Molsheim est devenu triste pour elle et pour son mari. Cependant il leur semble bien dur de quitter l'Alsace et d'abandonner la terre natale sans espoir de retour.

CLXXXIV (184). L'arrivée à Paris.

C'est à Paris d'abord qu'ils se sont arrêtés. Ridell est venu les attendre à la gare avec son fils Pierre. Celui-ci, que nous avons connu tout enfant, est maintenant un grand jeune homme ; une belle barbe blonde encadre son visage. A côté de lui sont les enfants de Jean Felber : Paul, l'aîné, collégien de seize ans et demi, ses deux sœurs, Gabrielle et Louise, et le petit

(1) **Petits-enfants** (avec un trait d'union), enfants du fils ou de la fille par rapport au père ou à la mère de ce fils ou de cette fille. — *Petits enfants* (sans trait d'union), enfants en bas âge.

Henri, qui a neuf ans à peine. Ils ont profité des vacances pour venir à Paris visiter l'Exposition universelle. Ils y ont déjà passé deux journées dans cette magnifique Exposition, et ils en sont sortis émerveillés. Le jeune Henri surtout ne pense plus à autre chose; il parle de l'Exposition tout le long du jour, il en rêve

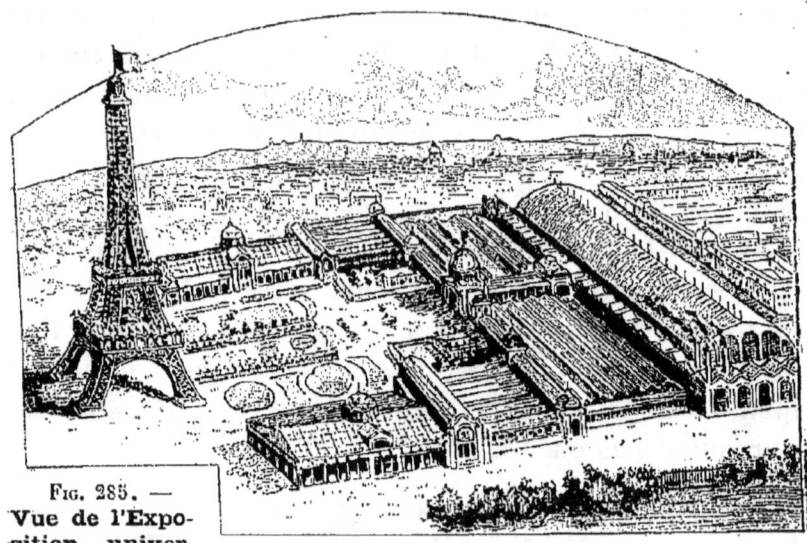

Fig. 285. — Vue de l'Exposition universelle de 1889. — Cette vue à vol d'oiseau ne montre que la tour Eiffel, les palais des Beaux-Arts et des Arts libéraux, le dôme central, la galerie de 30 mètres, les galeries des industries diverses et la galerie des machines. L'Exposition occupait encore le Trocadéro, les berges de la rive gauche de la Seine, le quai d'Orsay et l'Esplanade des Invalides, soit une surface totale de 70 hectares, non compris les berges de la Seine.

la nuit. Si bien qu'après avoir embrassé ses grands-parents, il s'écrie tout à coup sans penser à mal :

— Quel bonheur de vous voir, mes chers parents, nous vous attendions pour monter à la tour Eiffel!

— Voyons, Henri, lui dit son grand frère, fais donc attention à tes paroles. On croirait que tu n'as de plaisir à voir nos grands-parents que parce que tu espères faire avec eux l'ascension de la tour.

Henri comprend alors qu'il a parlé un peu vite ; il se sent le cœur gros et il a presque envie de pleurer. Mais sa grand'mère le console :

— Va, mon fils, nous savons que tu nous aimes bien et que tu es content de nous voir, comme nous d'être auprès de nos enfants. Mais il est trop naturel que tu penses à toutes les belles choses que tu es venu voir à Paris. J'aime mieux les enfants curieux que ceux qui sont trop endormis (1). D'ailleurs nous aussi nous aurons du plaisir à la voir la tour de trois cents mètres et à y monter avec toi.

DEVOIR DE RÉDACTION. — La curiosité est-elle toujours un défaut? N'y a-t-il pas une bonne curiosité, celle qui nous pousse à apprendre ce que nous ne savons pas et qui nous donne le désir de nous instruire ?

CLXXXV (185). L'Exposition. — La galerie des machines.

Le lendemain, aussitôt après le déjeuner, toute la famille partit pour l'Exposition.

— Que de monde! disait le père Felber en regardant la file interminable des voitures de toutes formes et de toutes dimensions et, sur les trottoirs, des milliers de piétons qui tous marchaient dans la même direction. Que de monde! On y sera quelque peu serré, dans votre Exposition, quand tous ces gens-là seront entrés.

— On y est bien quelquefois bousculé, dit Pierre Ridell, le dimanche surtout, quand, en une seule journée, il y entre plus de trois cent mille visiteurs. En semaine on est plus à son aise : cent ou cent vingt mille personnes seulement.

— Et tu trouves que ce n'est rien, cent vingt mille personnes ?

— C'est bien quelque chose, grand-père, c'est même beaucoup plus qu'à toutes les Expositions précédentes; jamais, ni à Paris, ni dans aucune ville de l'étranger, on n'avait vu pareille affluence. Vous savez quelle quantité de voyageurs les chemins de fer amènent par les trains de plaisir. Et ce ne sont pas seulement des

(1) **Trop endormis**, peu intelligents, peu actifs.

Français qui viennent ici, mais des Belges, des Anglais, des Italiens, des Russes, des Américains. On dit qu'il vient tant de monde d'Amérique qu'il faut retenir sa place sur les paquebots plusieurs semaines à l'avance si l'on veut être sûr de partir.

— C'est tout de même flatteur pour la France, observa le père Felber, que de tous les pays du monde

Fig. 286. — **La galerie des machines.** — Le palais des machines, une des merveilles de l'Exposition de 1889, est une immense construction en fer. Il a 420 mètres de longueur sur 115 de largeur ; sa hauteur est de 48 mètres ; il couvre une superficie de 5 hectares. Le palais des machines n'a pas été démoli après la clôture de l'Exposition.

tant de gens accourent pour admirer les produits de notre industrie.

— Et ils ne s'en vont pas mécontents, je vous assure; au contraire, ils disent tous que notre Exposition est encore plus belle qu'ils n'auraient cru. Vous allez pouvoir juger s'ils ont tort ou raison, car nous voici devant le *palais des machines*.

Ils pénétrèrent dans l'immense galerie de fer, la plus vaste qui ait jamais été construite : elle a 420 mètres de longueur sur 115 de large, avec une hauteur de 48 mètres. On a calculé qu'une armée de 30 000 hommes pourrait y coucher à l'aise, ou bien encore qu'on pourrait y loger, sans qu'ils fussent trop serrés, 12 000 chevaux avec leurs cavaliers.

CLXXXVI (186). **Les machines. — L'électricité**.

Que de choses à admirer dans ce vaste édifice ! Il faudrait des volumes pour décrire toutes les merveilles de l'industrie humaine qu'on avait rassemblées là. Au premier coup d'œil on était ébloui ; on ne savait où regarder ; il fallait un moment pour se recueillir, pour fixer son attention sur tel ou tel point.

Fig. 287. — **Machine typographique rotative**. — Ces machines sont employées surtout à l'impression des journaux ; elles en tirent jusqu'à 20 000 à l'heure. Elles les coupent et les comptent ; on peut même y adapter une plieuse mécanique qui donne les journaux tout pliés. Le papier à imprimer sur ces machines n'est pas en rames, il est enroulé en bobines.

La papeterie d'Essonnes attirait tous les visiteurs ; la foule se pressait autour des machines à fabriquer le papier où l'on pouvait voir la pâte liquide se transformer en longs rouleaux de feuilles blanches. A côté étaient disposées des machines à imprimer, si bien que ce même papier, passant sous les presses avec une rapidité prodigieuse, se changeait à vue d'œil en journaux qu'on distribuait aux assistants.

Plus loin on admirait les appareils de tissage si variés, si ingénieux, les métiers pour la fabrication des étoffes, des tapisseries, du tulle, de la dentelle ; et devant vous ces machines exécutaient de véritables travaux de fées (1)

(1) **Travail de fée**, travail délicat, exécuté avec une grande perfection, comme celui que pourrait faire une fée.

avec une souplesse, une agilité, une précision à rendre jaloux les doigts de la plus habile ouvrière.

On s'arrêtait devant les moteurs (1) à vapeur dont les roues gigantesques tournaient à toute vitesse entraînant dans leur course les longs rubans de cuir des courroies de transmission. Ensuite c'était l'exposition des mines, avec ses puits et ses galeries en miniature (2) où des mineurs grands comme le doigt attaquaient la couche de charbon ou bien manœuvraient les bennes et les wagonnets.

Mais ce qui attirait surtout les visiteurs c'était l'exposition d'électricité avec ses centaines de lampes, si brillantes qu'on ne pouvait les regarder fixement. On admirait là toutes ces inventions récentes, toutes les applications de l'électricité, cette force naguère encore inconnue, que l'homme a su dompter et faire servir à son usage.

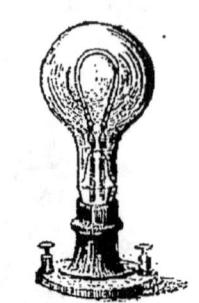

Fig. 288. — **Lampe à incandescence.** — Cette lampe consiste en un fil de charbon spécial, enfermé dans une ampoule de verre de laquelle on a retiré l'air. Lorsque le courant électrique passe dans l'arc de charbon, celui-ci devient incandescent et projette une vive lumière.

Il y a un demi-siècle à peine que le premier *télégraphe* (3) a été établi, et ce fut un cri d'étonnement quand on apprit qu'une dépêche pouvait être transmise instantanément de Paris à Marseille. Que de progrès accomplis depuis lors! Le réseau des fils télégraphiques s'est étendu, reliant non plus seulement les grands centres (4), mais les petites villes et les simples bourgs. Des *câbles sous-marins* ont été posés au fond de l'Océan et permettent à la pensée humaine de voler en quelques secondes jusqu'à l'Amérique ou à la Chine.

(1) **Moteur,** appareil destiné à imprimer le mouvement à une machine.
(2) **En miniature,** en petite dimension.
(3) **Télégraphe,** de deux mots grecs qui signifient : écrire loin.
(4) **Les grands centres,** les grandes villes.

Aujourd'hui ce ne sont plus des signes seulement que transmet le fil électrique, c'est la parole même qui peut être portée à une grande distance par le *téléphone*(1) : deux personnes placées l'une à Paris, l'autre à Bruxelles, en Belgique, causent ensemble comme si elles étaient l'une en face de l'autre.

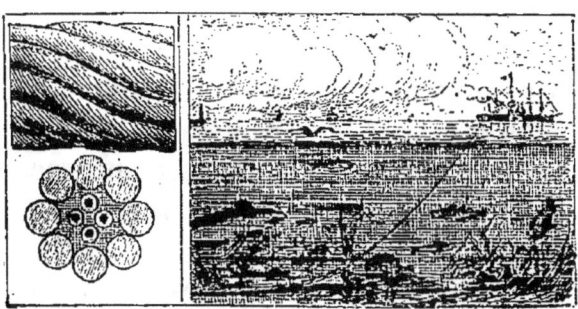

Fig. 289. — **Câble sous-marin.** — La partie gauche de la figure montre un câble formé de fils de cuivre entourés de gutta-percha et tordus ensemble. La partie droite fait voir un navire posant au fond de la mer, un câble qui doit réunir deux points. Le câble est soigneusement enroulé sur le navire, qui tout en marchant le dévide et le laisse couler au fond.

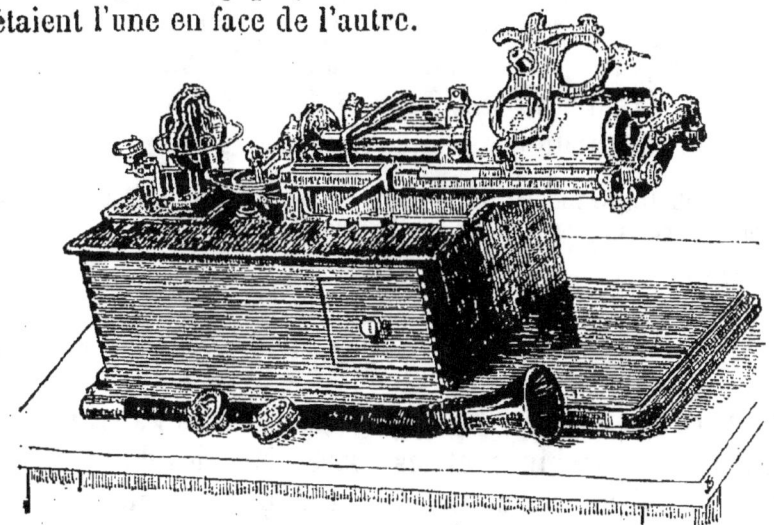

Fig. 290. — **Phonographe Edison.**

Le *phonographe* (2) peut enregistrer des sons et les conserver indéfiniment : le discours d'un orateur, une conversation, le chant d'un artiste célèbre pourraient

(1) **Téléphone**, de deux mots grecs qui signifient : parler loin.
(2) **Phonographe**, de deux mots grecs qui signifient : écrire le son, la parole.

être saisis et fixés par ce curieux instrument, qui plus tard servirait à les reproduire à volonté.

Tout cela grâce à l'électricité! C'est par elle encore que l'on *transporte la force à distance* : une usine, par exemple, placée dans la vallée empruntera à la chute d'eau, située à plusieurs lieues de là dans la montagne, la force nécessaire pour mettre ses machines en mouvement.

C'est par elle qu'on peut éclairer les rues d'une ville avec une lumière bien plus éclatante que celle du gaz.

Par elle aussi on peut faire avancer les véhicules : un jour viendra peut-être où l'on n'aura plus besoin de vapeur pour traîner les wagons, ni de chevaux pour les voitures. A l'Exposition même, dans le palais des machines, on pouvait, en levant les yeux, apercevoir les deux *ponts roulants électriques*, qui transportaient les voyageurs d'un bout à l'autre de la galerie, et déjà les premiers *tramways mûs par l'électricité* ont fait leur apparition dans les rues de Paris.

DEVOIR DE RÉDACTION. — Énumérez, en donnant quelques explications très courtes, les diverses applications de l'électricité.

CLXXXVII (187). La tour Eiffel. Les ascenseurs.

Après une heure et demie de promenade à travers le palais des machines et les autres galeries de l'Exposition nos visiteurs commençaient à éprouver une certaine fatigue ; ils étaient las de regarder tant d'objets curieux qui s'offraient à leur vue tous à la fois.

— Nous ne pouvons pas tout voir aujourd'hui, dit alors Pierre Ridell ; ne serait-ce pas le moment de nous diriger du côté de la tour? Si vous voulez, je vais vous montrer le chemin.

Et offrant le bras à la grand'mère, donnant de l'autre côté la main à son petit cousin Henri qui sautait de joie, il se mit à marcher vers le jardin central au bout duquel se dresse la tour de 300 mètres.

— Elle est tout de même joliment haute cette tour, disait la grand'mère, c'est à peine si on voit le drapeau qu'on a placé au sommet.

Fig. 291. — **Ascenseur de la tour Eiffel.** Cet ascenseur, actionné par une machine hydraulique, est entraîné par six câbles en fil d'acier, dont un seul supporterait, sans se rompre, le poids de la cabine et des voyageurs. Il est muni d'un frein automatique qui fonctionnerait en cas de rupture. La vitesse ascensionnelle est de deux mètres par seconde.

— Il a pourtant huit mètres de long, dit Pierre; mais aussi songez que la tour est deux fois plus élevée que le clocher de Strasbourg. Elle dépasse, et de beaucoup, tous les autres monuments que les hommes ont construits !

— Et comment fait-on pour monter là-haut, mon enfant?

— D'abord, grand'mère, jusqu'au deuxième étage, c'est-à-dire jusqu'à une hauteur de 115 mètres, on peut prendre l'escalier : un peu plus de 700 marches à gravir, si le cœur vous en dit.

— 700 marches à gravir! Merci bien, si tu ne connais pas d'autre chemin, je sais quelqu'un qui restera au pied de la tour. 700 marches, c'est bon pour vous autres, jeunes gens!

— J'en monterais bien le double, s'il fallait, pour aller là-haut, dit Henri.

— Je n'en doute pas, mon enfant, mais à mon âge on n'est pas aussi leste qu'un garçonnet de dix ans.

— Aussi, dit Pierre, on ne vous fera pas passer par les escaliers, mais par les ascenseurs, de grandes caisses, construites comme des wagons, qui peuvent contenir chacune une centaine de voyageurs et que l'on remonte à l'aide de câbles très puissants.

— Et ces câbles sont-ils bien solides, au moins?

— Rassurez-vous, grand'maman, il n'y a pas le moindre danger, tout a été très bien calculé pour éviter les accidents. Ainsi, voilà qui est entendu, vous allez prendre l'ascenseur avec grand-père et mes parents. Nous autres, les jeunes, comme vous dites, nous allons jouer des jambes et nous monterons par les escaliers. Nous nous retrouverons au deuxième étage, car de là jusqu'au sommet, il n'y a plus d'escalier et tout le monde doit prendre l'ascenseur.

CLXXXVIII (188). **Au sommet de la tour.**

Comme ils parvenaient au sommet, le temps, jusque-là sombre et nuageux, s'éclaircit tout à coup; le soleil se montra, égayant le paysage qui se déroulait à perte de vue et en dessinant avec précision les moindres détails. Tout en bas on voyait la ville de Paris étalée sur les deux rives de la Seine, avec ses longues rues droites, ses toits carrés, ses façades alignées. Quelques monuments, par-ci par-là, rompaient la monotonie du spectacle et s'élevaient au-dessus des maisons voisines, les tours de Notre-Dame, le dôme du Panthéon, la flèche dorée des Invalides, la masse grise de l'Arc-de-Triomphe.

Mais ces monuments mêmes, qui paraissent si grands quand on les regarde d'en bas, ne servaient qu'à faire mieux comprendre, par comparaison, les dimensions inusitées de la tour qui les dominait tous.

Plus loin, de quelque côté qu'on jetât les yeux, on apercevait la ligne des coteaux boisés qui font à la grande ville une ceinture verdoyante. Derrière ces coteaux, dans un lointain déjà un peu vague, des champs et des bois, parsemés de villes et de villages. C'était comme une immense carte de géographie qu'on avait sous les yeux ; des lunettes d'approche (1), braquées sur les divers

Fig. 292. — Paris. — Le dôme des Invalides. — Ce dôme a été construit par H. Mansart au commencement du xviie siècle. La flèche a une hauteur de 105 mètres. Le tombeau de Napoléon Ier est placé au-dessous du dôme.

(1) **Lunette d'approche** ou longue-vue : lunette dont les verres sont disposés de telle sorte que les objets semblent beaucoup plus rapprochés et se voient bien plus distinctement.

AU SOMMET DE LA TOUR

points de l'horizon, permettaient d'examiner non seulement Versailles et tout le département de Seine-et-Oise, mais des villes bien plus éloignées de Paris, comme Fontainebleau, Chartres, Évreux, Beauvais ou Compiègne.

Si de nouveau on ramenait ses regards au pied de la tour on apercevait un fourmillement (1) de petits points noirs autour des vertes pelouses du parc : c'étaient les

Fig. 293. — **Le chemin de fer Decauville** transportait les visiteurs de l'Esplanade des Invalides au Champ de Mars.

visiteurs de l'Exposition qui, vus de cette hauteur, faisaient l'effet de pucerons courant sur le sol. A côté, sur le ruban argenté des eaux de la Seine, les bateaux à vapeur semblaient de tout petits canots. Dans la campagne des flocons de fumée blanche indiquaient seuls le passage des trains et il fallait un effort d'attention pour distinguer, derrière les locomotives minuscules (2), la file des petits wagons, pareils à des jouets d'enfant.

(1) **Fourmillement**, une grande multitude de personnes s'agitant, se remuant comme des fourmis.
(2) **Minuscules**, très petites.

Quand nos voyageurs se furent bien rassasiés de ce spectacle unique au monde, ils regagnèrent les ascenseurs qui en quelques minutes les ramenèrent en bas.

— Nous venons de voir la grande tour, dit Pierre, et maintenant nous allons prendre le petit chemin de fer.

— Il y a donc un chemin de fer à l'intérieur de l'Exposition? demanda le père Felber.

— Certes oui, grand-père, et il n'est pas inutile : la preuve c'est qu'il transporte chaque jour des milliers de voyageurs. Mais ce n'est pas un chemin de fer comme celui qui vous a amené d'Alsace, c'est un chemin *à voie étroite* (1), pareil à ceux qu'on établit quelquefois dans les mines ou dans les grandes usines pour le transport des matériaux. Il va nous conduire à l'Esplanade des Invalides, où nous verrons l'exposition des Colonies.

DEVOIR DE RÉDACTION. — Faites la lettre du jeune Henri racontant à un de ses camarades d'école qu'il a fait l'ascension de la tour Eiffel.

CLXXXIX (189). **A travers les colonies françaises.**

— N'êtes-vous point lasse, grand'mère? demanda Pierre, quand le train fut arrêté.

— Un peu, mon enfant, il y a longtemps que je ne m'étais pas tant promenée; ton grand-père aussi doit avoir besoin de se reposer. Mais nous ne voulons pas être des trouble-fête ; nous allons nous asseoir sur un banc pendant que vous irez voir ce qui peut vous intéresser.

— Et vous croyez que nous allons vous abandonner ainsi? Est-ce que nous pourrions nous amuser de bon cœur si vous n'étiez pas là? Attendez-moi un moment, je vais arranger les choses.

Il disparut dans la foule et revint presque immédiatement. Il amenait avec lui deux hommes assez petits, au

(1) **A voie étroite**, dont les rails sont plus rapprochés que ceux des chemins de fer ordinaires.

visage jaune brun ; ils étaient coiffés de gigantesques chapeaux en forme de parasols, ils portaient des vêtements en drap bleu, sur lesquels étaient dessinés de bizarres ornements en rouge. Chacun d'eux traînait derrière lui une petite carriole à deux roues.

— Si vous n'avez jamais vu d'habitants du Tonkin, dit gaiement Pierre, je vous présente ceux-ci. Ce sont deux conduc-

Fig. 294. — **Le Palais des Colonies.** — Ce palais, qui s'élevait sur l'Esplanade des Invalides, contenait les collections des colonies françaises.

teurs de *pousse-pousse* comme on nomme ces petits chariots, qui là-bas remplacent les fiacres et les voitures de louage. On les a fait venir directement, avec une centaine de leurs camarades, d'Hanoï, la capitale du Tonkin.

— Mais ils n'ont pas de souliers, les pauvres garçons, dit la grand'mère.

— Que voulez-vous? Ce n'est pas la mode chez eux ;

les cordonniers n'y feraient pas fortune. Du reste, quoiqu'ils aillent pieds nus, ils n'en marchent pas moins bien, comme vous allez voir.

Le papa et la maman Felber prirent place dans les deux petites voitures. Alors la promenade recommença à travers cette pittoresque exposition coloniale où l'on avait eu l'heureuse idée d'amener des indigènes (1) de toutes nos possessions. On voyait là les élégants palais

Fig. 295. — Le papa et la maman Felber prirent place dans les pousse-pousse. Alors la promenade recommença.

consacrés à l'Algérie et à la Tunisie : à l'intérieur on pouvait étudier les progrès de la colonisation française et admirer les produits que nos compatriotes ont su tirer du sol de ces fertiles régions ; dans les galeries extérieures, des ouvriers arabes travaillaient la laine ou le cuir, fabriquaient des étoffes, des tapis, des armes. Plus loin étaient étalées les richesses de nos colonies d'Indo-Chine, la Cochinchine où nous sommes établis depuis 1860, le Tonkin et l'Annam conquis plus récem-

(1) **Indigène**, qui est originaire du pays, qui l'habite depuis fort longtemps.

ment. A côté de l'exposition de ces peuples industrieux et depuis longtemps civilisés, les huttes en terre ou en bois des sauvages de nos possessions d'Afrique ou d'Océanie : le village sénégalais, celui du Congo français, celui des Canaques de la Nouvelle-Calédonie.

Tout à coup retentit la sonnerie de la retraite : derrière les clairons s'avançait une petite troupe de

Fig. 206. — **Troupes coloniales.** — **1.** Fusiliers marins. — **2.** Clairon de tirailleurs sénégalais. — **3.** Cipaye de l'Inde. — **4.** Tirailleur annamite. — **5.** Spahi du Sénégal.

soldats des colonies. On remarquait surtout les petits hommes à figure jaune, les tirailleurs tonkinois, tout fiers de porter l'uniforme et d'avoir un fusil entre les mains; à côté d'eux, les dépassant de la tête et des épaules, marchaient les robustes nègres du Sénégal.

Ce fut le signal du départ : six heures venaient de sonner; nos visiteurs, tout à fait las maintenant, mais très satisfaits de leur journée, quittèrent à regret l'Exposition en se promettant bien d'y revenir plusieurs fois.

21.

CXC (190). **Un rêve réalisé.
Un patriote.**

Le rêve de Jean Felber est enfin réalisé : toute la famille est maintenant réunie à Barentin. Seul, Louis, le marin, manque encore à l'appel : il a fait la campagne de Tunisie, puis, sous les ordres de l'amiral Courbet, celle du Tonkin et de la Chine. Comme il a toujours le goût des voyages, une fois son temps de service fini, il s'est mis à naviguer sur un bâtiment de commerce. Mais lorsqu'il sera las de cette existence aventureuse, on lui trouvera bien une place, pas trop loin de sa famille, comme on en a trouvé une pour Gaspard, qui est maintenant contremaître dans une usine de Rouen, pour Marie, qui est institutrice à Barentin, et pour le mari de celle-ci, Durand, qui seconde Jean Felber dans la direction de la fabrique.

Fig. 297. — Un brave homme que ce Durand et un vrai patriote! Il s'est donné la mission d'organiser une société de gymnastique.

Un brave homme que ce Durand et un vrai patriote ! Il est de ceux qui n'ont pas oublié les désastres de 1870 et qui y pensent toujours, non pour se lamenter et se désespérer, mais pour chercher les moyens de préparer un avenir meilleur. Il croit avec raison que tous, grands ou petits, riches ou pauvres, ont un rôle utile à remplir dans l'œuvre du relèvement de la France. Quant à lui, il s'est donné la mission d'organiser, avec les jeunes gens de la commune et les enfants des écoles, une société de gymnastique. Le conseil municipal a accordé une subvention pour acheter des agrès; M. Cavelier a fourni le local, un grand hangar sous lequel on a installé les trapèzes, les anneaux, les barres parallèles. C'est là qu'il faut voir Durand, au milieu de sa petite troupe de gymnastes, comme un commandant en face de son bataillon, encourageant ceux-ci, gourmandant ceux-là qu'il trouve trop timides ou trop

Fig. 208. — Puis les exercices commencèrent et pendant deux heures on put admirer la force, la souplesse, l'agilité des élèves formés par Durand.

mous au travail, puis, prêchant lui-même d'exemple et exécutant les exercices les plus difficiles, toujours jeune, toujours alerte et vigoureux, en dépit de ses moustaches grisonnantes.

Peu de temps après l'arrivée du père Felber on donna une grande fête de gymnastique sur la place de Barentin. Tous les habitants étaient là et même il était venu des curieux des villages voisins. M. Cavelier était arrivé de Rouen avec toute sa famille. A côté de lui, au premier rang de l'estrade occupée par les spectateurs, on plaça le père Felber, le vieux paysan alsacien.

Puis les exercices commencèrent et pendant deux heures on put admirer la force, la souplesse, l'agilité des élèves formés par Durand. Nul poids ne semblait trop lourd pour leurs bras, nul tour de force trop difficile pour leur vigueur ou leur adresse. Tous furent parfaits, depuis les grands jeunes gens de dix-huit à vingt ans qui allaient bientôt partir pour le régiment, jusqu'aux enfants des écoles dont l'arrivée fut saluée de nombreux applaudissements.

CXCI (191). Vive la France!

Comme on allait se séparer, M. Cavelier se leva pour dire quelques mots. Il remercia d'abord Durand du zèle qu'il avait montré et le félicita des succès qu'il avait obtenus. Puis il parla de l'utilité de la gymnastique :

« Les exercices auxquels vous venez de vous livrer, dit-il, ne sont pas de simples jeux ; fortifier votre corps, assouplir vos muscles, vous endurcir à la fatigue, c'est vous rendre capables d'être de bons soldats. Au jour des grandes épreuves, il faut que vous soyez mieux préparés que ne l'étaient vos pères en 1870. Je ne vous demande pas si vous êtes courageux. Quel est le Français qui ne l'est point? Mais que serviraient le courage et la bonne volonté, si vos jambes ne pouvaient suffire aux marches forcées, si vos épaules pliaient sous le poids du sac, si le sabre ou le fusil semblaient trop lourds à vos bras débiles? L'homme robuste résiste mieux aux fatigues de la guerre et aux maladies qui en sont la suite. Si meurtrières que soient les armes d'aujourd'hui, l'hôpital dévore plus d'hommes que la bataille. C'est donc une sage précaution, c'est un moyen d'éviter les chances de mort que de développer sa force musculaire. C'est aussi un devoir envers la Patrie qui a besoin de soldats vigoureux pour sa défense.

« Cette Patrie, la France, vous la connaissez bien : on vous a enseigné son histoire à l'école, on vous a raconté ses triomphes et ses malheurs. Qui peut lire sans émotion cette histoire, celle des hommes qui ont habité avant nous notre terre de France, depuis les vieux Gaulois, si loin de nous déjà et qui pourtant ont avec nous tant de ressemblance? Qui ne s'est senti soulevé d'enthousiasme au récit des grandes guerres de la Révolution, entreprises pour la défense de nos libertés et de notre territoire? Qui n'a eu des larmes pour les vaincus de Waterloo, de Frœschwiller et de Sedan? N'est-on pas fier d'être Français quand on voit combien notre Patrie a été aimée et combien de dévouements elle a suscités?

« La France a eu de grands généraux et de vaillants soldats qui ont porté partout le drapeau aux trois couleurs. Elle a eu de grands écrivains, de grands artistes et des savants illustres. Mais d'autres nations peuvent revendiquer des gloires pareilles. Ce qui est le propre de la France, c'est que le peuple français est bon, généreux, épris de justice plus que tout autre peuple, c'est qu'il pense que le monde sera meilleur un jour qu'il n'est aujourd'hui et qu'il veut travailler à cette amélioration. Nulle part ailleurs on ne trouverait un plus ardent amour de l'humanité, un plus vif sentiment de pitié pour les humbles et les déshérités. Voilà ce qui fait la gloire de notre France du XIXe siècle et ce qui rendrait son nom impérissable quand bien même elle serait condamnée à disparaître. Mais elle ne disparaîtra point : voyez comme elle s'est vite relevée après ses désastres, comme elle a réparé ses forces et accru ses richesses. Courageusement on s'est partout remis au travail, à l'atelier, dans l'école, au régiment. Le fruit de tant d'efforts ne saurait être perdu ; nous avons traversé de bien mauvais jours, mais nous avons droit aujourd'hui d'espérer un meilleur avenir. »

— Vive la France! crièrent tous les assistants.

Puis comme la fête était finie, la foule commençait à se disperser. D'un bout à l'autre de la place on entendait des rires et des cris de joie. Cependant le père Felber restait assis, comme étranger à ce qui se passait autour de lui; un nuage de tristesse voilait son regard. C'est qu'il revoyait par la pensée sa petite maison de Molsheim, ses champs, sa vigne, et qu'il songeait à l'Alsace toute pleine de soldats allemands.

Henri, le plus jeune de ses petits-fils, remarqua sa tristesse et en devina la cause. Alors, s'approchant de lui, il l'embrassa et lui dit à l'oreille:

« *Sois tranquille, grand-père, aie confiance, c'est nous, les petits écoliers d'aujourd'hui, les soldats de demain, c'est nous qui reprendrons l'Alsace aux Prussiens.* »

Fig. 299. — Sois tranquille, grand-père, aie confiance, c'est nous, les petits écoliers d'aujourd'hui, les soldats de demain, c'est nous qui reprendrons l'Alsace aux Prussiens.

DEVOIRS DE RÉDACTION. — **1.** Supposez qu'un père de famille, ayant fait la campagne de 1870, parle à ses enfants de l'utilité de la gymnastique. Il rappellera les souffrances qu'il a endurées et dira combien il est utile de fortifier ses muscles et de se préparer ainsi à subir sans défaillances les épreuves d'une campagne.

— **2.** Éloge de la France : Expliquez rapidement les causes de nos défaites en 1870; dites ce qu'on a fait depuis cette époque pour relever notre pays : progrès de la richesse publique assuré par le travail des ouvriers et des cultivateurs, développement de l'instruction, reconstitution de nos forces militaires.

TABLE DES MATIÈRES

Table des gravures	1
L'Alsace-Lorraine	5
I. La guerre de 1870	6
II. Le pays natal	9
III. L'étape	11
IV. La maison paternelle	13
V. Nouvelles de Paris	14
VI. La lettre de Catherine	15
VII. La vigne du père Felber	17
VIII. L'amour du pays	20
IX. En route pour l'Alsace	21
X. Le départ	22
XI. Les machines à vapeur	24
XII. La locomotive	27
XIII. Épernay. Les vins de Champagne	28
XIV. Reims. Les filatures de laine	29
XV. La cathédrale de Reims	31
XVI. L'école d'arts et métiers de Châlons. La coutellerie de Langres	33
XVII. Les confitures de Bar-le-Duc	35
XVIII. Nancy. Les cristaux de Baccarat	36
XIX. Le cristal. Le verre	38
XX. La cathédrale de Strasbourg	40
XXI. La déclaration de guerre	41
XXII. Le départ du régiment	44
XXIII. Ce que c'est qu'un régiment	46
XXIV. En campagne	48
XXV. La bataille de Fræschwiller	49
XXVI. À l'assaut	51
XXVII. La défaite	53
XXVIII. La charge des cuirassiers	54
XXIX. La blessure du capitaine Robert	56
XXX. Après la bataille	57
XXXI. À l'ambulance	59
XXXII. La convention de Genève. La mort du capitaine	60
XXXIII. Les apprêts du festin	62
XXXIV. Le festin	63
XXXV. Les Prussiens devant Strasbourg	64
XXXVI. Bombardement de Strasbourg	66
XXXVII. Incendie de la bibliothèque de Strasbourg	67
XXXVIII. Bombardement de la cathédrale et de l'hôpital	68
XXXIX. Edmond Valentin, le dernier préfet français de Strasbourg	70
LX. La capitulation de Sedan. La République	71
LXI. À travers les lignes allemandes	72
LXII. Jean prisonnier des Allemands	75
LXIII. En route pour l'Allemagne	77
XLIV. Souffrance des prisonniers français	78
XLV. Plan d'évasion	80
XLVI. L'évasion	82
XLVII. Une alerte	84
XLVIII. Course folle	85
XLIX. Retour en France	87
L. Jean à Chambéry	89
LI. La Savoie	91
LII. La chasse aux chamois	93
LIII. Le Mont-Blanc	95
LIV. L'ascension	97
LV. Le glacier	98
LVI. Les Grands Mulets	99
LVII. Au sommet du Mont-Blanc	100
LVIII. La chute. Le sauvetage	102
LIX. L'invasion allemande. Sièges de Toul, de Soissons et de Verdun	103
LX. Paris bloqué. Gambetta et la défense en province	105
LXI. La capitulation de Bazaine à Metz	106
LXII. On n'improvise pas une bonne armée	107
LXIII. C'est pendant la paix qu'il faut se préparer à la guerre	109
LXIV. La rencontre des deux frères	111
LXV. Les Allemands à Molsheim	113
LXVI. Vengeance des Allemands	115
LXVII. Les ballons et les pigeons voyageurs	117
LXVIII. Nouvelles de Paris	119
LXIX. Paris pendant le siège	121
LXX. La nourriture des Parisiens assiégés	122
LXXI. La queue aux boucheries	123
LXXII. La retraite de l'armée de la Loire. Le général Chanzy	125
LXXIII. Souffrances de l'armée	127
LXXIV. La bataille du Mans	128
LXXV. La blessure de Jean	130
LXXVI. La famille Kergriden	132
LXXVII. Jean est soigné par la famille Kergriden	134
LXXVIII. Fin de la guerre. Perte de l'Alsace-Lorraine	135
LXXIX. L'Assemblée de Bordeaux	136
LXXX. Protestation des députés de l'Alsace et de la Lorraine	137
LXXXI. Tristes réflexions	138
LXXXII. Bonnes nouvelles	140
LXXXIII. Le récit de Le Tallec	141
LXXXIV. Le raz de Sein	143
LXXXV. Un navire en détresse	144
LXXXVI. Le sauvetage	146
LXXXVII. Départ de Jean. St-Malo	149
LXXXVIII. Les marées	150
LXXXIX. Les phares	152
XC. Le navire le *Jean-Marie*	153
XCI. La Bretagne. Productions agricoles	155
XCII. Pêche de la sardine et de la morue	157
XCIII. Le mont Saint-Michel	160
XCIV. La Normandie	161
XCV. Les produits de la Normandie	162
XCVI. Caen. La foire aux chevaux	164
XCVII. Le port du Havre	165
XCVIII. Rouen. Ses industries; ses monuments. — Elbeuf et Louviers	169
XCIX. Nouvelles d'Alsace	171
C. Le nord de la France	175
CI. Amiens et sa cathédrale	177

TABLE DES MATIÈRES

- CII. Boulogne, Calais, Lille, Tourcoing et Roubaix. 178
- CIII. Dunkerque. Jean Bart. 180
- CIV. Au pays du charbon. 181
- CV. Ce que c'est que la houille. Le grisou. 183
- CVI. Le puits. 185
- CVII. A cinq cents mètres sous terre. 186
- CVIII. Les mineurs. 188
- CIX. Inauguration de la filature. 190
- CX. Le coton. 191
- CXI. Les machines à battre, à carder, à filer. 193
- CXII. Utilité des machines. 195
- CXIII. Ouvriers et patrons. La Légion d'honneur. 196
- CXIV. Le voyage de Marie Felber. 198
- CXV. Belfort. 200
- CXVI. Besançon. 201
- CXVII. La Franche-Comté. 202
- CXVIII. Les montagnes du Jura. 204
- CXIX. Les Francs-Comtois. 206
- CXX. La Bourgogne. 207
- CXXI. Bourg. Moulins. 211
- CXXII. Clermont-Ferrand et l'Auvergne. 213
- CXXIII. L'étude de l'histoire nous apprend à aimer notre patrie. 216
- CXXIV. Les grands hommes de l'Auvergne. Vercingétorix. 217
- CXXV. Desaix. 219
- CXXVI. Michel de l'Hospital. 220
- CXXVII. Les montagnes d'Auvergne. 222
- CXXVIII. Le train en détresse. 225
- CXXIX. Le massif central. 227
- CXXX. La dentelle. 229
- CXXXI. Des voisins qui parlent volontiers. 232
- CXXXII. La ville de Toulouse. 233
- CXXXIII. De Toulouse à Bayonne. 236
- CXXXIV. Bayonne. 237
- CXXXV. Gaspard et Louis quittent Molsheim. 240
- CXXXVI. La séparation. 242
- CXXXVII. Le département des Vosges, Epinal. 244
- CXXXVIII. Chaumont. 246
- CXXXIX. Troyes. 248
- CXL. Auxerre. 250
- CXLI. Le canal du Nivernais. 252
- CXLII. Le canal latéral à la Loire. 254
- CXLIII. Les produits du département de la Nièvre. — Bourges. 256
- CXLIV. Le temps des diligences. 258
- CXLV. Les villes des bords de la Loire, Nantes et Saint-Nazaire, Angers, Saumur. 261
- CXLVI. Tours, Orléans. 263
- CXLVII. Un cheval emporté. 267
- CXLVIII. A la belle étoile. 269
- CXLIX. Arrivée à Paris. 270
- CL. L'octroi. Ce que Paris consomme en une année 272
- CLI. L'entrepôt des vins de Bercy. 274
- CLII. Le Jardin des plantes. 277
- CLIII. Les Halles centrales. 279
- CLIV. L'industrie parisienne. 282
- CLV. Le mariage de Jean Felber. 284
- CLVI. Les grandes manœuvres. 286
- CLVII. La carte de l'état-major. 287
- CLVIII. La famille Felber dix ans après la guerre. 290
- CLIX. Le port militaire de Cherbourg. 292
- CLX. Les porcelaines de Limoges. Bordeaux et ses vignobles. 294
- CLXI. Le phylloxera. 297
- CLXII. Les papeteries d'Angoulême. 300
- CLXIII. Nouvelle imprévue. 304
- CLXIV. La seconde ville de France. La vallée en flammes, Saint-Etienne. 305
- CLXV. Voyage à pied à travers les Cévennes. 308
- CLXVI. Les vers à soie. Visite à une magnanerie. 311
- CLXVII. Les métamorphoses du ver à soie. 312
- CLXVIII. Rencontre inattendue. La vallée du Rhône. 315
- CLXIX. Au pays du soleil. 318
- CLXX. Le devoir du jeune Marius. 320
- CLXXI. Marseille. Le département des Bouches-du-Rhône. 321
- CLXXII. Du Rhône aux Pyrénées. 323
- CLXXIII. La rade de Toulon et la flotte française. 327
- CLXXIV. Les torpilleurs. 330
- CLXXV. A bord de l'*Audacieux*. 331
- CLXXVI. La Corse. La France africaine. Alger. 333
- CLXXVII. La Mitidja. 337
- CLXXVIII. Les lions en Algérie. 339
- CLXXIX. La conquête de l'Algérie. 340
- CLXXX. Les premiers colons. 342
- CLXXXI. Les Allemands en Alsace 344
- CLXXXII. Persécutions des patriotes alsaciens. 347
- CLXXXIII. La famille Felber quitte l'Alsace. 349
- CLXXXIV. L'arrivée à Paris. 350
- CLXXXV. L'Exposition. La galerie des machines. 352
- CLXXXVI. Les machines. L'électricité. 354
- CLXXXVII. La tour Eiffel. Les ascenseurs. 357
- CLXXXVIII. Au sommet de la tour. 359
- CLXXXIX. A travers les colonies françaises. 362
- CXC. Un rêve réalisé. Un patriote. 366
- CXCI. Vive la France! 368
- Table des matières. 371

PARIS. — IMP. ALCIDE PICARD ET KAAN. — 990. M. I.

A LA MÊME LIBRAIRIE

Ouvrages adoptés pour les écoles de la Ville de Paris
et portés sur les Listes départementales

COURS D'ARITHMÉTIQUE

DE SYSTÈME MÉTRIQUE
ET DE GÉOMÉTRIE

Rédigé conformément aux programmes officiels du 27 juillet 1882

PAR

UNE SOCIÉTÉ D'INSTITUTEURS

SOUS LA DIRECTION DE

M. E. COMBETTE

Ancien Élève de l'École normale supérieure,
ancien Professeur de mathématiques au lycée Saint-Louis, Inspecteur d'Académie, à Paris,
chevalier de la Légion d'honneur.

COURS ÉLÉMENTAIRE. — Ouvrage composé sur un plan entièrement nouveau, contenant 115 figures et 730 problèmes et exercices de calcul mental et écrit. 1 volume in-12, cartonné. » 80

PROBLÈMES ET EXERCICES COMPLÉMENTAIRES. — (1081 problèmes et exercices). Commerce, agriculture, industrie, vie usuelle; ouvrage destiné aux élèves des cours élémentaires et aux élèves de 1re année du cours moyen. 1 volume in-12, cartonné. » 45

COURS MOYEN ET SUPÉRIEUR à l'usage des candidats au certificat d'études primaires, contenant 3 000 exercices et problèmes donnés dans les examens du brevet élémentaire et du certificat d'études primaires : Commerce, industrie, agriculture, vie usuelle, etc., illustré de 166 gravures. 1 fort volume in-18, cartonné. 1 60

COURS MOYEN ET SUPÉRIEUR (livre du maître) donnant la solution raisonnée des nombreux problèmes et exercices contenus dans le livre de l'élève. 1 fort volume in-12, cartonné. 2 50

CHOIX DE PROBLÈMES donnés dans les divers examens du certificat d'études primaires ou du brevet de capacité, recueillis et mis en ordre par MM. E. COMBETTE et E. CUISSART, ancien membre du conseil supérieur de l'Instruction publique, inspecteur primaire à Paris, chevalier de la Légion d'honneur. 1 volume in-12, cartonné. 1 25

CHOIX DE PROBLÈMES (livre du maître). Un fort volume in-12 donnant la solution raisonnée de tous les exercices et problèmes contenus dans le livre de l'élève. 3 50

www.ingramcontent.com/pod-product-compliance
Lightning Source LLC
Chambersburg PA
CBHW070618230426
43670CB00010B/1574